Maquiavel, o Poder
História e Marketing

COLEÇÃO A OBRA-PRIMA DE CADA AUTOR

MAQUIAVEL, O PODER
HISTÓRIA E MARKETING

José Nivaldo Junior

EDIÇÃO INTEGRAL, REVISTA E ATUALIZADA

MARTIN CLARET

© *Copyright* desta edição: Editora Martin Claret Ltda., 2005.

Direção	Martin Claret
Produção editorial	Carolina Marani Lima
	Flávia Pereira Silva
Diagramação	Giovana Gatti Leonardo
Direção de arte e capa	José Duarte T. de Castro
Ilustração capa	Kjolak / Shutterstock
Ilustrações miolo	José Lima da Rocha
Revisão	Jean Xavier
	Julio Talhari
Impressão e acabamento	Eskenazi Gráfica

Este livro segue o novo Acordo Ortográfico da Língua Portuguesa.

Dados Internacionais de Catalogação na Publicação (CIP)
(Câmara Brasileira do Livro, SP, Brasil)

Nivaldo Junior, José
 Maquiavel, o poder: história e marketing / José Nivaldo Junior. –
2. ed. – São Paulo: Martin Claret, 2012. (Coleção a obra-prima de
cada autor; 202).

"Texto integral"
ISBN 978-85-7232-345-1

1. Civilização - Aspectos morais e éticos 2. Machiavelli, Niccoló,
1469-1527 3.Marketing 4. Poder (Ciências sociais) 5. Política
I. Título. II. Série.

12-09218 CDD-303.3

Índices para catálogo sistemático:

1. Poder: História e marketing: Ciência Política 303.3

EDITORA MARTIN CLARET LTDA.
Rua Alegrete, 62 – Bairro Sumaré
01254-010 – São Paulo, SP
Tel.: (11) 3672-8144
www.martinclaret.com.br
4ª reimpressão – 2019

Sumário

Opiniões 7
Dedicatória 9
Prefácio: Os arcaicos maquiavéis de hoje 11
Apresentação: A sedução da palavra 15

Primeira parte
Maquiavel, o fascínio do poder

O príncipe e o marketing do poder 19
Uma vida no seu tempo 29
Os modelos de Maquiavel 43
Lições ao príncipe 57

Segunda parte
Marketing nos momentos decisivos

O triunfo do maquiavelismo 87
Hitler e Goebbels 97
O mito da propaganda nazista 101
A ideologia da morte 107
Jesus Cristo e o marketing da salvação 113
O marketing das trevas 121
O marketing do herói 129
O marketing do fim do milênio 141

Bibliografia 147
Sobre o autor 155

Opiniões

"Nesse livro originalíssimo, Maquiavel pode ser considerado como um homem moderno da propaganda política." Nilo Pereira, *Jornal do Commercio*

"O autor desnuda a inquietante atualidade de Maquiavel." Maurício Melo Jr., *Correio Braziliense*

"É a teoria demonstrada na prática." Letícia Lins, *Jornal do Brasil*

"O autor procura desvendar a figura de Maquiavel sob a ótica do marketing e da arte da liderança." *O Globo*

"O estilo maquiavélico de liderar." *Revista Exame*

"Realmente, o maquiavelismo é uma tentação muito sutil. Muitos são capazes de assustar-se ao serem julgados maquiavélicos. Parabéns." D. Helder Câmara

"José Nivaldo Junior escreveu um livro envolvente, capaz de satisfazer a todos os públicos." João Alberto, *Diário de Pernambuco*

"Encantado com o que li, concordo com ele que Maquiavel era um obcecado pelo poder na verdade." Alex, *Jornal do Commercio*

"O livro de José Nivaldo Junior se propõe a levantar o véu das aparências e apresenta a face maquiavélica da arte de governar." Fernanda Oliveira

"Poderia se chamar Maquiavel ao Alcance de Todos." Carol Fernandes

"Não interessa apenas aos políticos, mas a todos aqueles que convivem com o poder ou que o exercitam no governo ou mesmo dentro das suas empresas." Antonio Magalhães

"Algumas teses são discutíveis, mas o conjunto é inteligente e desafiador." Luiz Carlos Lisboa

"Um livro desconjuntado, que não diz ao que veio nem para onde vai. Mais do que isso, um livro dispensável." *Veja Recomenda*

"Chocou-me profundamente a forma como a crítica (da *Veja*) foi escrita. Tem um sabor qualquer de inveja ou de vingança. De coisa inteiramente injustificável." Raimundo Carrero

"O autor construiu um livro de leitura obrigatória para todos aqueles que buscam a correta ação na arte de governar e tomar decisões." *Folha de Pernambuco*

"Aqui no Brasil nossos príncipes praticam o mal sistemática e diuturnamente contra o povo." Juracy Andrade

"Numa linguagem acessível, gostosa, José Nivaldo Junior leva o leitor a múltiplos entendimentos." Ariadne Quintella

"Quem é apaixonado por comunicação não deve deixar de lê-lo; quem é amante do marketing político não deve deixar de beber dessa fonte; quem é estudioso e apreciador de fatos históricos não deve deixar de apreciá-lo, também por esse prisma." Gilson Lira

Dedicatória

Para Neíse (i.m.) e José Nivaldo, meus pais.
Para Murilo, João Henrique e
Danilo, meus filhos.

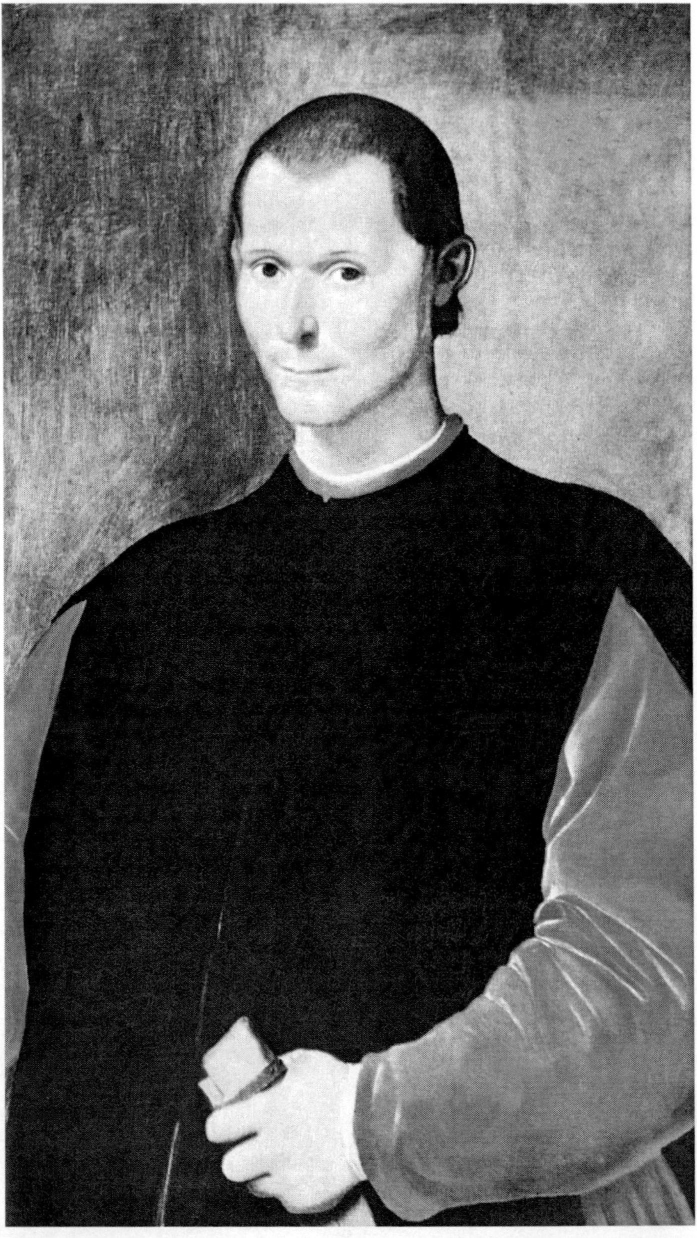

Prefácio

OS ARCAICOS MAQUIAVÉIS DE HOJE

Cristovam Buarque*

Por uma falha de marketing, Maquiavel ficou identificado como teórico do poder a qualquer custo. O técnico do cinismo e do oportunismo como os príncipes deveriam se comportar para manterem o poder a qualquer preço. Na verdade, Maquiavel foi um intelectual e um político da passagem de um tempo a outro. Como escreve José Nivaldo Junior: "Todo esse cenário grandiloquente (a Florença onde ele viveu) pode ser resumido em uma palavra: transição".

Em um tempo de feudalismo ainda controlado pela teocracia cínica de papas e cardeais corruptos e príncipes isolados das massas, o "oportunismo" de Maquiavel consistia em escutar o povo e cumprir radicalmente os compromissos assumidos. Era uma proposta para a democracia que ainda não existia. Por isso, parecia cínica, porque era vista como descomprometida com os princípios da aristocracia e da Igreja.

O mundo saía do escolasticismo, dos dogmas, da dominação de uma moral sistematizada para servir ao poder dos príncipes e dos cardeais, e começava a entrar em um período de ciência, do real, das regras da economia.

A evolução do mundo, nos séculos seguintes, deu razão ao intelectual de Florença. Mas, ao mesmo tempo, comprometeu o seu nome como assessor de príncipes que usaram os conselhos para a manipulação das massas.

---

* Cristovam Buarque é professor da UnB e político.

A democracia, levada a sério, exige um príncipe como aquele que Maquiavel formulou, mas diferente daqueles em que os poderosos se transformaram.

O príncipe de Maquiavel não era um príncipe sem ética. Era um príncipe com a nova ética dos compromissos do povo. O que ocorreu é que os príncipes tomaram as sugestões do assessor, mudaram o comportamento de distanciamento do povo, emanciparam-se da prisão dogmática, mas, em vez de uma nova ética, de se aproximarem dos desejos do povo, continuaram com os seus mesmos interesses, apenas dando a impressão de mudanças. E foi assim que Maquiavel ficou identificado. Como o cínico do poder usado para a manipulação das ilusões do povo, mantendo-se os mesmos fins expropriativos como os poderosos continuaram usando o poder que tinham.

Quinhentos anos depois de *O príncipe*, o mundo entra em outra transição. O final do século XX e do milênio apresenta outra vez um "cenário grandiloquente que pode ser resumido em uma palavra: transição".

E nela cabe o livro de José Nivaldo Junior.

O marketing político é o tema que Maquiavel trabalharia se fosse escrever hoje um novo livro: "O presidente". A ideia do marketing certamente seria vista por Maquiavel como a forma de o príncipe captar e se ajustar à opinião pública das megapopulações que substituíram os distritos florentinos. Com o uso das técnicas de pesquisas de opinião pública, com equipamentos de processamento de dados, com métodos eficientes de formulação de questões e de testes estatísticos, Maquiavel diria que nunca foi tão fácil um "presidente" saber a opinião dos governados e aproximar-se desse povo.

Mas, outra vez, o pensamento do intelectual pode ser manipulado pelos poderosos. Ainda mais grave, o pensamento pode não passar de técnicas de pesquisadores de opinião pública, que assumiriam o seu devido e limitado papel: vender a imagem de um príncipe que nada muda, como se ele representasse o novo. Em vez de uma visão nova, como fez Maquiavel imaginando o futuro, o marketing seria usado para impedir mudanças, por meio da manipulação, da mentira para iludir com uma falsa aproximação com o povo.

Um pensamento ao nível de Maquiavel, que na passagem dos séculos XV e XVI inovou emancipando a realidade de governar da ética dos dogmas, teria agora de tentar uma outra passagem: dos governos sem ética para governos comprometidos com a ética. Não mais a ética dogmática, mas uma ética libertária, capaz de canalizar os recursos nacionais e o potencial do povo para libertar o homem de suas necessidades, dar-lhe as condições de vida que as técnicas já permitem, garantir a liberdade para que usem o tempo livre na promoção das atividades culturais.

Como os príncipes no tempo de Maquiavel, os presidentes de hoje ainda estão do lado atrasado da passagem. Como os príncipes usaram a antecipação teórica de Maquiavel para servir a um poder comprometido com o passado, os presidentes de hoje usam as técnicas dos maquiavaliadores de opinião, para nada mudar, dando a impressão, pela imagem, de que estão fazendo países novos. O cenário grandiloquente vai exigir grandes pensadores e não pequenos maquiavéis: que avaliam, maquilam e manipulam.

Resta saber se os atuais maquiavéis da opinião pública são mais ou menos ingênuos do que Maquiavel teria sido. Ou se, conscientes de suas limitações, apenas servem aos príncipes de hoje, sem pretensões, apenas como técnicos, sem ética que os comprometa com o povo e a história, ganhando os preços de suas consultorias. Se assim for, serão menos ingênuos, mas certamente nenhum José Nivaldo Junior escreverá, daqui a 500 anos, um livro sobre eles.

Maquiavel se mantém atual, porque foi um ideólogo da passagem. A maior parte dos profissionais de marketing político parecem ser apenas pesquisadores de opinião pública e formuladores de *slogans*, gestos e roupas, sem a dimensão de entenderem a transição e darem conselhos aos presidentes sobre o destino real para onde o mundo vai.

José Nivaldo Junior se destaca por não se limitar ao papel do marketing, por nos dar, especialmente com seu livro, uma opinião sobre a transição do mundo, de Maquiavel ao nosso tempo. Nesse sentido, é um livro que tem muito a nos ensinar.

O livro tem a qualidade de descobrir um tema que tem ficado despercebido, de estudá-lo, por meio de artigos que formam uma unidade, e de oferecer uma visão nova de um velho personagem da história. Além disso, ele penetra em um campo fundamental da transição atual: o papel do marketing político. Ao ligar Maquiavel e o marketing, ele assumiu, com coragem, o papel de um dos maquiavéis dos tempos presentes. E o fez com o senso de autocrítica que transparece ao longo do texto. Sabendo a importância do papel que têm e os riscos que oferecem para o mundo.

A transição de hoje tem uma diferença fundamental em relação aos tempos de Maquiavel: agora nós já temos a experiência dele e sabemos o que os príncipes são capazes de fazer com as assessorias. A história não perdoará aos maquiavaliadores, se estes se limitarem a cópias modernas de maquiavéis a serviço do passado.

Apresentação

A SEDUÇÃO DA PALAVRA

Lêda Rivas*

"As palavras são obras de arte
que tornam a ciência possível.
As palavras são abstrações que
tornam possível a poesia.
As palavras significam a recusa do
homem a aceitar o mundo como está".

WALTER KAUFMAN,
Crítica da religião e da filosofia, III

José Nivaldo Junior é um íntimo da palavra e desfruta com ela uma cumplicidade privilegiada, que vem da infância interiorana, filho de médicos e escritores – eles mesmos mestres naquilo que Latino Coelho chamava a mais bela, a mais expressiva e a mais difícil de todas as artes –, e que cresce sem medida com base na múltipla opção de seus caminhos. Adolescente, deixou-se aliciar pelo canto mágico da comunicação. Quase menino, na qualidade de correspondente (voluntário e sem remuneração), escrevia para o *Diário de Pernambuco*, narrando os feitos da Surubim onde vivia. Universitário, fundou e dirigiu publicações.

---

* Lêda Rivas é jornalista e professora universitária no curso de história.

Redigiu panfletos em uma época em que a palavra era perseguida, conspurcada, violentada, em que pensar era um ato de alta periculosidade. Sua fidelidade ao verbo lhe valeu a experiência do cárcere. A reincidência custou-lhe dois processos. Mas o mal, se havia, estava feito. Fora irreversivelmente contaminado pelo gérmen da palavra.

Não foi por acaso que a política entrou na sua vida. O encontro se deu ainda nos bancos universitários, acadêmico de direito sonhando, contra botas e fuzis, um país de iguais.

Futuro bacharel afrontando o sacrifício da sua geração. Indignação e ousadia, qualidades de que não abriria mão, lhe seriam essenciais daí em diante.

Soube aliar suas paixões. Política, história, propaganda, futebol. Profissional da publicidade, operou a venda de imagens e de mensagens, fazendo uso da palavra sedutora e objetivamente atrativa. Como homem do marketing, foi espectador atento da formação de líderes, acompanhou ascensões, testemunhou declínios. De vereador a presidente, participou de processos eleitorais em todos os níveis. Familiar ao poder, nunca o aspirou.

Ao contrário: prefere ficar na planície para analisá-lo.

O dom da palavra ágil, vibrante, sedutora – era fatal – terminaria por conduzi-lo ao magistério. Exercitado no curso médio, na escola de marketing e no Departamento de História da nossa UFPE, onde obteve seu grau de mestre e onde ingressou por concurso público. Professor, faz da sala de aula sua melhor tribuna. Ali, explora a luz própria da sua inteligência, o brilho espontâneo da sua versatilidade, liberto – que os deuses o abençoem – do prima-donismo que confunde, desvirtua e tanto mal tem feito aos nossos jovens alunos.

Como o mais comum dos mortais, José Nivaldo Junior teve filhos, plantou árvores e escreveu um livro. Este, que agora entrega ao público e no qual apenas ratifica o seu talento invulgar que respeitamos e admiramos.

PRIMEIRA PARTE

MAQUIAVEL, O FASCÍNIO DO PODER

Maquiavel atrai porque tem o fascínio das coisas práticas. *O príncipe* é um guia para a ação.

O PRÍNCIPE E O
MARKETING DO PODER

Poder.

Nada exerce mais atração sobre os seres humanos do que essa palavra mágica. Nenhuma paixão é mais duradoura, nenhuma parceria mais estreita.

Maquiavel.

Nenhum escritor político desperta, de imediato, tanto interesse, tanta polêmica. Nos últimos cinco séculos, poucos ficaram indiferentes ao seu fascínio.

O príncipe.

De todos os livros escritos sobre política, até hoje foi o que provocou mais discussões. Foi ele que garantiu ao seu autor um lugar de honra no panteão do pensamento humano e muito principalmente assegurou sua presença no centro da polêmica universal.

Apontado como um livro de filosofia ou de ciência política pela maioria dos analistas, *O príncipe* é, na verdade, um manual do que hoje denominamos marketing político, talvez o primeiro e certamente o mais completo, mais citado e mais seguido que já se produziu até hoje.

O príncipe é, por muitas razões, uma obra revolucionária. Pelo seu conteúdo, estilo e, principalmente, pelo seu objetivo rigorosamente utilitário. Foi uma obra escrita para alcançar resultados muito claros e definidos.

É um livro conciso, todo ele tecido em torno do tema que constitui a mais legítima e – também – a mais direta de todas as motivações da política: o poder. A ação política, mais do que o seu objetivo, é o seu conteúdo essencial.

Marketing político é exatamente isto: o conjunto de atividades que visa à conquista, à manutenção e à expansão do poder. É a execução dessas ações que leva ao controle dos mecanismos de poder e, a partir daí, ao desenvolvimento de atividades que busquem satisfazer as necessidades da população e conquistar sua adesão, sua solidariedade.

Marketing e propaganda não constituem poder em si. São instrumentos para o acesso e o exercício do poder. Max Weber dizia que o poder é a possibilidade de alguém impor sua vontade sobre o comportamento de outras pessoas. Complementaríamos dizendo que essa imposição da vontade, para caracterizar, de fato, o poder, deve potencialmente ser exercitada, inclusive, contra a vontade das pessoas.

A possibilidade da imposição coercitiva da vontade é uma característica essencial do exercício do poder. Talvez essa palavra mexa tão profundamente com a alma humana por implicar subordinação coletiva a uma vontade, submissão às determinações de um chefe. "Eu decido, vocês cumprem, todos sofrem as consequências", eis como poderíamos caracterizar o exercício do poder.

Este é movimento, decisão, coisa prática. John Kennedy justificou sua intenção de disputar a presidência dos Estados Unidos afirmando que lá é que se encontrava a ação. Maquiavel afirmou, ao explicar *O príncipe*, que seu objetivo era escrever "algo de útil para quem por tal se interesse" e exatamente por isso foi em busca "da verdade extraída dos fatos e não da imaginação destes, pois muitos conceberam repúblicas e principados jamais vistos ou conhecidos como tendo realmente existido".

Maquiavel colocou no livro o resultado de sua rica experiência política e do seu grande conhecimento do passado clássico. Esse "conhecimento das ações dos grandes homens apreendido por meio de uma longa experiência das coisas modernas e uma contínua lição das antigas", que ele incorporou por intermédio de prolongados estudos e profundas reflexões, é voltado para resultados pragmáticos. Lourenço de Medici, a quem dedicou o trabalho, deveria extrair dele "aquela grandeza que a fortuna e as outras suas qualidades lhe prometem".

Exatamente por sua obsessão pela política enquanto prática, *O príncipe* não é um tratado teórico, tampouco uma obra especulativa em busca de explicações profundas sobre a natureza dos fenômenos sociais, nem se prende a rígidos critérios científicos. O que existe de filosofia ou ciência nele se encontra em posição subalterna em relação à prática, à ação, ao resultado perseguido.

O príncipe é um guia para a ação, e suas palavras visam orientar o acesso e a permanência no poder, dentro de uma perspectiva de política e de Estado peculiares ao tempo em que Maquiavel viveu.

O fascínio de Maquiavel é o fascínio das coisas práticas voltadas para objetivos elevados; é a atração do marketing do poder.

A DISPUTA PERMANENTE

Maquiavel não inventou o marketing político. Ele apenas sistematizou um roteiro do poder. O marketing político já estava inventado e era praticado havia muito tempo, só que sem este ou qualquer outro rótulo unificador.

Isso que hoje denominamos marketing político é essa complexa e frequentemente mal definida teia de atividades e atitudes que viabiliza o acesso ao poder. Seu exercício e a sua manutenção existem desde que se estabeleceram as primeiras composições sociais nas quais alguns mandam e outros obedecem – vale dizer –, remontam à mais distante sociedade pré-histórica. Embora tenha nascido com o poder social, milênios atrás, só ganhou esse rótulo nos nossos dias, o que confere um aspecto de novidade a uma prática muito antiga. Marketing político é um produto antigo com embalagem nova.

Mesmo nas sociedades sem classes da pré-história, nas quais prevalecia o igualitarismo social e o acesso ao poder era fundamentalmente apoiado no valor pessoal dos líderes, o exercício da chefia era cercado por uma certa dose de mistério e por uma simbologia diferenciadora. O poder nunca dispensa seus rituais e seus adereços, inclusive nas versões mais primitivas.

A sociedade competitiva, caracterizada pela apropriação excludente da riqueza e do poder por determinados segmentos, tornou mais imperiosa a justificação dos papéis de mando. Com a restrição drástica das possibilidades de ascendência às posições de controle, a prática do que hoje denominamos marketing político tornou-se muito mais importante principalmente depois que começaram a surgir grandes impérios multinacionais, multiculturais e multilinguísticos, cuja administração exigia um sistema complexo e sofisticado capaz de coordenar desde as ações ideológicas às repressivas, passando pela informação e comunicação.

É no farto manancial dos exemplos vividos e documentados pelos grandes vultos da política antiga que Maquiavel, coerente com o ideal renascentista de revitalização dos valores clássicos, mergulha em busca de padrões a serem seguidos. A fusão da memória do passado com a prática do seu presente, sob o crivo de um espírito atilado e a filtragem de uma experiência de política vivida e sofrida, resulta na formulação de conceitos que se sobrepõem ao seu ambiente, ganham generalidade, tornam-se universais.

Há, na obra de Maquiavel, uma forte presença de valores e conceitos que, embora não sejam eternos, estão imbuídos de uma permanência temporal muito grande. Ele, inclusive, antecipa aquilo que atualmente denominamos marketing eleitoral e de marketing administrativo, aquele voltado para a conquista, e este, para o exercício do poder.

Esses dois tipos de marketing constituem hoje territórios muito bem demarcados, cada qual com suas peculiaridades e exigências. Sem o rótulo, eles já estão presentes na obra maquiaveliana que diferencia claramente o esforço para tornar-se príncipe do esforço para manter-se príncipe.

Por tudo isso, a obra maquiaveliana pode ser comparada a outras, de natureza diversa que, embora produzidas há muito tempo e em circunstâncias econômicas, sociais e políticas muito diferentes das atuais, continuam encantando e desafiando as inteligências e os espíritos. É o caso das peças de Sófocles, da *Comédia* de Dante, das peças de Shakespeare e de tantas outras obras, em vários setores da ciência, da técnica, da literatura e das artes.

O mergulho de Maquiavel no oceano do poder político foi tão produtivo que os princípios enunciados tornam-se aplicáveis às mais diversas situações que envolvem a competição pelo direito de mando. Entendemos hoje que os espaços de poder nas diversas sociedades são muito mais intrincados do que anteriormente se supunha. A disputa por poder político se desenvolve em todos os nichos da sociedade – na família, nos grupos de amigos de todas as idades, nas escolas, nas entidades, empresas ou instituições.

A competição pelos espaços de mando é permanente, em todos os lugares. E como todo poder sofre limitações, por mais absoluto que ele aparente ser, por mais sólidos que sejam seus fundamentos, o mando coexiste com ameaças que nunca se extinguem e com a necessidade de recomposições que nunca se esgotam. Em outras palavras, governar é impor e conciliar. Todo exercício do poder exige autoridade de quem manda e cumplicidade de quem é mandado. Poder é tensão permanente. É disputa que não cessa. É jogo sem intervalo.

O PODER COMO ELE É

O poder é a única forma eficaz encontrada pela sociedade humana para viabilizar sua reprodução e sua sobrevivência. Na sociedade competitiva dos últimos seis milênios, o poder vem sendo o coroamento das outras duas maiores aspirações do ser humano: a riqueza e o prestígio. Riqueza, prestígio e poder andam juntos, ao longo do tempo. Onde um se encontra, os demais chegaram ou estão iminentes.

A ambição do poder, no entanto, é mais antiga do que as demais. Ela não só antecede muito a sociedade competitiva, como lança suas raízes na vida do homem em sua fase exclusivamente animal, milhões de anos atrás. A necessidade de hierarquizar os grupos de seres vivos e disciplinar o seu comando encontra-se já no reino animal. Portanto, quando o homem se emancipou de sua condição animal, aprendeu a transformar a natureza, criou a ação coletiva e consciente; em outras palavras, saltou para a história, já trouxe consigo o instinto do poder.

Para melhor compreendermos a vida social e, consequentemente, a luta permanente pelo poder, não podemos esquecer que, a despeito de ser um animal absolutamente peculiar, o único que consegue transformar a natureza, o homem continua fazendo parte dela e submetido às suas regras mais gerais. Portanto, não é exagero dizer que há uma certa dose de disposição para o poder embutida pela natureza em cada ser vivo, inclusive no ser humano. A vida social, com toda a sua complexidade, exacerba e torna mais intrincada a necessidade do poder.

Ao refletir também interesses socioeconômicos e ideológicos de grupos sociais que frequentemente estão em conflito aberto e direto, a sociedade competitiva conferiu uma dimensão maior e mais complexa ao jogo do poder. Ao mesmo tempo que excluiu a grande maioria das pessoas da possibilidade efetiva de ascender às suas esferas mais elevadas, criou uma sucessão hierarquizada de espaços, cujo preenchimento acomoda tensões e, em última análise, transmite a todas as pessoas a ideia de que estão participando do jogo.

Tomemos como exemplo uma sociedade escravista. Embora o escravo não tenha nenhum direito, muito menos o de disputar os escalões formais de poder, lá no seu canto da senzala ele disputa parcelas de mando que, embora irrelevantes no contexto geral da sociedade, são expressivos em relação àquela área específica. Na sociedade capitalista, as disputas de poder se dão tendo como base cada casa, cada rua, bairro, sindicato ou grupo, inclusive naqueles que se organizam à margem da lei. Podemos afirmar que, para serem excluídos totalmente do jogo do poder, os seres humanos deveriam passar toda a vida acorrentados em uma solitária, como no exemplo célebre da caverna de Platão. Mas isso já é platonismo, mundo imaginário, contra o qual se levanta enfaticamente Maquiavel, que volta todas as suas energias para o mundo real, que é o da disputa do poder, em todos os níveis. E em cada um desses escalões o poder atrai e emociona.

Pode corromper ou engrandecer, dependendo das circunstâncias do seu exercício. Como os seres humanos participam compulsoriamente de disputas pelo poder em diversos níveis sobrepostos, todos praticam no seu dia a dia um pouco de marketing político. E todos são envolvidos pelas tentações de mando, que combinam a tendência inata encravada em cada um pela natureza, com fortes imposições ditadas pela complexidade da vida social. Daí a explicação para a permanência e a abrangência de Maquiavel nas sociedades moderna e contemporânea. É que ele assumiu sem retoques as facetas mais realistas da luta pelo poder. *O príncipe* é como uma lição de anatomia, que pode até repugnar os mais sensíveis ou os que não estão acostumados à crueza das coisas reais, mas que têm a forte atração de mostrar o que existe por trás das aparências.

A MORAL DO PODER CONCRETO

A reação às ideias de Maquiavel já provocou muitos protestos ao longo dos tempos, levando, inclusive, o adjetivo "maquiavélico" a tomar a conotação pejorativa que mantém até hoje. "Diabólico" foi o mínimo que os adversários mais ferrenhos disseram dele.

Essa oposição violenta se origina do rude realismo que ele utiliza no livro, de não fazer nenhuma concessão às utopias e especialmente da decisiva ruptura que assume em relação ao discurso ético que durante toda a Idade Média acobertou e amenizou os rigores da disputa política.

É essa ruptura que escandaliza. Na Idade Média, política e ética andavam de mãos dadas, pelo menos no discurso da Igreja Católica, responsável principal pela produção da ideologia no período. Intrinsecamente renascentista, Maquiavel zomba dessa concepção. "Ele expulsa da política a metafísica, separa radicalmente a cidade de Deus da cidade dos homens", assinala Jean Touchard na coleção *História das ideias políticas*, que dirigiu magistralmente. Já J. J. Chevalier que, mal comparando *O príncipe* a obras com pretensões científicas, como a *República*, de Platão, e a de Jean Bodin, considera o trabalho mero "passatempo sem alcance de amador desenvolto", afirma no seu livro *As grandes obras políticas de Maquiavel aos nossos dias* que este aparece como um adorador estreito e cínico do poder concreto.

Excluindo o aspecto pejorativo que o texto quer transparecer e o erro de considerar *O príncipe* um tratado científico, e não um manual prático de poder, Chevalier não deixa de ter sua parcela de razão. *O príncipe* revela um Maquiavel obcecado pelo poder concreto, tal como este se apresenta nas sociedades e não como deveria se apresentar. Em nenhum momento se preocupa com a moral como limitadora das ações humanas, com a ética de cada ato, com a política voltada para o bem. Como em tempos distintos observam Hegel, De Sanctis e Gramsci, ele funda uma nova moral que é a do homem que constrói Estados, uma moral mundana que emerge das relações reais que se estabelecem entre os seres humanos.

O Estado na obra maquiaveliana não tem a função de assegurar a felicidade e a virtude, conforme as concepções aristotélicas. Também não é mais – como para os pensadores da Idade Média – uma preparação dos homens para o Reino de Deus. Em seu livro *Tudo começou com Maquiavel*, Luciano Gruppi considera que este não elaborou uma teoria do Estado moderno, mas uma teoria sobre a sua formação, sobre como se constitui o Estado moderno, e isso representa o começo da teoria e da técnica da política entendida como uma disciplina autônoma, separada da moral e da religião.

A relação ética/poder ou, melhor dizendo, a falta de associação entre ambos é um dos pontos que incomodam e provocam reações à obra maquiaveliana. E note que esse aspecto não está presente apenas em *O príncipe*. No seu livro *A vida de Castruccio Castracani*, uma biografia sobre a qual pouco se fala, Maquiavel também explicita o princípio de que os fins justificam os meios.

"Se podia vencer pelo engano, não tentava vencer pela força, dizendo que a glória provém da vitória, não do modo como é obtida", assinala referindo-se ao seu personagem, que cobre com tinturas de herói.

Se tomarmos a palavra cinismo como originalmente utilizada na Grécia Antiga para designar a escola filosófica que defendia a maior aproximação possível do homem em relação à natureza, talvez não sejamos injustos com Maquiavel ao chamá-lo de cínico. A sobrevivência é a única justificação válida. Na verdade, não existe ética na natureza. A vida natural na sua dinâmica cotidiana não está voltada para nenhum fim moral. A lei básica da natureza é a mutação competitiva, na qual tudo se transforma o tempo inteiro e nada se define por ser melhor ou pior. Na natureza, sobreviver é a glória, não importa de que modo ela é alcançada, porque, além do mais, existir é como uma vitória que precisa ser obtida e renovada a cada instante.

O ser e não ser permanentes da dialética do universo não são orientados para um objetivo específico, ético ou moral. Como dizia Heráclito no século VI a.C., o universo é um fogo eterno e não foi feito nem pelos homens nem pelos deuses. Não tem ética, portanto.

O bem e o mal são conceitos criados pelo ser humano. Decorrem da consciência, essa fantástica criação coletiva, da qual cada pessoa é depositária de uma parcela e, ao mesmo tempo, artífice de sua transformação. Ao lado de ser o único animal capaz de efetivamente transformar a natureza, impondo à face da terra mudanças que são decorrentes expressamente da vida associativa e não de qualquer disposição inata, o homem é o único que criou critérios de julgamentos éticos e morais para valorar as suas atividades, inclusive as ações políticas.

A ética é uma criação e uma conquista da sociedade humana. Adotada em maior ou menor grau por todos os grupos, avalizada por legislações as mais diversas, acolhida e referendada por várias religiões na chamada civilização ocidental, a exemplo do zoroastrismo, do judaísmo, do cristianismo e do islamismo, introduziu-se fortemente na política medieval, cujos parâmetros decorrem da visão escolástica do mundo.

Considerava-se o Estado medieval um espaço para a realização do bem comum, de acordo com os desígnios de

Deus. Com Maquiavel, o Estado é espaço de poder puramente humano, no qual não há lugar para fantasias, para discursos bonitos ou palavras empoladas. Mas não julgamos correto afirmar que ele exterminou a ética no seu pensamento político. Acreditamos expressar melhor o sentido da ética em sua obra quando considerarmos que ele transfere a ética dos meios para os fins.

O fim visado por ele, em última análise, é o fortalecimento do Estado. Considera que os homens, por si mesmos, são maus. Esse não é um pensamento original de Maquiavel, é uma ideia corrente em seu tempo, que levaria Hobbes, um pouco mais tarde, a falar da sociedade como a "luta de todos contra todos" e a definir o homem como "o lobo do homem" (*Homo homini lupus*).

Se os homens são maus por natureza, a única salvação para a sociedade é um Estado centralizado, simbolizado por um governo forte, capaz de tudo pela glória, pela vitória. Esse é o sentido mais abrangente do trabalho de Maquiavel. Sobre esse alicerce ele constrói o seu projeto de poder, define as fórmulas básicas que permitem extrair os melhores frutos da atividade política, conforme a sua ótica.

O marketing de Maquiavel é o marketing dos resultados.

Uma vida no seu tempo

Nicolau Maquiavel nasceu em Florença, em 3 de maio de 1469, sendo o terceiro dos quatro filhos (dois homens, duas mulheres) de Bernardo Machiavelli e Bartolomea Nelli. Pertencia a uma família tradicional, embora não fosse rica, com pelo menos dois séculos de enraizamento em Florença. Em seu livro *Para conhecer o pensamento de Maquiavel*, Duvernoy afirma que a família Machiavelli era "honorável ideologicamente, à vontade nesta Florença comunal onde eles vivem como cidadãos de artes subalternas".

Seu pai, advogado, era um estudioso em humanidades, influenciado pelos ventos da Renascença que havia tempos já sopravam na Itália. Ele se empenhou para proporcionar ao garoto Nicolau uma educação dentro dos melhores padrões do seu tempo. Aos sete anos, Nicolau começou a estudar matemática e latim e, aos oito, entra na escola de Battista de Poppi. Aos doze anos, começa a estudar com o latinista Paolo de Ronciglione e, segundo o testemunho do seu pai, era capaz de redigir muito bem em latim.

A infância e a juventude de Maquiavel correspondem, também, ao desabrochar de uma nova era, a Idade Moderna, que soterra em um vendaval de transformações as antigas instituições medievais. É uma época de efervescência, particularmente rica e conflituosa, epicentro de grandes crises e, ao mesmo tempo, geradora de magníficas soluções. Para se ter uma ideia de como foi marcante esse período, basta assinalar que Maquiavel conviveu e foi importante protagonista do Renascimento intelectual, que é, sem dúvida, um dos mais significativos momentos da cultura humana. Foi contemporâneo dos grandes descobrimentos marítimos e da Reforma protestante. Espectador e agente do processo de gestação de um novo tipo de Estado, o Estado moderno

MAQUIAVEL
VIVEU EM UMA
ÉPOCA DE TRANSIÇÃO.
ELE BUSCA
VALORES ESTÁVEIS
PARA ALICERÇAR
UM NOVO TEMPO.

centralizado, que aboliu os particularismos políticos feudais e instalou o absolutismo monárquico, forma de governo que prevaleceria até o início da Idade Contemporânea.

Todo esse cenário grandiloquente pode ser resumido em uma palavra: transição. Mudanças de instituições e de valores em uma velocidade alucinante, em um ritmo nunca dantes experimentado pela civilização ocidental cristã, caracterizam uma situação verdadeiramente revolucionária. Nenhum setor da vida e da sociedade estava livre do alcance do vendaval transformador que tudo atingia, tudo desestabilizava.

A vida de Maquiavel corresponde a um tempo de indefinições estruturais: a ordem feudal fora devastada pelo crescimento das cidades e pelo fortalecimento crescente de atividades mercantis, artesanais e financeiras, que a cada dia mais se incompatibilizavam com a economia agrária, baseada no feudo autossuficiente e na exploração servil do trabalho. Embora o feudalismo resistisse, como continuaria a fazer ainda nos séculos seguintes, era forçado a abrir cada vez mais espaço para novos conceitos e padrões.

As duas pilastras básicas sobre as quais se apoiava a estrutura medieval de poder, o clero e a nobreza, já não conseguiam manter sozinhas a hegemonia política. A trama de dominação que, partindo do feudo, se erguia em um complexo escalonamento de poder até chegar ao rei fora já substituída por uma outra composição, que incluía os burgueses ligados às corporações de ofício e de comércio e os grandes financistas.

O Estado feudal, marcado pela descentralização política, na qual cada nobre detinha parcelas de soberania que se expressavam no direito de ter o seu próprio exército, sua justiça, sua moeda e seu sistema tributário, cedia lugar ao Estado moderno, centralizado e unificado. A ideia de governo absoluto, totalmente estranha aos padrões medievais, era agora a palavra de ordem.

O poder, na Idade Média, era sempre limitado. O do rei, pelos grandes nobres, os destes pelas imposições do costume, da tradição ou da "vontade de Deus" que compunham uma "constituição invisível", assegurando garantias contra o arbítrio dos poderosos até ao mais humilde servo de gleba. Tudo isso se passava sob as bênçãos e a rígida fiscalização da Igreja Católica. No quadro de parcelamento de poder do feudalismo, a Igreja constituía um verdadeiro superestado, territorialmente apoiado nas possessões pontifícias, localizadas no centro da Itália e também em amplos domínios territoriais espalhados por toda a Europa ocidental. O poder da Igreja medieval era reforçado por um vasto arsenal ideológico, um código severo de leis canônicas, além de tribunais eclesiásticos quase sempre dispostos a antecipar para este mundo o julgamento e as penas que as almas deveriam sofrer apenas no além-túmulo.

A reação contra a Idade Média, chamada injustamente pelos humanistas do Renascimento "Idade das Trevas", alcança todos os valores e instituições, principalmente a Igreja. A burguesia invocava novos valores cosmopolitas, ridicularizava a nobreza e seus atributos e transformava a Igreja em alvo das mais severas críticas.

Os conflitos do mundo

Maquiavel foi educado no clima humanista do Renascimento. O teocentrismo medieval era substituído pela ideia de que o homem está em primeiro lugar, constitui o centro de todas as preocupações. A crítica era um exercício quotidiano, que se contrapunha à aceitação passiva de verdades absolutas, que durante séculos a Igreja tinha patrocinado. Os homens cultos voltavam-se para os padrões clássicos, buscando inspiração e modelos na Grécia e Roma antigas.

No tempo de Maquiavel, a Igreja era alvo da maior bateria de ataques de toda a sua história. Criticavam-se a ignorância do clero, a vida dissoluta dos grandes prelados, a comercialização de indulgências e relíquias. Os homens de negócios investiam contra as doutrinas arcaicas do justo preço e da condenação da usura. Pregadores fanáticos pediam a volta do cristianismo à sua pureza primitiva e a abolição da burocracia eclesiástica que dificultava o acesso dos homens a Deus.

O espírito crítico do Renascimento alcançava, a um só tempo, os valores feudais, a nobreza e seu estilo de vida, a Igreja e sua concepção do mundo e do poder. Maquiavel reflete tudo isso; cada passo de sua obra é balizado pelos padrões do seu tempo. O Estado moderno, centralizado, tendo o governo concentrado nas mãos de um rei com poderes absolutos, constituirá um dos seus fascínios. Desse Estado moderno, Maquiavel será um dos principais ideólogos.

Esse novo Estado em formação se constrói sobre uma base nacional. Com o apoio dos homens de negócios, o monarca desempenha a atividade unificadora, como na França, na Espanha, em Portugal, processos que Maquiavel teve oportunidade de acompanhar de perto.

Na Itália, contudo, a tendência centralizadora esbarra em um obstáculo irremovível: os Estados pontifícios, plantados no centro da península, impedem a unificação. Alguém disse que a Igreja não tinha forças para unificar a Itália sob a sua égide, mas era forte o suficiente para impedir essa unificação. Essa unidade seria o grande sonho da vida de Maquiavel. É nesse sentido que ele direciona *O príncipe*.

Quando ele nasceu e ao longo de sua vida, a península italiana era um verdadeiro quebra-cabeça político, composto por Estados soberanos de dimensões territoriais, regimes políticos e estágios de desenvolvimento diversos. Os principais eram o Reino de Nápoles, controlado pela família Aragão; os Estados pontifícios, nas mãos da Igreja; o Estado florentino, há bastante tempo controlado pela família Medici; o Ducado de Milão e a República de Veneza.

Em torno dessas unidades principais gravitavam outros Estados menores que, embora fossem teoricamente independentes e soberanos, na prática eram levados a alinhamentos subservientes com os mais fortes para garantirem a sua sobrevivência. A ausência de um poder centralizador capaz de representar o interesse nacional, acrescida das rivalidades e dos conflitos internos, tornaria a Itália presa fácil à ambição de outros Estados já constituídos em monarquias e em plena fase de expansão, como é o caso da Espanha, da França e um pouco mais tarde do Império germânico.

Nos últimos anos do século XV, um verdadeiro terremoto político assolou a península, trazendo desordem e instabilidade. Os *condottieri*, mercenários contratados pelas famílias burguesas para constituírem seus "braços armados" nas disputas políticas locais e entre Estados, rebelavam-se contra seus senhores, chegando em alguns locais a controlar o poder. As disputas internas nas cidades chegam ao auge do acirramento. As rivalidades entre os principais Estados facilitam a invasão de franceses e espanhóis, que vão deixando suas marcas em cada lugar. O espanhol Rodrigo Bórgia transforma-se no papa Alexandre VI, que marcou seu pontificado pela corrupção e pela violência. A partir de 1494, sob a liderança de Carlos VIII, os franceses impõem sua presença de norte a sul. Naquele ano, em Florença, Maquiavel assiste à entrada de Carlos VIII e a consequente expulsão de Pedro de Medici da cidade, acusado pela população de ter sido fraco ante o invasor.

Segundo Paul Larivaille, no seu trabalho *A Itália no tempo de Maquiavel*, a presença dos estrangeiros será irreversível após 1494. Presença constante, crescente e finalmente determinante em praticamente todos os conflitos da península. As repúblicas italianas passam a cumprir o papel de coadjuvantes no jogo político do seu próprio país.

MAQUIAVEL FAZ POLÍTICA

A Florença de Maquiavel tinha cerca de 50 mil habitantes e ocupava um território aproximado de 15 mil quilômetros quadrados. Sua economia baseava-se no artesanato, especialmente do setor têxtil, no comércio e na atividade bancária. Esta última garantia à cidade a posição de um dos mais importantes centros financeiros de toda a Europa. Não é por acaso que os seus banqueiros mais célebres, os Medici, desempenham um papel tão importante na política do seu tempo e na vida de Maquiavel.

O poder dos Medici, príncipes modernos, que fundamentaram sua força não em atividades feudais, e sim na dinâmica artesanal, mercantil e financeira, era exercido respeitando instituições comunais e republicanas seculares. A concentração de poder da família era – podemos dizer – informal e decorria do papel preponderante que ela exercia nos organismos da administração de Florença.

A deposição dos Medici proporcionou o domínio político de Florença por um pregador fanático, Girolano Savonarola, responsável pela instalação de uma república teocrática onde o poder era atribuído nada menos do que a Cristo. É, de certo modo, uma antecipação radical da Reforma protestante que Lutero e Calvino conduziram alguns anos depois. A experiência de Savonarola, o profeta desarmado, como Maquiavel o denomina, terminou na fogueira, em 1498.

A queda de Savonarola deixou vagos muitos cargos públicos, e foi nesse espaço que Maquiavel iniciou sua carreira de homem público. Após o expurgo, ele conseguiu o cargo de secretário da Segunda Chancelaria do governo florentino, que já havia reivindicado antes, sem sucesso. Logo em seguida, é feito secretário dos "Dez do Poder", conselho cuja atribuição era administrar as relações de Florença com outros Estados.

A república democrática florentina, liderada por Piero Soderini, atribui a Maquiavel diversas missões diplomáticas importantes, que servem para ampliar sua vivência política. Em 1500 vai à França em missão diplomática. Em 1502 está em Pistoia. No ano seguinte acompanha de perto a trajetória de César Bórgia, o Duca Valentino, filho do papa Alexandre VI, que empreendeu várias ações políticas e militares na rota da unificação italiana. César, citado e exaltado por Maquiavel, é um exemplo de político cujas ações não conhecem limites éticos na busca do objetivo maior.

A morte do papa, seu pai e patrocinador, apaga a estrela de César Bórgia, que, inclusive, morreria pouco depois. Em Roma, Maquiavel acompanha a sucessão papal e, nos anos seguintes, continua a desempenhar missões diplomáticas na Itália e no exterior.

Em 1505 receberá a incumbência de constituir uma milícia para a República. Recruta, organiza e treina tropas que, por fim, não alcançariam o objetivo de dar garantia às instituições republicanas.

Em 1510, Maquiavel atua como mediador entre o papa e o rei da França. O agravamento do conflito entre ambos leva à guerra. Os franceses vencem as tropas pontifícias e Florença é ameaçada pela Santa Liga, entidade criada pelo papa Júlio II para lutar contra a França. O governo republicano de Soderini cai, em 1512, e os Medici voltam ao poder. Começa o ostracismo de Maquiavel.

Exonerado de suas funções, proibido de ter acesso aos prédios públicos de Florença, o ex-secretário amargaria dias ainda mais difíceis. Em fevereiro de 1513 foi descoberto um complô contra os Medici e Maquiavel figurava entre os suspeitos. Preso e torturado, foi condenado à prisão e multado.

Enquanto isso, ampliava-se o poder dos Medici. Nesse mesmo ano de 1513 o cardeal Giovani de Medici transforma-se no papa Leão X. É o primeiro florentino a alcançar o papado.

Indultado por intervenção direta de Juliano de Medici, com quem mantivera um bom relacionamento na juventude, Maquiavel tenta, sem êxito, retornar à vida pública. Impedido de trabalhar, recolheu-se ao exílio na propriedade da família, de San Andrea in Percussina, perto de San Casciano, a cerca de 40 quilômetros de Florença.

O príncipe começava a nascer, embalado pelas agruras do exílio.

Mãos à obra

Quem tentou, até hoje, enquadrar *O príncipe* como tratado filosófico ou científico teve, no mínimo, que se exceder em malabarismos teóricos para sustentar suas posições. Muita tinta foi gasta para tentar explicar supostas intenções científicas escondidas nas entrelinhas do livro, muitos raciocínios foram elaborados para captar imaginários sentidos mais profundos escondidos nos desvãos do trabalho.

Como *O príncipe* é uma obra muito rica, tem o poder de inspirar interpretações, recriações, ampliações de ideias. Mas, ao acompanharmos o seu nascimento, vemos que o pragmatismo foi sua marca registrada, desde os primeiros momentos. A intenção do autor não era outra senão produzir um manual do que hoje denominamos marketing político. Um manual que ajudasse a unificação da Itália, fortalecesse o poder absoluto e o auxiliasse a recuperar os cargos públicos que ocupara durante a fase republicana da política florentina.

Maquiavel, que vivia a angústia e a solidão do exílio, cultivava a vontade decidida de recuperar seu emprego e sua posição. A melhor ideia que temos do seu dia a dia é ele mesmo quem fornece, em uma carta célebre que escreveu ao seu amigo Francesco de Vettori, embaixador em Roma e homem ligado aos Medici:

> De manhã, eu acordo com o sol e vou para o bosque fazer lenha; ali permaneço por duas horas, verificando o trabalho do dia anterior, e ocupo meu tempo com os lenhadores, que sempre têm desavenças, seja entre si, seja com os vizinhos (...) Deixando o bosque, vou à fonte, e de lá para a caça.
>
> Trago um livro comigo, ou Dante, ou Petrarca, ou um destes poetas menores, como Tibulo, Ovídio ou outros: leio suas paixões, seus amores e recordo-me dos meus, delicio-me nesse pensamento. Depois, vou à hospedaria, na estrada, converso com os que passam, indago sobre as notícias de seus países, ouço uma porção de coisa e observo a variedade de gostos e de características humanas. Enquanto isso, aproxima-se a hora do almoço e, com os meus, como aquilo que me permitem meu pobre sítio e meu pequeno patrimônio. Finda a refeição, retorno à hospedaria (...) lá me entretenho jogando cartas ou tric-trac (...) Assim desafogo a malignidade de meu destino (...) Chegando a noite, volto à minha casa e entro no meu gabinete de trabalho. Tiro as minhas roupas cobertas de sujeira e pó e visto as minhas vestes dignas das cortes reais e pontifícias. Assim, convenientemente trajado, visito as cortes principescas dos gregos e romanos antigos. Sou afetuosamente recebido por eles e

me nutro do único alimento a mim apropriado e para o qual nasci. Não me acanho ao falar-lhes e pergunto das razões de suas ações; e eles, com toda sua humanidade, me respondem. Então, durante quatro horas não sinto sofrimentos, esqueço todos os desgostos, não me lembro da pobreza e nem a morte me atemoriza (...)

Denominar *O príncipe* obra de marketing político não significa qualquer intenção de releitura da obra ou de reinvenção de Maquiavel. Trata-se apenas de repor o trabalho no seu contexto primitivo, no seu sentido primordial, desde a concepção do roteiro até o resultado final. Maquiavel usou o livro tentando sensibilizar os Medici para a sua situação. Quando foi escrito, estava destinado a Juliano de Medici. Com a morte deste, acabou dirigido a Lorenzo de Medici. Outro trecho da mesma carta a Vettori dá bem uma ideia do estado de espírito e da disposição do autor:

O que me leva a dedicar o meu opúsculo a Juliano é a necessidade que me aflige, porque me consumo e não posso continuar por muito tempo assim sem que a pobreza faça de mim indivíduo desprezível; e depois, eu gostaria que os Medici me dessem um emprego, mesmo que começassem por me mandar empurrar um rochedo; porque se mais tarde eu não conseguisse ganhar os seus favores, eu só teria de culpar a mim mesmo. Quanto ao meu tratado, se for lido, perceber-se-á que os 15 anos que passei aprendendo a arte da política, não os passei nem dormindo nem brincando; e deveria haver grande interesse em se servir de um homem cheio de experiência adquirida à custa de outrem. Não se deveria, além disso, duvidar de minha lealdade, porque tendo sido sempre fiel aos meus compromissos, não é agora que vou aprender a não cumpri-los; e não é ao fim de 43 anos – essa é a minha idade – de bons e leais serviços que podemos mudar a nossa natureza. Da minha bondade e da minha lealdade, aliás, dá testemunho a minha pobreza atual.

No oferecimento do livro, Maquiavel roga a Lorenzo que o receba como um testemunho da sua submissão, afirmando que o maior presente que podia oferecer ao governante era a lealdade de, em pouco tempo, com a leitura do pequeno volume "compreender aquilo que em tantos anos e com tantos incômodos e perigos vim a conhecer".

E conclui com um apelo:

> E se Vossa Magnificência, das culminâncias em que se encontra, alguma vez volver os olhos para baixo, notará quão imerecidamente suporto um grande e contínuo infortúnio.

Maria Tereza Sadek, no texto *Nicolau Maquiavel: o cidadão sem fortuna, o intelectual de virtù,* assinala que, depois da redação de *O príncipe,* a vida do autor é marcada por uma contínua alternância de esperanças e decepções. Ele busca incessantemente, sem sucesso durante vários anos, retomar suas funções públicas. Lorenzo de Medici, a quem oferece o livro, pelo que se sabe, jamais sequer irá abri-lo.

Somente após a morte de Lorenzo, em 1519, Maquiavel volta a ser ouvido pelos governantes de Florença: o cardeal Júlio de Medici pede-lhe sugestões sobre a organização política do Estado. No ano seguinte, a Universidade de Florença encomendou-lhe a história da cidade, nascendo daí as *Istorie Fiorentine*, obra inacabada e também motivo de sua última frustração política.

Em 1527, os Medici caem mais uma vez. Agora é a Nova República que vê Maquiavel com maus olhos. Simplesmente, para os republicanos ele transformara-se em inimigo. Os esforços para agradar aos Medici e a contratação como historiador oficial foram suficientes para levá-lo novamente ao ostracismo.

Profundamente abatido, Maquiavel adoece e morre em junho de 1527, aos 58 anos.

Maquiavel não conseguia viver longe do poder, mas a sua condição social era um obstáculo quase intransponível para uma carreira política mais ambiciosa. Ele dificilmente conseguiria ser príncipe. Sua trajetória de burocrata foi cumprida, podemos dizer, no limite de suas possibilidades.

Como intelectual do seu tempo, era praticamente impossível a Maquiavel conseguir independência pessoal e financeira. Todos os grandes nomes do Renascimento italiano, das letras ou das artes, dependeram dos mecenas, ricos burgueses que financiavam a atividade intelectual e artística como forma de se diferenciarem dos antigos valores cultivados pela nobreza.

Burocrata, diplomata, pensador, historiador, teatrólogo, Maquiavel é um marco no pensamento universal. Entre as obras que produziu, algumas se destacam de sua época e integram o patrimônio da humanidade.

A Mandrágora, peça de sua autoria, é apontada como a melhor comédia do Renascimento. *Histórias florentinas*, livro encomendado pelos Medici após a sua reabilitação, é também considerado pelos críticos o melhor livro de história do Renascimento italiano. *Discurso sobre a primeira década de Tito Lívio* é festejado como um dos grandes livros de história e doutrina política de todos os tempos.

Homem múltiplo e talentoso, ele é um dos expoentes de uma época fértil em grandes personagens. No entanto, nada do que produziu se compara a *Il Principe*, cujo sucesso não chegou a saborear e que só foi publicado pela primeira vez cinco anos depois de sua morte.

Se foi a reabilitação tão desejada junto aos Medici ou a necessidade de unificação de sua pátria que transformaram um republicano convicto como era Maquiavel em ardente defensor da monarquia absoluta, não podemos avaliar. Aliás, nem interessa saber se a sua conversão foi sincera ou apenas por conveniência. Não temos a menor intenção de julgar Maquiavel, o homem e o político. E nem queremos, do mesmo modo, julgar *O príncipe*. Pretendemos apenas analisar a obra pelo prisma do marketing político, buscando e apresentando a verdade maquiaveliana nos fatos, no que ele escreveu, e não na fantasia.

É a ação dos grandes homens, cujo conhecimento apreendeu "por meio de uma longa experiência das coisas modernas e de uma contínua lição das antigas" que orienta Maquiavel. E é com o espírito desses grandes homens que ele dialoga imaginariamente nas suas solitárias noites de reflexão. Sua visão da história e da política não é dialética, não se baseia na mudança, mas na estabilidade. Ele acredita em valores perenes, da mesma família das ideias estáveis e universalmente válidas do pensamento socrático. Em uma época de mutação, ele busca valores estáveis para alicerçar um novo tempo.

Assim, embora leve em consideração as mudanças no cenário político e se preocupe em refletir sobre esse assunto, está em busca dos valores duradouros que orientam a prática política. Temendo ser mal interpretado pelos poderosos na sua pretensão ousada de dizer-lhes o que fazer, Maquiavel adverte, logo no oferecimento do livro, que, para conhecer o caráter do povo, é preciso ser príncipe, e para conhecer o caráter do príncipe é preciso ser povo. Assume, assim, com relação ao poder, a aproximação solidária e o distanciamento profissional que caracterizam os profissionais de marketing político do século XX.

Em carta datada de 13 de março de 1513, enviada ao mesmo amigo Vettori, Maquiavel de certa maneira antecipava sua trajetória:

> O destino determinou que eu não saiba discutir sobre a seda nem sobre a lã; tampouco sobre questões de lucro ou de perda. Minha missão é falar sobre o Estado. Será preciso submeter-me à promessa de emudecer ou terei que falar sobre ele.

No túmulo de Maquiavel, em Florença, aliás vizinho ao de Michelangelo, há uma lápide com a inscrição latina *Tanto nomini nullum par elogium*. Ou, "Tão grande nome nenhum elogio alcança-o".

Por meio de *O príncipe*, Maquiavel cumpre o seu destino.

OS MODELOS DE MAQUIAVEL

A vida prática, a conduta dos grandes homens, e as situações experimentadas e vividas são as principais fontes de inspiração de Maquiavel. Atraído pela busca da "verdade efetiva", ele estuda a história seguindo a crença de que ao longo do tempo as situações se repetem. Portanto, quem quiser ter êxito na política deve conhecer as coisas do passado, os exemplos dos grandes personagens e aproveitar ao máximo essa privilegiada fonte de ensinamentos. O marketing dos heróis é lição que interessa a todo homem público.

No prefácio de *Discursos sobre a primeira década de Tito Lívio*, por exemplo, ele registra seu encanto pelos maravilhosos exemplos que a história apresenta de reinos e repúblicas antigas e, ainda mais, "os prodígios de sabedoria e de virtude operados pelos reis, oficiais, cidadãos e legisladores que se sacrificaram pela pátria".

Estudar o passado, portanto, não é um exercício de erudição, mas sim uma busca de experiências para a vida prática. Da mesma forma que o aprendizado de receitas antigas é fundamental para a medicina, o conhecimento dos exemplos dos grandes personagens é essencial para a política. Ele chega a dizer, no livro I dos *Discursos*, que aquele que estudar cuidadosamente o passado pode prever os acontecimentos que se produzirão em cada Estado e utilizar os mesmos meios que os empregados pelos antigos.

> Ou então, se não há mais os remédios que já foram empregados, imaginar outros novos, segundo a semelhança dos acontecimentos.

Imaginar novos remédios para os problemas da sociedade, procurar satisfazer sempre as necessidades e os desejos dos

VIRTUDE, SORTE, AUDÁCIA, MAQUIAVELISMO: ATRIBUTOS DO PODER, A MAIOR NECESSIDADE DOS SERES HUMANOS.

consumidores ou dos governantes não é mais do que marketing do mais puro em Maquiavel. Kotler, papa do marketing contemporâneo, define-o como a atividade humana dirigida à satisfação de necessidades e desejos por meio de um processo de troca. O poder é o desejo número um dos seres humanos e a necessidade mais premente de toda organização social. Porque, conforme já ficou registrado, sem poder a sociedade não se mantém nem se reproduz. No caso do marketing político, a interação governantes/governados é fundamental. As necessidades mais prementes de toda organização social são a sua manutenção e sua sobrevivência. Outra não é a função do Estado, que se constitui na sociedade competitiva, com base na necessidade de preservar determinado ordenamento social e tentar garantir a sua perpetuação. Governantes e governados exercitam uma troca permanente.

Maquiavel não acredita nos desígnios divinos para orientar as ações dos homens na direção apoteótica do juízo final. É visível a ironia que utiliza ao se referir a Moisés na galeria dos grandes personagens que se tornaram fundadores de impérios pela sua própria virtude e não pela sorte, ao lado de Ciro, Rômulo e Teseu.

Se bem que de Moisés não se deva cogitar por ter sido ele mero executor daquilo que lhe era ordenado por Deus, contudo, deve ser admirado somente por aquela graça que o tornava digno de conversar com o Senhor.

E afirma que as ações dos demais não são muito discrepantes das de Moisés, "que teve tão grande preceptor".

A história, para ele, é registro do marketing do poder, são os fatos e exemplos dos quais se devem extrair as causas e os meios que foram utilizados na difícil tarefa de governar. Maquiavel vai percorrer caminhos já experimentados. Tenta identificar as atividades desenvolvidas pelos governantes do passado, no sentido de satisfazerem as necessidades e desejos dos governados e manterem a sua submissão.

Convencido de que os homens trilham sempre caminhos já percorridos por outros e moldam suas ações pela imitação, recomenda aos homens prudentes seguirem sempre as estradas já palmilhadas pelos que se tornaram grandes e imitar aqueles que foram excelentes. Mesmo que não seja possível seguir fielmente veredas alheias nem alcançar a virtude do modelo imitado, quem age dessa forma sempre tira algum proveito.

O pensamento de Maquiavel não tem lugar para a predestinação divina. A atividade política, tal como arquitetara, "era uma prática do homem livre de freios extraterrenos, do homem sujeito da história. Essa prática exigia virtù, o domínio sobre a fortuna", diz Maria Tereza Sadek.

A SORTE É MULHER

Virtù e *fortuna* são palavras fundamentais para se compreender o marketing maquiaveliano. Para que os homens conquistem e conservem o poder é necessário a combinação desses dois elementos básicos. As palavras *virtù* e *fortuna* são difíceis de traduzir, como aliás muitas outras expressões da sua obra, escrita no complexo italiano dos primeiros tempos, encurralado entre o latim e os dialetos medievais.

Preferimos simplificar seu entendimento, como faz Sérgio Bath, autor de uma das melhores traduções de *O príncipe* para o português. Segundo ele, *virtù* é a energia, a capacidade, o empenho, a eficácia, a vontade dirigida para o objetivo. Embora apareça com vários sentidos, vincula-se sempre ao elemento vital, positivo, construtivo, que impulsiona para a realização e a conquista. Já a *fortuna* é a sorte, que pode ser boa ou má, é o acaso, são as circunstâncias; enfim, a oportunidade.

Marcílio Marques Moreira, no seu livro *De Maquiavel a San Tiago,* diz que a virtude é a qualidade do homem que o capacita a realizar grandes obras e feitos. É o poder humano de efetuar mudanças e controlar eventos. O pré-requisito da liderança é a motivação interior, a força de vontade que induz os homens, individualmente ou em grupo, a enfrentarem a fortuna, o acaso, o curso da história, o destino cego, o fatalismo, a necessidade natural. Para o autor, virtude e fortuna são os dois polos entre os quais se desenrola a ação política na visão maquiaveliana. A combinação da virtude e da sorte decide o destino dos políticos.

Passar da condição de particular a príncipe, de cidadão comum a governante, pressupõe virtude ou boa sorte. Examinando as ações dos seus heróis, Maquiavel conclui que a oportunidade que a história oferece a cada um constitui um elemento essencial para o êxito do político. O poder vem da força, mas sem virtude o governante não o conserva. A combinação da oportunidade com as qualidades é essencial: sem aquela, nenhum político pode mostrar seu valor. E sem o político ter a virtude, ou seja, as qualidades necessárias para o sucesso, as oportunidades passam em vão.

O tempo de transição e instabilidade em que viveu Maquiavel favorece o entendimento de que a sorte governa a ação dos homens. Ele confessa que, em alguns momentos, se sentiu tentado a essa opinião, mas conclui que a sorte decide metade das ações humanas, deixando ao livre-arbítrio, à iniciativa de cada um, a outra metade. A sorte é comparada a um rio torrencial que, quando encolerizado, alaga as planícies, destrói as árvores, carrega a terra. Todos fogem diante de sua fúria, ninguém consegue se opor ao seu ímpeto. Mas, na época de calma, os homens podem tomar providências, construir diques e canais, de modo que, na enchente, o ímpeto não cause danos.

A torrente da má sorte demonstra seu poderio onde não existe o dique da virtude preparado para resistir. O político que se apoia na sorte arruína-se quando esta muda. A partir daí, ele explica as flutuações de um governante:

> Hoje em franco e feliz progresso e amanhã em ruína sem que tenha mudado sua natureza ou as suas qualidades... O político bem-sucedido é aquele que acomoda a sua atuação à natureza dos tempos, às mutações da realidade, às variações de termômetro dos acontecimentos... Da mesma forma que penso seja infeliz aquele que, com o seu proceder, entre em choque com o momento que atravessa.

Nos exemplos escolhidos por Maquiavel para fundamentar suas reflexões sobre o marketing do poder convivem heróis dos mais variados matizes. Ele reconhece que não existe uma forma universal de se alcançar a honra, a riqueza, a glória e o poder, que são os bens da fortuna:

> Um com cautela o outro com ímpeto, um com violência o outro com astúcia, um com paciência o outro com forma contrária; e cada qual, por esses diversos meios, pode alcançar o objetivo.

Um político cauteloso pode alcançar o poder, o outro pode perdê-lo por cautela. Um cauteloso e outro impetuoso podem conseguir o mesmo fim:

> Dois indivíduos agindo por formas diversas podem alcançar o mesmo efeito, ao passo que, de dois que operam igualmente, um alcança seu fim e outro não.

Tudo depende da adaptação de cada um às circunstâncias, às peculiaridades do quadro em que atua. Cada qual com seu estilo, sua personalidade, suas virtudes. São várias as estradas para o poder, embora nem todos os caminhos conduzam até lá. Saber decidir conforme suas qualidades e as variações das circunstâncias, essa é a chave do sucesso. Mas não basta saber a receita, é preciso também ter sensibilidade para preparar o bolo. E, segundo Maquiavel, acima de tudo audácia. Entre o ímpeto e a cautela, ele recomenda ímpeto nos momentos decisivos:

> Porque a fortuna é mulher e, consequentemente, se torna necessário, querendo dominá-la, bater-lhe e contrariá-la; e ela se deixa vencer mais facilmente por estes do que por aqueles que procedem friamente.

Não se ofendam as mulheres. Dissemos, antes, que o pensamento de Maquiavel é o do seu tempo. Assim, para ele, a sorte, como mulher, sempre é amiga dos jovens:

(...) porque são menos cautelosos, mais afoitos e com maior audácia a dominam.

Heróis do passado clássico

Moisés, Ciro, Rômulo, Teseu, Alexandre Magno, Dario III, César, Pompeu, os irmãos Graco, Pirro, Filipe da Macedônia, Davi e Golias, Aquiles, Cipião o Africano, Aníbal, Xenofonte, Hierão de Siracusa, Pelópidas e Epaminondas, Marco Aurélio, Alexandre Severo, Cômodo, Caracala, Juliano, Heliogábalo, heróis do passado clássico invocados por Maquiavel, com os quais dialogou imaginariamente em busca de arrancar a melhor experiência da política de cada um, assinalaram, nas páginas da história, sua passagem pela vida e pelo poder.

Há, pelo menos, um ponto em comum entre eles: cada um gravou a ferro e fogo seu perfil de homem de marketing, de político que se diferenciou pela ousadia e pela busca de soluções inovadoras e criativas para a política do seu tempo. Todos deixaram sua marca, impuseram seu estilo, ousaram confundir os seus interesses pessoais com os objetivos públicos e dirigiram, na medida do possível, o fluxo dos bens e serviços do Estado para a satisfação dos seus governados, e a conquista da sua própria glória.

Há, ainda, outro ponto de convergência: todos, a seu modo, foram maquiavélicos na ação política. Todos agiram desembaraçados de preocupações éticas, cultivaram o poder como aspiração maior.

Moisés construiu o seu marketing com base em prodígios espetaculares, que foram das pragas do Faraó à travessia do Mar Vermelho. Tudo realizado sob as bênçãos de uma divindade nacional, diferenciada em relação aos deuses egípcios e orientais.

A "terra prometida" por Moisés, onde jorram leite e mel, não passa de uma invenção que não existe e nunca existiu em lugar nenhum, mas foi com base nessa ilusão que ele comandou o êxodo e fundou um Estado. Não satisfeito, envolveu o seu código de leis com aura da origem e da autoridade divinas.

Ciro, o príncipe pastor, a partir do momento em que tornou-se rei de uma das inúmeras tribos persas, em 559 a.C., acalentou o sonho de construir um império. Fez-se governador de todos os persas, unificou-os aos medos, formando um reino poderoso, e lançou-se à conquista do seu objetivo. Em 20 anos, tinha consolidado o maior domínio que o mundo conhecera até então, incorporando o reino da Lídia, submetendo a Babilônia e anexando todo o Crescente Fértil. Fez, também, diversas alianças, inclusive com o Egito e com Esparta. O campo de batalha foi a sua ferramenta de marketing e o Império, seu diferencial. Ciro morreu em combate.

Rômulo, figura que entrelaça elementos históricos com outros puramente lendários, imaginou fundar uma cidade para marcar seu reencontro com a pátria. Plantou Roma e não teve escrúpulos em matar seu irmão gêmeo, Remo, porque este ousou zombar das muralhas que estava erguendo. Rômulo levava seu marketing muito a sério, como se pode ver... Sua cidade, Roma, se transformaria no centro de um Império que, durante séculos, dominaria o panorama político da Antiguidade.

Teseu, semideus da mitologia grega, também fez da ousadia a plataforma para o poder. A ele se atribui o extermínio do minotauro e a libertação de Atenas do domínio cretense. Personagem mítico, Teseu motivou soluções geniais, como o célebre fio de Ariadne, que o orientou na saída do labirinto, construção da qual, segundo a lenda, ninguém conseguia escapar.

A busca de novas soluções e a ousadia também estão presentes com Filipe da Macedônia, que adaptou a falange grega e criou uma máquina de guerra praticamente imbatível à época. Combinando escudos e longas lanças, os guerreiros de Filipe formavam um bloco compacto à prova de cavalaria ou das temíveis flechas dos arqueiros persas. Maquiavelicamente, foi assassinado em uma conspiração familiar, que contou, inclusive, com a cumplicidade de Alexandre, seu filho e sucessor.

Esse é um político, em tudo e por tudo, maquiavélico. Dos 20 aos 32 anos, partindo da pequena e insignificante Macedônia, conquistou o maior império que o mundo jamais conhecera, indo além dos limites da imaginação. Alexandre combinou, como poucos, a sorte, a virtude e a completa ausência de escrúpulos. Vencedor de batalhas memoráveis, conquistou a Grécia, o Egito, a Palestina, a Lídia, a Frígia, a Cilícia. Derrotou Dario III e apoderou-se do trono persa. Prosseguiu até a Índia e depois estabeleceu-se na Babilônia, onde morreu.

Capaz de gestos teatrais, como o corte do nó górdio, ou de caminhar dias seguidos no calor do deserto à frente de suas tropas, Alexandre foi um construtor de cidades. Só com o nome de Alexandria fundou mais de 30. Promoveu a maior distribuição de renda do Oriente, ao dividir com seus soldados os valiosíssimos tesouros persas. Fez do casamento em massa um instrumento do marketing e da integração de povos. No dia do seu matrimônio com Roxana, uma nobre persa, milhares de seus guerreiros seguiram o exemplo. Alexandre era capaz de matar um amigo com a mesma naturalidade com que perdoava um inimigo. Suas andanças promoveram um processo de integração cultural, que fundiu a cultura oriental com a cultura grega, dando origem ao helenismo. Sua preocupação com os rituais de poder era sentida em todos os momentos. No Egito, fez-se coroar deus. Na Babilônia, adotou os trajes e as cerimônias orientais perante o rei. Puro marketing!

Finalmente, falemos de César, um político que soube aproveitar as oportunidades que o destino lhe ofereceu e usou como poucos um marketing diferenciador. A carreira de César, durante a república romana, foi construída com base no populismo mais escancarado. A cada eleição, ganhava a simpatia da plebe à custa de espetáculos e distribuição de comida.

Compôs o Primeiro Triunvirato com Pompeu e Crasso, mas logo depois estava em guerra contra Pompeu. Mestre na propaganda, era capaz de frases marcantes (*A lea jacta est*, ou seja, A sorte está lançada; o insuperável *Veni vidi vici* ou Vim, vi e venci), como também de escrever livros sobre suas aventuras militares para garantir uma versão favorável dos acontecimentos, como é o caso dos comentários sobre a guerra gaulesa e depois sobre a guerra civil. Não deixou que a paixão comandasse sua vida e em nenhum momento colocou seu projeto em risco pelo amor de Cleópatra.

Uma vez no poder, César desenvolveu um perfeito plano de marketing administrativo: distribuiu terras, combateu o desemprego; ao reformar o calendário, deu seu nome ao sétimo mês do ano. Mesmo na hora de morrer fez marketing. Até hoje sua frase final "Até tu, Brutus" é repetida *(tu, quoque, Brute, fili mi)*.

Podíamos prosseguir analisando os personagens da Antiguidade oriental e clássica que povoam as páginas de Maquiavel e o inspiram, mas os exemplos que citamos são suficientes para fundamentar a nossa constatação: os heróis do passado remoto emergem embebidos em maquiavelismo e marketing. Tudo para o poder! Tudo pelo poder!

A INSPIRAÇÃO DOS PRÍNCIPES MODERNOS

Maquiavel não inventou o maquiavelismo. Apenas lhe deu o nome. Se os modelos do passado não deixassem transparecer claramente sua conduta maquiavélica, a análise do comportamento dos príncipes modernos, aqueles com os quais ele conviveu ou conheceu de perto, também não deixaria dúvidas a esse respeito. Esses príncipes modernos, que se articulavam no terreno movediço da política renascentista, eram capazes de usar todos os meios para alcançar e manter o poder. Enfim, a própria definição de maquiavelismo.

É longa a galeria dos citados em *O príncipe*. Francesco Sforza, por exemplo. Típico *condottieri*, recebeu dos milaneses o encargo de defender a cidade em guerra contra Veneza. Em 1450, Sforza traiu seus chefes, uniu-se aos venezianos contra Milão, conquistou a cidade e se fez proclamar Duque.

Fernando, o Católico, é fundador, juntamente com a mulher, Isabel de Castela, de um Estado nacional moderno, a Espanha. Em 1492, expulsou os mouros da Península

Ibérica, onde se encontravam desde 711, e, no mesmo ano, foi gratificado com a descoberta da América, por Colombo. O conflito com os muçulmanos na península, que depois estendeu para a África, forneceu-lhe seu elemento de marketing mais significativo, a religião.

Fernando usou o cristianismo como bandeira e também para acobertar sua conduta de "piedosa crueldade", como foi designada a cruzada pela expulsão dos mouros, realizada com o apoio econômico da Igreja, "em benefício da religião cristã". Fernando não costumava cumprir os acordos nos quais empenhava sua palavra. Em 1500, firmou um tratado secreto com Luís XII, da França, visando à conquista do Reino de Nápoles, que deveria ser dividido entre ambos. Os espanhóis romperam o acordo e acabaram dominando sozinhos o território conquistado.

Carlos VIII, rei da França, invadiu a Itália em agosto de 1494. Conquistou e perdeu, rapidamente, o Reino de Nápoles. Em novembro, ocupou Florença, de onde se retirou mediante pesado tributo. Em Roma, obrigou o papa Alexandre VI a nomear um cardeal. Em fevereiro, voltou a ocupar Nápoles, sendo expulso em julho por uma liga formada entre Veneza, Ludovico, o Mouro, Maximiliano, da Alemanha, Fernando, o Católico, e o papa.

Sisto IV recorre ao nepotismo para atingir seus objetivos. Seu pontificado de 13 anos foi marcado por intrigas, guerras e inversões de alianças. Ele não conseguiu ampliar o território da Igreja, como pretendia, nem estabelecer plenamente sua autoridade. Sua sucessão foi marcada pela disputa entre os clãs dos Bórgia e dos Della Rovere, sendo que este elegeu seu candidato, Inocêncio VIII, um papa sem dinamismo.

A ascensão dos Bórgia ao trono papal marca um momento culminante do maquiavelismo na Igreja e na vida política italiana. Rodrigo Bórgia, nascido na Espanha, tornou-se papa em uma disputa decidida à base do dinheiro. Graças à imensa fortuna dos Bórgia, Rodrigo comprou os votos dos eleitores de Ascânio Sforza e deu início a um pontificado de cinismo, falsidade, traições, assassinatos.

Segundo Paul Larivaille, foi a política familiar mais desavergonhada que a Igreja já conheceu: uma política da qual dois dos seus cinco ou seis filhos, César e Lucrécia, foram auxiliares eficazes.

Sua ambição desmedida fez que apoiasse César Bórgia na luta pela conquista dos Estados italianos, o que representou o fortalecimento do poder temporal do papa e da Igreja, pois ambos, pai e filho, morreram antes de consolidarem as conquistas em benefícios próprios.

Lucrécia é a mais expressiva figura feminina do cenário político da época. É um instrumento das ambições do pai e do irmão. Casa sucessivas vezes com figuras importantes, cujas alianças interessam à família. Seu primeiro matrimônio, com Giovanoi Sforza, foi anulado pelo seu pai. O segundo marido, Afonso de Aragão, foi estrangulado por ordem de César Bórgia. O terceiro foi o herdeiro do Ducado de Ferrara, Afonso d'Este, ao lado do qual Lucrécia viveu muitos anos.

Nascido em 1475, cardeal desde 1493, César Bórgia ganhou de Luís XII o título de duque de Valentinois em retribuição à bula papal que anulava o casamento do rei. Ele foi o executor da política de hegemonia traçada pelo pai. Em 1499 ocupou Imola e Porli; em 1500 tomou Rimini e Pesaro; em 1501, Faenza e Piombino; e em 1502, Urbino, Camerino e Sinigaglia. Seus lugares-tenentes tramaram contra ele, mas César consegue dividi-los e atraí-los para uma armadilha onde seriam assassinados. Esse feito impressiona vivamente a Maquiavel.

César Bórgia tinha colocado sob seu controle a totalidade dos territórios pontifícios e se preparava para novas expedições quando morreu seu pai. Para seu azar, ele, também se encontrava doente na ocasião e não pôde controlar os territórios que conquistara. Traído pelo papa Júlio II, sucessor de Alexandre VI, teve que refugiar-se na Espanha e depois na França, onde morreu em combate, em 1507.

Júlio II, chamado "o Terrível", é um obcecado pela grandeza da Igreja. Faz do seu pontificado uma sucessão de guerras. Impôs a ordem e a paz, e consolidou os territórios pontifícios. Comercializa tudo, desde os altos cargos aos benefícios, passando pelas indulgências. Deixa a Igreja em excelente situação financeira e política.

Esses, ao lado dos Medici, de Ludovico, o Mouro, de Ramiro de Orco, de Oliverotto de Fermo, dos Vitelli – Paulo, Vitellozo e Nicolo –, de Meser Giorgio Scali, Felipe Visconti, Múcio Sforza, Joana de Nápoles, da condessa de Forli e muitos outros mais, dão bem a dimensão e a complexidade do cenário humano das formulações de Maquiavel. Não discutimos o maquiavelismo do autor. Aliás, consideramos que jamais ele poderia fazer como Marx, que, no final da vida, ousou afirmar que não era marxista.

Enfim, Maquiavel era mesmo maquiavélico. Só que a política já era maquiavélica muito antes dele.

Podendo,
o príncipe
não deve
se afastar
do bem.
Se necessário,
não pode ter
dúvida em
praticar o mal.

IL PRINCIPE
DI NICOLO MACHIAVELLI
AL MAGNIFICO LORENZO
DI PIERO DE MEDICI

M. D. L.

Lições ao príncipe

No sentido em que é utilizada no título e ao longo do mais importante livro de Maquiavel, a palavra "príncipe" não tem o significado que usualmente lhe é atribuído em nossos dias, como seja, o do filho de um monarca, destinado ou não a ocupar o trono. Príncipe, na obra maquiaveliana, é o principal cidadão do Estado, de acordo com o sentido que o vocábulo tinha na Roma Antiga. Não estaremos longe do sentimento de Maquiavel que procurava estudar e orientar o governo dos príncipes se entendermos príncipe como governante. Príncipe, hoje, é todo aquele que detém o poder executivo, em qualquer dos escalões, quer seja no espaço público ou na área privada. Príncipe é todo aquele que conquistou, de alguma forma, autoridade legítima sobre outros seres humanos.

Para Maquiavel, todos os Estados que existem ou já existiram foram repúblicas ou monarquias. As monarquias ou são hereditárias ou fundadas recentemente, sendo que estas últimas podem ser totalmente novas ou acréscimos anexados a um domínio hereditário. Amplie-se o sentido restrito de Estado para espaço onde se exercita o poder, e enriqueceremos substancialmente a leitura de Maquiavel. Embora, na prática, já não existam mais, no Ocidente, Estados onde o poder efetivo seja transmitido hereditariamente, no setor privado de atividade empresarial e administrativa ainda são muito expressivos os espaços de mando transmitidos dessa forma.

Isso se verifica no âmbito familiar e na área empresarial, por exemplo, onde o poder deriva do patrimônio e as prerrogativas do mando, da decisão, se transmitem hereditariamente. Acerca desses espaços hereditários, habituados ao governo de uma família, diz o autor que é muito menor a dificuldade para manter o poder:

Basta para isso evitar a transgressão dos costumes tradicionais e saber adaptar-se a circunstâncias imprevistas.

Se o executivo for "normalmente capaz", só poderá ser derrubado por alguma força excepcional e, se tal ocorrer, não é difícil a reconquista.
Constatamos isso, nos nossos dias, não apenas na disputa pelo controle de grandes empresas ou conglomerados econômicos, mas também nos espaços políticos, nos quais, embora não haja uma hereditariedade formal, o exercício do poder por uma pessoa ou um grupo tornou-se tradicional. Não é fácil perder o controle de um espaço onde o poder é consolidado. Quando eventualmente ocorre, o mais comum é a sua reconquista:

> Na medida que o soberano legítimo tem menos motivo e menor necessidade de ofender seus governados, é natural que seja mais querido... E na antiguidade e continuação do exercício do poder, apagam-se as lembranças e as causas das inovações. Qualquer alteração na ordem prepara sempre o caminho para outras mudanças.

As dificuldades aparecem nas monarquias novas, ou seja, nos espaços de poder nos quais é possível a renovação dos governantes:

> Os homens mudam de governantes com grande facilidade, esperando sempre uma melhoria. Essa esperança os leva a se levantar contra os que governam, o que é um engano, pois a experiência demonstra mais tarde que a mudança foi para pior.

Maquiavel dá uma explicação para isso: ninguém ocupa o poder sem desalojar privilégios, sem injuriar os novos súditos, quer seja por meio de ofensas que as suas tropas – militares, políticas ou burocráticas – pratiquem ou por qualquer outro motivo relacionado com a imposição do novo governo. Assim, os que foram prejudicados se transformam em adversários ou continuam inimigos. Mas o governante sofre também o desgaste por não poder contentar todos os que o apoiam e nem agir severamente contra esses, em função dos compromissos e das obrigações contraídos.

Essa realidade se verifica muitas vezes debaixo dos nossos olhos. Nas democracias eletivas, com calendário eleitoral definido, é muito constante o rodízio do poder, especialmente no Terceiro Mundo, onde as expectativas do povo em relação ao governo são muito fortes. Em um tecido socialmente frágil, todas as esperanças e responsabilidades são transferidas para os governantes, que, só excepcionalmente, conseguem fazer o seu sucessor:

> É bem verdade que, reconquistados posteriormente os territórios rebelados, não voltam a ser perdidos com a mesma facilidade, porque a própria rebelião (no caso da democracia, a rebelião das urnas) faz que o governante se sinta mais inclinado a fortalecer sua posição, punindo os rebeldes, desmascarando os suspeitos, revigorando seus pontos fracos.

Em outras palavras, como dizem os políticos dos nossos dias, a derrota tem sempre um grande efeito pedagógico; muito se aprende com ela. Corrigir os pontos fracos é uma questão fundamental na política, é uma preocupação constante para quem exercita o marketing do poder.

A guerra da informação

A conquista e anexação de um novo espaço de poder prenunciam problemas para a sua manutenção. Se esse novo espaço está habituado a sofrer o poder autoritário e acostumado a códigos e linguagens que sejam os mesmos do novo governante, basta que este afaste inteiramente a influência dos antigos administradores e mantenha as regras gerais em vigor para, em pouco tempo, sua conquista ser assimilada e os novos territórios formarem com seu antigo domínio um só Estado. Nos dias de hoje, esse raciocínio de Maquiavel se explicita mais comumente em relação às conquistas empresariais, às fusões e incorporações de empresas ou grandes conglomerados econômicos. No entanto, o raciocínio também se aplica ao terreno político, onde as conquistas não são feitas pelas armas como no século XVI – ou pela compra, como nas transações empresariais –, mas pelo voto, que propicia a ampliação vertical da esfera de influência de um político que já dispunha de uma base, de um principado.

Na conquista de um espaço "com língua, leis e costumes diferentes", ou seja, cujos códigos são diversos dos utilizados pelo conquistador, são grandes as dificuldades a vencer, sendo necessários boa sorte e muito trabalho para mantê-lo. Havendo problemas desse tipo, não resta ao governante outra alternativa senão ir habitar o território, diz Maquiavel. Hoje não se pode entender isso ao pé da letra, especialmente quando se trata de grandes conglomerados, frequentemente espalhados no mundo inteiro. Nesse caso, mais do que habitualmente, são fundamentais a informação e a implantação de rígidos sistemas de controle administrativo que possibilitem a presença psicológica da administração e façam que seu perfil e sua personalidade sejam sentidos pelos liderados.

A informação é matéria-prima essencial para o bom governante. Atualmente ele pode contar com sofisticados métodos de pesquisas que possibilitam o conhecimento das tendências e opiniões do seu público interno, do mercado e do eleitorado. Por meio disso, percebe logo e rapidamente pode corrigir os problemas, prevenir distúrbios, debelar as insatisfações:

> Além disso, a presença do governante inibirá as autoridades nomeadas de despojar a província, uma vez que os súditos poderão ter acesso direto ao príncipe para suas reclamações. Por isso, se quiserem agir com lealdade encontrarão mais razão para amá-lo; e se tiverem a inclinação contrária, terão mais motivos para temê-lo.

É claro o pensamento de Maquiavel a esse respeito: aquele que governa deve manter canais de comunicação de mão dupla e possibilitar aos súditos a manifestação de suas opiniões, inclusive para verificar se o seu projeto administrativo está sendo bem executado e bem assimilado.

Maquiavel recomenda a todo príncipe inteligente não somente vigiar e ter cuidado com as desordens presentes como também com as futuras. Estas devem ser evitadas com toda cautela. Ele compara os assuntos do Estado com a tísica em sua época. No princípio, é fácil a cura e difícil o diagnóstico. Com o correr do tempo, é fácil o diagnóstico e difícil a cura. Só os políticos prudentes conseguem ver de longe os males que virão e providenciar, assim, a cura rápida.

A boa informação e a prudência do governante conduzem à decisão acertada, encarando-se logo as realidades desagradáveis. Não se deve contemporizar; os problemas devem ser enfrentados de imediato:

> As guerras não podem ser evitadas e, quando adiadas, só trazem benefício para o inimigo.

Ou ainda:

> Nunca se deve deixar prosseguir uma crise para escapar a uma guerra, mesmo porque dela não se foge mas apenas se adia para desvantagem própria.

Os limites da ambição

Outro remédio eficaz para a manutenção dos espaços conquistados consiste na implantação de colônias em um ou dois lugares que constituem posição-chave no território conquistado. As colônias custarão menos e serão mais úteis do que a ocupação militar. A única contraindicação dessa conduta é que, para implantar colônias, é necessário tomar casas e terras de pequena parte da população. Mas ele considera que as vantagens superam os riscos:

> Os que forem prejudicados, pobres e dispersos, nunca poderão fazer mal. Quanto a todos os demais, nada terão

sofrido... e por outro lado, não desejarão ofender o soberano, temendo sofrer tratamento igual aos que perderam seus bens.

Criar colônias, hoje, representaria a instalação de núcleos que executem a linha política do governante, fortaleçam as bases do seu poder, multipliquem os seus adeptos, consolidando uma hegemonia por meio de adesão, do convencimento, e não da repressão, cujo custo é alto, além das inconveniências que acarreta:

> Note que é preciso tratar bem os homens ou, então, aniquilá-los. Eles se vingarão de pequenas injúrias mas não poderão se vingar das grandes; por isso, só devemos injuriar alguém se não temermos sua vingança.

Maquiavel recomenda a quem ocupa um novo espaço de poder que se torne porta-voz e defensor dos mais humildes, enfraqueça os opositores mais fortes e tenha cuidado para que não surja uma liderança de fora tão forte quanto a sua. Desse modo, será sempre uma opção para os descontentes de outras áreas:

> É a ordem das coisas que tão logo um estrangeiro poderoso penetre numa província, todos aqueles que nela são mais fracos a ele deem adesão, movidos pela inveja contra quem se tornou poderoso sobre eles... Apenas deve haver cuidado de não permitir que eles adquiram muito poder e muita autoridade...

Esse é o caminho maquiaveliano para o domínio absoluto dos espaços conquistados: marcar presença, atrair os mais fracos sem aumentar seu poder, abater os mais fortes e não deixar que novas lideranças ganhem terreno.

A conquista é o objetivo do jogo político. É legítimo que todos os participantes pretendam o poder, mas é preciso que o candidato saiba avaliar muito bem as suas possibilidades, porque nada desgasta mais o político do que perseguir um objetivo muito acima de suas forças:

É coisa muito natural e comum o desejo de conquistar, e aqueles que obtêm êxito na conquista serão sempre louvados; mas quando não têm possibilidade e querem fazê-lo de qualquer maneira cometem um grave erro e, consequentemente, sofrem a recriminação.

As crônicas eleitorais dos nossos dias estão cheias de exemplos de políticos que, como diz a linguagem popular, "tentaram um passo maior do que a perna e caíram do cavalo". O eleitorado não costuma perdoar a pretensão descabida. O bom-senso dá o limite da ambição.

Sorte, força, crueldade

Quem cria o poder de outrem se arruína, pois esse poder se origina ou na astúcia ou na força, e ambos são suspeitos a quem se torna poderoso.

Essa, para Maquiavel, é uma norma geral que nunca ou quase nunca falha. Realmente, é muito comum na política a criatura voltar-se contra o criador. E isso não decorre de "mau-caratismo" ou ingratidão, mas da própria dinâmica do processo do poder. De fato, ninguém governa o governante. Faz parte da natureza do poder repelir a tutela que, quanto mais ostensiva, mais se torna suspeita e incômoda.

Maquiavel analisa, também, o quadro no qual o governante é obrigado a impor sua autoridade sobre um espaço acostumado à liberdade ou às suas próprias leis. A modificação do estilo, das regras, além da pessoa do príncipe é sempre traumática. Nesse caso, ele coloca três hipóteses: a destruição do espaço conquistado; a decisão de ocupá-lo fisicamente, indo habitar ou conviver pessoalmente; ou, ainda, preservá-lo na sua integridade, instituindo uma administração composta por poucas pessoas do próprio lugar conquistado que mereçam a confiança do príncipe e dependam dele para se manter no poder:

A cidade acostumada à liberdade pode ser dominada mais facilmente por meio dos seus cidadãos do que por qualquer outra forma.

Na verdade, ele está convencido de que o autoritarismo não consegue se impor sobre o sentimento da liberdade. E sentencia:

> E quem se torne senhor de uma cidade acostumada a viver livre e não a destrua, espere ser destruído por ela.

Já os novos espaços de poder dependem, para a sua manutenção, basicamente das virtudes do conquistador. Para o pensador florentino ascender à condição de príncipe pressupõe virtude ou boa sorte. Quem chega ao poder por suas qualidades pessoais, seu esforço e senso de oportunidade tem maior probabilidade de conservá-lo. No seu entendimento, a maior dificuldade que os novos administradores enfrentam decorre das inovações que normalmente pretendem fazer ou são forçados a introduzir nos seus domínios. O maior perigo que ameaça o novo chefe decorre das inovações:

> Isso porque o introdutor tem por inimigos todos aqueles que obtinham vantagens com as velhas instituições e encontra fracos defensores naqueles que se beneficiam das novas ordens.

Exatamente porque os prejudicados transformam-se em inimigos acirrados e os novos beneficiários tendem a ser tímidos defensores, quem pretende impor inovações no espaço de poder recentemente conquistado – em casa, na empresa, no clube, no sindicato, no país – tem que avaliar bem suas próprias forças, suas condições de sustentar as inovações propostas contra a onda de insatisfação que contra elas se levanta. O povo muda facilmente de opinião, daí porque, diz ele, os profetas armados venceram e os desarmados fracassaram:

> Convém assim estar preparado para que, quando ao povo falte a crença, se possa fazê-lo crer pela força.

Há o caso, ainda, de quem conquista o poder "com armas alheias e boa sorte".

Na vida cotidiana e na política são muitas as circunstâncias em que pessoas chegam ao poder sem ter se preparado para isso, sem que sequer tivessem um projeto de vida voltado para esse objetivo. Chegam ao poder com o voo alheio, diz Maquiavel.

Como tudo na natureza que nasce e cresce com rapidez, também o governante sem raízes profundas e ramificadas enfrenta grandes dificuldades para resistir às tormentas do processo:

> Aqueles que somente com sorte se tornaram de cidadãos comuns em príncipes, com pouca fadiga assim se transformaram, mas só com muito esforço assim se mantêm...

Na ótica maquiaveliana, nesses casos a situação do governante é difícil, embora existam caminhos. Por meio do que hoje denominamos marketing administrativo muito bem articulado, é possível construir suas bases a partir do poder:

> Quem não lança os alicerces primeiro, com uma grande virtude, poderá estabelecê-los depois, embora isso represente um grande esforço para o construtor e perigo para o edifício.

Além das virtudes e da sorte, o cidadão pode chegar ao principado por meio de crimes. Maquiavel vê com reservas esse método, admitindo que a crueldade pode levar ao poder, mas não conduz à glória. Ele não considera virtude matar os concidadãos, trair os amigos, ser sem fé, sem piedade, sem religião. Sua oposição não é à crueldade em si, e sim ao seu mau uso.

As crueldades bem usadas ("se do mal for lícito falar bem"), para ele são as que se praticam pela necessidade de chegar ao poder ou nele se firmar, mas que depois são abandonadas em troca de ações úteis para os súditos. As crueldades mal usadas são aquelas que, mesmo poucas no início, com o decorrer do tempo aumentam, em vez de se extinguirem:

Por isso é que, ao ocupar o governo, deve o conquistador exercer todas as ofensas que forem necessárias, fazendo-as todas a um só tempo para não precisar renová-las a cada dia e poder, assim, dar segurança aos súditos e conquistá-los com benefícios.

Esse é um dos pontos fundamentais e mais expressivos do marketing maquiaveliano do poder: a concentração das ofensas e a diluição dos benefícios, para que estes possam ser mais bem degustados.

Até hoje, pelo que podemos observar, quem ousou fazer o contrário teve que enfrentar, no mínimo, muitas dificuldades para com os seus súditos.

A FORÇA DO POVO

Maquiavel chama governo civil aquele no qual o governante chega ao poder pelo favor dos seus concidadãos. Para isso, não depende inteiramente do valor ou da sorte, mas do que denomina "astúcia afortunada", que consiste em conquistar o apoio da opinião popular ou da aristocracia.

No governo civil existe o príncipe, que é o governante. O povo, que é sempre o povo. E a aristocracia, a nobreza dos grandes, dos poderosos que dispõem de riqueza e prestígio, mas não têm o exercício direto do mando do Estado. Estes estão sempre em busca de transformar seu poder potencial em comando efetivo. O povo, por sua vez, deseja sempre evitar a opressão dos poderosos. Diz o autor florentino que em todas as cidades se podem encontrar esses dois partidos antagônicos.

O governo, nesses casos, é sempre constituído pelo povo ou pelos grandes, em um processo dialético de disputa e equilíbrio:

> Vendo os grandes não lhes ser possível resistir ao povo, começam a emprestar prestígio a um dentre eles e o fazem príncipe para poderem, sob sua sombra, dar expansão ao seu apetite; o povo também, vendo não poder resistir aos

poderosos, volta a estima a um cidadão e o faz príncipe para estar defendido com a autoridade deste.

Ele considera que quem chega ao poder com a ajuda dos ricos tem mais dificuldade para manter-se do que quem é apoiado pelo povo. Os primeiros estão sempre cercados de indivíduos que têm consciência de sua força e se entendem como iguais ao governante. Por isso esses governantes têm maior dificuldade para impor seu estilo de governo.

Já quem se apoia na força popular governa por si só, poucos se dispõem a contestá-lo. Além disso, é praticamente impossível satisfazer a aristocracia, porque esta quer oprimir, ao passo que o povo deseja apenas evitar a opressão.

O maior mal que um povo hostil faz ao seu antigo líder é abandoná-lo. Já os poderosos contrariados conspiram, desertam, fazem oposição ativa, mudam de partido, em qualquer disputa ficam do lado daquele que se prenuncia como vencedor. A relação do governante com os aristocratas é analisada na obra maquiaveliana. Os nobres são vistos como pertencentes a duas categorias: os que se colocam na submissão ao governante ou os que mantêm independência. Os primeiros devem ser respeitados e estimados, e os que permanecem afastados por retraimento natural devem ser utilizados especialmente se são bons conselheiros. Os que têm propósitos definidos e objetivos ambiciosos e pensam mais em si do que no interesse do príncipe devem ser considerados inimigos, porque, na adversidade, ajudarão a arruinar o governante.

Quem se torna príncipe pelo favor do povo deve preservar sua amizade, evitando a opressão. Mas quem chega ao poder apoiado pelos aristocratas, contra a vontade do povo, deve, segundo Maquiavel, procurar ganhar a sua amizade, dando-lhe proteção:

> Os homens que recebem o bem quando esperavam o mal se sentem ainda mais obrigados com relação ao benfeitor; por isso a massa se tornará ainda mais bem disposta em relação ao príncipe do que se ela própria lhe tivesse dado o poder.

O marketing do poder não dispõe de uma fórmula mágica, ou uma chave capaz de abrir todas as portas. Existem muitos caminhos para garantir a afeição popular. Maquiavel contesta o provérbio que diz "Quem constrói sobre o povo constrói sobre a lama". Isso só acontece quando o cidadão privado estabelece seu poder sobre o povo e espera que este o socorra quando for perseguido. Mas quando se trata de um príncipe corajoso que comande a massa e se prepare para a adversidade, e com suas medidas entusiasme a multidão, nunca se decepcionará com o povo e terá seu poder alicerçado em bases firmes.

Em nenhuma circunstância o príncipe deve abrir mão de sua autoridade. Os comandados devem saber quem manda, para que possam obedecer nos momentos difíceis. Nas épocas favoráveis, é fácil governar. Os cidadãos precisam do Estado, todos juram fidelidade, se dizem dispostos a morrer pelo governante quando a morte está longe. Na adversidade, poucos são solidários. Daí, esta preciosa lição de marketing administrativo:

> Por isso, o príncipe prudente procurará os meios pelos quais seus súditos necessitem sempre do seu governo, em todas as circunstâncias possíveis, e fará assim com que eles lhe sejam sempre fiéis.

As tropas e o cuidado da guerra

O poder se encontra, de fato, onde está a decisão, quer seja esta diluída em um colegiado ou concentrada na pessoa de um príncipe. Um ministro, um gerente exercitam uma fatia do poder como delegados, são incapazes de se sustentar contra a vontade do soberano; não têm comando real.

Existem, no entanto, príncipes com mais ou menos força, independentemente do espaço de poder que ocupam. Um príncipe pode dirigir uma empresa e ser forte, governar um país e ser fraco. Ele é forte quando é capaz de se manter por si mesmo É fraco quando, desafiado, necessita do auxílio de outros. Um príncipe forte dificilmente é atacado em seu domínio:

> Pois os homens nunca se inclinam a empreendimentos quando preveem que terão dificuldades, e nunca parecerá fácil atacar aquele que tem sua cidade bem defendida e não é odiado pelo povo.

O príncipe deve providenciar para que seus súditos não temam as crises e tenham como sobreviver por um bom tempo, independentemente das circunstâncias desfavoráveis. Mesmo quando a disputa causar prejuízos para os comandados, um príncipe poderoso e corajoso saberá superar essas dificuldades, dando a esperança de que o mal não será longo, acenando com a crueldade do inimigo ou simplesmente garantindo-se contra os que se atrevam a desafiá-lo.

Até quando no conflito os súditos sofrem perdas, o bom governante pode tirar proveito da situação. Sitiado, o príncipe prudente conseguirá sustentar alto o moral dos súditos, desde que não lhes faltem provisões ou meios de defesa. E sai do conflito fortalecido:

> É da natureza dos homens obrigar-se, tanto pelos benefícios que fazem como pelos que recebem.

A base de todo poder, segundo Maquiavel, são boas leis e bons soldados e só pode haver boas leis onde há bons soldados. Hoje o conceito de tropas com que um príncipe defende seus domínios vai muito além das forças armadas do século XVI. Envolve a militância, os políticos, o corpo técnico e burocrático de apoio. Mas a sua natureza não mudou: elas podem ser próprias, mercenárias, auxiliares ou mistas.

Os príncipes que sustentam seu domínio apoiados em uma base mercenária nunca terão uma posição firme e segura. Com eles, a ruína só demora até o ataque inimigo, pois o salário que ganham não justifica que matem e morram pelo soberano:

Os mercenários querem muito ser soldados enquanto o príncipe não está em guerra, mas quando esta surge só pensam em fugir ou ir embora.

Também em campanha o príncipe não deve abrir mão de suas atribuições de mando. Maquiavel demonstra amplamente os defeitos de tropas mercenárias, cujos capitães, segundo diz, são capazes ou não. Se forem capazes, sempre terão em vista a própria grandeza. Do contrário, levarão o príncipe à derrota.

As forças auxiliares, pedidas a outro governante para ajudar a defender o Estado, também são inúteis. Se são vencidas, o príncipe está liquidado. Se vitoriosas, torna-se seu prisioneiro. Assim, cada qual deve assumir o comando da sua tropa e, em uma linguagem coloquial contemporânea, "coser-se com as próprias linhas":

> Um príncipe sábio evitará sempre esses apoios, recorrendo a seus próprios soldados. É preferível perder com as suas próprias forças a vencer com as alheias, porque esta não seria uma autêntica vitória.

As próprias forças, explica ele, são aquelas constituídas de súditos, cidadãos ou criaturas diretamente dependentes do príncipe. São elas que fundamentam a segurança do governante. Sem dispor delas, nenhum principado está seguro.

A disputa do poder é permanente; a preocupação com ele não deve abandonar, por nenhum instante, a cabeça do governante:

> Deve pois um príncipe não ter outro objetivo nem outro pensamento, nem tomar outra coisa por fazer, senão a guerra e a sua organização e a disciplina, pois esta é a única arte que compete a quem comanda... Quando os príncipes se interessam mais pelas coisas amenas do que pelas armas, perdem seus domínios. A causa principal da perda dos Estados é o desprezo pela arte da guerra; e a maneira de conquistá-los é ser nela bem versado.

Maquiavel recomenda a caça como exercício para a guerra, pois ela ensina a natureza da terra, a posição das montanhas, a abertura dos vales, a extensão das planícies. Como meio, também, para se familiarizar com o campo, aprender a localizar o inimigo, montar acampamento, conduzir um exército, planejar batalhas, assediar cidades.

A guerra do século XVI transformou-se na disputa eleitoral dos nossos dias. É por meio dela que os governantes mantêm seus domínios ou que cidadãos comuns podem tornar-se príncipes. O governante, ou quem pretender chegar ao poder, não pode desviar seu pensamento e seus objetivos do processo eleitoral. A eleição deve ser uma obsessão constante. Além da permanente "caça ao voto", indo a todos os lugares, conhecendo de perto os redutos, os eleitores, seus problemas, suas particularidades, o político deve ainda, segundo Maquiavel, ler as histórias e nelas observar as ações dos grandes homens, ver como se conduzem nas disputas, examinar as causas de suas vitórias ou derrotas:

> Um príncipe inteligente nunca permanece ocioso nos tempos da paz, mas, com habilidade, procura formar cabedal para poder utilizá-lo na adversidade, a fim de que, quando mudar a fortuna, se encontre preparado para resistir.

A atividade política, na ótica maquiaveliana, é coisa para profissionais, com dedicação exclusiva.

SER OU PARECER: AS QUALIDADES DO PRÍNCIPE

Maquiavel dedica especial atenção à maneira pela qual o governante deve se conduzir com relação aos seus súditos e aos seus aliados. É nessa altura que ele explicita a intenção de escrever sobre coisas úteis, que possam interessar aos políticos, e por isso se dispõe a abordar a veracidade efetiva das coisas, e não como são imaginadas:

Em verdade, há tanta diferença na maneira como se vive do modo como se deveria viver, que quem despreza o que se faz pelo que deveria ser feito aprenderá a provocar sua própria ruína, e não a sua preservação.

Este é um ponto crucial da ética (ou não ética) de Maquiavel: os homens não são bons. Portanto, quem quiser praticar sempre a bondade em tudo o que faz está condenado a penar entre tantos que são maus. Assim, o governante deve aprender a agir, sem se preocupar com a bondade dos seus atos, usando-a ou não, conforme seja exigido pelas circunstâncias.

Ele enumera as qualidades que valem críticas ou elogios aos soberanos e a todos os que se colocam em uma posição mais elevada. Gastador ou parcimonioso; ávido ou generoso; cruel ou misericordioso; efeminado ou viril; covarde ou corajoso; insensível ou humanitário; lascivo ou casto; astuto ou sincero; vacilante ou firme; leviano ou sério; incrédulo ou religioso, e assim por diante.

Seria ótimo se o príncipe possuísse integralmente as boas qualidades enumeradas, mas ele considera que isso é impossível, pois as próprias condições humanas não o permitem. Desse modo, o governante deve evitar os vícios que o fariam perder o poder ou, quando nada, evitar que eles causem escândalo. Mas não deve se preocupar com a prática de condutas que, mesmo condenáveis, ajudem a manter o poder. Porque, de acordo com sua visão:

> Se bem considerado for tudo, sempre se encontrará alguma coisa que, parecendo virtude, praticada acarretará a ruína, e alguma outra que, com aparência de defeito, seguida trará como resultado um reforço na segurança e no bem-estar.

Para ser prudente, segundo ele, o príncipe não deve se preocupar em ser considerado sovina. A liberalidade tende a consumir os recursos do governante, pois, se gastar pouco, isso não será reconhecido, e se gastar muito, será forçado a extorquir os súditos, despertando seu ódio, ou, então, acabará arruinado. Se parcimonioso, terá os recursos necessários para sustentar as suas campanhas e acabará elogiado por todos aqueles a quem não explore. Estes serão muito mais numerosos, sempre, do que aqueles a quem tiver que negar alguma ajuda, que serão poucos.

Assim, Maquiavel condena o clientelismo e considera a parcimônia um dos defeitos que ajudam a governar. Ele admite que o político seja perdulário quando luta pelo poder ou quando gasta recursos alheios:

> Daquilo que não é teu nem de súditos teus, podes ser o mais generoso doador. Somente gastar o que é teu é que te prejudica.

O príncipe deve evitar o desprezo ou ódio dos seus súditos. Assim, é mais sábio ter fama de sovina, que não provoca ódio, do que ser conhecido como rapinante, que, além de má fama, origina rancor.

Do mesmo modo, todo político deve desejar ser tido como piedoso, e não como cruel. Mas, alerta o escritor florentino, deve ter o cuidado de não usar mal essa piedade. Um governante não deve temer a má fama de cruel, desde que ela ajude a manter seus súditos unidos e leais. A conduta piedosa pode favorecer distúrbios que prejudicam mais a comunidade do que as sentenças severas que atingem indivíduos isolados.

O governante deve agir sempre com equilíbrio, ter cuidado com o que acredita e com o que faz. Não pode ter medo da própria sombra, enxergar conspirações por todos os lados, tornando-se intolerável pela desconfiança, nem tornar-se imprudente pelo excesso de confiança:

> Nasce daí uma questão: se é melhor ser amado do que temido ou o contrário. A resposta é de que seria necessário ser uma coisa e outra; mas como é difícil reuni-las, tendo que faltar uma delas, é muito mais seguro ser temido do que amado.

Como, para ele, os homens são ingratos, volúveis, dissimulados, só pensam em obter vantagens e escapar dos perigos; se o príncipe os beneficia, estão inteiramente ao seu lado quando o perigo é remoto. Quando é iminente, revoltam-se. E o príncipe, que confiou em suas promessas e não tem outros meios de se defender, está perdido. As únicas amizades confiáveis são as que decorrem da nobreza e da grandeza do espírito. As conquistadas pela compra não são seguras:

> Os homens ofendem mais facilmente a quem amam do que a quem temem, pois a amizade é quebrada quando convém; mas o temor é mantido pelo medo do castigo, que nunca é abandonado.

As aparências e os resultados

O governante pode ser temido e não ser odiado. Basta, para isso, que não interfira nos bens dos seus súditos, respeite as suas mulheres e tenha sempre boas justificações quando precisar derramar o sangue de algum cidadão, lembra Maquiavel.

Deve, sobretudo, abster-se dos bens alheios, posto que os homens esquecem mais rapidamente a morte do pai do que a perda do patrimônio... Desde que não se tirem nem os bens nem a honra dos súditos, estes vivem felizes e somente se terá de combater a ambição de poucos, o que se refreia de muitos modos.

Quando aquele que governa está com seu exército e um grande número de soldados sob o seu comando – entenda-se, nos nossos dias, o conceito figurado de tropas a que anteriormente nos referimos – não deve se importar com a fama de cruel. Sem ela, é difícil manter suas tropas unidas e prontas para qualquer desafio. O príncipe deve amar os homens do modo como a eles agrada serem amados e deve ser por eles temido como deseja. Essa é a fórmula maquiaveliana para manter a disciplina dos comandados nos momentos difíceis.

É também louvável – prossegue – que os homens vivam com integridade e não com astúcia e mantenham a palavra empenhada. Mas é preciso considerar que existem dois modos de combater: um com as leis, que é próprio dos homens, e outro com a força, que é o processo dos animais. Como o primeiro pode ser insuficiente, o príncipe deve estar preparado para recorrer ao segundo.

Nesse caso, deve imitar, ao mesmo tempo, a raposa, que sabe reconhecer as armadilhas, e o leão, que se defende dos lobos. Os que desejam apenas imitar o leão não conhecem a arte de governar:

> Um governante prudente não deve manter a palavra empenhada quando isso for prejudicial aos seus interesses e quando desaparecerem as causas que o levaram a empenhá-la.

A um governante – destaca – não é essencial que possua todas as boas qualidades, mas é fundamental que aparente possuí-las:

> Antes ousarei dizer que, possuindo-as e usando-as sempre, elas são prejudiciais, ao passo que aparentando possuí-las são úteis; por exemplo: é bom ser e parecer fiel, humano, íntegro, religioso, mas é importante ter o espírito preparado e estar disposto a agir de modo contrário sempre que for necessário.

Em síntese: podendo, o príncipe não deve se afastar do bem. Se necessário, não pode ter dúvidas em praticar o mal. A preocupação principal deve ser com a aparência. Suas palavras e suas ações devem transparecer virtudes, de modo que aqueles que o vejam e ouçam fiquem com a imagem de ser ele todo piedade, fé, integridade, humanidade e religião.

O príncipe deve ter sempre o cuidado para que suas ações espelhem grandeza, coragem, seriedade, força. E para que suas decisões sejam irrevogáveis e bem fundamentadas, para ninguém pensar em enganá-lo ou traí-lo. Isso porque a maioria dos homens pode ver mas poucos podem perceber o que realmente somos.

Maquiavel considera, portanto, fundamental a aparência do governante, a construção cuidadosa de sua imagem pública. Assim, quem pretende conquistar e manter um espaço de poder não deve se preocupar com os meios de que se utiliza, e sim com o resultado que alcança e a imagem que projeta.

> O vulgo se deixa sempre levar pelas aparências e pelos resultados.

No marketing maquiavélico, os fins justificam os meios. Esse é o seu princípio mais discutido e mais praticado.

Os caminhos do ódio

O primeiro passo para a manutenção do príncipe no poder é não ser odiado pela maioria dos seus súditos. Essa é quase uma obsessão para Maquiavel, que considera praticamente impossível a conspiração contra o governante que goza de boa reputação. Quem mantém o poder enfrenta dois tipos de perigo: o perigo interno, dos seus próprios súditos, e a ameaça externa. O príncipe leva nítida vantagem em relação aos conspiradores:

> Em poucas palavras, do lado do conspirador estão o medo, os ciúmes, as suspeitas, o terror da punição; do lado do príncipe há a majestade do governo, as leis, a proteção oferecida pelos amigos e pelo Estado. Quando a esses fatores se acrescenta a boa vontade do povo, é quase impossível que alguém cometa a temeridade de conspirar.

Assim, conforme entende, quando conta com o povo ao seu lado, o governante nada tem com que se preocupar em termos de conspiração, mas quando os súditos o odeiam as ameaças vêm de todos os lados:

> Os Estados bem organizados e os príncipes hábeis procuram não provocar os grandes e satisfazer a massa, conservando-a contente mesmo porque esse é um dos mais importantes assuntos de que um príncipe tenha que tratar.

Para garantir a simpatia geral, para tratar bem os nobres e não se fazer odiar pelo povo, os príncipes devem seguir aquela que o próprio Maquiavel denominou "regra notável" e que se transformou em princípio básico do marketing administrativo: os príncipes devem delegar a outras pessoas as tarefas impopulares e conceder os favores pessoalmente. E não devem vacilar em punir exemplarmente um auxiliar, mesmo que este lhe seja fiel e não tenha culpa quando as coisas andam mal e é preciso sacrificar um culpado para aplacar a fúria coletiva.

Apesar de toda essa preocupação, ele sabe que o governante não consegue evitar o ódio de algumas pessoas, assim, deve evitar primeiramente a aversão das massas e, se isso não for possível, tentar escapar à ira dos grupos mais poderosos. Note que o ódio pode ser provocado tanto pelas boas como pelas más ações:

> O príncipe que deseja manter seu domínio é forçado muitas vezes a praticar o mal, pois quando o partido que o apoia é corrupto, precisa acomodar-se a ele e satisfazê-lo, e, nesse caso, as boas obras serão inconvenientes.

Se as conspirações são raras, nenhum governante está livre de sofrer um atentado, pois isso resulta da ação de uma pessoa determinada. Aquele que não tem medo da morte, constata Maquiavel, pode facilmente infligi-la, mas pessoas desse tipo são raras. O governante diminui muito esse perigo evitando cometer uma injúria grave contra alguém que tenha acesso direto a ele e continuar utilizando os seus préstimos.

Maquiavel não enuncia regras definitivas para a conservação do poder. Cada caso é um caso que deve ser analisado de acordo com a sua realidade concreta.

De qualquer modo, ele tece comentários genéricos, enuncia constatações ditadas pelos exemplos em que:

> Nunca se viu um príncipe que chegasse ao poder e desarmasse seus súditos; ao contrário, estando eles desarmados, o príncipe lhes dá armas, pois essas armas pertencerão ao monarca; os suspeitos se tornarão leais e os que já eram fiéis manterão sua fidelidade, e de simples súditos passarão a ser partidários do soberano.

Considere-se hoje que as armas são todos os meios para uma participação efetiva na prática política. Mesmo nos nossos dias, nesse sentido figurado, é impossível dar "armas" a todos os cidadãos. Maquiavel defende tratamento diferenciado para os súditos, pois quando se atribuem privilégios a alguns, pode-se lidar tanto com estes como com os demais com maior segurança. Os que forem aquinhoados terão maiores compromissos com quem governa. Os outros compreendem que quem recebeu mais tem maiores obrigações. O que o príncipe não deve é retirar privilégios sem ter razões fundamentadas para isso:

> Quando o príncipe os desarma, começa a ofendê-los, mostrando que não lhes tem confiança, ou porque sejam covardes ou capazes de deslealdade, o que provoca o ódio de quem foi desarmado.

No entanto, quando se trata de um novo espaço recentemente conquistado, torna-se necessário "desarmar" os cidadãos que não se colocaram ao lado do novo conquistador, que não foram seus partidários na conquista. Mesmo assim, com o tempo, as prerrogativas do poder devem ficar com aqueles que já acompanhavam o príncipe havia muito tempo.

No marketing maquiaveliano não há lugar para a conhecida máxima "dividir para reinar". Essas divisões no interior do seu próprio território podem ser úteis para manter o poder em tempo de paz, mas nos momentos decisivos, demonstram sua fraqueza:

> Ao contrário, quando o inimigo se aproxima, as cidades divididas se perdem facilmente, pois a facção mais fraca ficará do lado do inimigo, e a outra não terá condições de resistir.

Analisando as disputas políticas dos nossos dias, verificamos que a clarividência maquiaveliana reflete uma realidade muito comum. As forças divididas, desgastadas pelos ressentimentos internos, são muito mais facilmente batidas. É no interior dessas forças que os adversários contemporâneos vão buscar alianças e apoios que têm se revelado fundamentais para o êxito da guerra eleitoral.

Em causa própria, Maquiavel enuncia que os novos príncipes têm encontrado mais lealdade e maior utilidade nos homens que no início do seu governo eram considerados suspeitos:

> E eles tanto mais são forçados a servi-lo com lealdade quanto reconheçam ser-lhes necessário cancelar com obras aquela má opinião que a seu respeito se fazia.

Diz, ainda, que os príncipes somente adquirem grandeza quando conseguem superar oposição e dificuldades. Não existe glória sem sacrifício. Assim, quando a sorte quer favorecer um novo príncipe, impõe-lhe inimigos e o força a enfrentar grandes disputas. A verdade é que não se faz política sem adversário:

> Muitos acreditam, portanto, que o príncipe sábio fomentará pela astúcia alguma inimizade, se houver ocasião para tal, de modo a aumentar sua grandeza superando esse obstáculo.

Maquiavel assinala que os príncipes costumam construir fortalezas para manter com segurança seus domínios, bem como para impor barreiras à contestação do seu poder ou para refúgio, no caso de um ataque inesperado. Entenda-se a fortaleza, hoje, como o reduto, o ponto de apoio incondicional, a área de fidelidade absoluta. Mesmo os príncipes contemporâneos mais poderosos costumam não se descuidar dos seus redutos, de sua retaguarda, especialmente nas circunstâncias de rodízio do poder, impostas pelas regras democráticas. A fortaleza é útil mas não é decisiva, pensa o autor.

> Pode-se dizer, portanto, que a melhor fortaleza é construída com o afeto dos súditos, pois as fortificações não salvarão um príncipe odiado pelo povo.

A GRANDEZA DO PRÍNCIPE

Nenhum governante pode abrir mão de grandes empreendimentos e bons exemplos. As obras e realizações materiais são tão importantes quanto os exemplos de grandeza da administração, especialmente no relacionamento com os súditos. Quando algo de notável acontece em seus domínios, quer seja de bom ou de mau, o príncipe deve encontrar uma maneira de recompensar ou punir.

Também a neutralidade e a dubiedade não costumam conduzir ao poder e à glória. O político é estimado quando age como amigo de fé ou verdadeiro inimigo. Declarar, sem reserva, o seu lado nas disputas é sempre mais proveitoso do que a neutralidade.

Essa reflexão maquiaveliana continua extremamente atual. Liderar é impor confiança, governar é decidir. Um político só forma seguidores se atuar com clareza e lealdade; só inspira credibilidade na massa se agir com decisão. A posição clara é sempre útil: se vitorioso, quem recebe o apoio tem obrigações para com ele; se for derrotado, deve-lhe solidariedade e, ademais, poderá um dia ressurgir para o poder:

> O que não é amigo aconselhará sempre a neutralidade, e o amigo solicitará uma decisão e a entrada na disputa.

Um príncipe deve evitar, na medida do possível, ficar na dependência de outro:

> Deve ter a cautela de jamais fazer aliança com um mais poderoso do que ele para atacar os outros... porque, vencendo, torna-se seu prisioneiro.

Do mesmo modo, na ótica maquiaveliana e também conforme verificamos até hoje, não há política sem risco. Todos os passos na caminhada para o poder e todas as opções do governante implicam uma certa dose, maior ou menor, de perigos que este assume. Todos os caminhos têm suas ameaças:

> Faz parte da natureza das coisas o fato de que nunca se tenta evitar uma dificuldade sem encontrar outra; a prudência consiste em saber reconhecer a natureza das circunstâncias difíceis, aceitando como boas as menos nocivas.

Maquiavel recomenda ainda aos governantes que se mostrem amantes da virtude, deem preferência aos mais capazes e honrem os melhores em cada atividade. Devem, ainda, animar seus súditos a desenvolverem pacificamente suas atividades, assegurando a eles a garantia de suas propriedades, do seu trabalho e não impondo taxas e impostos exorbitantes que desestimulem a atividade ou forcem a sonegação. Devem, nas épocas propícias do ano, distrair o povo com festas e espetáculos, e dar atenção particularizada às entidades e às associações, visitando-as e reunindo-se com elas de tempos em tempos sem, em momento algum, abrir mão da majestade e dignidade do cargo.

A grandeza do príncipe depende muito dos seus auxiliares. Ninguém governa só, e cada qual monta sua equipe à sua imagem e semelhança:

> A primeira impressão que se tem de um governante, e da sua inteligência, é dada pelos homens que o cercam. Quando estes são competentes e leais, pode-se sempre considerar o

príncipe sábio, pois foi capaz de reconhecer a capacidade de manter a fidelidade. Mas quando a situação é oposta, pode-se sempre fazer dele mau juízo, porque seu primeiro erro terá sido a escolha desses assessores.

A análise de Maquiavel, nesse ponto, é irretocável. Ele diz ainda:

> Toda vez que o governante tem a capacidade de conhecer o bem e o mal que uma pessoa faça ou diga, mesmo que por si mesmo não saiba solucionar os problemas, distingue as boas das más propostas, corrige os erros, incentiva os acertos. O ministro, que não espera enganá-lo, se conserva bom.

Outra preocupação marcante é com os aduladores e com os conselheiros. Os primeiros representam, no seu entender, uma verdadeira praga que cerca os soberanos. A saída proposta é o príncipe fazer que as pessoas compreendam que não lhe ofendem se falarem a verdade. Mas, nesse caso, cria-se um novo problema: quando todos se sentem no direito de falar a verdade ao governante, perdem-lhe a reverência.

O caminho do príncipe prudente é escolher conselheiros sábios, dando-lhes inteira liberdade para falarem a verdade, mas somente quando e sobre o que forem interrogados. O príncipe deve aconselhar-se com frequência, ouvir com paciência as razões dos conselheiros e, depois, decidir sozinho, sem ouvir mais ninguém e sem voltar atrás na sua deliberação. Nisso tudo, segundo o autor, há uma regra infalível:

> O príncipe que não é sábio não poderá ser bem aconselhado... os conselhos sábios, de onde quer que venham, são devidos necessariamente à prudência do príncipe; e essa não é devida aos bons conselhos recebidos.

Apenas com marketing não se governa. Sem marketing não é possível governar. Administrar bem, hoje, depende de um bom marketing. Como sempre foi, desde os primeiros tempos. Um príncipe, mesmo quando especialista em marketing, não pode dispensar uma orientação isenta, que não esteja envolvida emocionalmente no dia a dia do poder. Repetindo Maquiavel:

> Assim como aqueles que desenham a paisagem se colocam nas baixadas para apreender melhor a natureza dos montes e os acontecimentos das alturas, e se colocam no alto para ver o que se passa embaixo, assim também para conhecer o caráter do povo é preciso ser príncipe, e para entender o príncipe é preciso ser do povo.

Do alto do monte, o príncipe precisa ouvir quem lhe fale da planície, sem adulação, com o equilíbrio que só a formação técnica e a visão panorâmica do poder permitem. O governante não é obrigado a saber tudo, mas, para ser sábio, deve se aconselhar, buscar na fonte certa a informação necessária que lhe permita direcionar o governo corretamente e tomar as melhores decisões.

Quem decide, sempre, é o príncipe. Os conselheiros sugerem, assessoram, influem, mas a decisão é algo intrinsecamente individual. Maquiavel tinha plena consciência disso. Os conselhos sábios são devidos sempre à prudência do príncipe. Por isso quem detém o poder se sente, em determinados momentos, tão solitário e, em outros, tão onipotente.

Decidir o destino de terceiros, distribuir o bem e o mal, eis o que aproxima os príncipes dos deuses e dos demônios.

É isso, também, que os liga tão profundamente a Maquiavel e ao marketing político.

SEGUNDA PARTE

MARKETING NOS MOMENTOS DECISIVOS

O TRIUNFO DO MAQUIAVELISMO

Raymond Aron dizia que quem quer que escreva no alto de uma página em branco o nome de Maquiavel não consegue escapar a uma espécie de angústia. Após centenas de outros, de escritores a soberanos, passando por historiadores, filósofos, politicólogos, estrategistas, moralistas e teólogos, ele também vai interrogar a esfinge.

Com qual Maquiavel dialogar? Com o diplomata, a serviço de Florença? Com o patriota italiano? Com o escritor, que cultiva um estilo límpido? Ou com o defensor de ideias "globalmente equivocadas", como dizem os seus críticos? São muitas as interrogações, infinitas as possibilidades.

Podemos falar, utilizando uma certa dose de licença literária, sobre as mil faces de Maquiavel. Sua obra vem sofrendo releituras que se adaptam a situações ou conveniências, metamorfoseando-se de acordo com os acontecimentos e sendo apropriada ao sabor dos interesses das correntes em disputa. O mesmo Maquiavel fornece argumentos a grupos pró e contra determinada tese. A leitura de sua obra, especialmente de *O príncipe*, permite-nos interpretá-lo como o democrata que, fingindo dar lições ao príncipe, proporcionou grandes ensinamentos ao povo, como fez Rousseau, ou simplesmente como a encarnação do mal, como muitos preferem fazer. O próprio Maquiavel respondeu aos seus detratores que não tinha somente apontado aos príncipes os meios de se manterem no poder e de oprimir os povos, mas que também indicara os meios para as massas se libertarem dos seus tiranos.

Fizemos, neste trabalho, uma opção clara de reler *O príncipe* pela ótica do marketing político, ou seja, como um guia para a ação dos governantes e pretendentes ao poder convictos de encontrar nessa abordagem nossa pedra angular.

Maquiavel reunia de sobra todos os atributos que nos

dias de hoje são exigidos dos bons marqueteiros políticos: entendia de filosofia, política, história e era, principalmente, profundo conhecedor da alma coletiva. É verdade que não dominava – nem poderia – as técnicas contemporâneas de marketing e comunicação, porém, o que sabia a respeito do tema era mais do que suficiente para a sua época. Mais do que isso: para a formulação de conceitos práticos que transcendem uma determinada circunstância histórica e se tornam universais.

Todo o acervo de conhecimentos que acumulou, temperado por uma notável quota de genialidade, mercadoria que não se adquiria nas feiras do seu tempo como hoje não se encontra nas prateleiras dos supermercados, o levou à percepção original do jogo político que sintetizou em *O príncipe*, mas que também se encontra ao longo de sua extraordinária e diversificada obra.

A exemplo do que acontece com o pensamento maquiaveliano, ainda existe muita mistificação em torno do marketing político. A maior delas é considerar o marketing como algo maquiavélico, cuja razão de existir é proporcionar que se alcancem objetivos, sejam eles quais forem. O marketing político é um conjunto de técnicas, portanto uma ferramenta de trabalho. Como tal, não tem, em si mesmo, ética nem ideologia. Como todas as demais ferramentas criadas pelo ser humano, depende de quem a utiliza e com quais objetivos. Pode servir às mais elevadas causas e aos mais baixos propósitos. Como a faca ou o avião, por exemplo.

Outro equívoco é identificar o marketing político com o marketing de grande visibilidade das campanhas eleitorais, em detrimento dos trabalhos partidários e governamentais, menos espetaculosos, mas nem por isso menos importantes e eficientes.

Persiste também, em pleno terceiro milênio, a visão equivocada de que o marketing político seja uma invenção do século XX. Alguns remontam a Goebbels, o ideólogo da propaganda nazista, cujas ideias merecem uma abordagem sintética no próximo capítulo. Há quem prefira adotar como marco inicial o célebre debate de televisão entre Kennedy e

Nixon. Essas e outras abordagens não passam de uma visão muito estreita. Como já dissemos na primeira parte deste livro, o marketing político existe desde que se instalou o jogo de poder na sociedade, ou seja, desde o início da presença humana no planeta. É verdade que o rótulo só foi aplicado no século XX, mas isso não quer dizer que o marketing político não existisse e fosse usado por todos os políticos e todos os governos que já existiram.

A partir do surgimento do Estado, da religião, da família e da propriedade privada, o marketing do poder ganhou uma grande importância, como elemento ideológico de dominação das massas. Os exemplos de suas manifestações são infindáveis. Desde os palácios, vestimentas, túmulos, estandartes dos faraós e sacerdotes do Egito, estendendo-se aos demais grandes impérios da Antiguidade Oriental, aos cânticos, passeatas, coroas, comícios, monumentos e espetáculos da Grécia e da Roma Antiga.

Algum precursor das modernas pesquisas de opinião já parou para pensar que Dario, o rei da antiga Pérsia, utilizava os seus "olhos e ouvidos do rei", que percorriam anonimamente o império para recolher o sentimento do povo? Os consultores que formulam planos de metas ou definem obras como marcas de governo lembram que o mesmo Dario planejou e executou mais de 5 mil quilômetros de estradas para interligar suas províncias e facilitar o comércio? Os incentivadores da cultura como política de governo sabem que Alexandre da Macedônia construiu inúmeras bibliotecas e patrocinou a mais profunda interligação cultural planejada, que fundiu a cultura grega com a oriental, originando o Helenismo? Juscelino Kubitschek garantiu seu lugar na posteridade com a construção de Brasília. O mesmo Alexandre construiu dezenas de cidades, todas chamadas Alexandria, a menor delas maior do que o plano piloto original da nova capital brasileira.

Os Jardins Suspensos da Babilônia, o Colosso de Rodes, a Esfinge de Gizé, a Muralha da China, são alguns dos infindáveis exemplos de uma marquetagem tão antiga quanto eficiente.

Muito antes dos publicitários modernos quebrarem a cabeça em busca de ideias dificilmente originais, brilhavam eternos *slogans*, como os de Alexandre (o Grande), Átila (o Flagelo de Deus), Ricardo (Coração de Leão), Felipe (o Belo), Ivan (o Terrível), e por aí vai. No Brasil, nenhum gênio contemporâneo foi capaz de criar um *slogan* consistente e duradouro como o de José Bonifácio, o Patriarca da Independência.

Todo regime, desde a Antiguidade, teve a sua "logomarca". Os egípcios, por exemplo, lutavam sob o signo do escaravelho. Os assírios eram motivados pelos leões. Os israelitas carregavam nos seus estandartes a estrela de David, até hoje imediatamente associada ao povo judeu. Os cônsules romanos, como símbolo do seu poder, usavam duas machadinhas, chamadas fasces, de onde se originou o termo moderno fascismo. Onde quer que apareça uma águia dourada sobre fundo vermelho, sabe-se que se trata do Império Romano.

Os exemplos são infindáveis. A Idade Média foi quase insuperável no quesito identidade visual: cada casa real, todas as famílias nobres tinham armas e brasões inconfundíveis e, na esmagadora maioria, de extraordinário bom gosto.

Aliás, Maquiavel conhecia muitos dos seus precursores, anônimos como o autor que aconselhava os faraós do Egito a bem governar ou famosos como Aristóteles, que também acumulou a função de preceptor e marqueteiro de Alexandre da Macedônia.

Quem dispõe de um mínimo de verniz histórico ri de certos marqueteiros políticos dos tempos atuais, arrogantes e pretensiosos, que se apresentam como inventores da pólvora. Típicos personagens de uma fase infantojuvenil da versão do marketing político, que, nos Estados Unidos, foi marcado pela época em que esses profissionais chegaram a vender a ideia de que elegiam presidentes. E no Brasil desabrochou após o Regime Militar, quando ganhou a versão caricata de que na vitória o responsável é o marqueteiro, mas que a derrota é sempre culpa do candidato.

A exemplo de Maquiavel, o legítimo marqueteiro político é modesto, mesmo que seu ego seja do tamanho do mundo.

Porque quem entende mesmo de política sabe que não existe mágica para vencer uma eleição ou garantir uma boa administração. Sabe, também, que a resposta para os desafios que se apresentam não provém de uma cabeça iluminada e sim da relação que se estabelece entre um profissional competente e sua capacidade de lidar com os acontecimentos da vida real.

O que define a vitória eleitoral, que é a forma democrática da conquista do poder, mais do que truques de marketing e propaganda, é a proposta política com aderência às necessidades do povo naquele momento. Depende basicamente da direção para onde sopram os ventos que impulsionam o barco da sociedade no mar do processo histórico. E da indispensável existência de um candidato que encarne ou represente as expectativas do momento. O grande mérito do marqueteiro eleitoral é saber captar os fatores decisivos de cada momento e posicionar o seu candidato para tirar o melhor proveito das circunstâncias que lhe são oferecidas. Um marqueteiro eficiente pode ser o fator decisivo de uma campanha. Porém, em nenhuma circunstância se imagine que ele vá operar mágicas ou ter sacadas e ideias salvadoras. Quem compra essa expectativa está pagando caro por uma fútil ilusão.

As peculiaridades das aspirações do corpo social, em permanente mutação, fazem com que um candidato que acumula seguidas derrotas eleitorais torne-se um vitorioso, considerado imbatível em momento subsequente. E vice-versa. Ou que uma equipe de marketing que obtém sucesso em determinadas unidades da federação seja, no mesmíssimo dia, derrotada em outros estados, apesar de utilizar os mesmos argumentos publicitários, copiar *slogans* e adaptar músicas da matriz vencedora.

Da mesma forma, uma boa gestão não é alcançada graças ao talento de publicitários ou ao uso intensivo de jogadas de marketing, e sim pela capacidade do governante de formar uma boa equipe, manter uma articulação política coerente com a sociedade e dar respostas eficazes aos desejos e necessidades da população.

Se bem utilizado, o marketing político é um instrumento que pode ajudar muito na vitória ou somar para que um governo conquiste ampla aprovação popular. Sem dúvida pode contribuir decisivamente para uma vitoriosa campanha eleitoral, um governo eficiente, a difusão de uma proposta partidária e também para uma boa causa. Não se pense, porém, que é absoluto. Trata-se de um dos muitos fatores que levam ao fracasso ou ao sucesso. Maquiavel sabia disso. O papel que cabe aos assessores está bem definido em *O príncipe*.

A DIALÉTICA DO MARKETING

Da mesma forma que geralmente ocorre com relação ao pensamento de Maquiavel, os políticos progressistas costumam olhar o marketing com desconfiança, uma vez que, no dia a dia, a palavra remete ao cerne do capitalismo.

Essa visão impediu durante muito tempo que a denominada esquerda política tirasse o melhor proveito das técnicas de análise e compreensão da realidade que, se por um lado são colocadas a serviço da manutenção das estruturas de dominação econômica e ideológica, por outro podem servir para a sua transformação. O quanto uma visão da propaganda paradoxalmente construída de cima para baixo, "do céu para a terra", contrariando todos os ensinamentos de Marx e Engels, não terá contribuído para a crise e a queda dos países socialistas?

No Brasil, ironicamente, a adesão da esquerda ao marketing moderno, quando se fez, foi de forma bastante fútil, reforçando estereótipos e submetendo propostas e políticos às fórmulas espetaculosas sujeitas a truques e mistificações. Com isso, as bandeiras transformadoras foram atiradas na vala comum dos projetos conservadores da sociedade. Além de desqualificar as vitórias políticas e os avanços sociais, atribuídos erroneamente a jogadas de marketing, passam a ideia, em consonância com o pior do que se extrai de Maquiavel, de que os fins justificam os meios.

Karl Marx, em uma de suas tiradas geniais, disse que tudo o que o capitalismo toca transforma-se em mercadoria. As técnicas do marketing foram postas a serviço do lucro desenfreado, da exploração econômica e da manutenção das relações sociais baseadas na submissão de países ou seres humanos. Isso não exclui sua utilização na luta pela evolução e transformação das relações sociais e na criação de um mundo melhor, mais justo e sustentável dos pontos de vista econômico, social e ecológico.

Hoje, torna-se cada vez mais claro que a natureza e a sociedade são um todo em transformação. As descobertas da ciência e o avanço das comunicações nos mostram a cada dia que Heráclito de Éfeso tinha razão quando dizia, cerca de 2.500 anos atrás, que tudo flui: "este universo sempre foi, é e será um fogo eterno com unidades que se acendem e unidades que se apagam, permanentemente". Além disso, o ser humano já tomou consciência de que vive sob permanente ameaça de extinção e que os perigos e as benesses do planeta se relacionam entre si.

Manter a janela da mente aberta para o mundo é o ponto de partida para uma boa prática do marketing. Isso significa reconhecer o primado do real sobre o ideológico. Tal prática exige uma permanente revisão de conceitos e ideias, pois estes devem acompanhar as mudanças tecnológicas que criam a cada momento novas relações sociais. É uma dicotomia que se coloca para quem pensa o marketing: quem não se atualiza perde a sintonia com o mundo real. Quem abdica dos seus princípios ante as primeiras dificuldades abre mão da oportunidade de entender a essência do processo transformador.

Na porta do marketing, como na entrada do inferno de Dante, poderia estar escrito o dístico: "Ó vós que entrais, deixai aqui todos os preconceitos".

Mostrando a verdadeira face

Como autor, atribuo o inquestionável sucesso deste livro a fundamentalmente dois aspectos: inicialmente por ter, na primeira parte, proporcionado um entendimento para os leitores leigos do que representa o poder na sociedade, quem foi Maquiavel e as características marcantes da época na qual viveu. Além, naturalmente, de colocar ao alcance de todos uma leitura atualizada e facilmente compreensível do mítico e legendário *O príncipe*. Em segundo lugar, por oferecer, nos artigos isolados que compõem a segunda parte, uma abordagem diferente de fenômenos que, de alguma forma, tocam a alma humana. Mais do que isso, os capítulos carregam uma visão premonitória que só fez confirmar-se no início deste novo século.

A passagem do milênio trouxe o aumento do misticismo das massas. Foi flagrante o crescimento da religiosidade, especialmente numa versão primária de mistificação das massas. Os meios de comunicação continuaram a ganhar importância no dia a dia social e especialmente na política. A ideologia da morte ganhou novas e inesperadas dimensões, devido aos atentados suicidas de todos os gêneros, que se tornaram prática corriqueira, frequentemente associada a seguidores da religião islâmica. Rituais satânicos e assemelhados, aqui e ali, surgem na mídia, escandalizando a sociedade e, ao mesmo tempo, mostrando sua capacidade de resistir ao tempo e aos progressos da civilização.

Porém nada contribuiu tanto para manter este livro plenamente atual e cada vez mais necessário como o crescimento desenfreado do maquiavelismo, com os governos das maiores potências do planeta mostrando sua verdadeira face.

Nunca, nem mesmo na época do nazismo – que se julgava morta e enterrada –, se utilizou tanto do cinismo, da mentira, da mistificação. Tomando como exemplo os Estados Unidos, seus governantes e suas instituições, supostamente guardiões de valores democráticos e libertários, entraram no jogo rasteiro e sujo do engodo, do genocídio, da violação dos direitos humanos, da tortura descarada.

O mais abominável dos crimes contra a humanidade, a tortura, passou a ser política de guerra norte-americana. E como sempre acontece nesses casos, a condenável prática passou a ser utilizada tanto como meio para alegados fins de defesa nacional como simplesmente razão de divertimento de mentes pervertidas ou embotadas.

No momento em que o presidente dos Estados Unidos mente para justificar a agressão militar contra um país independente, envia prisioneiros sem julgamento para campos de concentração, ordena o bombardeio de populações civis desarmadas, discrimina abertamente minorias, persegue estrangeiros e acoberta torturas e falcatruas, tudo perde o limite. E não é uma questão relacionada apenas ao poder executivo do grande império. O judiciário do país, além de se omitir em questões cruciais nas quais devia atuar em defesa da liberdade, se deixa utilizar docilmente como instrumento de opressão, individual ou coletiva; o legislativo acoberta e respalda práticas eticamente indefensáveis; a mídia se exime de uma abordagem crítica; e a sociedade faz de conta que não sabe de nada, tornando-se cúmplice de todo o arcabouço de deformação institucional posto em prática. Quem ler com atenção os capítulos seguintes que se referem ao nazismo alemão não encontrará muitas diferenças no comportamento omisso da sociedade atual.

O Brasil, por sua vez, não ficou livre desse vendaval de falta de ética que devasta a política contemporânea. Basta ver o cinismo dos governantes ante os sucessivos escândalos, bem como a indiferença da maioria da sociedade em relação aos maiores absurdos, praticados em nome de um suposto avanço social, para se constatar, tristemente, que o destino temporário dos valores éticos é a lata do lixo. Não é à toa que, neste milênio, até agora, nunca antes na história deste país os banqueiros lucraram tanto e o povo foi tão aquinhoado por esmolas de todos os tipos.

Quem se der ao trabalho de refletir sobre a realidade dos países mais desenvolvidos e das elites do terceiro mundo só vai encontrar divergências desse quadro nas exceções. O mundo dos dominadores vive o momentâneo, porém absoluto, triunfo do maquiavelismo.

Maquiavel, que admitia a utilização do mal quando o Estado estava ameaçado e não era possível praticar o bem, ou seja, como instrumento de uma causa maior, deve estar se remexendo em seu túmulo.

Pelo menos foi isso que imaginei recentemente, quando estive por lá mais uma vez.

(Recife, PE, julho de 2011)

HITLER E GOEBBELS:
A MÁQUINA DE CONQUISTAR MENTES

Se o nacional-socialismo criou alguma coisa de genial foi a sua propaganda. Construiu a mais formidável máquina de convencimento político do nosso século, capaz de subverter as mentes de um povo inteiro.

Por trás da máquina, duas mentes brilhantes. Uma que formulou os conceitos e outra que os colocou em prática.

Falamos de Hitler e Goebbels. A imagem caricata que se cultiva do Führer nem de longe permite vislumbrar o grande formulador e o profundo conhecedor das técnicas e estratégias da comunicação.

Propaganda política representa uma mistura de técnica, arte e ideologia. Os preceitos técnicos em si não têm partido. Poderão servir de instrumento de divulgação para qualquer ideologia. A diferença da propaganda política está na arte de quem a executa e na ideologia que dissemina.

Hitler era um meticuloso observador da propaganda, especialmente da propaganda de guerra. "A guerra já nos mostra que resultados formidáveis uma propaganda adequada pode obter", dizia ele em *Mein Kampf* (Minha luta), o livro-programa que concebeu na prisão no início da década de 1920.

Mein Kampf traz um roteiro teórico completo para a comunicação, que Goebbels se encarregaria de colocar em prática. No livro, Hitler considera a propaganda um meio e como tal a sua forma deve ser adaptada ao fim a que se destina.

Outra questão decisiva é o público-alvo da propaganda. A quem deve ser dirigida, aos intelectuais (aqueles a quem hoje denominaríamos formadores de opinião) ou às massas menos cultas? Hitler não tem dúvida em responder que a propaganda terá sempre que ser dirigida às massas. Toda propaganda deve ser popular e nivelada pelo mais ignorante dentre aqueles a quem se dirigir. Quanto mais modesto o seu lastro científico e quanto mais levar em consideração o sentimento das massas, maior será o seu êxito.

Hitler considera que a capacidade de compreensão do povo é muito limitada, ao passo que sua capacidade de esquecer é enorme. Sendo assim, a propaganda deve restringir-se a poucos pontos, e estes deverão ser valorizados como estribilhos até que o último indivíduo consiga saber exatamente o que representa esse estribilho.

Ele critica a tendência de entregar o serviço de propaganda "ao primeiro asno que aparecia". Para esse serviço, dizia, "é necessário um profundo conhecedor da alma humana".

As mensagens não devem deixar margens a dúvidas. "Quando se verifica numa propaganda em causa própria o menor indício de reconhecer um direito à parte oposta, cria-se imediatamente a dúvida quanto ao direito próprio". O povo, segundo ele, é de índole feminina tão acentuada que se deixa guiar menos pela reflexão do que pelo sentimento. Os sentimentos do povo são simples e consistentes. Positivos ou negativos: amor ou ódio; justiça ou injustiça; verdade ou mentira. Nunca porém o meio-termo.

Na propaganda, não se conseguirá êxito, segundo Hitler, se não se levar em conta sempre e intensamente o postulado fundamental da repetição. Ele critica intensamente aqueles que só querem novidade, variedade e tornam-se, desse modo, inimigos mortais da conquista eficiente das massas por uma ideia política. As massas necessitam de determinado período antes de tomarem conhecimento de um fato e só depois de muita repetição dos mais simples conceitos é que sua memória entrará em funcionamento.

A linha mestra da propaganda, segundo Hitler, nunca deve ser abandonada e qualquer variação deve acabar afirmando a mesma coisa. Toda publicidade tem seu êxito assegurado na constância e na continuidade da sua aplicação.

A TEORIA NA PRÁTICA

Quem pôs em prática os postulados de Hitler foi Goebbels. Esse notável orador que um dia, sem sucesso, tentou arranjar emprego como produtor de teatro, acabaria assinando alguns dos espetáculos políticos mais impressionantes do nosso tempo.

No início da sua trajetória, os nazistas não tinham recursos para utilizar a mídia formal – a imprensa, os correios, os grandes painéis. Goebbels recorreu aos pequenos cartazes, colados em cilindros nas esquinas, com tipos grandes e letras vermelhas. Na sua ótica, não são os grandes escritores, mas os grandes oradores que fazem as revoluções. Tratou, pois, de treinar oradores inflamados.

Ele entendia que o modo mais eficiente de fazer qualquer plateia aceitar uma ideia era prepará-la emocionalmente. Usava, para tanto, música adequada, cerimonial conveniente, apelava para o ritual e para a solenidade. Entendeu e utilizou o efeito hipnótico dos gritos, dos lemas, das canções patrióticas, dos holofotes e seu jogos de luzes. Como ninguém, tirou proveito da cadência dos pés e da marcha rítmica.

Ficaram famosos os lemas nazistas que Goebbels adaptava de frases que encontrava nos livros que lia: *"Lebensraum"* (Espaço Vital!), *"Blut und Boden"* (Sangue e solo!), *"Die Juden sind unser Unglück"* (Os judeus são a nossa desgraça), *Volk ohne Raum* (Povo sem espaço) e *"Deutschland erwahe"* (Alemanha, desperta!). Este último lema "soava como um tambor na consciência das massas".

Goebbels utilizava seu jornal *Ataque* como instrumento de Hitler. A verdade só existe na propaganda quando coincide com os interesses do partido e do Führer. "Se coincidir com a verdade real, tanto melhor. Se não coincidir, será preciso fazer adaptações."

O PODER DA PALAVRA

Seduzido pelo poder da palavra, Hitler transformou o rádio em seu grande instrumento. Aumentou a potência e a quantidade dos transmissores. Deu ordens para a produção do "rádio do povo", para que todas as famílias pudessem ter acesso aos receptores. Promoveu audições comunitárias, nas fábricas, nos escritórios, nos restaurantes e cafés. Mandou instalar alto-falantes nos postes, para que ninguém deixasse de ouvir as mensagens do Führer.

As bandeiras, as cerimônias, as marchas, os rituais, atestam para a capacidade inventiva de Goebbels e sua vocação para os grandes espetáculos de massa. Alguns exemplos de sua criatividade: em 1930, teve a ideia de, durante um funeral, fazer a chamada do nome do morto, com todos respondendo *"presente"*. O efeito dramático foi tão forte que ainda hoje se usa esse recurso.

Em junho de 1940, quando a França se rendeu a Hitler, Goebbels armou a cerimônia da Floresta de Compiegne no mesmo vagão da rendição alemã de 1918, com os personagens nas mesmas posições, em ordem inversa. Os alemães no lugar dos vencedores e os franceses no dos vencidos.

O curso da guerra impôs a realidade dos fatos e pôs por terra, um a um, os mitos alimentados pela propaganda nazista. Ficou clara uma lição que Hitler não escreveu e Goebbels não praticou: nenhuma propaganda, por melhor que seja, transforma mentira em verdade. O sucesso da propaganda não foi suficiente para levar os alemães à vitória.

Goebbels, no entanto, armou um último e definitivo espetáculo. Providenciou a cremação de Hitler e Eva Braum e, em seguida, matou a família e se suicidou, determinando a incineração dos seus corpos. Tinha em mente que um mito se alimenta do mistério. E pretendeu deixar para a posteridade o cultivo do mito de Hitler.

A história, como a vida, é feita de contradições. Hitler e Goebbels, os homens que fizeram a apologia da mentira, mostraram que, no fundo, acreditavam de verdade na sua causa.

Foram capazes de morrer por ela.

O MITO DA PROPAGANDA NAZISTA

Goebbels, o grande feiticeiro da propaganda nazista, afirmava que uma mentira dita uma vez é apenas uma mentira, mas repetida mil vezes se converte em verdade. Esse foi apenas um dos muitos equívocos que sustentaram o mito do III Reich, um gigantesco castelo construído sobre alicerce de areia por arquitetos que imaginavam poder mudar a realidade por meio da propaganda ideológica. Antes mesmo do fim oficial da guerra na Europa, na meia-noite do dia 8 de maio de 1945, a máquina de divulgação do Reich estava definitivamente desmoralizada. A bandeira vermelha da União Soviética, tremulando sobre o Reichstag (Parlamento) alemão em Berlim, desde o dia 2 de maio, resgatava o primado do real sobre o sonho e a fantasia política.

A Segunda Guerra Mundial foi, sob muitos aspectos, um conflito peculiar. Representou, com certeza, o último grande confronto bélico direto entre potências da sociedade industrial e o primeiro envolvendo uma potência socialista. E, certamente, nenhuma guerra anterior mobilizou um aparato técnico e humano tão significativo, incluindo uma estrutura de propaganda capaz de canalizar sentimentos e arregimentar multidões.

É verdade que não se faz guerra sem consistência ideológica que provoque a adesão indispensável da massa. Ao longo do tempo, cada sociedade tem resolvido, a seu modo, a questão de difundir ideias e ideais. Cada época encontra a maneira mais adequada de os grupos hegemônicos "venderem" suas verdades, transformando-as, mesmo momentaneamente, na tese válida para todo o corpo social. O nazismo encontrou seu caminho de forma criativa e competente. A propaganda de massa foi explorada de modo extremamente eficaz, com

Hitler
não enganou
os alemães.
Propaganda
não transforma
mentira em verdade.

ênfase na "mídia eletrônica", que dera, por meio do rádio, um salto qualitativo na história da comunicação.

Uma questão que se coloca é de como Hitler e seus seguidores conseguiram enganar por tanto tempo um povo culto, com um elevado nível de civilização, como o alemão. Na verdade, o povo alemão não foi ludibriado pelos nazistas e sua máquina de propaganda, mesmo porque nenhum aparato de comunicação consegue enganar um povo. O que se consegue é canalizar, exacerbar, manipular sentimentos, e isso os nazistas souberam fazer muito bem.

A Alemanha, humilhada pelo Tratado de Versalhes, com uma economia debilitada e um profundo sentimento de frustração no espírito de cada cidadão, seria o palco ideal para o triunfo de forças conservadoras, tendo como ponta de lança o agrupamento mais reacionário que a política contemporânea produziu. Quando Hitler sistematizou suas ideias no *Mein Kampf*, ditado na prisão após o "putsch" fracassado de 1922, destilou suas frustrações individuais, que coincidiam com o sentimento da maioria dos alemães. Os dados da questão emergem com clareza; um povo orgulhoso do seu passado e convicto da sua superioridade cultural/racial encontra-se no fundo do poço, convivendo com uma realidade inaceitável. O "profeta" aponta os culpados (terceiros, naturalmente) e indica o caminho da salvação: o reino político messiânico dos mil anos, aqui mesmo na Terra. A Alemanha era, toda ela, uma messe em disponibilidade. Bastou ao guia apontar o caminho.

À distância, pode parecer ao observador superficial que o nazismo não passou de uma loucura. Na verdade, o nazismo não parecia um delírio alucinante aos olhos do povo alemão; o que não fazia sentido, para ele, era a sua realidade. Essa era, realmente, inaceitável. É preciso ressaltar que Hitler alcançou grande êxito somente após 1929, quando a crise que abalou o capitalismo mundial se abateu vigorosamente sobre a combalida economia germânica, que até então experimentara uma tênue recuperação da catástrofe de 1914-18. A crise aguçou os problemas e exibiu a incapacidade dos meios convencionais para garantirem o progresso que o alemão médio ambicionava.

Foi somente então que o nazismo ganhou impulso. Em poucos anos, de um partido sem grande expressão, transformou-se em grande força, a ponto de Hitler ter perdido as eleições presidenciais de 1932 por muito pouco. Tão pouco que Hindemburg não teve trabalho em ser convencido de que não podia governar sem os nazistas. E foi de acordo com os preceitos constitucionais vigentes que eles chegaram ao poder, com seu grande líder entronizado como chanceler.

Uma vez no poder, os nazistas utilizaram a máquina do Estado e seu próprio aparato eficiente e complexo para implantar seu programa e aniquilar os inimigos. Dificilmente em qualquer outro momento agiu-se com menos ética ou descaramento mais ostensivo. Nem todos os alemães apoiavam o nazismo. Muitos democratas, comunistas e socialistas pagaram com a vida sua oposição ao sistema. A maioria, no entanto, era favorável.

A FORÇA IDEOLÓGICA

À primeira vista, o ideário nazista é de uma pobreza intelectual que beira a indigência. De todas as arengas do Führer e de seus assessores, sobram as ideias básicas da supremacia racial do ariano, da inferioridade dos mestiços e judeus, da traição de que fora vítima o povo alemão, do ódio aos bolchevistas, da necessidade do Lebensraun, o espaço vital. Em torno desses eixos, operou a máquina de propaganda e mobilização.

Ideologia, por definição, é um sistema de ideias que justifica as relações dos homens entre si ou com a natureza. Dessa perspectiva, pode-se falar sem preocupação da ideologia nazista, pois toda ela foi moldada para justificar posturas e atitudes. A superioridade racial desde há bastante tempo era acolhida com muito carinho pelo alemão comum. Tratava-se de uma ideia fácil de ser difundida, porque pouca resistência encontrava. Os judeus eram, por sua vez, também um alvo fácil. Pagavam, mais uma vez, o altíssimo preço pela manutenção da sua individualidade enquanto povo ao longo dos séculos. A manutenção dessa individualidade exigia o isolamento racial e cultural, e a psicologia coletiva tende a discriminar quem se isola.

A ideia da traição também penetrava facilmente nos espíritos. É difícil para alguém ou para um povo encarar seu próprio fracasso. A indicação de culpados, facilitada no caso alemão pelas circunstâncias de sua rendição em 1918, encontrava grande receptividade. E aí, mais uma vez, comunistas e judeus constituíam um excelente saco de pancadas, bem ao gosto dos interesses da alta burguesia alemã, sempre pronta a investir mais alguns marcos na surda luta contra o fantasma do bolchevismo. E que alemão de bom-senso era capaz de duvidar que o país precisava realmente de espaço para que sua economia pudesse respirar a plenos pulmões?

Voltamos ao ponto: a ideologia nazista justifica posturas, mas está solidamente enraizada na realidade econômica, social, política e psicológica do povo alemão da época. Assim, a população não é enganada, mas estabelece, com seus ideólogos, uma postura de cumplicidade que pode ir da adesão mais ostensiva a uma estudada indiferença aparente que, no futuro, pode dar margem – e como deu, no caso alemão – a uma saída do tipo "eu não sabia".

No caso do nazismo, a maioria do povo alemão compartilhou do processo. Sabendo muito bem o que fazia. Insistimos nisso, para ressaltar o perigo da nazificação de qualquer sociedade ou da sua totalização ideológica e as repercussões práticas que pode acarretar. E para destacar que o potencial de convencimento ideológico pelos meios de comunicação é muito grande, mas esbarra no limite da realidade. No que se refere ao povo alemão, as ideias nazistas acasalavam-se muito bem com a sua realidade e aspirações.

Alguém na própria Alemanha, já calculou com autoridade que cerca de 5 milhões de pessoas tinham conhecimento dos horrores dos campos de concentração e do funcionamento dos fornos crematórios de Hitler. A partir daí, não se pode falar efetivamente em "segredo", sem contar as manifestações de apoio ao nazismo, impressionantes pela quantidade de pessoas envolvidas e pelo nível de adesão individual. Milhões de pais estimularam os filhos ao nazismo, levando-os para alistamento nas juventudes hitleristas ou para academias militares, em uma corrente de apoio e coonestação da política empreendida por Hitler e seus seguidores.

O antibolchevismo dos nazistas não tinha força, entretanto, para que os estrategistas do partido deixassem de ver a realidade internacional. Não foi difícil para eles o convencimento de que, em 1939, não era a União Soviética o principal inimigo a ser atacado.

Eles perceberam claramente que as contradições no próprio campo do capitalismo eram mais fortes e mais urgentes de ser enfrentadas, e não hesitaram em firmar o temporário pacto germano-soviético. É outra peculiaridade do conflito: as contradições "imperialistas" foram mais fortes na determinação do caráter da guerra. O choque entre blocos ideológicos conflitantes ficaria adiado para a Guerra Fria. A União Soviética participaria da Segunda Guerra, tiraria proveito dela – aliás, foi a grande vencedora do ponto de vista político –, mas o socialismo não seria responsável pela coloração do confronto.

A derrota, consumada no 8 de maio de 1945, criou uma nova realidade, amarga sem dúvida, para o povo alemão. Com o país vencido e dividido, restava levantar a cabeça e seguir em frente. Agora, pelo menos, não era mais necessário procurar culpados. Eles se evidenciavam facilmente. Os nazistas acabaram arcando com o ônus por todos os males e responsabilidades pela guerra. Sabemos muito bem que não foi tão simples assim. Mas registramos a ironia de ter o feitiço virado contra o feiticeiro.

A IDEOLOGIA DA MORTE

Um conflito como a Segunda Guerra Mundial não se define apenas nos campos de batalha. Por trás dos sangrentos choques entre combatentes travam-se articuladamente outras guerras paralelas, menos ostensivas mas, nem por isso, menos importantes para os destinos dos países e povos envolvidos. É o caso, por exemplo, da guerra econômica marcada entre 1939-45 pela acirrada competição industrial, e da guerra ideológica, travada por meio da propaganda de cada um dos contendores. Esta última é fundamental, na medida em que assegura aos combatentes a necessária coesão ideológica e convence parte do povo a destruir e aceitar a destruição, a matar e, eventualmente, se deixar morrer.

Os últimos meses da guerra no Pacífico apresentam, nesse particular, aspectos extremamente significativos que, até hoje, fascinam e desafiam os ocidentais. Com a Alemanha nazista e a Itália fascista aniquiladas, o Japão, terceiro polo do Eixo que fora formado para dominar o planeta, prossegue teimosamente sua luta, em uma cruzada solitária e aparentemente desprovida de sentido.

Por que continuar lutando contra todas as evidências, resistindo contra um inimigo incomparavelmente mais forte em todos os setores? O que tornava a resistência nipônica tão encarniçada, a ponto de transformar qualquer operação no mar, na terra ou no ar em mais um dramático capítulo escrito com sangue? O que predispunha milhares de pessoas a encarar a morte com estoicismo e até mesmo a se disporem ao dócil sacrifício de suas vidas em missões sem retorno?

A resposta para essas e muitas outras perguntas que poderiam ser formuladas em torno do tema só pode ser encontrada considerando-se a cultura oriental e seu posicionamento

A PROPAGANDA
DA GUERRA
CONFUNDE
AS RAZÕES
PARA MATAR COM AS
RAZÕES PARA VIVER.

diante da vida e da morte. Levaremos em conta especialmente a expectativa japonesa em relação ao conflito e, em particular, a ampla propaganda desenvolvida na preparação e na sustentação da guerra.

É nessa verdadeira ideologia da morte que se encontram as razões para as infiltrações que os soldados do Sol Nascente realizavam nas linhas americanas por meio de equipes suicidas que alcançavam as baterias inimigas e as destruíam com o sacrifício das próprias vidas. É aí que se encontram as explicações para o comportamento dos pilotos kamikases, que aparecem quando a força aérea americana passa a impor perdas irreparáveis à frota e à aviação japonesas e atiram seus aparelhos sobre os alvos visados. Também para as bakas, bombas dirigíveis, algo como V-1 guiadas até o seu destino por pilotos suicidas.

Nesse aspecto, aliás, competiam intensamente a aviação e a marinha: embora menos conhecidos no Ocidente, não foram menos devastadores os torpedos suicidas japoneses, dirigidos até o alvo por um ou dois homens do corpo especial dos "kamichio", além das embarcações carregadas de bombas ou de nadadores que carregavam amarradas aos seus corpos cargas explosivas de alta potência, que atormentaram os americanos no ocaso da guerra.

NOVA ORDEM ECONÔMICA

Ideologia é, antes de tudo, justificação. O homem, animal pensante, não suportaria viver apenas com explicações frias e racionais. Na busca constante de uma razão para existir, o homem inventa permanentemente, fantasia a realidade para tornar menos cruel a sua aceitação. É por isso que o sonho faz parte indissociável do real.

O Japão foi levado à guerra pelas mais puras e simples imposições da competição econômica do capitalismo industrial e sua aparentemente desvairada disputa pelas colônias. Os interesses comuns aproximam os integrantes do Eixo, sacramentados pelo acordo tríplice de setembro de 1940.

Na ocasião, é anunciada "a grande Carta da Nova Ordem", e cada um dos parceiros tinha a sua missão sagrada. À Alemanha e à Itália cabiam estabelecer essa ordem na Europa, enquanto reconheciam o Japão como encarregado de realizar a proeza na Ásia.

A expansão econômica e militar do Japão, iniciada na segunda metade do século XIX e acelerada após a grande crise de 1929, ganhava agora o seu corpo ideológico. A exemplo do que se verificava com o nazismo, prosperava no Oriente a crença na superioridade da raça e acenava-se com supostas preocupações de ordem econômica e social. O objetivo estratégico era claro: estabelecer a hegemonia japonesa sobre toda a parte oriental do continente asiático e sobre os arquipélagos dos "mares do Sul". As justificativas, no entanto, trafegavam por outras rotas.

A missão japonesa era apresentada ao povo, antes de tudo, como de cunho cultural. A propaganda nipônica martelava a necessidade de preservação das influências tradicionais, sociais e religiosas, e pregava incessantemente a eliminação da influência estrangeira. Tratava-se, portanto, de travar uma guerra santa. Ressalte-se que em todas as áreas conquistadas o Japão procurava reforçar os ideais autoritários da sociedade asiática: a supremacia do chefe de família, a solidariedade do sangue, o espírito de responsabilidade coletiva, a subordinação da mulher.

No campo econômico, a pregação japonesa dá ênfase à condenação da economia colonial baseada no *plantation* e acena com douradas promessas de prosperidade e independência econômica. A ativa propaganda contra o colonialismo e o imperialismo ocidentais, no entanto, não consegue casmuflar as contradições do seu próprio colonialismo, que utilizava os países ocupados na produção de matérias-primas para alimentar a indústria japonesa e, ao mesmo tempo, como ancoradouro para os artigos manufaturados nipônicos.

"Cada setor da esfera de coprosperidade produzirá o que melhor convém a suas possibilidades e receberá dos outros o que lhe falta", trombeteavam os arautos orientais da "Nova Ordem".

Esse discurso colonialista soa familiar aos nossos ouvidos tropicais.

Razões para matar

O maniqueísmo faz parte do espírito das guerras. Os bons e justos estão invariavelmente do nosso lado. Os inimigos tendem sempre à crueldade, à barbárie, à desumanidade. No quadro complexo da Segunda Guerra, japoneses e ocidentais tinham ainda a separá-los as fronteiras da raça e da cultura. Importava pouco o fato de fazerem ambos parte do mesmo sistema econômico, pois a guerra não foi entre blocos ideológicos, mas travou-se dentro das fronteiras do capitalismo. A União Soviética socialista cumpre um papel ambíguo: está cristalinamente alinhada contra o Eixo mas "corre por fora" na competição entre sistemas.

Em uma guerra, as razões para matar ou morrer confundem-se com as razões para viver. A exacerbação cultural e racial desse processo, no Japão, produz o fenômeno kamikase e seus correlatos. O indivíduo supera a natureza por meio da ideologia e parte para morrer com a mesma tranquilidade com que enfrentaria anos e anos de vida. Sua existência se confunde com sua missão. A tarefa do kamikase não tem retorno. A caminho da autodestruição, o homem não se concede sequer o benefício da dúvida, não se alimenta da possibilidade, mesmo remota, da sobrevivência que acalenta os soldados destinados a "missões impossíveis". A propaganda da morte cumpriu, então, perfeitamente o seu papel.

Por ironia, a resistência suicida dos japoneses serviria de pretexto para a mais dramática experiência bélica jamais tentada pelo homem, colorindo agosto de 1945 com tons especialmente trágicos. As nuvens do cogumelo atômico que subiram sobre Hiroshima e Nagasaki marcam o ponto de passagem entre duas eras, representam o fim do drama da última guerra generalizada da sociedade industrial e o início do pesadelo nuclear. A destruição de cidades e civis, elemento básico do cruel perfil do conflito, chegou ao paroxismo. E

O pior é que a bomba não era necessária, do ponto de vida estritamente militar.

O Japão, exaurido, não tinha condições de resistir mais por muito tempo. Diversos especialistas na guerra afirmam que o governo japonês já havia decidido sua rendição e que o serviço de espionagem norte-americano interceptou e decifrou mensagem naquele sentido, emitida pelo Ministério de Assuntos Estratégicos do Japão. As explicações mais plausíveis para as bombas deslocam-se da guerra que se extinguia para o conflito que se iniciava, entre blocos ideológicos antagônicos.

A questão que mais preocupava naquele momento os americanos era o avanço soviético ao norte do Japão. Depois das arrasadoras vitórias na Europa do Leste, o Exército Vermelho marchava célere para recuperar posições no Oriente, perdidas pela Rússia na guerra de 1904-5. Era preciso deter imediatamente este avanço, mediante o fim da guerra. Era preciso, também, recuperar o prestígio abalado. Daí as bombas. As vítimas inocentes de Hiroshima e Nagasaki pagam antecipadamente o alto preço do conflito atômico entre superpotências guardiãs de sistemas opostos. A guerra agora já era outra.

A dura realidade da cruel destruição põe às claras para a população japonesa, intoxicada pela propaganda da guerra, a inviabilidade da resistência. A dimensão coletiva da morte derrota a decisão individual do autossacrifício. Nessas condições, não foi difícil para a elite político-militar convencer o país da necessidade da paz.

O impacto das bombas também desvia as atenções do mundo das grandes perdas sofridas pelo bloco capitalista durante a guerra e inicia a temporada de ameaça do apocalipse nuclear. O mundo passaria a caminhar na corda bamba do precário equilíbrio atômico.

Estamos todos no mesmo barco, igualmente ameaçados. Logo, podemos dormir em paz.

O aguçado instinto de sobrevivência coletiva da humanidade representa nossa maior garantia neste planeta potencialmente kamikase, que superou, mas não pode esquecer agosto de 1945, em Hiroshima e Nagasaki.

JESUS CRISTO E O MARKETING DA SALVAÇÃO

Sem entrar em discussões quanto aos seus aspectos teológicos, podemos considerar os Evangelhos de Marcos, Lucas, Mateus e João as mais bem-sucedidas peças de propaganda da fé produzidas no mundo ocidental. Com base neles, foi realizada a mais duradoura, consistente e transformadora difusão de um ideal por um grupo pequeno e coeso, no ambiente hostil do Império Romano. Segundo concordam os estudiosos, esses textos foram escritos aproximadamente entre 70 d.C. (Marcos) e 110 d.C.(João). Lucas escreveu em torno de 85 e Mateus, mais ou menos em 90. Eles são a pedra angular do marketing cristão.

Nenhum dos evangelistas conheceu Cristo. Portanto, só tiveram acesso às suas palavras por intermédio de terceiros ou de outras fontes. Cristo, como outros pensadores e taumaturgos da Antiguidade, nada escreveu. Apenas falou.

A presença constante dos apóstolos e mais algumas dezenas de fiéis que estavam frequentemente ao lado do Mestre acabou por construir uma tradição oral bastante sedimentada que superou a falta de registros escritos das palavras de Jesus. Essa memória possibilitou uma descrição evangélica bastante coerente e homogênea, a despeito de divergências que se verificam aqui e acolá ao longo do Novo Testamento.

O objetivo primordial dos Evangelhos não era documentar a história, e sim o de fazer propaganda da fé.

Não se preocupavam eles com a precisão biográfica, mas com a essência do testemunho religioso. A teologia, portanto, constitui o cerne dos escritos. Tanto quanto o estilo, o conteúdo dos relatos foi fortemente condicionado pelas necessidades da difusão da crença nas condições específicas do Império.

Perseguido e acuado de forma impiedosa, basicamente por não aceitar a divindade do imperador, o cristianismo

De signo da derrota, a cruz transformou-se na logomarca da vitória do cristianismo.

primitivo usou, com a maior competência, o que hoje denominamos marketing e propaganda para sobreviver, difundir a sua fé, acrescentá-la e fortalecê-la.

A figura carismática do Cristo foi o fundamento desse processo. Ele combinava uma vida em carne e osso, que o aproximava dos homens comuns, com a aura de divindade, que o colocava no patamar de Osíris, Mitra e outros deuses orientais de forte apelo popular.

Homem e Deus ao mesmo tempo, para os que creem nele, Cristo expressou a encarnação de antigas visões messiânicas do povo judeu, que encontraram sua síntese mais expressiva no livro apócrifo de Enoch. Ali, o Messias, rei da Judeia, dos profetas mais antigos, é sucedido pelo "Filho do Homem", expressão que vem do livro de Daniel.

Enoch, no entanto, substituiu os aspectos terrestres e humanos apresentados pelo Messias de Daniel. O "Filho do Homem" emerge, agora, como ser sobrenatural, que existia desde a criação do mundo e seria enviado à Terra para cumprir os desígnios de Deus.

Antes do aparecimento do cristianismo, segmentos do povo judeu admitiam o advento de um Messias-mártir, um cordeiro a ser imolado para purgar os pecados dos seres humanos. Os essênios acreditavam que o Mestre era um homem santo que ressuscitaria após a sua execução.

Depois de agir deliberadamente de forma ambígua durante algum tempo, dando margem a que os próprios apóstolos tivessem dúvida sobre a definição do seu papel, Cristo, nos momentos finais e decisivos de sua vida, assumiu de modo claro, incisivo e indiscutível o caráter da sua missão. Ao afirmar categoricamente "Meu reino não é deste mundo", ele se desembaraçou de qualquer compromisso com o messianismo terrestre, diferenciou a sua mensagem em relação às demais religiões antigas e assumiu um posicionamento peculiar diante da vida e da morte. A mensagem do reino que não é deste mundo foi apreendida e assimilada pelos discípulos, após o impacto inicial da prisão, julgamento e execução do Mestre. Constituiu o cimento que garantiu a coesão do grupo e a força que impulsionou o seu apostolado.

Os que condenaram Cristo pensavam que sua morte por crucificação estaria desmoralizando um falso Messias. O cristianismo nascente transformou a cruz de signo de derrota em logomarca de vitória. Triunfo da concepção de vida eterna sobre a morte terrena.

Sinônimo do mais doloroso martírio, a cruz virou símbolo do passaporte para o Reino Eterno.

A FORÇA DA MENSAGEM

Embora a questão da vida, da morte e da ressurreição seja essencial para o êxito do cristianismo, existem muitos outros pontos que marcam fortemente os ensinamentos de Cristo e contribuíram para que a mensagem cristã penetrasse na alma das pessoas simples da época.

Os ensinamentos de Cristo são marcadamente éticos, preocupados em levar os homens à prática do bem. "Dai de comer a quem tem fome e dai de beber a quem tem sede" é um desafio para o mundo competitivo. A exaltação à simplicidade ("Sê como os lírios do campo"), a condenação à riqueza ambiciosa ("É mais fácil uma corda passar no fundo da agulha..."), a generosidade sem limites. ("Ao que te levar a capa, dá-lhe também a túnica"), são alguns aspectos fascinantes desses ensinamentos. Cristo manda oferecer a outra face, não por subserviência ou covardia, mas por grandeza.

O perdão é outro elemento marcante na sua doutrina, especialmente se considerarmos que a vingança era consagrada pela lei e pelo costume. Os episódios da mulher adúltera e da cortesã que lhe lava os pés ainda hoje causam impacto. Embora não chegue a subverter inteiramente os valores do seu tempo, Cristo avança em relação a muitos aspectos. Suas palavras e suas atitudes garantem às mulheres um espaço de muita dignidade no cristianismo primitivo, tendo como base o próprio papel que cumpriram em sua vida. As crianças foram consideradas e valorizadas ("Deixai vir a mim as criancinhas").

Apesar de ter como epicentro a Palestina e como destinatário original o povo judeu, o cristianismo estava aberto a todos os seres humanos, sem restrições de sexo, raça, classe, nação. Ao legar o sacrifício de Jesus a todos os homens, o cristianismo anunciou algo, se não inédito, pelo menos muito raro: a igualdade fundamental entre todas as pessoas. As diferenças sociais passaram a coisa terrena e, portanto, temporária. Ao proclamar a bem-aventurança para os que sofrem, humanizou e dignificou a pobreza e o padecimento. Se isso não mudou as condições de vida das camadas sofredoras, pelo menos lhes deu um pouco de respeito e esperança.

Will Durant, no seu livro *César e Cristo,* diz que, tomada em seu conjunto, nenhuma religião mais atraente surgira ainda na humanidade. Mesmo aos maiores pecadores prometeu perdão. Para os atormentados, transmitiu a segurança da revelação. Aos homens e mulheres, escravizados pela pobreza e pelo trabalho, trouxe a poesia dos sacramentos e da missa. No vazio de um paganismo agonizante, estimulou uma nova moral de fraternidade, bondade, decência.

No cotidiano, Cristo deixou lições de tolerância (entre os 12 escolhidos tinha de revolucionário zelote a cobrador de impostos) e energia (o episódio dos vendedores no templo o demonstra), austeridade e prazer pela vida, como fica claro no episódio das Bodas de Caná.

Talvez a condição judaica de Cristo, filho de uma nação marcada pelos signos da resistência, da disposição, do sofrimento, tenha conferido o caráter cosmopolita aos seus ensinamentos. Os seus sucessores – Pedro à frente – traçaram a estratégia correta para a expansão da sua doutrina: encarar o centro do mundo, o coração do Império. Eleger como adversário o inimigo mais forte. Desafiar o leão no seu covil.

A FÉ AUDACIOSA

"A fé remove montanhas", proclamam os cristãos. Mas realmente para acreditar que o cristianismo sobreviveria a um confronto direto com o Império Romano era preciso mais do que crença.

No início, as pregações do cristianismo anunciavam o breve retorno de Cristo para estabelecer o Reino do Céu sobre a Terra. Os apóstolos acreditavam e propagavam isso com entusiasmo. Nos primeiros momentos, valiam os testemunhos pessoais e os relatos sedimentados na tradição oral do grupo como elementos de propaganda e convencimento. Depois vieram os *Atos dos Apóstolos* (narrativas) e as *Epístolas* (cartas), para convencer pessoas de lugares remotos. Com o passar do tempo, mortos os contemporâneos de Jesus e com o cristianismo mais amplamente difundido pela diáspora dos judeus, alguns elementos novos foram sendo incorporados à doutrina.

Os Evangelhos vêm agrupar e consolidar a doutrina cristã o mais próximo possível do original, atendendo às exigências da propaganda do cristianismo.

A necessidade de resistir à pressão dos inimigos e reforçar a identidade dos cristãos fortalece os rituais. Na tarde dos sábados realizava-se o ágape, a festa do amor, com uma refeição de pão e vinho, preces e leituras sagradas. A licenciosidade da vida pagã exagerou a severidade moral no seu dia a dia. O celibato e a virgindade foram erigidos em ideal.

Mais adiante, o *Dies Domini* foi transferido para o domingo. No século II, as cerimônias semanais foram revestidas sob a forma alegórica de missa, com a simbolização da eucaristia assumindo um papel importante. Mudados os tempos, foram-se criando novos rituais sagrados, inclusive com a entronização do enterro como o momento culminante da vida cristã. A morte ganhou um tratamento particular no espectro do cristianismo primitivo. Repouso dos mortos, as catacumbas serviam também de refúgio para os vivos.

Ao lado da cruz e do cordeiro, outros símbolos aparecem, como a pomba, que representa a alma livre da prisão corporal. A fênix, renascendo das próprias cinzas. O peixe, cujas letras em grego (i-ch-th-u-s) correspondem às iniciais da frase "Jesus Cristo, Filho de Deus, Salvador". A música sacra tornava mais agradável as reuniões e favorecia a memorização de mensagens.

Símbolos gráficos, cânticos, palavra escrita, foram elementos fundamentais desse complexo de propagação da fé. No entanto, o mais importante fator da divulgação desse cristianismo primitivo foi fornecido pelos próprios inimigos. Quando o Império Romano lançava os cristãos à morte pública, na arena, estava formada a audiência decisiva para o triunfo do cristianismo.

O estoicismo dos cristãos diante da morte, a confiança na vida eterna demonstrada por levas inteiras de homens e mulheres de todas as idades, abalaram progressivamente as convicções da sociedade romana. A partir do século III, os romanos sentiram a perda progressiva do seu poder. Quando os bárbaros começaram a infernizar o Império, chegando a invadir e saquear sua capital, a insegurança generalizou-se. O exemplo dos cristãos já tinha calado fundo. No momento em que a vida ficou difícil neste mundo, também os romanos sucumbiram à atração da promessa de uma vida eterna.

Quase quatro séculos depois da execução de Cristo, a cruz ocupou o lugar de honra nos estandartes romanos.

O marketing da salvação e a propaganda da fé conquistaram o Império.

Não existe poder sem mistério. Para muitos, o demônio é uma força presente no dia a dia.

O MARKETING DAS TREVAS

As bruxas e os demônios estão em alta, mais uma vez. Nos últimos dois milênios, as "forças das trevas" entraram e saíram de moda em várias oportunidades, mas em nenhum momento perderam seu fascínio no mundo ocidental. Um mergulho no passado ainda mais remoto vai identificar forte presença de seres e divindades maléficos e seus feiticeiros nas civilizações mais antigas mesmo na pré-história. Afinal, sua existência remonta ao momento distante em que o homem tomou consciência da morte, das suas limitações diante da natureza, lançou-se à procura de explicações para fenômenos que não conseguia compreender e, muito especialmente, traçou no ar o limite ético entre o bem e o mal.

Ao conquistar, por meio do trabalho, a condição de único ser conhecido capaz de impor transformações sociais à natureza, o homem alcançou também consciência social da sua situação e das circunstâncias da sua existência. O entendimento da vida exigiu, como contrapartida, a ideia da morte. Conhecimento e angústia são companhias inseparáveis. Capaz de impor sua marca na natureza que o cerca, o ser humano tem, ao mesmo tempo, que se submeter a forças e caprichos naturais que escapam ao seu controle.

Para amenizar suas rudes relações com o meio físico e também com os demais seres humanos, o homem inventou o marketing muitos milênios atrás. Claro que não tinha esse nome nem a dimensão que alcançaria na sociedade capitalista, mas era amplamente praticado, especialmente pelos círculos de poder, político e religioso. As religiões, de maneira geral, desenvolveram um complexo e bem-montado sistema de marketing e propaganda, utilizando os mais variados recursos para atrair as pessoas, envolvê-las nos seus princípios e ensinamentos, conquistar seus corações e mentes.

Esse marketing religioso trazia, normalmente, o aceno explícito de recompensas a ser obtidas nesta vida ou em outra, prometida para depois da morte. O acesso religioso para uma vida melhor neste, ou no mundo além-túmulo, indicava, pelo menos, duas vias: a estrada das divindades e das forças benéficas ou simpáticas, e o caminho pelas entidades do mal. Ambos persistem até hoje, dentro e fora do círculo formal das religiões.

Recente pesquisa realizada nos Estados Unidos mostrou que a esmagadora maioria das pessoas entrevistadas acredita em Deus, mas também crê na existência do demônio, do Satanás, do Príncipe das Trevas, o inimigo do bem, a fonte de todo o mal. E para muitas das pessoas o demônio não é algo abstrato, uma mera alegoria, mas uma força viva e presente no dia a dia, capaz de não apenas seduzir, mas também de conquistar fisicamente homens e mulheres, exigindo, inclusive, para a sua libertação, complexas operações de exorcismo, que, como não podia deixar de ser na sociedade da informação dos nossos dias, combinam rituais da Idade Média com os requintes eletrônicos da mídia contemporânea.

O exorcismo eletrônico, impressionando uma audiência de televisão em escala planetária, exige uma reflexão mais profunda acerca do enraizamento do demônio e dos seus agentes na alma do povo e da sobrevivência desse "marketing do mal". O que torna ainda mais intrigante o tema é que, nos últimos milênios, toda a máquina da Igreja Católica foi direcionada para combater essas forças. Em alguns momentos, a caça às bruxas tornou-se uma verdadeira paranoia, que mandou para a fogueira centenas de suspeitos de praticarem a magia negra em parceria com o demônio.

Não obstante tudo isso, e principalmente sem ter uma instituição que disciplinasse e coordenasse as ações do "marketing das trevas", ele sobreviveu. Contra tudo e contra todos, o demônio vive na crença das pessoas e mobiliza agentes dispostos a servir de seus instrumentos na interminável luta contra o bem. Talvez porque, apesar de todo o desenvolvimento tecnológico, o ser humano continua frágil diante do universo que o cerca, ignorante ante muitos desafios com que sua inteligência se defronta e, principalmente, incapaz de se manter no rigor do lado ético da vida, o que as forças da moral convencionaram demarcar como território do bem.

Ao transitar no terreno que sua consciência indica como "do mal", ao praticar atos que sua moral sinaliza como reprováveis, o ser humano religioso está dando o primeiro passo para uma rendição ao chamado de Satã. A moral cristã, de certo modo, facilita isso: são tantos os pecados, tantas as ameaças do fogo eterno, que um pecador ambicioso não está muito distante de "vender a alma" ao demônio. Se "a ocasião faz o ladrão", a tentação faz o bruxo.

Perfil do demônio

As forças do mal tinham prestígio e *status* em várias religiões importantes do Oriente. Na religião egípcia, por exemplo, o casal de divindades que representava o bem, Osíris e Ísis, tinha como adversários os deuses do mal e da morte, Set e Néftis, que dispunham inclusive de templos, de um clero poderoso e de muitos seguidores.

O zoroastrismo, religião do antigo Império Persa, tinha no dualismo uma de suas características mais importantes. Admitia a existência de dois deuses, um representando o bem, Ahura-Mazda, e o outro as forças do mal, Ahriman. Os persas concebiam o universo como resultado da luta permanente entre Mazda e Ahriman, que terminaria com a vitória do bem e a salvação de todos os homens.

Na tradição judaico-cristã, o diabo tem perfil e história. Inicialmente era Lúcifer, o "Anjo da Luz", que se rebelou contra Deus e foi expulso do paraíso, acompanhado por uma legião de anjos que o apoiou na sua insubordinação. Assumiu, em seguida, as características de "diabolos", expressão grega que significa "o acusador", espécie de promotor impiedoso, que, na corte celeste, era encarregado de acusar os humanos e condená-los à punição do fogo eterno. Tornou-se mais adiante Satã, nome que significa "o adversário", e foi assim que ganhou popularidade na Idade Média cristã.

Belzebu, Leviatã, Asmodeus, Belial, Behemoth são denominações bíblicas para o demônio ou para membros de sua corte. O Cão, o Tinhoso, o Bute, o Satanás, Pé de Cabra, o Cabra-Preta, são denominações populares ainda hoje utilizadas entre nós. Satanás aparece no Gênese em forma de serpente, tentando a primeira mulher e seduzindo-a para comer o fruto da árvore da sabedoria e alcançar a imortalidade. A alegoria, inclusive, é perfeita em relação à angústia causada ao homem pela falta de respostas para seus questionamentos acerca dos mistérios da natureza e especialmente pelo medo da morte. Quando a serpente consegue seu intento, marcando um ponto importante na sua luta secular pelo controle da alma humana, e a divindade questiona Adão sobre a falta cometida, aparece mais um elemento que acompanhará até os nossos dias a trajetória do diabo: a sina de "bode expiatório", para quem o homem transfere a responsabilidade de ações que não quer assumir ou de realidades negativas que não deseja encarar.

Além da serpente, o diabo assume, no mundo ocidental, as formas mais diversas. Com maior frequência ele aparece com asas, alusão à sua circunstância de "anjo caído". Ora é um dragão alado, ora é um belo mancebo com asas de morcego, ora é um sapo, um gato, um corvo. Em muitas ocasiões encarna um verdadeiro sincretismo de antigas divindades pagãs, com as quais a Igreja Católica primitiva fazia questão de identificá-lo. Do deus greco-romano Pã, por exemplo, ganha a barbicha, as patas fendidas, os cornos, a pele rugosa, as feições semianimalescas, a nudez. Da deusa da fertilidade, Diana, ganha as tetas que também figuram frequentemente em suas representações. O diabo das feiticeiras de Bamberg, por exemplo, era às vezes verde, com cabeça de coruja, chifre, cara negra, garras nas mãos e nos pés.

O diabo pode também, segundo a crença, assumir a forma humana. Ora surge como um negro (na tradição popular brasileira com pés de cabra), ora como uma mulher sedutora, que em certos momentos exala o característico cheiro de enxofre. Na verdade, nunca houve uma forma-padrão de representar o demônio, nem na arte medieval e moderna, onde sua presença é constante, nem em qualquer outra época.

A maior nitidez do perfil do demônio é como Satã, o adversário, o inimigo número um de Cristo e dos cristãos. Ele aparece tentando Cristo com os reinos do mundo, no Novo Testamento. Durante muitos séculos, a cristandade tendeu a considerar o corpo humano e suas paixões elementos malignos, corruptos, o que contrasta vivamente com o posicionamento das religiões clássicas, da Grécia e de Roma, como também com a visão da magia primitiva. Arqui-inimigo do Deus cristão, o demônio transformou-se, para muitas pessoas, no apóstolo da natureza física, dos prazeres carnais, da beleza corporal da riqueza. Príncipe das Trevas, Senhor dos Infernos, o demônio é também o "regente deste mundo" ou o "deus do mundo", como aparece no Evangelho de São João ou nas Epístolas de São Paulo.

Talvez esteja aí uma chave para o entendimento do fascínio que o demônio exerce sobre muitos espíritos: ele é a rebeldia contra a ordem celestial estabelecida. O mundo material adverso ao espiritual. É a luxúria em contrapartida ao pudor. É a natureza física revolta *versus* uma disciplina espiritual difícil de ser conseguida. É a certeza da punição, em contraste com a dúvida da recompensa eterna.

A HORA DAS BRUXAS

Bruxos e bruxas sempre houve. O homem tinha e tem poderes que ainda não explica, mas que sabe existirem e, especialmente, serem capazes de produzir efeitos sobre outros seres, humanos ou não. Esses poderes extraordinários da mente e do corpo fazem com que as pessoas que os possuem recorram ao sobrenatural para explicá-los. Munidos de poderes divinos ou diabólicos, os bruxos e bruxas deixaram sua marca ao longo dos séculos.

Entre os povos primitivos, a feitiçaria era um poderoso instrumento político. Era ela que garantia ao poder instalado uma aura de sobrenatural, cujos resquícios são visíveis até os nossos dias. Poder e mistério realizam uma aliança de berço, graças aos primeiros magos, com seus poderes extrassensoriais, suas fórmulas milagrosas, suas receitas secretas.

Em uma sociedade igualitária, como era a comunidade primitiva pré-histórica, todos, teoricamente, tinham acesso ao poder em igualdade de condições. A posse de poderes sobrenaturais ou de fórmulas secretas tornou-se condição indispensável para o acesso à liderança "política" em contraste com a liderança "militar", que repousava sobre a força e a astúcia na guerra. Entre os índios brasileiros, esses dois tipos de liderança se explicitavam no pagé e no cacique. No entanto, da mesma forma que serviu para fundamentar o poder, a magia serviu também para contestá-lo. Já no Antigo Testamento encontramos em diversas passagens condenação explícita e vigorosa à feitiçaria.

Mas foi realmente na Idade Média que a bruxaria se viu associada ao demônio, ao Reino de Satã, que se contrapunha, em luta titânica, ao Reino de Cristo. Segundo Brian Levack, no seu livro *A caça às bruxas na Idade Moderna*, o pacto com o diabo integra a ideia central do conceito de bruxaria. "No sentido mais pleno da palavra, uma bruxa era tanto uma praticante de magia maléfica como uma adoradora do diabo, e o pacto era a maneira por meio da qual ambas as formas de atividade mais claramente se relacionavam", assinala o autor.

A crença no pacto com o diabo, que já se encontra nas obras de Santo Agostinho, disseminou-se mais tarde pelo continente europeu. Acreditava-se que, nesse contrato, o demônio forneceria riquezas ou outras formas de poder em troca de submissão nesta vida e da outorga da alma após a morte. Os teólogos medievais consideravam que o pacto podia ser implícito ou explícito, mas ambos eram condenáveis porque, ao acordar com o demônio, a pessoa negava a Deus a posição exclusiva do domínio do Universo e tornava-se apóstata, por abdicar da fé cristã.

Com o tempo, desenvolveu-se a crença de que quem fazia pactos com o diabo também participava de ritos de adoração coletivos, blasfemos, amorais e obscenos, denominados Sabás. Existem inúmeras descrições de Sabás em processos de bruxaria, quase todas arrancadas sob violentas torturas, o que praticamente anula a sua validade. Mais do que verdadeiros testemunhos, tais depoimentos refletem a expectativa que os inquisidores tinham com relação a essas supostas reuniões de bruxas. Constituíam um dos fundamentos da grande perseguição desencadeada contra elas que atingiu o auge no início do século XVII.

Nos Sabás, conforme se acreditava, as bruxas adoravam o diabo, tinham relações sexuais com ele (que assumia a forma de um cão), dançavam, bebiam, comiam. Um dos ritos que se acreditavam mais comuns era o "beijo obsceno", dado sob a cauda do Satanás, sinal de suprema submissão.

O estereótipo da bruxa consolidou-se: mulher velha e feia, vivendo só em companhia de animais, especialmente do gato preto, capaz de voar em uma vassoura, em um animal ou em outro objeto qualquer para participar de suas reuniões, responsável por qualquer desgraça que assolasse a comunidade.

A caça às bruxas foi terrível, alicerçada pela tortura judicial e estimulada pela Igreja. O diabo é o inimigo; os bruxos e bruxas são os seus agentes, e nada melhor que eleger inimigos, principalmente em épocas difíceis. Significativamente, o fim da tortura como instrumento para arrancar confissões judicialmente válidas, com o avanço do Iluminismo, quase pôs fim aos processos de bruxaria. Bruxos e bruxas deixaram de ser levados ao fogo como bodes expiatórios dos problemas de uma sociedade com agudos conflitos. Mas se os aspectos mais caricatos ou grotescos foram arquivados, a bruxaria, branca ou negra, positiva ou negativa, nunca deixou de existir.

EXORCISMO, HOJE

"Se você não acredita em bruxas, fique tranquilo com a sua crença. Mas que elas existem, existem", como gostam de repetir os espanhóis. Diferente da época das perseguições desenfreadas, as bruxas e os magos de hoje não escondem sua condição e até têm orgulho dela. As prateleiras das livrarias estão cheias de livros sobre magia negra e alguns conseguem romper a barreira da discriminação e frequentam com naturalidade a relação dos mais vendidos. Em todo o mundo ocidental esse fenômeno se repete.

As bruxas de hoje praticam magia, adoram deuses pagãos ou simplesmente consideram-se comprometidas com o diabo cristão. É verdade que, em sua maioria, proclamam-se benéficas, tendo, inclusive, organizado uma entidade internacional para – no melhor estilo do marketing contemporâneo – combaterem a difamação de que se consideram vítimas e neutralizarem a imagem negativa herdada do passado.

É certo que o avanço científico restringiu drasticamente alguns espaços da demonologia, pois casos que antigamente eram atribuídos a possuidores de demônios são hoje tratados como simples histeria. Mas se psiquiatras roubam o lugar dos exorcistas, estes ainda lutam por seus espaços encontrando campo relativamente fértil nos buracos negros da ciência contemporânea.

Porque essa ciência, por sua vez, não é uma divindade absoluta, que tudo resolve e tem resposta para todos os problemas. Na dialética do conhecimento, para cada resposta, surgem novas indagações, novos espaços para a dúvida.

O campo de ação do "Marketing das Trevas" é o espírito do homem, com suas angústias, suas inquietações e incertezas. Satisfazer desejos secretos e necessidades subjetivas do ser humano é a sua finalidade.

Por isso bruxos e demônios estão longe de ser coisas do passado.

O MARKETING DO HERÓI

A primeira vez que o mundo ouviu falar no general Charles De Gaulle foi no fim da tarde do dia 18 de junho de 1940. Naquele momento, o até então desconhecido oficial de 49 anos não estava à frente de nenhuma missão militar. O homem que empolgaria a França e firmaria uma legenda universal não era aclamado por multidões. De Gaulle rompeu a barreira do anonimato e lançou-se para a glória nos estúdios da BBC de Londres, onde, diante do microfone, fez um apelo épico ao povo francês, conclamando todos os patriotas a unirem-se a ele na resistência ao governo legal do seu país, comandado pelo general Pétain, que havia colocado a França em completa submissão ao invasor nazista.

Vivia-se um momento histórico particularmente dramático. Hitler, após invadir a Polônia em setembro do ano anterior, desencadeara de modo fulminante a *Blitzkrieg*, a guerra relâmpago, conquistando a partir de abril de 1940 a Noruega, Dinamarca, Holanda e Bélgica. Em junho, ataca a França, que, atrelada a conceitos defensivos arcaicos e militarmente despreparada, foi presa fácil. As tropas nazistas ocuparam Paris em 14 de junho sem encontrar resistência.

Àquela altura, praticamente toda a Europa Ocidental estava sob o domínio dos nazistas e seus aliados. A Rússia encontrava-se temporariamente neutralizada pelo pacto de não agressão firmado com a Alemanha em agosto de 1939. Os ingleses tiveram que abandonar Dunquerque e recuaram para resistir e preparar o contra-ataque na sua própria ilha. Hitler parecia absoluto no continente, com o apoio da Itália fascista de Mussoline. No Oriente, nada aparentemente ameaçava a força do Japão, também aliado dos nazistas. Os Estados Unidos cultivavam oportuna neutralidade.

Diante do microfone, De Gaulle representou a nação; o rádio foi sua grande arma.

Na França, o velho general Pétain, herói da Primeira Guerra Mundial, comandava um governo sem fibra, incapaz de um gesto histórico de grandeza. No dia 17 de junho, depois de assistir impotente à derrota do seu país diante dos invasores, ante o fracasso estrondoso da estratégia de defesa simbolizada pela inócua linha Maginot, Pétein, instalado em Vichy, a capital do seu governo, falaria à nação pelo rádio. Sua oração é patética:

> Ofereço-me à França para atenuar seus males. É com o coração angustiado que lhes digo que devemos abandonar a luta.

Desse modo, a França cai de joelhos ante o invasor. O governo legal de Pétain, em Vichy, é preservado pelos nazistas e inicia uma prática colaboracionista. Havia, ainda, as colônias francesas, que seriam objeto de acirrada disputa e que, de acordo com as ordens do governo de Vichy, deveriam também colaborar e integrar a estratégia nazista de dominação do mundo.

Naquela hora de perplexidade, quando a maioria dos franceses mal acreditava no que via, elevou-se, do outro lado do canal da Mancha, a voz que, dali para a frente, se tornaria inconfundível. De Gaulle falou à França e ao mundo, em 18 de junho, para mostrar que nem tudo estava perdido, que a esperança e a confiança na França não estavam mortas, que a última palavra estava longe de ser pronunciada no dramático episódio de uma guerra que apenas começava.

"Moi, De Gaulle"

Charles André Marie Joseph De Gaulle nasceu em 22 de novembro de 1890, em Lille, região fronteiriça da França, terra natal de sua mãe, Jeanne. O pai, Henri De Gaulle, era professor em Paris. Tanto a família do pai como a da mãe (Maillot) tinham uma tradição conservadora e continuavam fiéis às tradições da monarquia e da Igreja. Charles optou pela carreira militar e cursou a Escola Especial Militar de Saint-Cyr. Terminou o curso em 1912 como 139º aluno de sua turma de 212 diplomados.

Durante a Primeira Guerra Mundial, que irromperia dois anos depois, o jovem oficial foi várias vezes ferido e, em 1915, já como capitão, foi aprisionado e levado para a Alemanha. Libertado em 1919, De Gaulle segue normalmente sua carreira. Casou em 1926, com Yvone Vendrouz. Em 1930, aos 40 anos, era tenente-coronel, protegido por Pétain, e tinha fama, no exército, de excêntrico e não conformista.

Tendo acumulado grande cultura, De Gaulle escreveu alguns livros, como *O fio da espada*, *O exército e seu futuro* e, mais tarde, *A França e seu exército*. Seus escritos revelam muito, não apenas do seu pensamento militar, que discordava frontalmente da doutrina defensiva oficial da França, como também indicam os caminhos que mais tarde seriam demonstrados por sua personalidade política.

Seu pensamento militar pode ser resumido em três palavras: contingência, caráter e máquina. Para ele, na guerra não existem respostas certas ou erradas; tudo depende das circunstâncias. Acreditava na intuição e no instinto, e considerava que o resultado buscado na guerra é relativo ao inimigo, que é predominantemente mutável. Considerava que a história não ensina fatalismos.

"Há momentos em que a vontade de um punhado de homens livres vence o determinismo e abre novos caminhos. Os povos têm a história que merecem", costumava dizer aos seus alunos na Escola Militar.

Em *O fio da espada* desenha o perfil do homem de caráter, aquele que "abraça a ação, com o orgulho do dono... Rejubila-se com o sucesso, contanto que o tenha merecido, ainda que nada possa ganhar com isso; resiste aos revezes da fortuna...".

De Gaulle acreditava que, nos momentos críticos, o exército tem que se voltar para homens dessa espécie, o homem de caráter, entre os quais, naturalmente, ele se incluía.

As ideias do então coronel provocam forte reação no pensamento oficial militar francês. No instante em que toda a ênfase se voltava para as virtudes de uma forte posição defensiva, simbolizada pela linha Maginot, De Gaulle manifestava-se favorável à utilização ofensiva de unidades blindadas e considerava a guerra de movimento, de penetração e de perseguição parte integrante da "contingência" própria da ação militar.

Em suas palestras, De Gaulle defendia a ideia do grande chefe. De acordo com seu pensamento, o grande comandante, em função dos seus talentos superiores, não é uma pessoa fácil de lidar em tempos de paz. Os subordinados sofrem com seu rigor, os superiores se irritam com sua franqueza, mas quando chega a tempestade, suas qualidades são reconhecidas. Na visão de De Gaulle, o chefe age, mas nem sempre explica, porque, como afirma:

> Não há prestígio sem mistério.

Em carta a um amigo, ainda nos anos 1920, quando foi promovido a major, dizia:

> A promoção é ótima mas o que importa realmente é outra coisa... Um homem precisa impor sua marca.

Essas ideias justificavam uma personalidade complexa como a sua, que provocava a ira de muitos. Um dos seus instrutores o descreveu certa vez como "um monstro de ambição que venderia a própria mãe para subir na vida". Quando prisioneiro de guerra, os companheiros abominavam "seu ar de rei no exílio".

Esse homem, que no dia 5 de junho foi nomeado subsecretário de Estado da Defesa do agonizante governo de Paul Reynaud, quando já não havia dúvida de que os alemães dominariam a França, acreditava havia muito que estava fadado a um grande destino. Com a convicção que só os loucos e os gênios possuem, de que têm acesso à verdade, enquanto a França desmoronava, ele rejeitou a capitulação e decidiu continuar a luta da Grã-Bretanha e da África do Norte. No dia

17 de junho fugiu para a Inglaterra. Imediatamente recebido por Churchill, que já o conhecia pessoalmente de missão anterior, teve a BBC colocada à sua disposição.

> Eu, general De Gaulle, atualmente em Londres, conclamo oficiais e soldados franceses... a se unirem a mim.

As palavras de De Gaulle deixam transparecer uma longa preparação, um planejamento arquitetado desde as brincadeiras de infância quando ele se recusava terminantemente a "comandar" soldados de chumbo que não fossem franceses. Seus biógrafos admitem que há muitos anos ele vinha se preparando intelectualmente para aproveitar qualquer oportunidade que surgisse para assumir o comando da nação, caso esta entrasse em colapso. De Gaulle acreditava no marketing do herói e assumia naquela hora inteiramente o seu papel:

> Muito mais do que o número dos soldados alemães são seus tanques, seus aviões e suas táticas, que surpreenderam nossos líderes e os levaram ao ponto em que hoje estão.
> Mas será que a última palavra já foi dada? Devemos nós abandonar a esperança? Será que a nossa derrota é completa? Não.
> Acreditem em mim quando lhes digo que nada está perdido para a França. Falo com pleno conhecimento dos fatos. Os mesmos meios que nos derrotaram podem nos trazer um dia a vitória.

Muito se tem falado na utilização dos princípios da guerra pelos estrategistas de marketing. Quase nada, no entanto, foi cogitado até agora na utilização dos princípios do marketing na guerra. Uma guerra não se vence sem marketing. Sem posicionamento. Porque marketing é estratégia e tática.

De Gaulle utilizou, como poucos, uma visão correta do marketing na guerra e posicionou adequadamente a França no conflito. Eis suas palavras na proclamação de 18 de junho:

A França não está sozinha. Ela tem por trás dela um grande império. Ela pode se unir ao Império Britânico, que domina os mares e continua a lutar. Como a Inglaterra, ela pode fazer uso ilimitado dos imensos recursos industriais dos Estados Unidos.

E mais:

> Esta guerra não se restringe ao território de nossa infeliz pátria... Esta guerra é uma guerra mundial.

Graças a essa visão correta do conflito, De Gaulle venceu todas as barreiras e chegou a 1944 tendo conquistado, de fato, o que em junho de 1940 era apenas uma frase de efeito, ou seja, seu reconhecimento como líder de todos os franceses livres, conforme comunicado do governo inglês.

Mais tarde, De Gaulle diria que se sentiu guiado por uma mão mais forte, impelido pela "força do destino". Sua visão de líder era, ademais, providencialista. No seu marketing individual, ele se colocava na linha dos grandes salvadores da pátria, como Joana d'Arc e Napoleão.

Isso explica, em parte, o aparente contrassenso de um desconhecido pelas multidões dirigir-se a elas como "Moi, De Gaulle". Não resta dúvida, no entanto, de que a estratégia deu certo. De Gaulle ocupou o espaço vazio da liderança francesa, avaliou corretamente a evolução do conflito e partiu decidido em busca do seu destino, que, conforme entendia, era também o destino da França.

O GENERAL DA COMUNICAÇÃO

Uma guerra se ganha com estratégia, tática e comunicação. O rádio foi a grande arma na batalha da comunicação da Segunda Guerra Mundial. Não eram apenas os tanques e os aviões nazistas que faziam estragos nas fileiras inimigas. Hitler usava magistralmente o rádio, transformado em instrumento básico da propagação das ideias nazistas.

De Gaulle não ficou atrás.

"Aconteça o que acontecer, a chama da resistência francesa não deve se apagar, e não se apagará. Amanhã, como hoje, falarei de Londres pelo rádio", finalizou sua épica fala de 18 de junho de 1940 pela BBC.

Vinte e quatro horas depois, novamente pela BBC, De Gaulle proclamava que estava falando em nome da França. Referiu-se a um "governo em dissolução, escravizado pelo inimigo", e exortou o povo francês a continuar lutando em todos os lugares que pudesse, principalmente na África.

Sozinho e destituído de tudo "como um homem diante de um oceano", para usar suas próprias palavras, rompendo a um só tempo com a hierarquia militar e o governo do seu país, optando por um arriscado exílio, De Gaulle assumiu, diante do microfone, a encarnação da nacionalidade:

> Agora que as lealdades francesas estão irremediavelmente divididas, agora que o governo caiu na servidão inimiga, agora que nossas instituições são incapazes de funcionar, eu, general De Gaulle, soldado e líder francês, sinto sinceramente que estou falando em nome da França.

O rádio foi o instrumento de verdadeira guerra civil. No dia 20, o governo francês de Vichy transmitia o seguinte comunicado:

> O general De Gaulle, que tem falado pela BBC, não mais pertence ao governo francês e não tem o direito de fazer declarações em público. Suas proclamações devem ser ignoradas.

No dia 2 de agosto, o rádio transmitia para toda a Europa sua condenação à morte pelo tribunal de guerra reunido em Clermont-Ferrand.

A escalada de De Gaulle, dali para diante, não foi fácil. O marechal Pétain recebeu poderes absolutos do Parlamento francês, em 10 de julho. O governo de Vichy, contra o qual ele se insurgiu, foi reconhecido por todas as grandes potências.

Em outubro, Pétain articulou um acordo com os ingleses, pelo qual se comprometia a não ajudar diretamente o Eixo, em troca de calar os ataques da BBC, entre outros itens. O microfone continuou, no entanto, a ser a grande arma de De Gaulle. Ele não para de falar. Dirige-se às colônias, aos operários e intelectuais ingleses, aos franceses, ao mundo inteiro. Certamente a incrível trajetória desse líder não seria a mesma sem o rádio. Foi por meio da sua força que De Gaulle sustentou durante a guerra inteira uma verdadeira ficção, uma França que, de fato, não existia. Por força de seus argumentos, ele conseguiu comandar um sentimento de resistência, empalmando um comando que, na verdade, não exercia. Graças ao rádio, transformou a França vencida em uma potência apta a sentar na mesa com os grandes no pós-guerra.

Pela comunicação, De Gaulle transformou-se no líder de todos os franceses que não aceitaram a dominação nazista e continuaram lutando, dentro e fora das fronteiras da França. Foi pelo rádio que ele estimulou os maquis e esteve presente nos momentos decisivos. Foi pelo rádio que ele falou na noite do dia 6 de junho de 1944, quando começara o célebre Desembarque da Normandia, a "Operação Overlord", que lhe fora apresentada pronta e acabada. As relações com os aliados, que nunca foram boas, estavam no ponto máximo de tensão. Mas o que ficou registrado para o povo francês foram as palavras de De Gaulle:

> A batalha decisiva começou... As ordens dadas pelo governo francês e pelos líderes franceses que ele nomeou têm de ser cumpridas com exatidão.

Ele era o governo francês. Como tinha dito, furioso, a Churchill:

> O governo francês existe.

Em 25 de agosto, ao entrar aclamado em Paris, recusou-se a proclamar a República.

"A República jamais deixou de existir. Eu sou o presidente do governo da República. Por que deveria eu aparecer e proclamá-la?", indagou então. Na sua consagrada caminhada até o Arco do Triunfo, De Gaulle era a verdadeira encarnação da legitimidade francesa, um grande vitorioso. Uma vitória conseguida pelo rádio.

A PAZ ENFADONHA

De Gaulle não suportou por muito tempo as variações do jogo político. Em 19 de janeiro de 1946, contrariado com as diferenças que separavam o governo da Assembleia, retirou-se para meditar. No dia 20, anunciou que, ante os impasses, via-se diante da opção de usar a força ou retirar-se. "Portanto, devo sair de cena", proclamou.

Para um soldado de espírito conservador, não foi possível a adaptação às regras do jogo político naquele momento. Ele considerava a administração mesquinha e fútil, o governo árduo, difícil e delicado. "A guerra é horripilante, mas a paz é enfadonha", chegou a afirmar.

Como todos sabem, ele voltaria, no seu estilo de salvador da pátria. Antes de assumir o cargo de presidente, no meio de uma grave crise que tinha a descolonização como pivô, De Gaulle falou ao povo francês em 28 de dezembro de 1958, pelo rádio e pela televisão. Daí em diante, recorreria sempre ao rádio e à televisão para se comunicar com a nação. Na noite de 24 para 25 de janeiro de 1960, no auge da crise argelina, usou o rádio e a televisão para pedir a deposição das armas aos amotinados, ordenar obediência ao exército e jurar que não faria concessões. No dia 29 de janeiro, trajando uniforme para lembrar seu papel durante a guerra, reafirmou o direito dos argelinos de escolherem seu próprio futuro. Foi ainda no rádio e na televisão, em 20 de dezembro, que De Gaulle anunciou um referendo sobre o problema da Argélia. Foi por meio da comunicação que ele venceu a questão argelina, tirou a França da era colonial e provocou o elogio de Mao Tsé-tung, que o considerou o maior estadista do seu tempo, porque dissera "não" aos nazistas, em 1940, e "sim" aos argelinos, em 1962.

Durante a chamada Quinta República, a televisão ficava sujeita a forte controle governamental, e De Gaulle mantinha o virtual monopólio de sua utilização entre os políticos. Além de chefe do governo, ele era seu próprio porta-voz. Nas eleições de 1965, graças à lei sobre o uso da televisão nos períodos eleitorais, o velho general quase amargou uma grande derrota. Enquanto Mitterrand e os outros candidatos usaram o tempo permitido, De Gaulle limitou-se a duas rápidas intervenções.

Foi um grande erro. A novidade de políticos de oposição atacarem De Gaulle na televisão provocou um forte impacto. Em 15 dias, De Gaulle perdeu 15% das preferências. Acabou ganhando no segundo turno, com um resultado muito aquém do esperado.

No entanto, foi ainda no microfone que De Gaulle produziu seus melhores momentos. No Camboja, quando condenou a intervenção americana no Vietnã; na Guerra dos Seis Dias; na visita ao Canadá ("Vive le Québec Libre").

Foram, ainda, a televisão e o rádio que sinalizaram para sua saída do poder. Na crise de 1968, quando a juventude se rebelara no Quartier Latin, De Gaulle voltou à televisão. Admitiu mudar o que fosse necessário, transformar estruturas ultrapassadas, "abrir para o futuro um caminho mais largo para o sangue novo da França".

Aquela aparição fora um fracasso. Parecera envelhecido, cansado, deprimido; enfim, uma força que se esgotara. Daí para a frente, preferiu usar apenas o rádio, que o levava mais diretamente aos discursos da BBC durante a guerra. Conseguiu uma sobrevida política até o ano seguinte. Ainda com aprovação da maioria, mas claramente enfraquecido, preferiu afastar-se. No dia 28 de abril de 1969, emitiu o seguinte comunicado:

> Estou deixando de exercer minhas funções como presidente da República. Essa decisão entra em efeito ao meio-dia de hoje.

Significativamente, De Gaulle não falou. O microfone não fez parte de sua despedida do poder.

MISTICISMO
É UMA MARCA
DO FIM DO MILÊNIO:
MUITOS PREFEREM
REZAR EM VEZ DE
TRABALHAR.

O MARKETING DO
FIM DO MILÊNIO

Esta década em que vivemos não é apenas a última do século XX. Ela marca a contagem regressiva para o fim do segundo milênio que ocorrerá com o término do ano 2000.

Se o fim do século já cria uma expectativa singular, uma vez que transmite às pessoas a certeza de viverem um momento irrepetível, o fim do milênio traz uma carga emocional muito maior e põe em xeque o marketing da própria existência de cada um. Os próximos anos trarão um profundo questionamento do sentido da vida e da atitude do homem em relação ao Universo.

Esse raro momento psicológico só foi vivido uma vez, até agora, exatamente mil anos atrás. Naquela ocasião, a consciência do fim do primeiro milênio abrangeu apenas a Europa católica. A América ainda estava longe de ser descoberta e as demais civilizações, da África e da Ásia, utilizavam outros calendários e referenciais cronológicos.

A medição do tempo sempre foi um desafio para o homem. Em si mesmo, o tempo constitui uma unidade singular, linear e absoluta, e não se presta a cortes ou limitações de qualquer natureza. Intrinsecamente, é a própria encarnação da eternidade, sem passado, sem futuro, apenas presente, permanentemente.

Já o Universo material, embora envolvido pelo tempo eterno, é uma realidade em movimento contínuo, em transformação permanente. Da sua organização extremamente complexa faz parte o planeta Terra, finito e mutável, com seu habitante peculiar, o homem, único ser conhecido que tem consciência e memória coletivas e que sabe que é mortal e transitório.

Essa consciência e mais as angústias e necessidades do cotidiano levaram o homem a criar unidades artificiais de tempo com base em sua realidade material. Surgiram assim as horas, dias, meses, anos, tempos criados tendo como base critérios geográficos, uma vez que correspondem a movimentos da Terra e dos astros. Também as décadas, os séculos e os milênios foram tempos criados tendo como referência conveniências históricas e psicológicas do ser humano.

A humanidade conheceu inúmeros calendários e até hoje utiliza diversos deles. No mundo ocidental predomina o Calendário Gregoriano, adotado pela Igreja Católica e que tem suas raízes no calendário romano de Júlio César, que, por sua vez, remonta ao egípcio de Ptolomeu.

Cada um deles adota um marco como ponto de partida. A fundação de Roma, para os romanos antigos, a Hégira para os muçulmanos, e assim por diante. O ano 1 do Calendário Gregoriano corresponde ao suposto ano do nascimento de Cristo. É de acordo com esse critério que estamos na iminência de concluir o século XX.

As vésperas do ano mil

Nessas circunstâncias, vale a pena uma remissão à Idade Média, para verificarmos de que maneira nossos antepassados medievais reagiram ao impacto do fim do primeiro milênio. De acordo com Georges Duby, no seu livro *O ano mil*, a perspectiva do fim do mundo iminente dominou os sentidos dos europeus. Embora a dimensão dessa expectativa seja questionada por alguns historiadores, sua existência e força na psicologia da época nos parecem indiscutíveis.

O sentimento do milenarismo é tão forte que seu poder de sedução sobre a consciência coletiva se mantém até os nossos dias.

Vivendo em uma Europa sitiada e isolada, inserido em uma organização social rígida e tirando seu sustento basicamente da agricultura feudal, o homem da Idade Média teve sua mentalidade fortemente influenciada pela Igreja Católica, um verdadeiro superestado que se sobrepunha aos parcelamentos políticos do feudalismo, fornecendo ideias e valores para todas as categorias sociais.

O processo ideológico da Idade Média se explicita mediante a linguagem religiosa. Até a contestação política e social adotava o discurso religioso, por meio das heresias. E foi o cristianismo que forneceu aos homens fortíssimos elementos para a identificação do fim do milênio com o fim do mundo.

O cristianismo é uma religião histórica. Fundamenta-se em fatos, reais ou lendários, mas dotados de dimensão histórica. O mundo foi criado em um determinado momento, foi eleito um povo como guia e escolhida uma Terra Prometida. Certo dia, o próprio Deus se fez homem.

O cristianismo é também uma religião escatológica, ou seja, descreve os acontecimentos do fim do mundo. No Apocalipse, anuncia a volta de Cristo para julgar os vivos e mortos, e instalar o reino da Jerusalém Celestial. Esse Juízo Final será antecedido de muitas catástrofes e calamidades: o anticristo seduzirá os povos da Terra; as estrelas cairão; o mal invadirá o mundo.

No capítulo XX do Apocalipse, o profeta João fornece a chave para uma interpretação cronológica desse fim de mundo. Diz o evangelista que um anjo desceu do céu e dominou o dragão, antiga serpente, encarnação do demônio, e o acorrentou. Passados mil anos, Satanás, liberto de sua prisão, iria seduzir as nações dos quatro cantos da Terra e juntá-las para a guerra.

A expressão "uma vez passados mil anos" fundamenta o milenarismo, reforçado pela ideia corrente de que Deus criou o mundo em seis dias e descansou no sétimo, e que durante sete vezes mil anos a humanidade deverá percorrer seu caminho nesse "vale de lágrimas". Como era crença generalizada que Cristo viera à Terra no fim do sexto milênio, na sétima vez terá chegada a hora da consumação do mundo.

Esse verdadeiro marketing do fim dos tempos, montado com base nessas ideias, atendia plenamente às conveniências da Igreja e também dos grandes senhores feudais. Reforçava a ordem estabelecida e a visão católica do mundo, bem como os esquemas vigentes de dominação econômica e social.

Rezar, fazer doações materiais e obedecer eram expectativas razoáveis em relação a homens que se preparavam para o Juízo Final.

SIGNOS E PRODÍGIOS

A expectativa da morte significa uma angústia permanente para o ser humano. Mas a perspectiva da destruição coletiva é muito mais angustiante.

Recém-saídas de uma fase econômica de depressão, as pessoas do fim do primeiro milênio lançaram-se em busca dos signos do Apocalipse.

Tudo era motivo de atenção. Uma estrela cadente, um cometa, um abalo sísmico, uma tempestade, enfim, qualquer acontecimento invulgar podia ser indicador das perturbações cósmicas.

Também fenômenos biológicos eram encarados como prenunciadores: seres vivos monstruosos ou deformados, epidemias e fomes, típicas de uma sociedade de baixo nível técnico, e precárias condições de vida também eram vistos como sinais de desregramento geral do Universo.

Não era difícil, também, identificar anticristos e falsos profetas em pregadores exóticos ou líderes de movimentos religiosos, como os da simonia, do maniqueísmo e de outras "inquietações heréticas", que nos documentos da época aparecem como indicadores do fim dos tempos.

A intolerância também se fazia presente por meio do antissemitismo, da prática da excomunhão, da condenação à fogueira de heréticos e feiticeiros, pois entendia-se que o fogo deveria purificar e destruir todos os germes maléficos.

Tinham lugar significativo os ritos de penitência, tanto individuais como coletivos, a exemplo das esmolas, macerações, peregrinações, e a conversão e entrada em um mosteiro era considerada a mais perfeita das penitências individuais.

Os ritos de purgação coletiva multiplicavam-se. Tornaram-se comuns as "assembleias de paz" que visavam fazer com que todos os homens seguissem as regras monásticas da vida. Muitos cavaleiros se viram levados a jurar, com a mão sobre relíquias, para diminuir a violência. Cresceu também o hábito das peregrinações coletivas, patrocinadas inclusive pelos grandes senhores feudais.

Fala-se que, em certas áreas, era tão grande a certeza do fim do mundo que, com a proximidade do ano mil, a produção agrícola sofreu uma grande desorganização. Muitos preferiam orar em vez de trabalhar, para garantir o acesso ao Reino de Deus.

A NOVA PRIMAVERA

A humanidade dos dias atuais não tem sequer o direito de ridicularizar os seus antepassados medievais. Um milenarista aplicado não teria dificuldade para identificar, no mundo de hoje, os sinais e prodígios que aterrorizaram os europeus daquela época. O mundo vive, na última década do segundo milênio, conciliando um extraordinário progresso tecnológico com a fome, a miséria, pestes, guerras, intolerância de vários matizes. Não faltam bruxas e profetas para todos os gostos nem relíquias dos mais diferentes tipos. A natureza e a sociedade continuam produzindo catástrofes em profusão. Os valores e os conceitos sofrem mutações em ritmo alucinante e as heresias econômicas, sociais e políticas fazem parte do cotidiano.

A humanidade vive hoje os medos, as ignorâncias, as ameaças do nosso tempo. Esse quadro, digno do prenúncio do Apocalipse, é agravado por um detalhe significativo: se há mil anos a ameaça do fim do mundo provinha exclusivamente dos desígnios divinos, hoje o próprio homem tem nas mãos os instrumentos para a destruição da vida no planeta.

Quando constataram que o mundo não tinha mesmo acabado, os homens substituíram o temor pela esperança, após o ano mil. É verdade que alguns continuaram aguardando o fim para breve, especialmente para 1033, no milênio da morte de Cristo. Mas a maioria se sentiu renascer, passar por um novo batismo e viver uma nova primavera. Como escreveu o monge Raul Glaber, exatamente em 1033:

O céu começou a rir, a clarear... Toda a superfície da terra cobriu-se de uma amável verdura e deu uma abundância de frutos que expulsou completamente a privação...

Retrospectivas e prospecções. Frustrações e sonhos. Avareza e generosidade. Reafirmação de princípios e revisão de conceitos. O velho e o novo, o fim de uma era e o começo de outra. Tudo isso faz parte da dialética do marketing, voltado para a transformação do homem e da sociedade.

Abrindo as portas do futuro, no alvorecer do novo milênio.

BIBLIOGRAFIA

PRIMEIRA PARTE

ABBAGNANO, Nicola. *História da filosofia*. Lisboa, Editorial Presença, 1984.
ALTHUSSER, Louis. *Ideologia e aparelhos ideológicos do Estado*. São Paulo, Martins Fontes, 1974.
ANDERSON, Perry. *Linhagens do Estado Absolutista*. São Paulo, Brasiliense, 1985.
ARON, Raymond. *Estudos políticos*. Brasília, Ed. UnB, 1980.
BALL, Raymond. *Pedagogia de comunicação*. Lisboa. Europa – América, 1973.
BURDEAU, Georges. *O Estado*. Lisboa, Europa - América. 1970
BATH, Sergio. *Maquiavelismo: a prática política segundo Nicolau Maquiavel*. São Paulo, Ática, 1992.
BATH, Sergio. et al., *Maquiavel - Um seminário na UNB*, Brasília, Cadernos UNB, 1981.
BURCKHARDT, Jacob. *O Renascimento italiano*. Lisboa, Presença, 1973.
CARDOSO, Fernando Henrique. *Política & Sociedade* São Paulo, Ed. Nacional, 1979.
CHAUÍ, Marilena. *O que é ideologia*. São Paulo, Brasiliense, 1981.
_____. "Filosofia moderna". In: *Aspectos da história da filosofia*. São Paulo, Brasiliense, 1990.
CHEVALIER, Jean-Jacques. *As grandes obras políticas de Maquiavel aos nossos dias*. Rio de Janeiro, Agir, 1980.
COBRA, Marcos. *Marketing essencial*. São Paulo, Atlas, 1988.
CORVISIER, André. *História moderna*. Rio de Janeiro, Difel. 1976.

DOMENACH, Jean-Marie. *La Propagande Politique*. Paris, Press Universitaires de France, 1979.

DUAILIBI, Roberto. *Criatividade & Marketing*. São Paulo, MacGraw-Hill, 1990.

DURANT, Will. *Os grandes pensadores*. São Paulo, CEN, 1969.

DUVERGER, Maurice. *Introdução à política*. Lisboa, Estúdios Cor, 1972.

DUVERNOY, Jean-François. *Para conhecer o pensamento de Maquiavel*. Porto Alegre, L&PM, 1984.

ESCOREL, Lauro. *Introdução ao pensamento político de Maquiavel*. Brasília, Ed. UnB, 1979.

FITZGERALD, Ross. *Pensadores políticos comparados*. Brasília, Ed. UnB, 1983.

FRANCO, Afonso Arinos de Melo et. al, *Sobre Maquiavel*. Brasília, Ed.UnB, 1983.

GALBRAITH, John Kenneth. *Anatomia do poder*. São Paulo, Pioneira, 1984.

GERMINO, Dante. *Machiavelli to Marx*. Chicago, The University of Chicago Press, 1979.

GRAMSCI, Antonio. *Maquiavel, a política e o Estado moderno*. Rio de Janeiro, Civ. Brasileira, 1989.

_____. *Literatura e vida nacional*. Rio de Janeiro, Civ. Brasileira, 1968.

GRUPPI, Luciano. *Tudo começou com Maquiavel*. Porto Alegre, L&PM, 1980.

GUENÉE, Bernard. *O ocidente nos séculos XIV e XV*. São Paulo, Pioneira, 1971.

HALE, John Rigby. *La Europa del Renascimento*. Madri, Siglo Veintiuno, 1973.

HAUSER, Arnold. *História Social da literatura e da arte*. São Paulo, Mestre Jou, 1972.

JAGUARIBE, Hélio. *Sociedade, mudanças e política*. São Paulo, Perspectiva, 1975.

LARIVAILLE, Paul. *A Itália no tempo de Maquiavel*. São Paulo, Cia. das Letras, 1988.

LASSWELL, Harold. *A linhagem da política*. Brasília, Ed UnB, 1979.

LEVITT, Theodore. *A imaginação de Marketing*. São Paulo, Atlas, 1986.
LINS, Ivan. *A Renascença e o Humanismo*. Rio de Janeiro, Cia. Brasileira, 1967.
LINDBLOM, Charles. *O processo de decisão política*. Brasília, Ed. UnB, 1981.
MACFARLANE, Leslie John. *Teoria política moderna*, Brasília, Ed.UnB, 1981.
MACKENZIE, W. *A ciência política*. Amadora, Bertrand,1970
MAQUIAVEL, Nicolau, *Um Seminário na Universidade de Brasília*, Brasília, UnB, 1981.
_____ *A Arte da Guerra, A Vida de Castruccio Castracani, Belfagor, O Arquidiabo, O Príncipe*, UnB, 1982.
_____ *A. Arte da Guerra e Outros Ensaios*, Brasília, Ed.UnB,1982.
_____ N. *O príncipe*. Tradução de Roberto Grassi. Rio de Janeiro, Bertrand, 1990.
_____ N. *O príncipe*. Tradução de Antônio D'Élia. São Paulo, Cultrix, 1991.
_____ N. *O príncipe*. Tradução de Lívio Xavier. São Paulo, Abril, 1973.
MCCARTHY, Jerome. *Marketing básico*. Rio de Janeiro, Zahar, 1978.
MOREIRA, Adriano. et al. *Legado político do Ocidente*. Rio de Janeiro, Difel, 1978.
MOREIRA, Adriano. *Ciência política amadora*. Bertrand, 1979.
MOREIRA, Marcilio. *De Maquiavel a San Tiago*. Brasília, Ed. UnB, 1981.
PENTEADO, José Roberto. *Marketing no Brasil não é fácil*. Rio de Janeiro, Livros Técnicos e Científicos, 1990.
POKROVSKY, Mikhail N. *História das ideologias*. Lisboa, Ed. Estampa, 1977.
POLIN, Raymond. *Iniciação política — o homem e o Estado*. Lisboa, Europa - América.
POULANTZAS, Nicos. *O Estado, o poder, o socialismo*. Rio de Janeiro, Graal, 1981.
RODEE, Carlton Clymer, et al. *Introdução à ciência Política*. Rio de Janeiro, Agir, 1972.

RIES, Al. *Marketing de guerra*. São Paulo, Mac Graw-Hill, 1986.

_____. *Marketing de guerra II*. São Paulo, Mac Graw-Hill, 1989.

RUSSEL, Bertrand. *O poder — uma nova análise social*. Lisboa, Editorial Fragmentos, 1990.

_____. *História da filosofia ocidental*. São Paulo, CEN, 1969.

SCHILLING, Kurt. *História das ideias sociais*. Rio de Janeiro, Zahar, 1974.

SCHWARTZENBERG, Roger-Gérard. *O Estado espetáculo*. São Paulo, Difel, 1978.

SEVCENKO, Nicolau. *O Renascimento*. São Paulo, Atual, 1984.

TENENTI, Alberto. *Florença na época dos Médici*. São Paulo, Perspectiva, 1973.

TOUCHARD, Jean. *História das ideias políticas*. Lisboa, Europa - América, 1970.

TOSI, Renzo. *Dicionário de sentenças latinas e gregas*. São Paulo, Martins Fontes, 1996.

TRAGTENTERG, Mauricio. *Administração, poder e ideologia*. São Paulo, Cortez Editora, 1989.

VALARI, L. *Niccolo Maquiavelli*. Edizione Piemme, 2000.

VIROLI, Maurizio. *O sorriso de Nicolau*. São Paulo, Estação Liberdade, 2002.

VOEGELIER, Eric. A nova ciência política. Brasília, Ed. UnB, 1979.

VÉDRINE, Helène. *As filosofias do Renascimento*. Lisboa, Europa - América. 1971.

KAPLAN, Abraham. *Poder e Sociedade*. Brasília, Ed. UnB, 1979.

KING, Preston. *O Estudo da política*. Brasília, Ed. UnB, 1980.

KOTLER, Philip. *Marketing*. São Paulo, Atlas, 1990.

_____. *Marketing para Organizações que não visam o lucro* São Paulo, Atlas, 1988.

WATKING, K.W. *A prática da política*. Brasília, Ed. UnB, 1981.

WEFFORT, Francisco C. *Os clássicos da política*. São Paulo, Ática, 1991.
WEBER, Max. *Sobre as teorias das ciências sociais*. Lisboa, Ed. Presença, 1974.

Segunda parte

ABRAMSON, M. *História da Idade Média*. Lisboa, Ed. Estampa, 1978.
ALMEIDA, Ângela Mendes. *A República de Weimar e a ascensão do nazismo*. São Paulo, Brasiliense, 1983.
BANNIARD, Michel. *A Alta Idade Média Ocidental*. Lisboa, Europa - América. 1980
BAKER, A. J. *Kamikazes*. Rio de Janeiro, Renes. 1975
BÍBLIA. São Paulo, Ed. das Américas, 1950.
BLOCH, Marc. *A sociedade feudal*. Lisboa, Ed. 70, 1979.
_____. *Introdução à história*. Lisboa, Europa- América. 1963.
CHARLOT, Jean. *Le Gaullisme*. Paris, Armando Colin, 1970.
COHN, Haim. *O julgamento de Jesus, o Nazareno*. Rio de Janeiro, Imago, 1990.
CROUZET, Maurice. *História das civilizações*. São Paulo, Difel, 1961.
CULLMANN, Oscar. *Cristo e política*. Rio de Janeiro, Paz e Terra, 1968.
DE GRAZIA, Sebastian. *Maquiavel no inferno*. São Paulo, Cia. das Letras, 1993.
DONINI, Ambrogio. *História do cristianismo*. Lisboa, Ed. 70, 1980.
DUBY, Georges. *As três ordens ou o imaginário do feudalismo*. Lisboa, Ed. Estampa, 1982.
_____ *O ano mil*, Lisboa, Ed. 70, 1980.
DUCASSÉ, Pierre. *As grandes correntes da filosofia*. Lisboa, Europa - América. 1963.
DURANT, Will. *César e Cristo*. Rio de Janeiro, Record. 1957.

FABRIS, Rinaldo. *Jesus de Nazaré*. São Paulo, Ed. Loyola, 1988.
FAURE, Paul. *O Renascimento*. Lisboa, Europa - América, 1977.
FELICE, Renzo de. *Explicar o fascismo*. Lisboa, Ed. 70, 1978.
FLÁVIO, Josefo. *Seleções*. São Paulo, Edameri, 1974.
FREDERICO II. *El Antimaquiavelo*. Quadrata, 2002.
GANSHOF, François-Louis. *Que é feudalismo*. Lisboa, Europa, América.1976.
GAUCHON, Pascal. *Os fascismos*. Rio de Janeiro, Zahar, 1980.
HEERS, Jacques. *O trabalho na Idade Média*. Lisboa, Europa - América. 1965.
HITLER, Adolf. *Mein Kampf*. Porto, Ed. Afrodite, 1976.
HODGETT, Gerald.A.J. *História social e econômica da Idade Média*. Rio de Janeiro, Zahar, 1975.
HOLMES, Richard. *Franceses livres do deserto ao Danúbio*. Rio de Janeiro, Renes. 1976.
_____. *Homem, mito e magia*. São Paulo, Ed. Três, 1974.
LEDWIDGE, Bernard. *De Gaulle*. Rio de Janeiro, Zahar, 1986.
LENHARO, Alcir. *Nazismo, o triunfo da vontade*. São Paulo, Ática, 1986.
LENTSMAN, Iakov. *A origem do cristianismo*. São Paulo, Fulgor, 1963.
LEVACK, Brian P. *A caça às bruxas na Europa moderna*. Rio de Janeiro, Campus, 1988.
LEVI, Eliphas. *Dogma e ritual da alta magia*. São Paulo, O Pensamento, 1919.
MASSON, Philippe. *De Gaulle*. Rio de Janeiro, Renes. 1974
MONTEIRO. Paula. *Magia e pensamento mágico*. São Paulo, Ática, 1986.
NÉRÉ, Jacques. *História contemporânea*. Rio de Janeiro, Difel, 1975.
NOVINSKY, Anita. *A Inquisição*. São Paulo, Brasiliense, 1988.
PERNOUD, Regine. *O mito da Idade Média*. Lisboa, Europa - América. 1989.

_____. *As origens da burguesia*. Lisboa, Europa - América. 1949.

PIRENNE, Henri. *As cidades da Idade Média*. Lisboa, Europa – América, 1973.

REICH, Wilhelm. *La Psicologia de Massas del Fascismo*. México, Roca, 1933.

ROMAG, Frei D. *Compendio de história da Igreja*. Rio de Janeiro, Vozes, 1949.

SCHREIBER, Hermann. *História das sociedades secretas*. São Paulo, IBRASA, 1982.

SHIRER, William. *Ascensão e queda do III Reich*. São Paulo, Difusão Europeia do Livro, 1961.

SOUZA, Laura de Mello e. *A feitiçaria na Europa Moderna*. São Paulo, Ática, 1987.

TAYLOR, Alan John Percival. *A Segunda Guerra Mundial*. Rio de Janeiro, Zahar, 1963.

THOMSON, David. *Pequena história do mundo contemporâneo*. Rio de Janeiro, Zahar, 1967.

TRENTO, Angelo. *Fascismo italiano*. São Paulo, Ática, 1986.

KOCH, H. W. *A juventude hitlerista*. Rio de Janeiro, Renes, 1973.

KONDER, Leandro. *Introdução do fascismo*. Rio de Janeiro, Graal, 1977.

KUNZE, Micael. *A caminho da fogueira*, Rio de Janeiro, Campus, 1986.

KARDEC, Allan. *O céu e o inferno*. Federação Espírita Brasileira. 1977.

WERTH, Alexander. *A Rússia na guerra*. Lisboa, Europa – América.1964.

WILLIAMS, John. *França, 1940 a Catástrofe*. Rio de Janeiro, Renes, 1974.

WYKES, Alan. *Goebbels*. Rio de Janeiro, Renes, 1975.

Sobre o Autor

JOSÉ NIVALDO JUNIOR

Foto: Chico Barros

José Nivaldo Junior é pernambucano, nascido em 1951.

Bacharel em Direito e Mestre em História pela UFPE, é publicitário desde 1975. Como professor da mesma universidade, desenvolveu o estudo do poder. Participa de campanhas eleitorais desde 1978 e é diretor da agência de publicidade Makplan.

No seu currículo constam campanhas majoritárias vitoriosas em todos os níveis, inclusive para o Governo ou Senado no Rio de Janeiro, São Paulo, Pernambuco, Sergipe, Acre e Paraíba; prefeituras de capitais como São Paulo, Recife, João Pessoa, Aracaju e Boa Vista.

Na área federal, atendeu aos ministérios da Justiça, da Educação e das Comunicações, à Funai, ao Projeto Rondon e à Caixa Econômica Federal.

Também fez publicidade para os governos do Distrito Federal, Rio de Janeiro, Pernambuco, Sergipe e Roraima e para prefeituras de capitais como São Paulo, Recife, João Pessoa e Aracaju, dentre muitas outras cidades.

Prestou e continua a oferecer seus serviços a grandes empresas públicas e privadas, além de entidades corporativas e partidos políticos.

Edições em língua portuguesa:
Primeira edição, Recife, Makplan, 1991.
Segunda edição, São Paulo, Martin Claret, 1999.
Após várias edições, em 2005 este livro passou a integrar a coleção "A obra-prima de cada autor", com seis reimpressões desde então.
A presente edição é integral, revista e atualizada.

O OBJETIVO, A FILOSOFIA E A MISSÃO DA EDITORA MARTIN CLARET

O principal objetivo da Martin Claret é contribuir para a difusão da educação e da cultura, por meio da democratização do livro, usando os canais de comercialização habituais, além de criar novos.

A filosofia de trabalho da Martin Claret consiste em produzir livros de qualidade a um preço acessível, para que possam ser apreciados pelo maior número possível de leitores.

A missão da Martin Claret é conscientizar e motivar as pessoas a desenvolver e utilizar o seu pleno potencial espiritual, mental, emocional e social.

O livro muda as pessoas. Revolucione-se: leia mais para ser mais!

MARTIN CLARET

Relação dos Volumes Publicados

1. Dom Casmurro
   Machado de Assis
2. O Príncipe
   Maquiavel
3. Mensagem
   Fernando Pessoa
4. O Lobo do Mar
   Jack London
5. A Arte da Prudência
   Baltasar Gracián
6. Iracema / Cinco Minutos
   José de Alencar
7. Inocência
   Visconde de Taunay
8. A Mulher de 30 Anos
   Honoré de Balzac
9. A Moreninha
   Joaquim Manuel de Macedo
10. A Escrava Isaura
    Bernardo Guimarães
11. As Viagens - "Il Milione"
    Marco Polo
12. O Retrato de Dorian Gray
    Oscar Wilde
13. A Volta ao Mundo em 80 Dias
    Júlio Verne
14. A Carne
    Júlio Ribeiro
15. Amor de Perdição
    Camilo Castelo Branco
16. Sonetos
    Luís de Camões
17. O Guarani
    José de Alencar
18. Memórias Póstumas de Brás Cubas
    Machado de Assis
19. Lira dos Vinte Anos
    Álvares de Azevedo
20. Apologia de Sócrates / Banquete
    Platão
21. A Metamorfose/Um Artista da Fome/Carta a Meu Pai
    Franz Kafka
22. Assim Falou Zaratustra
    Friedrich Nietzsche
23. Triste Fim de Policarpo Quaresma
    Lima Barreto
24. A Ilustre Casa de Ramires
    Eça de Queirós
25. Memórias de um Sargento de Milícias
    Manuel Antônio de Almeida
26. Robinson Crusoé
    Daniel Defoe
27. Espumas Flutuantes
    Castro Alves
28. O Ateneu
    Raul Pompeia
29. O Noviço / O Juiz de Paz da Roça / Quem Casa Quer Casa
    Martins Pena
30. A Relíquia
    Eça de Queirós
31. O Jogador
    Dostoiévski
32. Histórias Extraordinárias
    Edgar Allan Poe
33. Os Lusíadas
    Luís de Camões
34. As Aventuras de Tom Sawyer
    Mark Twain
35. Bola de Sebo e Outros Contos
    Guy de Maupassant
36. A República
    Platão
37. Elogio da Loucura
    Erasmo de Rotterdam
38. Caninos Brancos
    Jack London
39. Hamlet
    William Shakespeare
40. A Utopia
    Thomas More
41. O Processo
    Franz Kafka
42. O Médico e o Monstro
    Robert Louis Stevenson
43. Ecce Homo
    Friedrich Nietzsche
44. O Manifesto do Partido Comunista
    Marx e Engels
45. Discurso do Método / Regras para a Direção do Espírito
    René Descartes
46. Do Contrato Social
    Jean-Jacques Rousseau
47. A Luta pelo Direito
    Rudolf von Ihering
48. Dos Delitos e das Penas
    Cesare Beccaria
49. A Ética Protestante e o Espírito do Capitalismo
    Max Weber
50. O Anticristo
    Friedrich Nietzsche
51. Os Sofrimentos do Jovem Werther
    Goethe
52. As Flores do Mal
    Charles Baudelaire
53. Ética a Nicômaco
    Aristóteles
54. A Arte da Guerra
    Sun Tzu
55. Imitação de Cristo
    Tomás de Kempis
56. Cândido ou o Otimismo
    Voltaire
57. Rei Lear
    William Shakespeare
58. Frankenstein
    Mary Shelley
59. Quincas Borba
    Machado de Assis
60. Fedro
    Platão
61. Política
    Aristóteles
62. A Viuvinha / Encarnação
    José de Alencar
63. As Regras do Método Sociológico
    Émile Durkheim
64. O Cão dos Baskervilles
    Sir Arthur Conan Doyle
65. Contos Escolhidos
    Machado de Assis
66. Da Morte / Metafísica do Amor / Do Sofrimento do Mundo
    Arthur Schopenhauer
67. As Minas do Rei Salomão
    Henry Rider Haggard
68. Manuscritos Econômico-Filosóficos
    Karl Marx
69. Um Estudo em Vermelho
    Sir Arthur Conan Doyle
70. Meditações
    Marco Aurélio
71. A Vida das Abelhas
    Maurice Materlinck
72. O Cortiço
    Aluísio Azevedo
73. Senhora
    José de Alencar
74. Brás, Bexiga e Barra Funda / Laranja da China
    Antônio de Alcântara Machado
75. Eugênia Grandet
    Honoré de Balzac
76. Contos Gauchescos
    João Simões Lopes Neto
77. Esaú e Jacó
    Machado de Assis
78. O Desespero Humano
    Sören Kierkegaard
79. Dos Deveres
    Cícero
80. Ciência e Política
    Max Weber
81. Satíricon
    Petrônio
82. Eu e Outras Poesias
    Augusto dos Anjos
83. Farsa de Inês Pereira / Auto da Barca do Inferno / Auto da Alma
    Gil Vicente
84. A Desobediência Civil e Outros Escritos
    Henry David Toreau
85. Para Além do Bem e do Mal
    Friedrich Nietzsche
86. A Ilha do Tesouro
    R. Louis Stevenson
87. Marília de Dirceu
    Tomás A. Gonzaga
88. As Aventuras de Pinóquio
    Carlo Collodi
89. Segundo Tratado Sobre o Governo
    John Locke
90. Amor de Salvação
    Camilo Castelo Branco
91. Broquéis/Faróis/Últimos Sonetos
    Cruz e Souza
92. I-Juca-Pirama / Os Timbiras / Outros Poemas
    Gonçalves Dias
93. Romeu e Julieta
    William Shakespeare
94. A Capital Federal
    Arthur Azevedo
95. Diário de um Sedutor
    Sören Kierkegaard
96. Carta de Pero Vaz de Caminha a El-Rei Sobre o Achamento do Brasil
97. Casa de Pensão
    Aluísio Azevedo
98. Macbeth
    William Shakespeare

99. Édipo Rei/Antígona
Sófocles
100. Lucíola
José de Alencar
101. As Aventuras de Sherlock Holmes
Sir Arthur Conan Doyle
102. Bom-Crioulo
Adolfo Caminha
103. Helena
Machado de Assis
104. Poemas Satíricos
Gregório de Matos
105. Escritos Políticos / A Arte da Guerra
Maquiavel
106. Ubirajara
José de Alencar
107. Diva
José de Alencar
108. Eurico, o Presbítero
Alexandre Herculano
109. Os Melhores Contos
Lima Barreto
110. A Luneta Mágica
Joaquim Manuel de Macedo
111. Fundamentação da Metafísica dos Costumes e Outros Escritos
Immanuel Kant
112. O Príncipe e o Mendigo
Mark Twain
113. O Domínio de Si Mesmo pela Auto-Sugestão Consciente
Émile Coué
114. O Mulato
Aluísio Azevedo
115. Sonetos
Florbela Espanca
116. Uma Estadia no Inferno / Poemas / Carta do Vidente
Arthur Rimbaud
117. Várias Histórias
Machado de Assis
118. Fédon
Platão
119. Poesias
Olavo Bilac
120. A Conduta para a Vida
Ralph Waldo Emerson
121. O Livro Vermelho
Mao Tsé-Tung
122. Oração aos Moços
Rui Barbosa
123. Otelo, o Mouro de Veneza
William Shakespeare
124. Ensaios
Ralph Waldo Emerson
125. De Profundis / Balada do Cárcere de Reading
Oscar Wilde
126. Crítica da Razão Prática
Immanuel Kant
127. A Arte de Amar
Ovídio Naso
128. O Tartufo ou O Impostor
Molière
129. Metamorfoses
Ovídio Naso
130. A Gaia Ciência
Friedrich Nietzsche
131. O Doente Imaginário
Molière
132. Uma Lágrima de Mulher
Aluísio Azevedo
133. O Último Adeus de Sherlock Holmes
Sir Arthur Conan Doyle
134. Canudos - Diário de Uma Expedição
Euclides da Cunha
135. A Doutrina de Buda
Siddharta Gautama
136. Tao Te Ching
Lao-Tsé
137. Da Monarquia / Vida Nova
Dante Alighieri
138. A Brasileira de Prazins
Camilo Castelo Branco
139. O Velho da Horta/Quem Tem Farelos?/Auto da Índia
Gil Vicente
140. O Seminarista
Bernardo Guimarães
141. O Alienista / Casa Velha
Machado de Assis
142. Sonetos
Manuel du Bocage
143. O Mandarim
Eça de Queirós
144. Noite na Taverna / Macário
Alvares de Azevedo
145. Viagens na Minha Terra
Almeida Garrett
146. Sermões Escolhidos
Padre Antonio Vieira
147. Os Escravos
Castro Alves
148. O Demônio Familiar
José de Alencar
149. A Mandrágora / Belfagor, o Arquidiabo
Maquiavel
150. O Homem
Aluísio Azevedo
151. Arte Poética
Aristóteles
152. A Megera Domada
William Shakespeare
153. Alceste/Electra/Hipólito
Eurípedes
154. O Sermão da Montanha
Huberto Rohden
155. O Cabeleira
Franklin Távora
156. Rubáiyát
Omar Khayyám
157. Luzia-Homem
Domingos Olímpio
158. A Cidade e as Serras
Eça de Queirós
159. A Retirada da Laguna
Visconde de Taunay
160. A Viagem ao Centro da Terra
Júlio Verne
161. Caramuru
Frei Santa Rita Durão
162. Clara dos Anjos
Lima Barreto
163. Memorial de Aires
Machado de Assis
164. Bhagavad Gita
Krishna
165. O Profeta
Khalil Gibran
166. Aforismos
Hipócrates
167. Kama Sutra
Vatsyayana
168. Histórias de Mowgli
Rudyard Kipling
169. De Alma para Alma
Huberto Rohden
170. Orações
Cícero
171. Sabedoria das Parábolas
Huberto Rohden
172. Salomé
Oscar Wilde
173. Do Cidadão
Thomas Hobbes
174. Porque Sofremos
Huberto Rohden
175. Einstein: o Enigma do Universo
Huberto Rohden
176. A Mensagem Viva do Cristo
Huberto Rohden
177. Mahatma Gandhi
Huberto Rohden
178. A Cidade do Sol
Tommaso Campanella
179. Setas para o Infinito
Huberto Rohden
180. A Voz do Silêncio
Helena Blavatsky
181. Frei Luís de Sousa
Almeida Garrett
182. Fábulas
Esopo
183. Cântico de Natal/ Os Carrilhões
Charles Dickens
184. Contos
Eça de Queirós
185. O Pai Goriot
Honoré de Balzac
186. Noites Brancas e Outras Histórias
Dostoiévski
187. Minha Formação
Joaquim Nabuco
188. Pragmatismo
William James
189. Discursos Forenses
Enrico Ferri
190. Medeia
Eurípedes
191. Discursos de Acusação
Enrico Ferri
192. A Ideologia Alemã
Marx & Engels
193. Prometeu Acorrentado
Ésquilo
194. Iaiá Garcia
Machado de Assis
195. Discursos no Instituto dos Advogados Brasileiros / Discurso no Colégio Anchieta
Rui Barbosa
196. Édipo em Colono
Sófocles
197. A Arte de Curar pelo Espírito
Joel S. Goldsmith
198. Jesus, o Filho do Homem
Khalil Gibran
199. Discursos sobre a Origem e os Fundamentos da Desigualdade entre os Homens
Jean-Jacques Rousseau
200. Fábulas
La Fontaine
201. O Sonho de uma Noite de Verão
William Shakespeare

202. MAQUIAVEL, O PODER
     José Nivaldo Junior
203. RESSURREIÇÃO
     Machado de Assis
204. O CAMINHO DA FELICIDADE
     Huberto Rohden
205. A VELHICE DO PADRE ETERNO
     Guerra Junqueiro
206. O SERTANEJO
     José de Alencar
207. GITANJALI
     Rabindranath Tagore
208. SENSO COMUM
     Thomas Paine
209. CANAÃ
     Graça Aranha
210. O CAMINHO INFINITO
     Joel S. Goldsmith
211. PENSAMENTOS
     Epicuro
212. A LETRA ESCARLATE
     Nathaniel Hawthorne
213. AUTOBIOGRAFIA
     Benjamin Franklin
214. MEMÓRIAS DE
     SHERLOCK HOLMES
     Sir Arthur Conan Doyle
215. O DEVER DO ADVOGADO /
     POSSE DE DIREITOS PESSOAIS
     Rui Barbosa
216. O TRONCO DO IPÊ
     José de Alencar
217. O AMANTE DE LADY
     CHATTERLEY
     D. H. Lawrence
218. CONTOS AMAZÔNICOS
     Inglês de Souza
219. A TEMPESTADE
     William Shakespeare
220. ONDAS
     Euclides da Cunha
221. EDUCAÇÃO DO HOMEM
     INTEGRAL
     Huberto Rohden
222. NOVOS RUMOS PARA A
     EDUCAÇÃO
     Huberto Rohden
223. MULHERZINHAS
     Louise May Alcott
224. A MÃO E A LUVA
     Machado de Assis
225. A MORTE DE IVAN ILICHT
     / SENHORES E SERVOS
     Leon Tolstói
226. ÁLCOOIS E OUTROS POEMAS
     Apollinaire
227. PAIS E FILHOS
     Ivan Turguêniev
228. ALICE NO PAÍS DAS
     MARAVILHAS
     Lewis Carroll
229. À MARGEM DA HISTÓRIA
     Euclides da Cunha
230. VIAGEM AO BRASIL
     Hans Staden
231. O QUINTO EVANGELHO
     Tomé
232. LORDE JIM
     Joseph Conrad
233. CARTAS CHILENAS
     Tomás Antônio Gonzaga
234. ODES MODERNAS
     Anntero de Quental
235. DO CATIVEIRO BABILÔNICO
     DA IGREJA
     Martinho Lutero
236. O CORAÇÃO DAS TREVAS
     Joseph Conrad
237. THAIS
     Anatole France
238. ANDRÔMACA / FEDRA
     Racine
239. AS CATILINÁRIAS
     Cícero
240. RECORDAÇÕES DA CASA
     DOS MORTOS
     Dostoiévski
241. O MERCADOR DE VENEZA
     William Shakespeare
242. A FILHA DO CAPITÃO /
     A DAMA DE ESPADAS
     Aleksandr Púchkin
243. ORGULHO E PRECONCEITO
     Jane Austen
244. A VOLTA DO PARAFUSO
     Henry James
245. O GAÚCHO
     José de Alencar
246. TRISTÃO E ISOLDA
     Lenda Medieval Celta de Amor
247. POEMAS COMPLETOS DE
     ALBERTO CAEIRO
     Fernando Pessoa
248. MAIAKÓVSKI
     Vida e Poesia
249. SONETOS
     William Shakespeare
250. POESIA DE RICARDO REIS
     Fernando Pessoa
251. PAPÉIS AVULSOS
     Machado de Assis
252. CONTOS FLUMINENSES
     Machado de Assis
253. O BOBO
     Alexandre Herculano
254. A ORAÇÃO DA COROA
     Demóstenes
255. O CASTELO
     Franz Kafka
256. O TROVEJAR DO SILÊNCIO
     Joel S. Goldsmith
257. ALICE NA CASA DOS ESPELHOS
     Lewis Carrol
258. MISÉRIA DA FILOSOFIA
     Karl Marx
259. JÚLIO CÉSAR
     William Shakespeare
260. ANTÔNIO E CLEÓPATRA
     William Shakespeare
261. FILOSOFIA DA ARTE
     Huberto Rohden
262. A ALMA ENCANTADORA
     DAS RUAS
     João do Rio
263. A NORMALISTA
     Adolfo Caminha
264. POLLYANNA
     Eleanor H. Porter
265. AS PUPILAS DO SENHOR REITOR
     Júlio Diniz
266. AS PRIMAVERAS
     Casimiro de Abreu
267. FUNDAMENTOS DO DIREITO
     Léon Duguit
268. DISCURSOS DE METAFÍSICA
     G. W. Leibniz
269. SOCIOLOGIA E FILOSOFIIA
     Emile Durkheim
270. CANCIONEIRO
     Fernando Pessoa
271. A DAMA DAS CAMÉLIAS
     Alexandre Dumas (filho)
272. O DIVÓRCIO /
     AS BASES DA FÉ /
     E OUTROS TEXTOS
     Rui Barbosa
273. POLLYANNA MOÇA
     Eleanor H. Porter
274. O 18 BRUMÁRIO DE
     LUÍS BONAPARTE
     Karl Marx
275. TEATRO DE MACHADO DE ASSIS
     Antologia
276. CARTAS PERSAS
     Montesquieu
277. EM COMUNHÃO COM DEUS
     Huberto Rohden
278. RAZÃO E SENSIBILIDADE
     Jane Austen
279. CRÔNICAS SELECIONADAS
     Machado de Assis
280. HISTÓRIAS DA MEIA-NOITE
     Machado de Assis
281. CYRANO DE BERGERAC
     Edmond Rostand
282. O MARAVILHOSO MÁGICO DE OZ
     L. Frank Baum
283. TROCANDO OLHARES
     Florbela Espanca
284. O PENSAMENTO FILOSÓFICO
     DA ANTIGUIDADE
     Huberto Rohden
285. FILOSOFIA CONTEMPORÂNEA
     Huberto Rohden
286. O ESPÍRITO DA FILOSOFIA
     ORIENTAL
     Huberto Rohden
287. A PELE DO LOBO /
     O BADEJO / O DOTE
     Artur Azevedo
288. OS BRUZUNDANGAS
     Lima Barreto
289. A PATA DA GAZELA
     José de Alencar
290. O VALE DO TERROR
     Sir Arthur Conan Doyle
291. O SIGNO DOS QUATRO
     Sir Arthur Conan Doyle
292. AS MÁSCARAS DO DESTINO
     Florbela Espanca
293. A CONFISSÃO DE LÚCIO
     Mário de Sá-Carneiro
294. FALENAS
     Machado de Assis
295. O URAGUAI /
     A DECLAMAÇÃO TRÁGICA
     Basílio da Gama
296. CRISÁLIDAS
     Machado de Assis
297. AMERICANAS
     Machado de Assis
298. A CARTEIRA DE MEU TIO
     Joaquim Manuel de Macedo
299. CATECISMO DA FILOSOFIA
     Huberto Rohden
300. APOLOGIA DE SÓCRATES
     Platão (Edição bilingue)
301. RUMO À CONSCIÊNCIA CÓSMICA
     Huberto Rohden
302. COSMOTERAPIA
     Huberto Rohden
303. BODAS DE SANGUE
     Federico García Lorca
304. DISCURSO DA SERVIDÃO
     VOLUNTÁRIA
     Étienne de La Boétie

305. Categorias
    Aristóteles
306. Manon Lescaut
    Abade Prévost
307. Teogonia /
    Trabalho e Dias
    Hesíodo
308. As Vítimas-Algozes
    Joaquim Manuel de Macedo
309. Persuasão
    Jane Austen
310. Agostinho - Huberto Rohden
311. Roteiro Cósmico
    Huberto Rohden
312. A Queda dum Anjo
    Camilo Castelo Branco
313. O Cristo Cósmico e os
    Essênios - Huberto Rohden
314. Metafísica do Cristianismo
    Huberto Rohden
315. Rei Édipo - Sófocles
316. Livro dos Provérbios
    Salomão
317. Histórias de Horror
    Howard Phillips Lovecraft
318. O Ladrão de Casaca
    Maurice Leblanc
319. Til
    José de Alencar

Série Ouro
(Livros com mais de 400 p.)

1. Leviatã
    Thomas Hobbes
2. A Cidade Antiga
    Fustel de Coulanges
3. Crítica da Razão Pura
    Immanuel Kant
4. Confissões
    Santo Agostinho
5. Os Sertões
    Euclides da Cunha
6. Dicionário Filosófico
    Voltaire
7. A Divina Comédia
    Dante Alighieri
8. Ética Demonstrada à
    Maneira dos Geômetras
    Baruch de Spinoza
9. Do Espírito das Leis
    Montesquieu
10. O Primo Basílio
    Eça de Queirós
11. O Crime do Padre Amaro
    Eça de Queirós
12. Crime e Castigo
    Dostoiévski
13. Fausto
    Goethe
14. O Suicídio
    Émile Durkheim
15. Odisseia
    Homero
16. Paraíso Perdido
    John Milton
17. Drácula
    Bram Stoker
18. Ilíada
    Homero
19. As Aventuras de
    Huckleberry Finn
    Mark Twain
20. Paulo – O 13º Apóstolo
    Ernest Renan
21. Eneida
    Virgílio
22. Pensamentos
    Blaise Pascal
23. A Origem das Espécies
    Charles Darwin
24. Vida de Jesus
    Ernest Renan
25. Moby Dick
    Herman Melville
26. Os Irmãos Karamazovi
    Dostoiévski
27. O Morro dos Ventos
    Uivantes
    Emily Brontë
28. Vinte Mil Léguas
    Submarinas
    Júlio Verne
29. Madame Bovary
    Gustave Flaubert
30. O Vermelho e o Negro
    Stendhal
31. Os Trabalhadores do Mar
    Victor Hugo
32. A Vida dos Doze Césares
    Suetônio
33. O Moço Loiro
    Joaquim Manuel de Macedo
34. O Idiota
    Dostoiévski
35. Paulo de Tarso
    Huberto Rohden
36. O Peregrino
    John Bunyan
37. As Profecias
    Nostradamus
38. Novo Testamento
    Huberto Rohden
39. O Corcunda de Notre Dame
    Victor Hugo
40. Arte de Furtar
    Anônimo do século XVII
41. Germinal
    Émile Zola
42. Folhas de Relva
    Walt Whitman
43. Ben-Hur — Uma História
    dos Tempos de Cristo
    Lew Wallace
44. Os Maias
    Eça de Queirós
45. O Livro da Mitologia
    Thomas Bulfinch
46. Os Três Mosqueteiros
    Alexandre Dumas
47. Poesia de
    Álvaro de Campos
    Fernando Pessoa
48. Jesus Nazareno
    Huberto Rohden
49. Grandes Esperanças
    Charles Dickens
50. A Educação Sentimental
    Gustave Flaubert
51. O Conde de Monte Cristo
    (Volume I)
    Alexandre Dumas
52. O Conde de Monte Cristo
    (Volume II)
    Alexandre Dumas
53. Os Miseráveis (Volume I)
    Victor Hugo
54. Os Miseráveis (Volume II)
    Victor Hugo
55. Dom Quixote de
    La Mancha (Volume I)
    Miguel de Cervantes
56. Dom Quixote de
    La Mancha (Volume II)
    Miguel de Cervantes
57. As Confissões
    Jean-Jacques Rousseau
58. Contos Escolhidos
    Artur Azevedo
59. As Aventuras de Robin Hood
    Howard Pyle
60. Mansfield Park
    Jane Austen

A RELÍQUIA

A RELÍQUIA

EÇA DE QUEIRÓS

MARTIN CLARET

Prefácio

Como nascem as relíquias e as narrativas

Daniela Mercedes Kahn[*]

"As relíquias não valem pela autenticidade que possuem, mas pela fé que inspiram", observa o ilustrado Dr. Topsius, personagem de *A relíquia* (1887). Com efeito, a desfaçatez que norteia a construção dos pequenos e grandes mitos que inspiram a fé humana é o tema principal dessa narrativa de Eça de Queirós (1845–1900).

Na realidade, o autor é mais conhecido pelos seus grandes romances realistas. Conforme indica Antonio Saraiva,[1] cada um deles enfoca um aspecto determinado da sociedade portuguesa do seu tempo: *O crime do Padre Amaro* (1875) aborda a influência do clero na burguesia provinciana; *O primo Basílio* (1878) ilustra o adultério feminino em cenário da classe média lisboeta; o foco de *Os Maias* (1888) é a decadência das camadas mais

---

[*] Doutora em Teoria Literária e Literatura Comparada pela FFLCH-USP. Autora de *A via crucis do outro*: identidade e alteridade em Clarice Lispector. Atualmente prepara um projeto de pós-doutorado sobre a representação das mudanças sociais no teatro alemão da época de Goethe.
[1] SARAIVA, A.; LOPES, Ó. *História da literatura portuguesa*. Rio de Janeiro: CBP, 1969, p. 901.

privilegiadas da sociedade portuguesa; *A capital* (1925) trata da corrupção nos meios literários de Lisboa.

Sua ficção tardia, que inclui *A ilustre casa de Ramires* (1900), *A correspondência de Fradique Mendes* (1900) e *A cidade e as serras* (publicação póstuma, 1901) confronta a realidade portuguesa com a vivência no exterior.

A relíquia integra com *O mandarim* (1880) e vários contos do escritor um filão menos notório da sua obra, constituído por narrativas de cunho fantasista.

Ela se compõe das memórias de Teodorico Raposo. Este relata sua vida em companhia da sua velha tia, a rica beata Maria do Patrocínio das Neves, depois que ele perdeu os seus pais. Descreve igualmente os antecedentes que culminam com a sua peregrinação à Terra Santa, e o que sucedeu com o seu retorno a Lisboa.

Os nomes dessas duas personagens já revelam o curioso vínculo entre sobrinho e tia. Teodorico, enquanto diminutivo de Teodoro, significa "Presentinho do Senhor". A ironia remete ao acolhimento obrigatório do menino órfão pela tia solteirona, sua única parenta viva. Já o sobrenome Raposo, além de tributo à astúcia do protagonista, evoca o talento para a ascensão social do seu pai, Rufino de Assunção Raposo, o filho de padre, que desposa a filha do rico comerciante Godinho. Por sua vez, o nome da tia, Maria do Patrocínio, sublinha o seu papel de arrimo financeiro do sobrinho. O seu patronímico, das Neves, destaca a pretensa "pureza" da tia celibatária, que esconde uma natureza fria e frígida. Para além disso, aponta a ingenuidade da personagem que, malgrado toda a sua vigilância, é vítima fácil do engodo.

Na verdade, uma das finalidades das memórias de Raposo é refutar a portentosa obra *Jerusalém passeada e comentada*, do seu companheiro de viagem pela Terra Santa, o historiador alemão Dr. Topsius. O relato de viagem do intelectual germânico sustenta que os dois pacotinhos de papel pardo, que acompanharam Teodorico em sua romaria pelas terras do Oriente, continham os ossos de seus antepassados. A narrativa de Teodorico visa colocar o leitor a par de todos os fatos relacionados com os citados embrulhos, além de esclarecê-lo acerca do seu real conteúdo.

Com efeito, os itens contidos nesses pacotes remetem à vida dupla deste ladino anti-herói, que exibe em casa sua falsa devoção para agradar a sua "titi", refestelando-se fora dela com suas aventuras amorosas.

No fundo, sobrinho e tia representam um o negativo da outra. Pois a beatice disfarça tanto a atividade erótica explícita do sobrinho quanto a sexualidade reprimida (e por isso inconsciente) da tia.

Um segundo objetivo do relato de Teodorico é compartilhar com o leitor a lição "lúcida e forte" que ele aprendeu no decurso de sua existência. Nesse propósito, a narrativa se resume, à primeira vista, à cômica confissão de um trapaceiro arrependido que, depois de perder o beneplácito de sua tia, se convence da inutilidade da hipocrisia. E que se empenha, a partir daí, em conquistar por meio do trabalho digno e de atitudes honestas a sua estabilidade financeira, além de posição social e prestígio.

Porém, conforme observa Antonio Saraiva, as lições das obras de Eça de Queirós nada têm de cândido. A singela conclusão de que a hipocrisia não compensa é logo desfeita pelas admiráveis considerações finais do narrador. Ele argumenta que a sua falha estaria não no excesso, mas na insuficiência do uso da hipocrisia. Pois, no instante crucial de sua vida, teria lhe faltado o supremo descaramento para improvisar uma justificativa religiosa convincente para o objeto comprometedor que se oferecia no oratório aos olhares estupefatos da tia beata e de seus amigos eclesiásticos. Bastou esse momento de hesitação para que Teodorico fosse prontamente desbancado por um trapaceiro mais experiente, que, ainda por cima, usava batina.

Se essa ponderação do narrador se limitasse às trapaças individuais, o seu alcance ainda seria limitado. Todavia, a tese final que a narrativa propõe é que a mesma desfaçatez que produz as mentiras, que servem aos propósitos individuais, engendra igualmente as grandes ilusões universais, que subjazem às ciências e às religiões.

Em última análise, o que está em questão é o poder persuasivo das próprias narrativas, persigam elas objetivos pessoais ou universais. É essa intenção maior que incorpora ao relato o intrigante capítulo central da estória. Nele, o protagonista, subitamente transformado em um espectador sensível dos acontecimentos, relata um sonho, ocorrido durante a sua viagem à Terra Santa. No sonho, ele e Topsius são transportados para o passado, testemunhando de perto os fatos que originaram "a lenda inicial do cristianismo".

Esse episódio se opõe ao tom burlesco do restante da narrativa, pela seriedade de tratamento de fatos e personagens e pelo lirismo da reconstrução dos cenários da Paixão. No entanto, ele apresenta a sua própria variante da Paixão: uma versão em que o Cristo morre, mas é dado, posteriormente, como ressuscitado.

Com isso, a passagem retoma a temática geral da autenticidade suspeita dos relatos que, em termos de sua credibilidade, deposita no mesmo balaio o mito de fundação do cristianismo, as afirmações documentadas do relato de viagem de Topsius e a história da relíquia arquitetada pelo protagonista. Mais que isso: ao desafiar ironicamente as regras do Realismo e da verossimilhança, a própria narrativa de Eça se coloca igualmente sob o signo da desconfiança.

Em síntese, o que importa não é a autenticidade do relato, mas sim o seu poder persuasivo.

Em tempos em que o poder persuasivo da propaganda contrasta com os questionamentos e as reavaliações radicais dos mitos e símbolos do sagrado, *A relíquia* revela-se de uma atualidade surpreendente.

A RELÍQUIA

Decidi compor, nos vagares deste verão, na minha quinta do Mosteiro (antigo solar dos condes de Lindoso), as memórias da minha vida — que neste século, tão consumido pelas incertezas da inteligência e tão angustiado pelos tormentos do dinheiro, encerra, penso eu e pensa meu cunhado Crispim, uma lição lúcida e forte.

Em 1875, nas vésperas de Santo Antonio, uma desilusão de incomparável amargura abalou o meu ser: por esse tempo minha tia, D. Patrocínio das Neves, mandou-me do Campo de Sant'Ana, onde morávamos, em romagem a Jerusalém; dentro dessas santas muralhas, num dia abrasado do mês de Nizão, sendo Poncius Pilatus procurador da Judeia, Elius Lamma legado imperial da Síria e J.-Kaiapha Sumo Pontífice, testemunhei, miraculosamente, escandalosos sucessos; depois voltei — e uma grande mudança se fez nos meus bens e na minha moral.

São estes casos — espaçados e altos numa existência de bacharel como em campo de erva ceifada, fortes e ramalhosos sobreiros cheios de sol e murmúrio — que quero traçar, com sobriedade e com sinceridade, enquanto no meu telhado voam as andorinhas e as moutas de cravos vermelhos perfumam o meu pomar.

Esta jornada à terra do Egito e à Palestina permanecerá sempre como a glória superior da minha carreira; e bem desejaria que dela ficasse nas Letras, para a posteridade, um monumento airoso e maciço. Mas hoje, escrevendo por motivos peculiarmente espirituais, pretendi que as páginas íntimas, em que a relembro, se não assemelhassem a um Guia Pitoresco do Oriente. Por isso (apesar das solicitações da vaidade), suprimi neste manuscrito suculentas, resplandecentes narrativas de ruínas e de costumes...

De resto esse país do Evangelho, que tanto fascina a humanidade sensível, é bem menos interessante que o meu seco e paterno Alentejo; nem me parece que as terras, favorecidas por uma presença messiânica, ganhem jamais em graça ou esplendor. Nunca me foi dado percorrer os lugares santos da Índia em que o Buda viveu — arvoredos de Migadaia, outeiros de Veluvana, ou esse doce vale de Rajagria, por onde se alongavam os olhos adoráveis do Mestre perfeito, quando um fogo rebentou nos juncais, e Ele ensinou, em singela parábola, como a ignorância é uma fogueira que devora o homem — alimentada pelas enganosas sensações de vida, que os sentidos recebem das enganosas aparências do mundo. Também não visitei a caverna de Hira, nem os devotos areais entre Meca e Medina, que tantas vezes trilhou Maomé, o Profeta Excelente, lento e pensativo sobre o seu dromedário. Mas, desde as figueiras de Betânia até as águas caladas de Galileia, conheço bem os sítios onde habitou esse outro intermediário divino, cheio de enternecimento e de sonhos, a quem chamamos Jesus Nosso Senhor — e só neles achei bruteza, secura, sordidez, soledade e entulho.

Jerusalém é uma vila turca, com vielas andrajosas, acaçapada entre muralhas cor de lodo, e fedendo ao sol sob o badalar de sinos tristes.

O Jordão, fio de água barrento e peco que se arrasta entre areais, nem pode ser comparado a esse claro e suave Lima que lá baixo, ao fundo do Mosteiro, banha as raízes dos meus amieiros; e, todavia vede! estas meigas águas portuguesas não correram jamais entre os joelhos de um Messias, nem jamais as roçaram as asas dos anjos, armados e rutilantes, trazendo do Céu à Terra as ameaças do Altíssimo!

Entretanto, como há espíritos insaciáveis que, lendo de uma jornada pelas terras da Escritura, anelam conhecer desde o tamanho das pedras até ao preço da cerveja, eu recomendo a obra copiosa e luminosa do meu companheiro de romagem, o alemão Topsius, doutor pela Universidade de Bonna e membro do Instituto Imperial de Escavações Históricas. São sete volumes in quarto, atochados, impressos em Leipzig, com este título fino e profundo — Jerusalém Passeada e Comentada.

Em cada página, desse sólido itinerário, o douto Topsius fala de mim, com admiração e com saudade. Denomina-me sempre o ilustre fidalgo lusitano; e a fidalguia do seu camarada, que ele faz remontar aos Barcas, enche manifestamente o erudito plebeu de delicioso orgulho. Além disso, o esclarecido Topsius aproveita-me, através desses repletos volumes, para pendurar, ficticiamente, nos meus lábios e no meu crânio, dizeres e juízos ensopados de beata e babosa credulidade — que ele logo rebate e derroca com sagacidade e facúndia! Diz, por exemplo: "Diante de tal ruína, do tempo da Cruzada de Godofredo, o ilustre fidalgo lusitano pretendia que Nosso Senhor, indo um dia com a Santa Verônica...". E logo alastra a tremenda, túrgida argumentação com que me deliu. Como, porém, as arengas que me atribui não são inferiores, em sábio chorume e arrogância teológica, às de Bossuet, eu não denunciei numa nota à Gazeta de Colônia — por que tortuoso artifício a afiada razão da Germânia se enfeita, assim, de triunfos sobre a romba fé do Meio-Dia.

Há, porém, um ponto de Jerusalém Passeada, que não posso deixar sem enérgica contestação. É quando o doutíssimo Topsius alude a dois embrulhos de papel, que me acompanharam e me ocuparam na minha peregrinação, desde as vielas de Alexandria até as quebradas do Carmelo. Naquela forma rotunda que caracteriza a sua eloquência universitária, o Dr. Topsius diz: "O ilustre fidalgo lusitano transportava ali restos dos seus antepassados, recolhidos por ele, antes de deixar o solo sacro da pátria, no seu velho solar torreado!...". Maneira de dizer singularmente falaz e censurável! Porque faz supor, à Alemanha erudita, que eu viajava pelas terras do Evangelho, trazendo embrulhados num papel pardo os ossos dos meus avós!

Nenhuma outra imputação me poderia tanto desaprazer e desconvir. Não por me denunciar à Igreja, como um profanador leviano de sepulturas domésticas; menos me pesam a mim, comendador e proprietário, as fulminações da Igreja — que as folhas secas que às vezes caem sobre o meu guarda-sol de cima de um ramo morto; nem realmente a Igreja, depois de ter embolsado os seus emolumentos por enterrar um molho de ossos, se importa que eles para sempre jazam resguardados sob a rígida paz de um mármore eterno, ou que andem chocalhados nas dobras moles de um papel pardo. Mas a afirmação de Topsius desacredita-me perante a burguesia liberal — e só da burguesia liberal onipresente e onipotente, se alcançam, nestes tempos de semitismo e de capitalismo, as coisas boas da vida, desde os empregos nos bancos até as comendas da Conceição. Eu tenho filhos, tenho ambições. Ora a burguesia liberal aprecia, recolhe, assimila com alacridade um cavalheiro ornado de avoengos e solares: é o vinho precioso e velho que vai apurar o vinho novo e cru; mas com razão detesta o bacharel filho de algo, que passeie por diante dela, enfunado e teso, com as mãos carregadas de ossos de antepassados — como um sarcasmo mudo aos antepassados e aos ossos que a ela lhe faltam.

Por isso intimo o meu douto Topsius (que, com os seus penetrantes óculos, viu formar os meus embrulhos, já na terra do Egito, já na terra de Canaã), a que na edição segunda de Jerusalém Passeada, sacudindo pudicos escrúpulos de acadêmico e estreitos desdéns de filósofo, divulgue à Alemanha científica e à Alemanha sentimental qual era o recheio que continham esses papéis pardos — tão francamente como eu o revelo aos meus concidadãos nestas páginas de repouso e de férias, onde a realidade sempre vive, ora embaraçada e tropeçando nas pesadas roupagens da História, ora mais livre e saltando sob a caraça vistosa da Farsa!

Capítulo I

Meu avô foi o padre Rufino da Conceição, licenciado em Teologia, autor de uma devota *Vida de Santa Filomena*, e prior da Amendoeirinha. Meu pai, afilhado de Nossa Senhora da Assunção, chamava-se Rufino da Assunção Raposo — e vivia em Évora com a minha avó, Filomena Raposo, por alcunha a "Repolhuda", doceira na Rua do Lagar dos Dízimos. O papá tinha um emprego no Correio, e escrevia por gosto no *Farol do Alentejo*.

Em 1853, um eclesiástico ilustre, D. Gaspar de Lorena, bispo de Corazim (que é em Galileia), veio passar o S. João a Évora, a casa do cônego Pita, onde o papá muitas vezes à noite costumava ir tocar violão. Por cortesia com os dois sacerdotes, o papá publicou no *Farol* uma crônica, laboriosamente respigada no *Pecúlio de Pregadores*, felicitando Évora, "pela dita de abrigar em seus muros o insigne prelado D. Gaspar, lume fulgente da Igreja, e preclaríssima torre de santidade". O bispo de Corazim recortou este pedaço do *Farol*, para o meter entre as folhas do seu breviário e tudo no papá lhe começou a agradar, até o asseio da sua roupa branca, até a graça chorosa com que ele cantava, acompanhando-se no violão, a xácara do conde Ordonho. Mas quando soube que este Rufino da Assunção, tão moreno e simpático, era o afilhado carnal do seu velho Rufino da Conceição, camarada de estudos no bom Seminário de S. José e nas veredas teológicas da Universidade, a sua afeição pelo papá tornou-se extremosa. Antes de partir de Évora, deu-lhe um relógio de prata; e, por influência dele, o papá, depois de arrastar alguns meses a sua madraçaria pela alfândega do Porto, como aspirante, foi nomeado, escandalosamente, diretor da alfândega de Viana.

As macieiras cobriam-se de flor, quando o papá chegou às veigas suaves de Entre-Minho-e-Lima; e logo nesse julho conheceu um cavalheiro de Lisboa, o comendador G. Godinho, que estava passando o verão com duas sobrinhas, junto ao rio, numa quinta chamada o *Mosteiro,* antigo solar dos condes de Lindoso. A mais velha destas senhoras, D. Maria do Patrocínio, usava óculos escuros e vinha todas as manhãs da quinta à cidade, num burrinho, com o criado de farda, ouvir missa a Sant'Ana. A outra, D. Rosa, gordinha e trigueira, tocava harpa, sabia de cor os versos do *Amor e Melancolia,* e passava horas, à beira da água, entre a sombra dos amieiros, rojando o vestido branco pelas relvas, a fazer raminhos silvestres.

O papá começou a frequentar o *Mosteiro.* Um guarda da alfândega levava-lhe o violão; e enquanto o comendador e outro amigo da casa, o Margaride, doutor delegado, se embebiam numa partida de gamão, e D. Maria do Patrocínio rezava em cima o terço — o papá, na varanda, ao lado de D. Rosa, defronte da lua, redonda e branca sobre o rio, fazia gemer no silêncio os bordões e dizia as tristezas do conde Ordonho. Outras vezes jogava ele a partida de gamão: D. Rosa sentava-se então ao pé do titi, com uma flor nos cabelos, um livro caído no regaço; e o papá, chocalhando os dados, sentia a carícia prometedora dos seus olhos pestanudos.

Casaram. Eu nasci numa tarde de sexta-feira da Paixão; e a mamã morreu, ao estalarem, na manhã alegre, os foguetes da Aleluia. Jaz, coberta de goivos, no cemitério de Viana, numa rua junto ao muro, úmida da sombra dos chorões, onde ela gostava de ir passear nas tardes de verão, vestida de branco, com a sua cadelinha felpuda que se chamava *Traviata*.

O comendador e D. Maria não voltaram ao *Mosteiro*. Eu cresci, tive o sarampo; o papá engordava; e o seu violão dormia, esquecido ao canto da sala, dentro de um saco de baeta verde. Num julho de grande calor, a minha criada Gervásia vestiu-me o fato pesado de veludilho; o papá pôs um fumo no chapéu de palha; era o luto do comendador G. Godinho, a quem o papá muitas vezes chamava, por entre dentes, "malandro".

Depois, numa noite de entrudo, o papá morreu de repente, com uma apoplexia, ao descer a escadaria de pedra da nossa casa, mascarado de urso, para ir ao baile das Senhoras Macedos.

Eu fazia então sete anos; e lembro-me de ter visto, ao outro dia, no nosso pátio, uma senhora alta e gorda, com uma mantilha rica de renda negra, a soluçar diante das manchas de sangue do papá, que ninguém lavara, e já tinham secado nas lajes. À porta uma velha esperava, rezando, encolhida no seu mantéu de baetilha.

As janelas da frente da casa foram fechadas; no corredor escuro, sobre um banco, um candeeiro de latão ficou dando a sua luzinha de capela, fumarenta e mortal. Ventava e chovia. Pela vidraça da cozinha, enquanto a Mariana, choramingando, abanava o fogareiro, eu vi passar, no Largo da Senhora da Agonia, o homem que trazia às costas o caixão do papá. No alto frio do monte a capelinha da Senhora, com a sua cruz negra, parecia mais triste ainda, branca e nua entre os pinheiros, quase a sumir-se na névoa; e adiante, onde estão as rochas, gemia e rolava, sem descontinuar, um grande mar de inverno.

À noite, no quarto de engomar, a minha criada Gervásia sentou-me no chão, embrulhado num saiote. De quando em quando, rangiam no corredor as botas do João, guarda da alfândega, que andava a defumar com alfazema. A cozinheira trouxe-me uma fatia de pão de ló. Adormeci; e logo achei-me a caminhar à beira de um rio claro, onde os choupos, já muito velhos, pareciam ter uma alma e suspiravam; e ao meu lado ia andando um homem nu, com duas chagas nos pés, e duas chagas nas mãos, que era Jesus, Nosso Senhor.

Passados dias, acordaram-me, numa madrugada em que a janela do meu quarto, batida do sol, resplandecia prodigiosamente como um prenúncio de coisa santa. Ao lado da cama, um sujeito, risonho e gordo, fazia-me cócegas nos pés com ternura e chamava-me *brejeirote*. A Gervásia disse-me que era o Sr. Matias, que me ia levar para muito longe, para casa da tia Patrocínio; e o Sr. Matias, com a sua pitada suspensa, olhava espantado para as meias rotas que me calçara a Gervásia. Embrulharam-me no xale-manta cinzento do papá; o João, guarda da alfândega, trouxe-me ao colo até a porta da rua, onde estava uma liteira com cortinas de oleado.

Começamos então a caminhar por compridas estradas. Mesmo adormecido, eu sentia as lentas campainhas dos machos: e o Sr. Matias, defronte de mim, fazia-me de vez em quando uma festinha na cara e dizia: "Ora cá vamos". Uma tarde, ao escurecer, paramos de repente num sítio ermo, onde havia um lamaçal; o liteireiro, furioso, praguejava, sacudindo o archote aceso. Em redor, dolente e negro, rumorejava um pinheiral! O Sr. Matias, enfiado, tirou o relógio da algibeira e escondeu-o no cano da bota.

Uma noite, atravessamos uma cidade, onde os candeeiros da rua tinham uma luz jovial, rara e brilhante como eu nunca vira, da forma de uma tulipa aberta. Na estalagem em que apeamos, o criado, chamado Gonçalves, conhecia o Sr. Matias; e depois de nos trazer os bifes, ficou familiarmente encostado à mesa, de guardanapo ao ombro, contando coisas do Sr. Barão, e da inglesa do Sr. Barão. Quando recolhíamos ao quarto, alumiados pelo Gonçalves, passou por nós, bruscamente, no corredor, uma senhora, grande e branca, com um rumor forte de sedas claras, espalhando um aroma de almíscar. Era a inglesa do Sr. Barão. No meu leito de ferro, desperto pelo barulho das seges, eu pensava nela, rezando ave-marias. Nunca roçara corpo tão belo, de um perfume tão penetrante; ela era cheia de graça, o Senhor estava com ela, e passava, bendita entre as mulheres, com um rumor de sedas claras...

Depois, partimos num grande coche, que tinha as armas do rei e rolava a direito por uma estrada lisa, ao trote forte e pesado de quatro cavalos gordos. O Sr. Matias, de chinelas nos pés e tomando a sua pitada, dizia-me, aqui e além, o nome de uma povoação aninhada em torno de uma velha igreja, na frescura de um vale. Ao entardecer, por vezes, numa encosta, as janelas de uma calma vivenda faiscavam com um fulgor de ouro novo. O coche passava; a casa ficava adormecendo entre as árvores; através dos vidros embaciados, eu via luzir a estrela de Vênus. Alta noite tocava uma corneta; e entrávamos, atroando as calçadas, numa vila adormecida. Defronte do portão da estalagem, moviam-se silenciosamente lanternas mortiças. Em cima, numa sala aconchegada, com a mesa cheia de talheres, fumegavam as terrinas; os passageiros, arrepiados, bocejavam, tirando as luvas grossas de lã; e eu comia o meu caldo de galinha, estremunhado e sem vontade, ao lado do Sr. Matias, que conhecia sempre algum moço, perguntava pelo doutor delegado, ou queria saber como iam as obras da Câmara.

Enfim, num domingo de manhã, estando a chuviscar, chegamos a um casarão, num largo cheio de lama. O Sr. Matias disse-me que era Lisboa; e abafando-me no meu xale-manta, sentou-me num banco, ao fundo de uma sala úmida, onde havia bagagens e grandes balanças de ferro. Um sino lento tocava à missa; diante da porta passou uma companhia de soldados, com as armas sob as capas de oleado. Um homem carregou os nossos baús, entramos numa sege, eu adormeci sobre o ombro do Sr. Matias. Quando ele me pôs no chão, estávamos num pátio triste, lajeado de pedrinha miúda, com assentos pintados de preto; e na escada uma moça gorda cochichava com um homem de opa escarlate, que trazia ao colo o mealheiro das almas.

Era a Vicência, a criada da tia Patrocínio. O Sr. Matias subiu os degraus conversando com ela, e levando-me ternamente pela mão. Numa sala forrada de papel escuro, encontramos uma senhora muito alta, muito seca, vestida de preto, com um grilhão de ouro no peito; um lenço roxo, amarrado no queixo, caía-lhe num bioco lúgubre sobre a testa; e, no fundo dessa sombra, negrejavam dois óculos defumados. Por trás dela, na parede, uma imagem de Nossa Senhora das Dores olhava para mim, com o peito traspassado de espadas.

— Esta é a titi — disse-me o Sr. Matias. — É necessário gostar muito da titi... É necessário dizer sempre que *sim* à titi!

Lentamente, a custo, ela baixou o carão chupado e esverdinhado. Eu senti um beijo vago, de uma frialdade de pedra: e logo a titi recuou, enojada.

— Credo, Vicência! Que horror! Acho que lhe puseram azeite no cabelo!

Assustado, com o beicinho já a tremer, ergui os olhos para ela, murmurei:

— Sim, titi.

Então o Sr. Matias gabou o meu gênio, o meu propósito na liteira, a limpeza com que eu comia a minha sopa à mesa das estalagens.

— Está bem — rosnou a titi secamente. — Era o que faltava, portar-se mal, sabendo o que eu faço por ele... Vá, Vicência, leve-o lá para dentro... lave-lhe essa ramela, veja se ele sabe fazer o sinal da cruz...

O Sr. Matias deu-me dois beijos repenicados. A Vicência levou-me para a cozinha.

À noite vestiram-me o meu fato de veludilho; e a Vicência, séria, de avental lavado, trouxe-me pela mão a uma sala em que pendiam cortinas de damasco escarlate, e os pés das mesas eram dourados como as colunas de um altar. A titi estava sentada no meio do canapé, vestida de seda preta, toucada de rendas pretas, com os dedos resplandecentes de anéis. Ao lado, em cadeiras também douradas, conversavam dois eclesiásticos. Um risonho e nédio, de cabelinho encaracolado e já branco, abriu os braços para mim paternalmente. O outro, moreno e triste, rosnou só "boas noites". E da mesa, onde folheava um grande livro de estampas, um homenzinho, de cara rapada e colarinhos enormes, cumprimentou, atarantado, deixando escorregar a luneta do nariz.

Cada um deles vagarosamente me deu um beijo. O padre triste perguntou-me o meu nome, que eu pronunciava *Tedrico*. O outro, amorável, mostrando os dentes frescos, aconselhou-me que separasse as sílabas e dissesse *Te-o-do-ri-co*. Depois acharam-me parecido com a mamã, nos olhos. A titi suspirou, deu louvores a Nosso Senhor de que eu não tinha nada do Raposo. E o sujeito de grandes colarinhos fechou o livro, fechou a luneta, e timidamente quis saber se eu trazia saudades de Viana. Eu murmurei, atordoado:

— Sim, titi.

Então o padre mais idoso e nédio chegou-me para os joelhos, recomendou-me que fosse temente a Deus, quietinho em casa, sempre obediente à titi...

— O Teodorico não tem ninguém senão a titi... É necessário dizer sempre que *sim* à titi...

Eu repeti, encolhido:

— Sim, titi.

A titi, severamente, mandou-me tirar o dedo da boca. Depois disse-me que voltasse para a cozinha, para a Vicência, sempre a seguir pelo corredor...

— E quando passar pelo oratório, onde está a luz e a cortina verde, ajoelhe, faça o seu sinalzinho da cruz...

Não fiz o sinal da cruz. Mas entreabri a cortina; e o oratório da titi deslumbrou-me, prodigiosamente. Era todo revestido de seda roxa, com painéis enternecedores em caixilhos floridos, contando os trabalhos do Senhor; as rendas da toalha do altar roçavam o chão atapetado; os santos de marfim e de madeira, com auréolas lustrosas, viviam num bosque de violetas e de camélias vermelhas. A luz das velas de cera fazia brilhar duas salvas nobres de prata, encostadas à parede, em repouso, como broquéis de santidade; e erguido na sua cruz de pau-preto, sob um dossel, Nosso Senhor Jesus Cristo era todo de ouro, e reluzia.

Cheguei-me devagar até junto da almofada de veludo verde, pousada diante do altar, cavada pelos piedosos joelhos da titi. Ergui para Jesus crucificado os meus lindos olhos negros. E fiquei pensando que no céu os anjos, os santos, Nossa Senhora e o Pai de todos deviam ser assim, de ouro, cravejado talvez de pedras; o seu brilho formava a luz do dia; e as estrelas eram os pontos mais vivos do metal precioso, transparecendo através dos véus negros, em que os embrulhava à noite, para dormirem, o carinho beato dos homens.

Depois do chá, a Vicência foi-me deitar numa alcovinha pegada ao seu quarto. Fez-me ajoelhar em camisa, juntou-me as mãos e ergueu-me a face para o céu. E ditou os padre-nossos que me cumpria rezar pela saúde da titi, pelo repouso da mamã, e por alma de um comendador que fora muito bom, muito santo e muito rico e que se chamava Godinho.

Apenas completei nove anos, a titi mandou-me fazer camisas, um fato de pano preto, e colocou-me, como interno, no colégio dos Isidoros, então em Santa Isabel.

Logo nas primeiras semanas liguei-me ternamente com um rapaz, Crispim, mais crescido que eu, filho da firma Teles, Crispim & Cia., donos da fábrica de fiação à Pampulha. O Crispim ajudava na missa aos domingos; e, de joelhos, com os seus cabelos compridos e louros, lembrava a suavidade de um anjo. Às vezes agarrava-me no corredor e marcava-me a face, que eu tinha feminina e macia, com beijos devoradores; à noite, na sala de estudo, à mesa onde folheávamos os sonolentos dicionários, passava-me bilhetinhos a lápis, chamando-me *seu idolatrado* e prometendo-me caixinhas de penas de aço...

A quinta-feira era o desagradável dia de lavarmos os pés. E três vezes por semana o sebento padre Soares vinha, de palito na boca, interrogar-nos em doutrina e contar-nos a vida do Senhor.

— Ora, depois pegaram e levaram-no de rastos a casa de Caifás... Olá, o da pontinha do banco, quem era Caifás?... Emende! Emende adiante!... Também não! Irra, cabeçudos! Era um judeu e dos piores... Ora diz que, lá num sítio muito feio da Judeia, há uma árvore toda de espinhos, que é mesmo de arrepiar...

A sineta de recreio tocava; todos, a um tempo e de estalo, fechávamos a cartilha.

O tristonho pátio de recreio, areado com saibro, cheirava mal por causa da vizinhança das latrinas; e o regalo para os mais crescidos era tirar uma fumaça do cigarro, às escondidas, numa sala térrea onde aos domingos o mestre de dança, o velho Cavinetti, frisado e de sapatinhos decorados, nos ensinava mazurcas.

Cada mês a Vicência, de capote e lenço, me vinha buscar depois da missa, para ir passar um domingo com a titi. Isidoro Júnior, antes de eu sair, examinava-me sempre os ouvidos e as unhas; muitas vezes, mesmo na bacia dele, dava-me uma ensaboadela furiosa, chamando-me baixo *sebento*. Depois trazia-me até à porta, fazia-me uma carícia, tratava-me de seu *querido amiguinho*, e mandava pela Vicência os seus respeitos à Sra. D. Patrocínio das Neves.

Nós morávamos no Campo de Sant'Ana. Ao descer o Chiado eu parava numa loja de estampas diante do lânguido quadro de uma mulher loura, com os peitos nus, recostada numa pele de tigre, e sustentando na ponta dos dedos, mais finos que os do Crispim, um pesado fio de pérolas. A claridade daquela nudez fazia-me pensar na inglesa do Sr. Barão: e esse aroma, que tanto me perturbara no corredor da estalagem, respirava-o outra vez, finamente espalhado, na rua cheia de sol, pelas sedas das senhoras que subiam para a missa do Loreto, espartilhadas e graves.

A titi, em casa, estendia-me a mão a beijar; e toda manhã eu ficava folheando volumes do *Panorama Universal* na saleta dela, onde havia um sofá de riscadinho, um armário rico de pau-preto, e litografias coloridas, com ternas passagens da vida puríssima do seu favorito santo, o patriarca S. José. A titi, de lenço roxo carregado para a testa, sentada à janela por dentro dos vidros, com os pés embrulhados numa manta, examinava solicitamente um grande caderno de contas.

Às três horas enrolava o caderno; e de dentro da sombra do lenço, começava a perguntar-me doutrina. Dizendo o *Credo*, desfiando os *Mandamentos*, com os olhos baixos, eu sentia o seu cheiro acre e adocicado a rapé e a formiga.

Aos domingos vinham jantar conosco os dois eclesiásticos. O de cabelinho encaracolado era o padre Casimiro, procurador da titi; dava-me abraços risonhos; convidava-me a declinar *arbor, arboris; currus, curri;* proclamava-me com afeto "talentaço". E o outro eclesiástico elogiava o colégio dos Isidoros, formosíssimo estabelecimento de educação como não havia nem na Bélgica. Esse chamava-se padre Pinheiro. Cada vez me parecia mais moreno, mais triste. Sempre que passava por diante de um espelho, deitava a língua de fora, e ali se esquecia a esticá-la, a estudá-la, desconfiado e aterrado.

Ao jantar, o padre Casimiro gostava de ver o meu apetite.

— Vai mais um bocadinho de vitelinha guisada? Rapazes querem-se alegres e bem comidos!...

E padre Pinheiro, palpando o estômago:

— Felizes idades! Felizes idades em que se repete a vitela!

Ele e a titi falavam então de doenças. Padre Casimiro, coradinho, com o guardanapo atado ao pescoço, o prato cheio, o copo cheio, sorria beatificamente.

Quando, na praça, entre as árvores, começavam a luzir os candeeiros de gás, a Vicência punha o seu xale velho de xadrez e ia levar-me ao colégio. A essa hora, nos domingos, chegava o sujeitinho de cara rapada e vastos colarinhos, que era o Sr. José Justino, secretário da Confraria de S. José, e tabelião da titi, com cartório a São Paulo. No pátio, tirando já o seu paletó, fazia-me uma festa no queixo, e perguntava à Vicência pela saúde da Sra. D. Patrocínio. Subia; nós fechávamos o pesado portão. E eu respirava consoladamente — porque me entristecia aquele casarão com os seus damascos vermelhos, os santos inumeráveis, e o cheirinho a capela.

Pelo caminho a Vicência falava-me da titi, que a trouxera, havia seis anos, da Misericórdia. Assim eu fui sabendo que ela padecia do fígado; tinha sempre muito dinheiro em ouro numa bolsa de seda verde; e o comendador Godinho, tio dela e da minha mamã, deixara-lhe duzentos contos em prédios, em papéis, e a quinta do *Mosteiro* ao pé de Viana, e pratas e louças da Índia... Que rica que era a titi! Era necessário ser bom, agradar sempre a titi!

À porta do colégio, a Vicência dizia "adeus, amorzinho", e dava-me um grande beijo. Muitas vezes, de noite, abraçado ao travesseiro, eu pensava na Vicência, e nos braços que lhe vira arregaçados, gordos e brancos como leite. E assim foi nascendo no meu coração, pudicamente, uma paixão pela Vicência.

Um dia, um rapaz já de buço chamou-me no recreio *lambisgoia*. Desafiei-o para as latrinas, ensanguentei-lhe lá a face toda, com um murro bestial. Fui temido. Fumei cigarros. O Crispim saíra dos Isidoros; eu ambicionava saber jogar a espada. E o meu alto amor pela Vicência desapareceu um dia, insensivelmente, como uma flor que se perde na rua.

E os anos assim foram passando; pelas vésperas de Natal acendia-se um braseiro no refeitório, eu envergava o meu casacão forrado de baeta e ornado de uma gola de astracã; depois chegavam as andorinhas aos beirais do nosso telhado, e no oratório da titi, em lugar de camélias, vinham braçadas dos primeiros cravos vermelhos perfumar os pés de ouro de Jesus; depois era o tempo dos banhos de mar, e o padre Casimiro mandava à titi um gigo de uvas da sua quinta de Torres... Eu comecei a estudar retórica.

Um dia, o nosso bom procurador disse-me que eu não voltaria mais para os Isidoros, indo acabar os meus preparatórios em Coimbra, na casa do Dr. Roxo, lente de Teologia. Fizeram-me roupa branca. A titi deu-me num papel a oração que eu diariamente devia rezar a S. Luís Gonzaga, padroeiro da mocidade estudiosa, para que ele conservasse em meu corpo a frescura da castidade, e na minha alma o medo do Senhor. O padre Casimiro foi-me levar à cidade graciosa, onde dormita Minerva.

Detestei logo o Dr. Roxo. Em sua casa sofri vida dura e claustral; e foi um inefável gosto quando, no meu primeiro ano de Direito, o desagradável eclesiástico morreu miseravelmente de um antraz. Passei então para a divertida hospedagem das Pimentas — e conheci logo, sem moderação, todas as independências, e as fortes delícias da vida. Nunca mais rosnei a delambida oração a S. Luís Gonzaga, nem dobrei o meu joelho viril diante de imagem benta que usasse auréola na nuca; embebedei-me com alarido nas Camelas; afirmei a minha robustez, esmurrando sanguinolentamente um marcador do Trony; fartei a carne com saborosos amores no Terreiro da Erva; vadiei ao luar ganindo fados; usava moca; e como a barba me vinha, basta e negra, aceitei com orgulho a alcunha de *Raposão*. Todos os quinze dias, porém, escrevia à titi, na minha boa letra, uma carta humilde e piedosa, onde lhe contava a severidade dos meus estudos, o recato dos meus hábitos, as copiosas rezas e os rígidos jejuns, os sermões de que me nutria, os doces desagravos ao Coração de Jesus, à tarde, na Sé, e as novenas com que consolava a minha alma em Santa Cruz no remanso dos dias feriados...

Os meses de verão em Lisboa eram depois dolorosos. Não podia sair mesmo a espontar o cabelo, sem implorar da titi uma licença senil. Não ousava fumar ao café. Devia recolher virginalmente, à noitinha; e, antes de me deitar, tinha de rezar com a velha um longo terço no oratório. Eu próprio me condenara a esta detestável devoção.

— Tu lá nos teus estudos costumas fazer o teu terço? — perguntara-me, com secura, a titi.

E eu, sorrindo abjetamente:

— Ora essa! É que nem posso adormecer sem ter rezado o meu rico terço!...

Aos domingos continuavam as partidas. O padre Pinheiro, mais triste, queixava-se agora do coração, e um pouco também da bexiga. E havia outro comensal, velho amigo do comendador Godinho, fiel visita das Neves, o Margaride, o que fora delegado em Viana, depois juiz em Mangualde. Rico por morte de seu mano Abel, secretário da Câmara Patriarcal, o doutor aposentara-se, farto dos autos, e vivia em ócio, lendo os periódicos, num prédio seu na Praça da Figueira. Como conhecera o papá, e muitas vezes o acompanhara ao *Mosteiro*, tratou-me logo com autoridade e por *você*.

Era um homem corpulento e solene, já calvo, com um carão lívido, onde destacavam as sobrancelhas cerradas, densas e negras como carvão. Raras vezes penetrava na sala da titi sem atirar, logo da porta, uma notícia pavorosa. "Então, não sabem? Um incêndio medonho, na baixa!" Apenas uma fumaraça numa chaminé. Mas o bom Margaride, em novo, num sombrio acesso de imaginação, compusera duas tragédias; e daí lhe ficara este gosto mórbido de exagerar e de impressionar. "Ninguém como eu", dizia ele, "saboreia o grandioso..."

E, sempre que aterrava a titi e os sacerdotes, sorvia gravemente uma pitada.

Eu gostava do Dr. Margaride. Camarada do papá em Viana, muitas vezes lhe ouvira cantar, ao violão, a xácara do conde Ordonho. Tardes inteiras vagueara com ele poeticamente, pela beira da água, no *Mosteiro*, quando a mamã fazia raminhos silvestres à sombra dos amieiros. E mandou-me as amêndoas mal eu nasci, à noitinha, em sexta-feira da Paixão. Além disso, mesmo na minha presença, ele gabava francamente à titi o meu intelecto, e a circunspeção dos meus modos.

— O nosso Teodorico, D. Patrocínio, é moço para deleitar uma tia... V. Exa., minha rica Senhora, tem aqui um Telêmaco!

Eu corava, modesto.

Ora, foi justamente passeando com ele no rossio, num dia de agosto, que eu conheci um parente nosso, afastado, primo do comendador G. Godinho. O Dr. Margaride apresentou-mo, dizendo apenas: "o Xavier, teu primo, moço de grandes dotes". Era um homem enxovalhado, de bigode louro, que fora galante e desbaratara furiosamente trinta contos, herdados de seu pai, dono de uma cordoaria em Alcântara. O comendador G. Godinho, meses antes de morrer da sua pneumonia, tinha-o recolhido por caridade à secretaria da Justiça, com vinte mil-réis por mês. E o Xavier agora vivia com uma espanhola chamada Cármen, e três filhos dela, num casebre da Rua da Fé.

Eu fui lá num domingo. Quase não havia móveis; a bacia da cara, a única, estava entalada no fundo roto da palhinha de uma cadeira. O Xavier toda a manhã deitara escarros de sangue pela boca. E a Cármen, despenteada, em chinelas, arrastando uma bata de fustão manchada de vinho, embalava sorumbaticamente pelo quarto uma criança embrulhada num trapo e com a cabecinha coberta de feridas.

Imediatamente o Xavier, tratando-me por *tu*, falou-me da tia Patrocínio... Era a sua esperança, naquela sombria miséria, a tia Patrocínio! Serva de Jesus, proprietária de tantos prédios, ela não podia deixar um parente, um Godinho, definhar-se ali naquele casebre, sem lençóis, sem tabaco, com os filhos em redor, esfarrapados, a chorar por pão. Que custava à tia Patrocínio estabelecer-lhe, como já fizera o Estado, uma mesadinha de vinte mil-réis?

— Tu é que lhe devias falar, Teodorico! Tu é que lhe devias dizer... Olha para essas crianças. Nem meias têm... Anda cá, Rodrigo, diz aqui ao tio Teodorico. Que comeste hoje ao almoço?... Um bocado de pão de ontem! E sem manteiga, sem mais nada! E aqui está a nossa vida, Teodorico! Olha que é duro, menino!

Enternecido, prometi falar à titi.

Falar à titi! Eu nem ousaria contar à titi que conhecia o Xavier, e que entrava nesse casebre impuro onde havia uma espanhola, emagrecida no pecado.

E para que eles não percebessem o meu ignóbil terror da titi, não voltei à Rua da Fé.

No meado de setembro, no dia da Natividade de Nossa Senhora, soube pelo Dr. Barroso que o primo Xavier, quase a morrer, me queria falar em segredo.

Fui lá, de tarde, contrariado. Na escada cheirava a febre. A Cármen, na cozinha, conversava por entre soluços com outra espanhola, magrita, de mantilha preta e corpetezinho triste de cetim cor de cereja. Os pequenos, no chão, rapavam um tacho de açorda.[1] E na alcova o Xavier, enrodilhado num cobertor, com a bacia da cara ao lado, cheia de escarros de sangue, tossia, despedaçadamente:

— És tu, rapaz?

— Então que é isso, Xavier?

Ele exprimiu, num termo obsceno, que estava perdido. E estirando-se de costas, com um brilho seco nos olhos, falou-me logo da titi. Escrevera-lhe uma carta linda,

---

[1] Tipo de sopa feita com pedaços de pão e carne.

de rachar o coração; a fera não respondera. E, agora, ia mandar para o *Jornal de Notícias* um anúncio, a pedir uma esmola, assinando "Xavier Godinho, primo do rico comendador G. Godinho". Queria ver se D. Patrocínio das Neves deixaria um parente, um Godinho, mendigar assim, publicamente, na página de um jornal.

— Mas é necessário que tu me ajudes, rapaz, que a enterneças! Quando ela ler o anúncio, conta-lhe esta miséria! Desperta-lhe o brio. Diz-lhe que é uma vergonha ver morrer ao abandono um parente, um Godinho. Diz-lhe que já se rosna! Olha, se hoje pude tomar um caldo, é que essa rapariga, a Lolita, que está em casa da Benta Bexigosa, nos trouxe aí quatro coroas... Vê tu a que eu cheguei!

Ergui-me, comovido.

— Conta comigo, Xavier.

— Olha, se tens aí cinco tostões que te não façam falta, dá-os à Cármen.

Dei-lhos a ele; e saí, jurando que ia falar à titi solenemente, em nome dos Godinhos e em nome de Jesus!

Depois do almoço, ao outro dia, a titi, de palito na boca e vagarosa, desdobrou o *Jornal de Notícias*. E decerto achou logo o anúncio do Xavier, porque ficou longo tempo fitando o canto da terceira página onde ele negrejava, aflitivo, vergonhoso, medonho.

Então pareceu-me ver, voltados para mim, lá do fundo nu do casebre, os olhos aflitos do Xavier; a face amarela da Cármen, lavada de lágrimas; as pobres mãozinhas dos pequenos, magras, à espera da côdea de pão... E todos aqueles desgraçados ansiavam pelas palavras que eu ia lançar à titi, fortes, tocantes, que os deviam salvar, e dar-lhes o primeiro pedaço de carne daquele verão de miséria. Abri os lábios. Mas já a titi, recostando-se na cadeira, rosnava com um sorrizinho feroz:

— Que se aguente... É o que sucede a quem não tem temor de Deus e se mete com bêbadas... Não tivesse comido tudo em relaxações... Cá para mim, homem perdido com saias, homem que anda atrás de saias, acabou... Não tem o perdão de Deus, nem tem o meu! Que padeça, que padeça, que também Nosso Senhor Jesus Cristo padeceu!

Baixei a cabeça, murmurei:

— E ainda nós não padecemos bastante... Tem a titi razão. Que se não metesse com saias!

Ela ergueu-se, deu as graças ao Senhor. Eu fui para o meu quarto, fechei-me lá, a tremer, sentindo ainda, regeladas e ameaçadoras, as palavras da titi, para quem os homens "acabavam quando se metiam com saias". Também eu me metera com saias, em Coimbra, no Terreiro da Erva! Ali, no meu baú, tinha eu documentos do meu pecado, a fotografia da Teresa dos Quinze, uma fita de seda e uma carta dela, a mais doce, em que me chamava "único afeto da sua alma" e me pedia dezoito tostões! Eu cosera essas relíquias dentro do forro de um colete de pano, receando as incessantes rebuscas da titi, por entre a minha roupa íntima. Mas lá estavam, no baú que ela guardava a chave, dentro do colete, fazendo uma dureza de cartão que qualquer dia poderiam palpar os seus dedos desconfiados... E eu acabava logo para a titi!

Abri devagarinho o baú, descosi o forro, tirei a carta deliciosa da Teresa, a fita que conservara o aroma da sua pele e a sua fotografia, de mantilha. Na pedra da varanda, sem piedade, queimei tudo, amabilidades e feições; e sacudi desesperadamente para o saguão as cinzas da minha ternura.

Nessa semana não ousei voltar à Rua da Fé. Depois, um dia que chuviscava, fui lá, ao escurecer, encolhido sob o meu guarda-chuva. Um vizinho, vendo-me espreitar de longe as janelas negras e mortas do casebre, disse-me que o Sr. Godinho, coitado, fora para o hospital numa maca.

Desci, triste, ao comprido das grades do passeio. E, no crepúsculo úmido, tendo roçado bruscamente por outro guarda-chuva, ouvi de repente o meu nome de Coimbra, lançado com alegria.

— Ó, Raposão!

Era o Silvério, por alcunha o *Rinchão*, meu condiscípulo, e companheiro de casa das Pimentas. Estivera passando esse mês no Alentejo, com seu tio, ricaço ilustre, o barão de Alconchel. E agora, de volta, ia ver uma Ernestina, rapariguita loura, que morava no Salitre, numa casa cor-de-rosa, com roseirinhas à varanda.

— Queres tu vir cá um bocado, ó Raposão? Está lá outra rapariga bonita, a Adélia... Tu não conheces a Adélia? Então, que diabo, vem ver a Adélia... É um mulherão!

Era um domingo, noite de partida da titi; eu devia recolher religiosamente às oito horas. Cocei a barba, indeciso. O *Rinchão* falou da brancura dos braços da Adélia; e eu comecei a caminhar ao lado do *Rinchão*, enfiando as luvas pretas.

Munido de um cartucho de pastéis e de uma garrafa de Madeira, encontramos a Ernestina a coser um elástico nas suas botinas de duraque. E a Adélia, estendida num sofá, de chambre e em saia branca, com os chinelos caídos no tapete, fumava um cigarro lânguido. Eu sentei-me ao lado dela, comovido e mono, com o meu guarda-chuva entre os joelhos. Só quando o Silvério e a Ernestina correram dentro à cozinha, abraçados, a buscar copos para o Madeira, ousei perguntar à Adélia, corando:

— Então a menina de onde é?

Era de Lamego. E eu, novamente acanhado, só pude gaguejar que era tristonho aquele tempo de chuva. Ela pediu-me outro cigarro cortesmente, dizendo-me — o *cavalheiro*. Apreciei estes modos. As mangas largas do seu roupão, escorregando, descobriam braços tão brancos e macios, que entre eles a morte mesma deveria ser deleitosa.

Fui eu que lhe ofereci o prato, onde a Ernestina colocara os pastéis. Ela quis saber o meu nome. Tinha um sobrinho que também se chamava Teodorico; e isto foi como um fio sutil e forte que veio, do seu coração, enrodilhar-se no meu.

— Por que é que o cavalheiro não põe o guarda-chuva ali a um canto? — disse-me ela, rindo.

O brilho picante dos seus dentinhos miados fez desabrochar, dentro em mim, uma flor de madrigal.

— É para não me tirar daqui de ao pé da menina nem um instantinho que seja.

Ela fez-me uma cócega lenta no pescoço. Eu, aboborado de gozo, bebi o resto do Madeira que ela deixara no cálice.

A Ernestina, poética, e cantando o *fado*, aninhou-se nos joelhos do *Rinchão*. Então a Adélia, revirando-se languidamente, puxou-me a face — e os meus lábios encontraram os seus no beijo mais sério, mais sentido, mais profundo que até aí abalara o meu ser.

Nesse doce instante, um relógio medonho, com o mostrador fingindo uma face de Lua, e que parecia espreitar-me de sobre o mármore de uma mesa de mogno, de entre dois vasos sem flores, começou a dar dez horas, fanhoso, irônico, pachorrento.

Jesus! era a hora do chá em casa da titi! Com que terror eu trepei, esbaforido, sem mesmo abrir o guarda-chuva, as vielas escuras e infindáveis que levam ao Campo de Sant'Ana! Em casa, nem tirei as botas enlameadas. Enfiei pela sala; e vi logo, lá ao fundo, no sofá de damasco, os óculos da titi, mais negros, assanhados, esperando por mim e fuzilando. Ainda balbuciei:

— Titi...

Mas já ela gritava, esverdinhada de cólera, sacudindo os punhos:

— Relaxações em minha casa não admito! Quem quiser viver aqui há de estar às horas que eu marco! Lá deboches e porcarias, não, enquanto eu for viva! E quem não lhe agradar, rua!

Sob a rajada estridente da indignação da Sra. D. Patrocínio, padre Pinheiro e o tabelião Justino tinham dobrado a cabeça, embaçados. O Dr. Margaride, para apreciar conscienciosamente a minha culpa, puxou o seu pesado relógio de ouro. E foi o bom Casimiro que interveio, como sacerdote, como procurador, influente e suave.

— D. Patrocínio tem razão, tem muita razão em querer ordem em casa... Mas talvez o nosso Teodorico se tivesse demorado um pouco mais no Martinho, a ouvir falar de estudos, de compêndios...

Exclamei amargamente:

— Nem isso, padre Casimiro! Nem no Martinho estive! Sabe onde estive? No convento da Encarnação! É verdade, encontrei um condiscípulo meu, que ia lá buscar a irmã. Hoje era festa, a irmã tinha ido passar o dia com uma tia, uma comendadeira... Estivemos à espera, a passear no pátio... A irmã vai casar, ele andou a contar-me do noivo, e do enxoval, e do apaixonada que ela está... Eu morto por me safar; mas com cerimônia do rapaz, que é sobrinho do barão de Alconchel... E ele zás, zás, a falar da irmã, e do namoro, e das cartas...

A tia Patrocínio uivou de furor.

— Olha que conversa! Que porcaria de conversa! Que indecente conversa para o pátio de uma casa de religião! Cala-te, alma perdida, que até devias ter vergonha!... E fique entendendo! Para outra vez que venha a estas horas, não me entra em casa. Fica na rua, como um cão...

Então o Dr. Margaride estendeu a mão pacificadora e solene:

— Está tudo explicado! O nosso Teodorico foi imprudente, mas o sítio onde esteve é respeitável... E eu conheço o barão de Alconchel. É um cavalheiro da maior circunspeção, e um dos mais abastados do Alentejo... Talvez mesmo um dos mais ricos proprietários de Portugal... O mais rico, direi!... Mesmo lá fora não haverá fortuna territorial que lhe exceda. Nem que se lhe compare!... Só em porcos! Só em cortiça! Centenares de contos! Milhões!

Erguera-se; o seu vozeirão empolado rolava serras de ouro. E o bom Casimiro murmurava, ao meu lado, com brandura:

— Tome o seu chazinho, Teodorico, vá tomando o seu chazinho. E creia que a tia não deseja senão o seu bem...

Puxei, com a mão a tremer, a minha chávena de chá e, remexendo desfalecidamente o fundo de açúcar, pensava em abandonar para sempre a casa daquela velha medonha, que assim me ultrajava diante da Magistratura e da Igreja, sem consideração pela barba que me começava a nascer, forte, respeitável e negra.

Mas, aos domingos, o chá era servido nas pratas do comendador G. Godinho. Eu via-as, maciças e resplandecentes, diante de mim: o grande bule, terminando em bico de pato; o açucareiro cuja asa tinha a forma de uma cobra assanhada; e o paliteiro gentil, em figura de macho trotando sob os seus alforjes. E tudo pertencia a titi. Que rica que era a titi! Era necessário ser bom, agradar sempre a titi!...

Por isso, mais tarde, quando ela penetrou no oratório para cumprir o terço, já eu lá estava, de rojo, gemendo, martelando o peito, e suplicando ao Cristo de ouro que me perdoasse ter ofendido a titi.

Um dia enfim cheguei a Lisboa, com as minhas cartas de doutor metidas num canudo de lata. A titi examinou-as reverente, achando um sabor eclesiástico às linhas em latim, às paramentosas fitas vermelhas e ao selo dentro do seu relicário.

— Está bom — disse ela —, estás doutor. A Deus Nosso Senhor o deves, vê não lhe faltes...

Corri logo ao oratório, com o canudo na mão, agradecer ao Cristo de ouro o meu glorioso grau de bacharel.

Na manhã seguinte, estando ao espelho, a espontar a barba que, agora, tinha cerrada e negra, o padre Casimiro entrou-me pelo quarto, risonho e a esfregar as mãos.

— Boa nova vos trago aqui, Sr. doutor Teodorico!...

E depois de me acariciar, segundo o seu afetuoso costume, com palmadinhas doces nos rins, o santo procurador revelou-me que a titi, satisfeita comigo, decidira comprar-me um cavalo para eu dar honestos passeios, e espairecer por Lisboa.

— Um cavalo! Oh, padre Casimiro!

Um cavalo. E além disso, não querendo que seu sobrinho, já barbado, já letrado, sofresse um vexame, por lhe faltar às vezes um troco para deitar na salva de Nossa Senhora do Rosário, a titi estabelecia-me uma mesada de três moedas.

Abracei com calor o padre Casimiro. E desejei saber se a amorável intenção da titi era que eu não tivesse outra ocupação, além de cavalgar por Lisboa e lançar pratinhas na salva de Nossa Senhora.

— Olhe, Teodorico, eu parece-me que a titi não quer que você tenha outro mister, senão temer a Deus... O que lhe digo é que o amigo vai passá-la boa e regalada... E agora, ande, vá-lhe lá dentro agradecer, e diga-lhe uma coisinha mimosa.

Na saleta, onde brilhavam pelas paredes os feitos piedosos do patriarca S. José, a titi, sentada a um canto do sofá de riscadinho, fazia meia, com um xale de Tonquim pelos ombros.

— Titi — murmurei eu encolhido —, venho aqui agradecer...

— Está bom, vai com Deus.

Então, devotamente, beijei-lhe a franja do xale. A titi gostou. Eu fui com Deus.

Começou daí, farta e regalada, a minha existência de sobrinho da Sra. D. Patrocínio das Neves. Às oito horas, pontualmente, vestido de preto, ia com a titi à Igreja de Sant'Ana, ouvir a missa do padre Pinheiro. Depois do almoço, tendo pedido licença a titi, e rezadas no oratório três *Gloria Patri* contra as tentações, saía a cavalo, de calça clara. Quase sempre a titi me dava alguma incumbência beata: passar em S. Domingos, e dizer a oração pelos três santos mártires do Japão, entrar na Conceição Velha, e fazer o ato de desagravo pelo Sagrado Coração de Jesus...

E eu receava tanto desagradar-lhe, que nunca deixava de dar estes ternos recados, que ela mandava à casa do Senhor.

Mas era este o momento desagradável do meu dia: às vezes, ao sair, sorrateiro, do portão da igreja, topava com algum condiscípulo republicano, dos que me acompanhavam em Coimbra, nas tardes de procissão, chasqueando o Senhor da Cana-Verde.

— Oh! Raposão! pois tu agora...

Eu negava, vexado:

— Ora essa. Não me falava mais nada! Sou mesmo lá de carolices... Qual! entrei aqui por causa de uma rapariga... Adeus, tenho a égua à espera.

Montava, e de luva preta, a perna bem colada à sela, um botãozinho de camélia no peito, ia caracolando, em ócio e luxo, até ao Largo do Loreto. Outras vezes deixava a égua no Arco do Bandeira, e gozava uma manhã regalada no bilhar do Montanha.

Antes do jantar, em chinelas, no oratório com a titi, eu fazia a jaculatória a S. José, aio de Jesus, custódio de Maria e amorosíssimo patriarca. À mesa, adornada apenas por compoteiras de doce de calda em torno de uma travessa de aletria, eu contava a titi o meu passeio, as igrejas em que me deleitara, e quais os altares alumiados. A Vicência escutava com devoção, perfilada no seu lugar costumado, entre as duas janelas, onde um retrato do nosso santo padre Pio IX enchia a tira de parede verde, tendo por baixo, pendente de um cordão, um velho óculo de alcance, relíquia do comendador G. Godinho. Depois do café a titi, lentamente, cruzava os braços e o seu carão sumia-se, dormente e pesado, na sombra do lenço roxo.

Eu ia enfiar as botas; e, autorizado agora por ela a recrear-me fora de casa até às nove e meia, corria ao fim da Rua da Madalena, ao pé do Largo dos Caldas. Aí, com resguardo, encolhido na gola do meu sobretudo, cosido com o muro, como se o candeeiro de gás que ali havia fosse o olho inexorável da titi, penetrava sofregamente na escadinha da Adélia...

Sim, da Adélia! Porque nunca mais me esquecera, desde a noite em que o *Rinchão* me levou ao Salitre, o beijo que ela me dera, lânguida e branca, sobre o sofá. Em Coimbra procurara mesmo fazer-lhe versos; e esse amor dentro do meu peito foi, no último ano da Universidade, no ano de Direito Eclesiástico, como um maravilhoso lírio que ninguém via e que perfumava a minha vida... Apenas a titi me estabeleceu a mesada das três moedas, corri em triunfo ao Salitre; lá havia as roseirinhas à janela, mas a Adélia já lá não estava. E foi ainda o prestante *Rinchão* que me mostrou esse primeiro andar, junto ao Largo dos Caldas, onde ela agora vivia patrocinada por Eleutério Serra, da firma Serra Brito & Cia., com loja de fazendas e modas na Conceição Velha. Mandei-lhe uma carta ardente e séria, pondo reverentemente no alto: "Minha Senhora". Ela respondeu, com dignidade: "O cavalheiro pode vir aqui ao meio-dia". Levei-lhe uma caixinha de pastilhas de chocolate, atada com uma fita de seda azul; pisando comovido a esteira nova da sala, eu antevia, pela engomada brancura das bambinelas, a frescura das suas saias;

e o rígido alinho dos móveis revelava-me a retidão dos seus sentimentos. Ela entrou, um pouco constipada, com um xale vermelho pelos ombros. Reconheceu logo o amigo do Rinchão; falou da Ernestina, com severidade, chamando-lhe "porcalhona". E a sua voz enrouquecida, o seu defluxo, davam-me o desejo de a curar nos meus braços, de um longo dia de agasalho e sonolência, sob o peso dos cobertores, na penumbra mole da sua alcova. Depois ela quis saber se eu era empregado ou estava no comércio... Eu contei-lhe com orgulho a riqueza da titi, os seus prédios, as suas pratas. Disse-lhe, com as suas mãos grossas presas nas minhas:

— Se a titi agora rebentasse, eu é que lhe punha à menina uma casa chique!

Ela murmurou, banhando-me todo na negra doçura do seu olhar:

— Ora! o cavalheiro, se apanhasse o bago, não se importava mais comigo!

Ajoelhei sobre a esteira, trêmulo, esmagando o peito contra os seus joelhos, ofertando-me como uma rês; ela abriu o seu xale, aceitou-me misericordiosamente.

Agora, à noitinha (enquanto Eleutério, no clube da Rua Nova do Carmo, jogava a manilha), eu tinha ali na alcova da Adélia a radiante festa da minha vida. Levara para lá um par de chinelas — era o eleito do seu seio. Às nove e meia, despenteada, envolta à pressa num roupão de flanela, com os pés nus, acompanhava-me pela escadinha de trás, colhendo em cada degrau, nos meus lábios, um beijo lento e saudoso.

— Adeus, Delinha!

— Agasalha-te, riquinho!

E eu recolhia devagar ao Campo de Sant'Ana, ruminando o meu gozo!

O verão passou, languidamente. Os primeiros ventos de outono levaram as andorinhas e as folhagens do Campo de Sant'Ana: e logo nesse outono, de repente, a minha vida se tornou mais fácil, mais larga. A titi mandara-me fazer uma casaca; e eu estreei-a, com permissão dela, indo ouvir a S. Carlos o *Poliuto* — ópera que o Dr. Margaride recomendara, como "repassada de sentimentos religiosos e cheia de elevada lição". Fui com ele, de luvas brancas, frisado. Depois, no outro dia, ao almoço, contei à titi o devoto enredo, os ídolos derrubados, os cânticos, as fidalgas que estavam nos camarotes, e de que lindo veludo vestia a rainha.

— E sabe quem me veio falar, titi? O barão de Alconchel, o ricaço tio daquele rapaz que foi meu condiscípulo. Veio apertar-me a mão, esteve um bocado comigo no salão... Tratou-me com muita consideração.

A titi gostou desta consideração.

Depois, tristemente, como um moralista magoado, queixei-me do nédio decote de uma senhora imodesta, nua nos braços, nua no peito, mostrando toda essa carne, esplêndida e irreligiosa, que é a desolação do justo e a angústia da Igreja.

— Jesus, Senhor, que vexame! Acredite a titi, estava com nojo!

A titi gostou deste nojo.

E passados dias, depois do café, quando eu me dirigia, ainda de chinelas, ao oratório, a fazer uma curta petição às chagas do nosso Cristo de ouro, a titi, já de braços cruzados e sonolenta, disse-me de entre a sombra do lenço:

— Está bom, se queres, volta hoje a S. Carlos... E lá quando te apetecer, não te acanhes, tens licença, podes ir gozar um bocado de música. Agora que estás um homem, e que parece que tens propósito, não me importa que fiques fora, até às onze ou onze e meia... Em todo o caso a essa hora quero estar já de porta fechada, e tudo pronto para começarmos o terço.

Ela não viu o triunfante lampejar dos meus olhos. Eu murmurei, requebrado, a babar-me de gosto devoto:

— Lá o terço, titi, lá o meu querido terço não perdia eu, nem pelo maior divertimento. Nem que el-rei me convidasse para um chazinho no paço!

Corri, delirante, a enfiar a casaca. E este foi o começo dessa anelada liberdade que eu conquistara laboriosamente, vergando o espinhaço diante da titi, macerando o peito diante de Jesus! Liberdade bem-vinda, agora que Eleutério Serra partira para Paris, fazer os seus fornecimentos, e deixara a Adélia só, solta, bela, mais jovial, mais fogosa!

Sim, decerto, eu ganhara a confiança da titi com os meus modos pontuais, sisudos, servis e beatos! Mas o que a levara a alargar assim, com generosidade, as minhas horas de honesto recreio, fora (como ela disse confidencialmente ao padre Casimiro) a certeza de que eu "me portava com religião e não andava atrás de saias".

Porque para a tia Patrocínio todas as ações humanas, passadas por fora dos portais das igrejas, consistiam em *andar atrás de calças* ou *andar atrás de saias*; e ambos estes doces impulsos naturais lhe eram igualmente odiosos.

Donzela, e velha, e ressequida como um galho de sarmento; não tendo jamais provado na lívida pele senão os bigodes do comendador G. Godinho, paternais e grisalhos; resmungando incessantemente, diante do Cristo nu, essas jaculatórias das *Horas de Piedade*, soluçantes de amor divino, a titi entranhara-se, pouco a pouco, de um rancor invejoso e amargo a todas as formas e a todas as graças do amor humano.

E não lhe bastava reprovar o amor como coisa profana; a Sra. D. Patrocínio das Neves fazia uma carantonha, e varria-o como coisa suja. Um moço grave, amando seriamente, era para si "uma porcaria!" Quando sabia de uma senhora que tivera um filho, cuspia para o lado, rosnava — "que nojo!" E quase achava a natureza obscena por ter criado dois sexos.

Rica, apreciando o conforto, nunca quisera em casa um escudeiro — para que não houvesse na cozinha, nos corredores, *saias a roçar com calças*. E apesar de irem embranquecendo os cabelos da Vicência, de ser decrépita e gagá a cozinheira, de não ter dentes a outra criada chamada Eusébia, andava-lhes sempre remexendo desesperadamente nos baús, e até na palha dos enxergões, a ver se descobria fotografia de homem, carta de homem, rasto de homem, cheiro de homem.

Todas as recreações moças: um passeio gentil com senhoras, em burrinhos; um botão de rosa orvalhado oferecido na ponta dos dedos; uma decorosa contradança em jucundo dia de Páscoa; outras alegrias, ainda mais cândidas, pareciam à titi perversas, cheias de sujidades, e chamava-lhes *relaxações*. Diante dela já os sisudos amigos da casa não ousavam mencionar dessas comoventes histórias, lidas nas gazetas, e em que transparecem motivos de amor — porque isso a escandalizava como o desbragamento de uma nudez.

— Padre Pinheiro! — gritou ela um dia furiosa, com os óculos chamejantes para o desventuroso eclesiástico, ao ouvi-lo narrar de uma criada que em França atirara o filho à sentina. — Padre Pinheiro! Faça favor de me respeitar... Não é lá pela latrina! É pela outra porcaria!

Mas era ela própria que sem cessar aludia a desvarios e pecados da carne — para os vituperar, com ódio. Atirava então o novelo de linha para cima da mesa, espetando-lhe raivosamente as agulhas de meia — como se traspassasse ali, tornando-o para sempre frio, o vasto e inquieto coração dos homens. E quase todos os dias, com os dentes rilhados, repetia (referindo-se a mim) que se uma pessoa do seu sangue, e que comesse o seu pão, andasse atrás de saias, ou se desse a relaxações, havia de ir para a rua, escorraçado a vassoura, como um cão.

Por isso agora as minhas precauções eram tão apuradas que, para evitar me ficasse na roupa ou na pele o delicioso cheiro da Adélia, eu trazia na algibeira bocados soltos de incenso. Antes de galgar a triste escadaria da casa, penetrava sutilmente na cavalariça deserta, ao fundo do pátio; queimava no tampo de uma barrica vazia um pedaço da devota resina; e ali me demorava, expondo ao aroma purificador as abas do jaquetão e as minhas barbas viris... Depois subia; e tinha a satisfação de ver logo a titi farejar, regalada:

— Jesus, que rico cheirinho a igreja!

Modesto, e com um suspiro, eu murmurava:

— Sou eu, titi...

Além disso, para melhor a persuadir "da minha indiferença por saias", coloquei um dia, no soalho do corredor, como perdida, uma carta com selo — certo que a religiosa D. Patrocínio, minha senhora e tia, a abriria logo, vorazmente. E abriu, e gostou. Era escrita por mim a um condiscípulo de Arraiolos; e dizia, em letra nobre, estas coisas edificantes: "Saberás que fiquei de mal com o Simões, o de filosofia, por ele me ter convidado a ir a uma casa desonesta. Não admito destas ofensas.

Tu lembras-te bem como, já em Coimbra, eu detestava tais relaxações. E parece-me ser uma grandíssima cavalgadura aquele que, por causa de uma distração que é *fogo-viste-linguiça*, se arrisca a penar, por todos os séculos e séculos, amém, nas fogueiras de Satanás, salvo seja! Ora numa dessas refinadíssimas asneiras não é capaz de cair o teu do C. — *Raposo*".

A titi leu, a titi gostou. E agora eu vestia a minha casaca, dizia-lhe que ia ouvir a *Norma*, beijava com unção os ossos dos seus dedos; — e corria, ao Largo dos Caldas, à alcova da Adélia, a afundar-me perdidamente nas beatitudes do pecado. Ali, à meia-luz que dava através da porta envidraçada o candeeiro de petrolina da sala, os cortinados de cambraia e as saias dependuradas tomavam brancuras celestes de nuvem; o cheiro dos pós de arroz excedia em doçura o olor dos junquilhos místicos; eu estava no céu, eu era S. Teodorico; e sobre os ombros nus da minha amada, desenrolavam-se as madeixas do seu cabelo negro, forte e duro como a cauda de um corcel de guerra.

Numa dessas noites, eu saía de uma confeitaria do rossio, de comprar trouxas de ovos para levar à minha Adélia, quando encontrei o Dr. Margaride que me anunciou, depois do seu abraço paternal, que ia a S. Carlos ver o *Profeta*.

— E você, vejo-o de casaca, naturalmente também vem...

Fiquei varado. Com efeito, vestira a casaca, dissera à titi que ia gozar o *Profeta*, ópera de tanta virtude como uma santa instrumental de igreja... E agora tinha de sofrer o *Profeta*, deveras, entalado numa cadeira da Geral, roçando o joelho do douto magistrado — em vez de preguiçar num colchão amoroso, vendo a minha deusa, em camisa, comer o seu docinho de ovos.

— Sim, com efeito, também eu ia daqui para o *Profeta* — murmurei aniquilado. — Diz que é uma musicazinha de muita virtude... A titi gostou muito que eu viesse.

Com o meu inútil cartucho de trouxas de ovos, lá fui subindo, melancolicamente, ao lado do Dr. Margaride, a Rua Nova do Carmo.

Ocupamos as nossas cadeiras. E na sala resplandecente, branca e com tons de ouro, eu pensava saudosamente na alcova sombria da Adélia e no desalinho das suas saias — quando reparei que de uma frisa ao lado uma senhora loura e madura, uma Ceres outonal, vestida de seda cor de palha, voltava para mim, a cada doce arcada das rabecas, os seus olhos claros e sérios.

Perguntei ao Dr. Margaride se conhecia aquela dama "que eu costumava encontrar às sextas na Igreja da Graça, visitando o Senhor dos Passos com uma devoção, um fervor..."

— O sujeito que está por trás, a abrir a boca, é o visconde de Souto Santos. E ela ou é a mulher, a viscondessa de Souto Santos, ou a cunhada, a viscondessa de Vilar-o-Velho...

À saída, a viscondessa (de Souto Santos ou de Vilar-o-Velho) ficou um momento à porta esperando a sua carruagem, embrulhada numa capa branca que uma penugem orlava, delicadamente; a sua cabeça pareceu-me mais altiva, incapaz de rolar, tonta e pálida, num travesseiro de amor; a cauda cor de palha alastrava-se sobre as lajes; era esplêndida, era viscondessa; e outra vez me procuraram, me traspassaram os seus olhos claros e sérios.

A noite estava estrelada. E, descendo o Chiado em silêncio ao lado do Dr. Margaride, eu pensava que, quando todo o ouro da titi fosse meu e dourasse a minha pessoa, eu poderia então conhecer uma viscondessa de Souto Santos ou de Vilar-o-Velho, não na sua frisa, mas na minha alcova, já caída a grande capa branca, despidas já as sedas cor de palha, alva só do brilho da sua nudez, e fazendo-se pequenina entre os meus braços... Ai, quando chegaria a hora, doce entre todas, de morrer a titi?

— Quer você vir tomar o seu chá ao Martinho? — perguntou-me o Dr. Margaride ao desembocarmos no rossio. — Não sei se você conhece a torrada do Martinho... É a melhor torrada de Lisboa.

No Martinho, já silencioso, o gás ia adormecendo entre os espelhos baços; e havia apenas numa mesa do fundo um moço triste, com a cabeça enterrada entre os punhos, diante de um capilé.

O Margaride encomendou o chá — e vendo-me olhar com inquietação os ponteiros do relógio, afirmou-me que eu chegaria a casa ainda a horas de fazer a minha tocante devoção com a titi.

— A titi agora — disse eu — não se importa que eu esteja até mais tarde... A titi agora, louvado seja Deus, tem mais confiança em mim.

— E você merece-o... Faz-lhe a vontade, é sisudo... Ela pouco a pouco tem-lhe ganho amizade, segundo me diz o Casimiro...

Então lembrei-me da velha afeição que ligava o Dr. Margaride no padre Casimiro, procurador da tia Patrocínio e seu zeloso confessor. E, arrebatando a oportunidade, dei um leve suspiro, abri o meu coração ao magistrado, largamente, como a um pai.

— É verdade, a titi tem-me amizade... Mas acredite V. Exa. Dr. Margaride, que o meu futuro inquieta-me às vezes... Olhe que tenho pensado mesmo em ir a um concurso para delegado. Até já indaguei se seria difícil entrar como despachante na alfândega. Porque enfim a titi é rica, é muito rica; eu sou seu sobrinho, único parente, único herdeiro; mas...

E olhei ansiosamente para o Dr. Margaride, que, pelo loquaz padre Casimiro, conhecia talvez o testamento da titi... O silêncio grave em que ele ficou, com as mãos cruzadas sobre a mesa, pareceu-me sinistro; e nesse instante o criado trouxe a bandeja do chá, sorrindo e felicitando o magistrado por o ver melhor do seu catarro.

— Deliciosa torrada! — murmurou o doutor.

— Excelente torrada! — suspirei eu cortesmente.

De vez em quando o Dr. Margaride esfuracava um queixal; depois limpava a face, os dedos; e recomeçava a mastigar devagar, com delicadeza e com religião.

Eu arrisquei outra palavra tímida.

— A titi, é verdade, tem-me amizade...

— A titi tem-lhe amizade — atalhou com a boca cheia o magistrado — e você é o seu único parente... Mas a questão é outra, Teodorico. É que você tem um rival.

— Rebento-o! — gritei eu, irresistivelmente, com os olhos em chamas, esmurrando o mármore da mesa.

O moço triste, lá ao fundo, ergueu a face de cima do seu capilé. E o Dr. Margaride reprovou com severidade a minha violência.

— Essa expressão é imprópria de um cavalheiro, e de um moço comedido. Em geral não se rebenta ninguém... E, além disso, o seu rival não é outro, Teodorico, senão Nosso Senhor Jesus Cristo!

Nosso Senhor Jesus Cristo? E só compreendi, quando o esclarecido jurisconsulto, já mais calmo, me revelou que a titi, ainda no último ano da minha formatura, tencionava deixar a sua fortuna, terras e prédios, a irmandades da sua simpatia e a padres da sua devoção.

— Estou perdido! — murmurei.

Os meus olhos casualmente encontraram, lá ao fundo, o moço triste diante do seu capilé. E pareceu-me que ele se assemelhava a mim como um irmão, que era eu próprio, Teodorico, já deserdado, sórdido, com as botas cambadas, vindo ali ruminar as dores da minha vida, à noite, diante de um capilé.

Mas o Dr. Margaride acabara a torrada. E estendendo regaladamente as pernas, consolou-me, de palito na boca, afável e perspicaz.

— Nem tudo está perdido, Teodorico. Não me parece que esteja tudo perdido... É possível que a senhora sua tia tenha mudado de ideia... Você é bem comportado, amima-a, lê-lhe o jornal, reza o terço com ela... Tudo isto influi. Que é necessário dizê-lo, o rival é forte!

Eu gemi:

— É de arromba!

— É forte. E devo acrescentar, digno de todo o respeito... Jesus Cristo padeceu por nós, é religião do Estado, não há senão curvar a cabeça... Olhe, quer você a minha opinião? Pois aí a tem, franca e sem rebuço, para lhe servir de guia... Você vem a herdar tudo, se D. Patrocínio, sua tia e minha senhora, se convencer que deixar-lhe a fortuna a você é como deixá-la à Santa Madre Igreja...

O magistrado pagou o chá, nobremente. Depois, na rua, já abafado no seu paletó, ainda me disse baixinho:

— Com franqueza, que tal a torrada?

— Não há melhor torrada em Lisboa, Dr. Margaride.

Ele apertou-me a mão com afeto — e separamo-nos, quando estava dando a meia-noite no velho relógio do Carmo.

Estugando o passo pela Rua Nova da Palma, eu sentia agora bem claramente, bem amargamente, o erro da minha vida... Sim, o erro! Porque até aí, essa minha devoção complicada, com que eu procurara agradar à titi e ao seu ouro, fora sempre regular, mas nunca fora fervente. Que importava murmurar com correção o terço diante de Nossa Senhora do Rosário? Diante de Nossa Senhora em todas as suas encarnações, e bem em evidência para comover a titi, eu devia mostrar habilmente uma alma ardendo em labaredas de amor beato e um corpo pisado, penitente, ferido pelos picos dos cilícios... Até aí a titi podia dizer com aprovação: "É exemplar". Era-me preciso, para herdar, que ela exclamasse um dia, babada, de mãos postas: "É santo!"

Sim! eu devia identificar-me tanto com as coisas eclesiásticas e submergir-me nelas de tal sorte, que a titi, pouco a pouco, não pudesse distinguir-me claramente desse conjunto rançoso de cruzes, imagens, ripanços, opas, tochas, bentinhos, palmitos, andores, que era para ela a Religião e o céu; e tomasse a minha voz pelo santo ciciar dos latins de missa; e a minha sobrecasaca preta lhe parecesse já salpicada de estrelas, e diáfana como a túnica de bem-aventurança. Então, evidentemente, ela testaria em meu favor — certa que testava em favor de Cristo e da sua doce Madre Igreja!

Porque, agora, eu estava bem decidido a não deixar ir para Jesus, filho de Maria, a aprazível fortuna do comendador G. Godinho. Pois quê! Não bastavam ao Senhor os seus tesouros incontáveis, as sombrias catedrais de mármore, que atulham a Terra e a entristecem, as inscrições, os papéis de crédito que a piedade humana constantemente averba em seu nome; as pás de ouro que os Estados, reverentes, lhe depositam aos pés traspassados de pregos; as alfaias, os cálices, e os botões de punho de diamantes que ele usa na camisa, na sua Igreja da Graça? E ainda voltava, do alto do madeiro, os olhos vorazes para um bule de prata, e uns insípidos prédios da Baixa! Pois bem! disputaremos esses mesquinhos, fugitivos haveres — tu, ó filho do Carpinteiro, mostrando à titi a chaga que por ela recebeste, uma tarde, numa cidade bárbara da Ásia, e eu adorando essa chaga, com tanto ruído e tanto fausto, que a titi não possa saber onde está o mérito, se em ti que morreste por nos amar demais, se em mim que quero morrer por não te saber amar bastante!... Assim pensava, olhando de través o céu, no silêncio da Rua de S. Lázaro.

Quando cheguei a casa, senti que a titi estava no oratório, sozinha a rezar. Enfiei para o meu quarto, sorrateiramente; descalcei-me; despi a casaca, esguede-lhei o cabelo; atirei-me de joelhos para o soalho — e fui assim, de rastos, pelo corredor, gemendo, carpindo, esmurrando o peito, clamando desoladamente por Jesus, meu Senhor...

Ao ouvir, no silêncio da casa, estas lúgubres lamentações de arrastada penitência, a titi veio à porta do oratório, espavorida.

— Que é isso, Teodorico, filho, que tens tu?...

Abati-me sobre o soalho, aos soluços, desfalecido de paixão divina.

— Desculpe, titi... Estava no teatro com o Dr. Margaride, estivemos ambos a tomar chá, a conversar da titi... E vai de repente, ao voltar para casa, ali na Rua Nova da Palma, começo a pensar que havia de morrer, e na salvação da minha alma, e em tudo o que Nosso Senhor padeceu por nós, e dá-me uma vontade de chorar... Enfim, a titi faz favor, deixa-me aqui um bocadinho só, no oratório, para aliviar...

Muda, impressionada, ela acendeu reverentemente, uma a uma, todas as velas do altar. Chegou mais para a borda uma imagem de S. José, favorito da sua alma, para que fosse ele o primeiro a receber a ardente rajada de preces que ia escapar-se, em tumulto, do meu coração cheio e ansioso. Deixou-me entrar, de rastos. Depois, em silêncio, desapareceu, cerrando o reposteiro com recato. E eu ali fiquei sentado na almofada da titi, coçando os joelhos, suspirando alto — e pensando na viscondessa de Souto Santos ou de Vilar-o-Velho, e nos beijos vorazes que lhe atiraria por aqueles ombros maduros e suculentos, se a pudesse ter só um instante, ali mesmo que fosse, no oratório, aos pés de ouro de Jesus, meu Salvador!

Corrigi então a minha devoção e tornei-a perfeita. Pensando que o bacalhau das sextas-feiras não fosse uma suficiente mortificação, nesses dias, diante da titi, bebia asceticamente um copo de água e trincava uma côdea de pão; o bacalhau comia-o à noite, de cebolada, com bifes à inglesa em casa da minha Adélia. No meu guarda-roupa, nesse duro inverno, houve apenas um paletó velho, tão renunciado me quis mostrar aos culpados regalos da carne; mas orgulhava-me de ter lá, purificando os cheviotes profanos, a minha opa roxa de irmão do Senhor dos Passos, e o devoto hábito cinzento da Ordem Terceira de S. Francisco. Sobre a cômoda ardia uma lamparina perenal, diante da litografia colorida de Nossa Senhora do Patrocínio; eu punha todos os dias rosas dentro de um copo, para lhe perfumar o ar em redor; e a titi, quando vinha remexer nas minhas gavetas, ficava a olhar a sua padroeira, desvanecida, sem saber se era à Virgem, ou se era a ela, indiretamente, que eu dedicava aquele preito da luz e o louvor dos aromas. Nas paredes dependurei as imagens dos santos mais excelsos, como galeria de antepassados espirituais, de quem tirava o constante exemplo nas difíceis virtudes; mas não houve de resto no céu santo, por mais obscuro, a quem eu não ofertasse um cheiroso ramalhete de padre-nossos em flor. Fui eu que fiz conhecer à titi S. Telésforo, Santa Secundina, o beato Antônio Estroncônio, Santa Restituta, Santa Umbelina, irmã do grão S. Bernardo, e a nossa dileta e suavíssima patrícia Santa Basilissa, que é solenizada juntamente com S. Hipácio, nesse festivo dia de agosto em que embarcam os círios para a Atalaia.

Prodigiosa foi então a minha atividade devota! Ia a matinas, ia a vésperas. Jamais falhei a igreja ou ermida, onde se fizesse a adoração ao Sagrado Coração de Jesus. Em todas as exposições do Santíssimo eu lá estava, de rojo. Partilhava sofregamente de todos os desagravos ao Sacramento. Novenas em que eu rezei, contam-se pelos lumes do céu. E o setenário das Dores era um dos meus doces cuidados.

Havia dias em que, sem repousar, correndo pelas ruas, esbaforido, eu ia à missa das sete a Sant'Ana, e à missa das nove da Igreja de S. José, e à missa do meio-dia na ermida da Oliveirinha. Descansava um instante a uma esquina, de ripanço debaixo do braço, chupando à pressa o cigarro; depois voava ao Santíssimo exposto na paroquial de Santa Engrácia, à devoção do Terço no Convento de Santa Joana, à bênção do Sacramento na capela de Nossa Senhora às Picoas, à novena das Chagas de Cristo, na sua igreja, com música. Tomava então a tipoia do *Pingalho,* e ainda visitava, ao acaso, de fugida os Mártires e S. Domingos, a Igreja do Convento do Desagravo e a Igreja da Visitação das Salésias, a Capela de Monserrate, as Amoreiras e a Glória ao Cardal da Graça, as Flamengas e as Albertas, a Pena, o Rato, a Sé!

À noite, em casa da Adélia, estava tão derreado, mono e mole ao canto do sofá — que ela atirava-me murros pelos ombros, e gritava furiosa:

— Esperta, morcão!

Ai de mim! Um dia veio, porém, em que a Adélia, em vez de me chamar *morcão,* quando esfalfado no serviço do Senhor, eu mal podia ajudá-la a desatacar o colete, passou, sempre que os meus lábios insaciáveis se colavam de mais ao seu colo, a empurrar-me, a chamar-me *carraça...* Foi isto pelas alegres vésperas de Santo Antônio ao aparecerem os primeiros manjericões, no quinto mês da minha devoção perfeita.

A Adélia começara a andar pensativa e distraída. Tinha às vezes, quando eu lhe falava, um modo de dizer "hem?", com o olhar incerto e disperso, que era um tormento para o meu coração. Depois um dia deixou de me fazer a carícia melhor, que eu mais apetecia — a penetrante e regaladora beijoca na orelha.

Sim, decerto permanecia terna... Ainda dobrava maternalmente o meu paletó; ainda me chamava *riquinho*; ainda me acompanhava ao patamar em camisa, dando, ao descolar do nosso abraço, esse lento suspiro que era para mim a mais preciosa evidência da sua paixão — mas já me não favorecia com a beijoquinha na orelha.

Quando eu entrava atrasado — encontrava-a por vestir, por pentear, mole, estremunhada e com olheiras. Estendia-me a mãozinha desamorável, bocejava, colhia preguiçosamente a viola; enquanto eu, a um canto, chupando cigarros mudos, esperava que se abrisse a portinha envidraçada da alcova que dava para o céu — a desumana Adélia, estirada no sofá, de chinelas caídas, beliscava os bordões, murmurando, por entre longos *ais*, cantigas de estranha saudade...

Num arranco de ternura, eu ia ajoelhar-me à beira do seu peito. E lá vinha logo a dura, a regelada palavra:

— Está quieto, carraça!

E recusava-me sempre o seu carinho. Dizia-me: "não posso, estou com azia". Dizia-me: "adeus, tenho a dor na ilharga".

Eu sacudia os joelhos, recolhia ao Campo de Sant'Ana — espoliado, misérrimo, chorando na escuridão da minha alma pelos tempos inefáveis em que ela me chamava *morcão*!

Uma noite de julho, macia como um veludo preto e pespontada de estrelas, chegando mais cedo à casa dela, encontrei a portinha aberta. O candeeiro de petrolina, pousado no soalho do patamar, enchia a escada de luz; e dei com a Adélia, em saia branca, falando a um rapaz de bigodinho louro, embrulhado pelintramente numa capa à espanhola. Ela empalideceu, ele encolheu, quando eu surgi, grande e barbudo, com a minha bengala na mão. Depois a Adélia, sorrindo, sem perturbação, vera e límpida, apresentou-me "seu sobrinho Adelino". Era filho da mana Ricardina, a que vivia em Viseu, e irmão do Teodoriquinho... Tirando o chapéu, apertei na palma larga e leal os dedos fugidios do Sr. Adelino:

— Estimo muito conhecê-lo, cavalheiro. Sua mamã, seu mano, bons?

Nessa noite a Adélia, resplandecente, tornou a chamar-me *morcão*, restituiu-me o beijinho na orelha. E toda essa semana foi deliciosa como a de um noivado. O verão ardia; e começara na Conceição Velha a novena de S. Joaquim. Eu saía de casa à hora repousante em que se regam as ruas, mais contente que os pássaros chalrando nas árvores do Campo de Sant'Ana. Na salinha clara, com todas as cadeiras cobertas de fustão branco, encontrava a minha Adélia de chambre, fresca de se ter lavado, cheirando a água-de-colônia, e aos lindos cravos vermelhos que a toucavam; e depois das manhãs calorosas, nada mais havia idílico, mais doce que as nossas merendas de morangos na cozinha, ao ar da janela, contemplando bocadinhos verdes de quintais e ceroulas humildes a secar em cordas... Ora uma tarde que assim nos aprazíamos, ela pediu-me oito libras.

Oito libras!... Descendo à noite a Rua da Madalena, eu ruminava quem mais podia emprestar sem juro e rasgadamente. O bom Casimiro estava em Torres, o prestante *Rinchão* estava em Paris... E pensava já no padre Pinheiro (cujas dores de rins eu lamentava sempre com afeto) quando avistei a escapar-se, todo encolhido, todo sorrateiro, de uma dessas vielas impuras onde Vênus mercenária arrasta os seus chinelos — o José Justino, o nosso José Justino, o piedoso secretário da Confraria de S. José, o virtuosíssimo tabelião da titi!...

Gritei logo: "boas noites, Justininho!". E regressei ao Campo de Sant'Ana, tranquilo, gozando já a repenicada beijoca que me daria a Delinha, quando eu risonho lhe estendesse na mão as oito rodelas de ouro. Ao outro dia, cedo, corri ao cartório do Justino, a São Paulo, contei-lhe a pranteada história de um condiscípulo meu, tísico, miserável, arquejando sobre uma enxerga, numa fétida casa de hóspedes, ao pé do Largo dos Caídas.

— É uma desgraça, Justino! Nem dinheiro tem para um caldinho... Eu é que o ajudo: mas, que diabo estou a tinir... Faço-lhe companhia, é o que posso, leio-lhe orações, e *Exercícios da Vida Cristã*. Ontem à noite vinha eu de lá... E acredite você, Justino, que nem gosto de andar por aquelas ruas, tão tarde... Jesus, que ruas, que indecência, que imoralidade!... Aqueles becos de escadinhas, hem?... Eu ontem bem percebi que você ia horrorizado: eu também... De sorte que esta manhã estava no oratório da titi, a rezar pelo meu condiscípulo, a pedir a Nosso Senhor que o ajudasse a que lhe desse algum dinheiro, e vai, pareceu-me ouvir uma voz lá de cima da cruz a dizer: "entende-te com o Justino, fala ao nosso Justininho, ele que te dê oito libras para o rapaz..." Fiquei tão agradecido a Nosso Senhor! De modo que aqui venho, Justino, por ordem d'Ele.

O Justino escutava-me, branco como os seus colarinhos, dando estalinhos tristes nos dedos; depois, em silêncio, estendeu-me, uma a uma sobre a carteira, as oito moedas de ouro. Assim eu servi a minha Adélia.

Fugaz foi, porém, a minha glória!

Daí a dias, estando no Montanha, regalado, a gozar uma carapinhada — o criado veio avisar-me que uma mocinha trigueira e de xale, a Sra. Mariana, esperava por mim à esquina... Santo Deus! A Mariana era a criada da Adélia. E corri, a tremer, certo de que a minha bem-amada ficara sofrendo da sua abominável dor na sua branca ilharga. Pensei mesmo em começar o rosário das dezoito aparições de Nossa Senhora de Lurdes, que a titi considera eficacíssimo em casos de pontada ou de touros tresmalhados...

— Há novidade, Mariana?

Ela levou-me para dentro de um pátio onde cheirava mal; e aí com os olhos vermelhos, destraçando furiosamente o xale, rouca ainda da bulha que tivera com a Adélia, rompeu a contar-me coisas torpes, execrandas, sórdidas. A Adélia enganava-me. O Sr. Adelino não era sobrinho: era o querido, o *chulo*. Apenas eu saía, ele entrava; a Adélia dependurava-se-lhe do pescoço, num delírio; e chamavam-me então o *carraça*, o *carola*, o *bode*, vitupérios mais negros, cuspindo sobre o meu retrato. As oito libras tinham sido para o Adelino comprar fato de verão; e ainda sobrara para irem à feira de Belém, em tipoia descoberta, e de guitarra... A Adélia adorava-o com pieguice e com furor; cortava-lhe os calos; e os suspiros da sua impaciência, quando ele tardava, lembravam o bramar das cervas, nos matos quentes em maio!... Duvidava eu? Queria uma evidência? Que fosse nessa noite, tarde, depois da uma hora bater à portinha da Adélia!

Lívido, apoiado ao muro, eu mal sabia se o cheiro que me sufocava vinha do canto escuro do pátio — se das imundícies que borbulhavam da boca de Mariana, como de um cano de esgoto rebentado. Limpei o suor, murmurei, a desfalecer:

— Está bom Mariana, obrigadinho, eu verei, vá com Deus...

Cheguei a casa tão sombrio, tão murcho, que a titi perguntou-me, com um risinho, se eu "malhara abaixo da égua".

— Da égua?... Não, titi, credo! Estive na Igreja da Graça...

— É que vens tão enfiado, assim com as pernas moles... E então o Senhor hoje estava bonito?

— Ai, titi, estava rico!... Mas não sei por que, pareceu-me tão tristinho, tão tristinho... Até eu disse ao padre Eugênio: "Ó Eugeninho, o Senhor hoje tem desgosto!" E disse-me ele: "Que quer você, amigo? É que vê por esse mundo tanta patifaria!" E olhe que vê, titi! Vê muita ingratidão, muita falsidade, muita traição!

Rugia, enfurecido; e cerrara o punho como para o deixar cair, punidor e terrível, sobre a vasta perfídia humana. Mas contive-me, abotoei devagar a quinzena, recalquei um soluço.

— Pois é verdade, titi... Fez-me tanta impressão aquela tristeza do Senhor, que fiquei assim um bocado amarfanhado... E de mais a mais tenho tido um desgosto: está um condiscípulo meu muito mal, coitadinho, a espichar...

E outra vez, como diante do Justino (aproveitando reminiscências do Xavier e da Rua da Fé), estirei a carcaça de um condiscípulo sobre a podridão de uma enxerga. Disse as bacias de sangue, disse a falta de caldos... Que miséria, titi, que miséria! E então um moço, tão respeitador das coisas santas, que escrevia tão bem na *Nação*!...

— Desgraças — murmurou a tia Patrocínio, meneando as agulhas da meia.

— É verdade, desgraças, titi. Ora como ele não tem família e a gente da casa é desleixada, nós, os condiscípulos, é que vamos por turnos servir-lhe de enfermeiros. Hoje toca-me a mim. E queria então que a titi me desse licença para eu ficar fora, até cerca das duas horas... Depois vem outro rapaz, muito instruído, que é deputado.

A tia Patrocínio permitiu; e até se ofereceu para pedir ao patriarca S. José que fosse preparando ao meu condiscípulo uma morte sonolenta e ditosa...

— Isso é que era um grande favor, titi! Ele chama-se Macieira...

O Macieira vesgo. É para S. José saber.

Toda a noite vagueei pela cidade, adormecida na moleza do luar de julho. E por cada rua me acompanharam sempre, flutuantes e transparentes, duas figuras, uma em camisa, outra de capa à espanhola, enroscadas, beijando-se furiosamente — e só desligando os beiços pisados para rirem alto de mim e para me chamarem *carola*.

Cheguei ao rossio, quando batia uma hora no relógio do Carmo. Ainda fumei um cigarro, indeciso, por debaixo das árvores. Depois voltei os passos para a casa da Adélia, vagaroso, e com medo. Na sua janela vi uma luz enlanguescida e dormente. Agarrei a grossa aldraba da porta — mas hesitei com terror da certeza que vinha buscar, terminante e irreparável... Meu Deus! Talvez a Mariana, por vingança, caluniasse a minha Adélia! Ainda na véspera ela me chamara *riquinho* com tanto ardor! Não seria mais sensato e mais proveitoso acreditar nela, tolerar-lhe um fugitivo transporte pelo Sr. Adelino, e continuar a receber egoisticamente o meu beijinho na orelha?

Mas então à ideia lacerante de que ela também beijava na orelha o Sr. Adelino — e que o Sr. Adelino também dizia ai! ai! como eu — assaltou-me o desejo ferino de a matar, com desprezo e a murros, ali, nesses degraus onde tantas vezes arrulhara a suavidade dos nossos adeuses. E bati na porta com um punho bestial como se fosse já sobre o seu frágil, ingrato peito.

Senti correr desabridamente o fecho da vidraça. Ela surgiu em camisa com os seus belos cabelos revoltos:

— Quem é o bruto?

— Sou eu, abre.

Reconheceu-me — a luz dentro desapareceu; e foi como se aquela torcida de candeeiro, apagando-se, deixasse também a minha alma em escuridão, fria para sempre e vazia. Senti-me regeladamente só, viúvo sem ocupação e sem lar. Do meio da rua olhava as janelas negras, murmurava: "ai, que eu rebento!"

Outra vez a camisa da Adélia alvejou na varanda.

— Não posso abrir, que ceei tarde e estou com sono!

— Abre! — gritei erguendo os braços desesperadamente. — Abre ou nunca mais cá volto!...

— Pois à fava, e recados à tia.

— Fica-te, bêbada!

Tendo-lhe atirado, como uma pedrada, este urro severo, desci a rua, muito teso, muito digno. Mas à esquina aluí de dor, para cima de um portal, a soluçar escoado em pranto, delido.

Pesada foi então ao meu coração a lenta melancolia dos dias de estio... Tendo contado à titi que andava a escrever dois artigos, piamente destinados ao *Almanaque da Imaculada Conceição* para 1878, encerrava-me no quarto, toda manhã, enquanto faiscavam ao sol as pedras da minha varanda. Aí, arrastando as chinelas sobre o soalho regado, remonta, entre suspiros, recordações da Adélia, ou diante do espelho contemplava o lugar macio da orelha em que ela costumava dar-me o beijo... Depois sentia um ruído de vidraça — e o seu pérfido, e seu afrontoso brado "à fava!". Então, perdido, esguedelhado, machucava o travesseiro com os murros que não podia vibrar ao peito magro do Sr. Adelino.

À tardinha, quando refrescava, ia espalhar para a Baixa. Mas cada janela aberta às aragens da tarde, cada cortina de cassa engomada me lembrava a intimidade da alcovinha da Adélia; num simples par de meias, esticado na vitrina de uma loja, eu revia com saudade a perfeição da sua perna; tudo o que era luminoso me sugeria o seu olhar; e até o sorvete de morango, no Martinho, me fazia repassar nos lábios o adocicado e gostoso sabor dos seus beijos.

À noite, depois do chá, refugiava-me no oratório, como numa fortaleza de santidade, embebia os meus olhos no corpo de ouro de Jesus, pregado na sua linda cruz da pau-preto. Mas então o brilho fulvo do metal precioso ia, pouco a pouco, embaciando, tomava uma alva cor de carne, quente e tenra; a magreza de Messias triste, mostrando os ossos, arredondava-se em formas divinamente cheias e belas, por entre a coroa de espinhos, desenrolavam-se lascivos anéis de cabelos crespos e negros; no peito, sobre as duas chagas, levantavam-se, rijos, direitos, dois esplêndidos seios de mulher, com um botãozinho de rosa na ponta; — e era ela, a minha Adélia, que assim estava no alto da cruz, nua, soberba, risonha, vitoriosa, profanando o altar, com os braços abertos para mim!

Eu não via nisto uma tentação do Demônio — antes me parecia uma graça do Senhor. Comecei mesmo a misturar aos textos das minhas rezas as queixas do meu amor. O céu é talvez grato: e esses inumeráveis santos, a quem eu prodigalizara novenas e coroinhas, desejariam talvez recompensar a minha amabilidade, restituindo-me as carícias que me roubara o homem cruel da capa à espanhola. Pus mais flores sobre a cômoda diante de Nossa Senhora do Patrocínio, contei-lhe as angústias do meu coração. Por trás do límpido vidro do seu caixilho, com os olhos baixos e magoados, ela foi a confidente do tormento da minha carne; e todas as noites, em ceroulas, antes de me deitar, eu lhe segredava, com ardor:

— Ó minha querida Senhora do Patrocínio, faz que a Adelinha goste outra vez de mim!

Depois utilizei o valimento da titi com os santos seus amigos — o amorosíssimo e perdoador S. José, S. Luís Gonzaga, tão benévolo para a juventude. Pedia-lhe que fizesse uma petição por certa necessidade minha, secreta e toda pura. Ela acedia, com alacridade; e eu, espreitando pelo reposteiro do oratório, regalava-me de ver a rígida senhora, de joelhos, contas na mão, em súplicas aos patriarcas castíssimos, para que a Adélia me desse outra vez a beijoquinha na orelha.

Uma noite, cedo, fui experimentar se o céu escutara tão valiosas preces. Cheguei à porta da Adélia; e bati, tremendo todo, uma argoladinha humilde. O Sr. Adelino assomou à janela, em mangas de camisa.

— Sou eu, Sr. Adelino — murmurei abjetamente e tirando o chapéu. — Queria falar à Adeliazinha.

Ele rosnou para dentro, para a alcova, o meu nome. Creio mesmo que disse o *carola*. E lá do fundo, de entre os cortinados, onde eu a pressentia toda desalinhada e formosa, a minha Adélia gritou com furor:

— Atira-lhe para cima dos lombos o balde da água suja!

Fugi.

No fim de setembro, o *Rinchão* chegou de Paris; e um domingo, à noitinha, à volta da novena de S. Caetano, entrando no Martinho encontrei-o, rodeado de rapazes, contando ruidosamente os seus feitos de amor e de gentil audácia em Paris. Tristonho, puxei um banco e fiquei a ouvir o *Rinchão*. Com uma ferradura de rubis na gravata, o monóculo pendente de uma fita larga, uma rosa amarela no peito, o *Rinchão* impressionava, quando por entre o fumo do charuto esboçava traços do seu prestígio:

"Uma noite no café de la Paix, estando eu a cear com a Cora, com a Valtesse, e com um rapaz muito chique, um príncipe...". O que o *Rinchão* tinha visto! o que o *Rinchão* tinha gozado! Uma condessa italiana, delirante, parente do Papa, e chamada *Papotte,* amara-o, levara-o aos Campos Elísios na sua vitória — cujo velho brasão eram dois chavelhos encruzados. Jantara em restaurantes onde a luz vinha de serpentinas de ouro, e os criados, macilentos e graves, lhe chamavam respeitosamente *Mr. le Comte.* E o *Alcazar,* com festões de gás entre as árvores, e a Paulina cantando, de braços nus, o *Chouriço de Marselha,* revelara-lhe a verdade, a grandeza da civilização.

— Viste Victor Hugo? — perguntou um rapaz de lunetas pretas, que roía as unhas.

— Não, nunca andava cá na roda chique!

Toda essa semana, então, a ideia de ver Paris brilhou incessantemente no meu espírito, tentadora e cheia de suaves promessas... E era menos o apetite desses gozos do orgulho e da carne, com que se abarrotara o *Rinchão,* que a ansiedade de deixar Lisboa, onde igrejas e lojas, claro rio e claro céu, só me lembravam a Adélia, o homem amargo de capa à espanhola, o beijo na orelha perdido para sempre... Ah! se a titi abrisse a sua bolsa de seda verde, me deixasse mergulhar dentro as mãos, colher ouro, e partir para Paris!...

Mas, para a Sra. D. Patrocínio, Paris era uma região ascorosa, cheia de mentira, cheia de gula — onde um povo sem santos, com as mãos maculadas do sangue dos seus arcebispos, está perpetuamente, ou brilhe o sol, ou luza o gás, cometendo uma relaxação. Como ousaria eu mostrar à titi o desejo imodesto de visitar esse lugar de sujidade e de treva moral?...

Logo no domingo, porém, jantando no Campo de Sant'Ana os amigos diletos, aconteceu falar-se, ao cozido, de um sábio condiscípulo do padre Casimiro, que recentemente deixara a quietação da sua cela no Varatojo, para ir esposar, entre foguetes, a trabalhosa Sé de Lamego. O nosso modesto Casimiro não compreendia esta cobiça de uma mitra cravejada de pedras vãs; para ele a plenitude de uma vida eclesiástica era estar assim aos sessenta anos, são e sereno, sem saudades e sem temores, comendo o arrozinho do forno da Sra. D. Patrocínio das Neves...

— Porque deixe-me dizer-lhe, minha respeitável senhora, que este seu arroz está um primor!... E a ambição de ter sempre um arroz destes, e amigos que o apreciem, parece-me a mais legítima e a melhor para uma alma justa...

E assim se veio a discursar das acertadas ambições que, sem agravo do Senhor, cada um podia nutrir no seu coração. A do tabelião Justino era uma quintazinha no

Minho, com roseiras e com parreiras, onde ele pudesse acabar a velhice, em mangas de camisa, e quietinho.

— Olhe, Justino — disse a titi —, uma coisa que lhe havia de fazer falta era a sua missa na Conceição Velha... Quando a gente se acostuma a uma missinha, não há outra que console... A mim, se me tirassem a de Sant'Ana, parece-me que começava a definhar...

Era o padre Pinheiro que a celebrava; a titi, enternecida, colocou-lhe no prato outra asa de galinha; e padre Pinheiro revelou também a ambição que o pungia. Era elevada e santa. Queria ver o Papa restaurado nesse trono forte e fecundo, em que resplandecera Leão X.

— Se ao menos houvesse mais caridade com ele! — exclamou a titi. — Mas o Santíssimo padre, o vigariozinho de Nosso Senhor, assim numa masmorra, em farrapos, sobre palha... É de Caifases, é de Judeus!

Bebeu um gole da sua água morna, e recolheu-se ao retiro da sua alma — a rezar a ave-maria que sempre ofertava pela saúde do Pontífice e pelo termo do seu cativeiro.

O Dr. Margaride consolou-a. Não acreditava que o Pontífice dormisse sobre palhas. Viajantes esclarecidos afiançavam-lhe até que o Santo Padre, querendo, podia ter carruagem.

— Não é tudo; está longe de ser tudo o que compete a quem usa a tiara; mas uma carruagem, minha Senhora, é uma grandíssima comodidade...

Então o nosso Casimiro, risonho, desejou saber (já que todos patenteavam as suas ambições) qual era a do douto, do eminente Dr. Margaride.

— Diga lá a sua, Dr. Margaride, diga lá a sua! — clamaram todos, com afeto.

Ele sorria, grave.

— Deixe-me V. Exa. primeiro, D. Patrocínio, minha senhora, servir-me dessa língua guisada, que marcha para nós e que me parece preciosa.

Depois de fornecido, o venerável magistrado confessou que apetecia ser Par do Reino. Não por alarde de honras, nem pelo luxo da farda; mas para defender o princípio sacro da autoridade...

— Só por isto — acrescentou com energia. — Porque desejava também, antes de morrer, poder dar, se V. Exa. D. Patrocínio, me permite a expressão, uma cacheirada mortal no ateísmo e na anarquia. E dava-lha!

Todos declararam fervorosamente o Dr. Margaride digno desses fastígios sociais. Ele agradeceu, seriíssimo. Depois volveu para mim a face majestosa e lívida.

— E o nosso Teodorico? O nosso Teodorico ainda não nos disse qual era a sua ambição.

Corei; e Paris logo rebrilhou ao fundo do meu desejo, com as suas serpentinas de ouro, as suas condessas primas dos papas, as espumas do seu champanhe — fascinante, embriagante, e adormentando toda a dor... Mas baixei os olhos; e afirmei que só aspirava a rezar minhas coroas, ao lado da titi, com proveito e com descanso...

O Dr. Margaride, porém, pousara o talher, insistia. Não lhe parecia um desapego de Deus, nem uma ingratidão com a titi, que eu, inteligente, saudável, bom cavaleiro e bacharel, nutrisse uma honesta cobiça...

— Nutro! — exclamei então decidido como aquele que arremessa um dardo. — Nutro, Dr. Margaride. Gostava muito de ver Paris.

— Cruzes! — gritou a Sra. D. Patrocínio, horrorizada. — Ir a Paris!...

— Para ver as igrejas, titi!

— Não é necessário ir tão longe para ver bonitas igrejas — replicou ela, rispidamente. — E lá em festas com órgão, e um Santíssimo armado com luxo, e uma rica procissão na rua, e boas vozes, e respeito, imagens de dar gosto, ninguém bate cá os nossos portugueses!...

Calei-me, esmagado. E o esclarecido Dr. Margaride aplaudiu o patriotismo eclesiástico da titi. Decerto, não era numa república sem Deus, que se deviam procurar as magnificências do culto...

— Não, minha senhora, lá para saborear coisas grandiosas da nossa santa religião, se eu tivesse vagares, não era a Paris que ia. Sabe V. Exa. onde eu ia, Sra. D. Maria do Patrocínio?

— O nosso doutor — lembrou o padre Pinheiro — corria direito a Roma...

— Upa, padre Pinheiro! Upa, minha cara senhora!

Upa? Nem o bom Pinheiro nem a titi compreendiam o que houvesse de superior a Roma pontifical! O Dr. Margaride então ergueu solenemente as sobrancelhas, densas e negras como ébano.

— Ia à Terra Santa, D. Patrocínio! Ia à Palestina, minha senhora! Ia ver Jerusalém e o Jordão! Queria eu também estar um momento de pé, sobre o Gólgota, como Chateaubriand, com o meu chapéu na mão, a meditar, a embeber-me, a dizer "salve!". E havia de trazer apontamentos, minha senhora, havia de publicar impressões históricas. Ora aí tem V. Exa. onde eu ia... Ia a Sião!

Servira-se o lombo assado; e houve, por sobre os pratos, um recolhimento reverente a esta evocação da terra sagrada onde padeceu o Senhor. Eu parecia-me ver lá muito longe, na Arábia, ao fim de arquejantes dias de jornada sobre o dorso de um camelo, um montão de ruínas em torno de uma cruz; um rio sinistro corre ao lado entre oliveiras; o céu arqueia-se mudo e triste como a abóbada de um túmulo. Assim devia ser Jerusalém.

— Linda viagem! — murmurou o nosso Casimiro, pensativo.

— Sem contar — rosnou padre Pinheiro, baixo e como ciciando uma oração — que Nosso Senhor Jesus Cristo vê com grande apreço, e muito agradece, essas visitas ao seu Santo Sepulcro.

— Até quem lá vai — disse o Justino — tem perdão de pecados. Não é verdade, Pinheiro? Eu assim li no *Panorama*... Vem-se de lá limpinho de tudo!

Padre Pinheiro (tendo recusado, com mágoa, a couve-flor, que considerava indigesta) deu esclarecimentos. Quem ia à Terra Santa, numa devota peregrinação, recebia sobre o mármore do Santo Sepulcro, das mãos do Patriarca de Jerusalém, e pagando os rituais emolumentos, as suas indulgências plenárias...

— Não só para si, segundo tenho ouvido dizer — acrescentou o instruído eclesiástico —, mas para uma pessoa querida de família, piedosa, e comprovadamente impedida de fazer a jornada... Pagando, já se vê, emolumentos dobrados.

— Por exemplo! — exclamou o Dr. Margaride inspirado, batendo-me com força nas costas. — Assim para uma boa titi, uma titi adorada, uma titi que tem sido um anjo, toda virtude, toda generosidade!...

— Pagando, já se vê — insistiu padre Pinheiro —, os emolumentos dobrados!

A titi não dizia nada; os seus óculos, girando do sacerdote para o magistrado, pareciam estranhamente dilatados, e brilhando mais com o clarão interior de uma ideia; um pouco de sangue subira à sua face esverdinhada. A Vicência ofereceu o arroz-doce. Nós rezamos as graças.

Mais tarde no meu quarto, despindo-me, senti-me triste, infinitamente. Nunca a titi me deixaria visitar a terra imunda de França e aqui ficaria enclausurado nesta Lisboa onde tudo me era tortura, e as mais rumorosas ruas me agravavam o ermo do meu coração, e até a pureza do fino céu de estio me recordava a torva perfídia dessa que fora, para mim, estrela e Rainha da Graça... Depois, nesse dia, ao jantar, a titi parecera-me mais rija, sólida ainda, duradoura, e por longos anos dona da bolsa de seda verde, dos prédios e dos contos do comendador G. Godinho... Ai de mim! Quanto tempo mais teria de rezar com a odiosa velha o fastiento terço, de beijar o pé do Senhor dos Passos, sujo de tanta boca fidalga, de palmilhar novenas, e de magoar os joelhos diante do corpo de um Deus, magro e cheio de fendas? Oh! vida entre todas amargurosa! E já não tinha, para me consolar do enfadonho serviço de Jesus, os macios braços da Adélia...

De manhã, aparelhada a égua, e já de esporas, fui saber se a minha titi tinha algum pio recado para S. Roque, por ser esse o seu milagroso dia. Na saleta votada às glórias de S. José, a titi, ao canto do sofá, com o xale de Tonquim caído dos ombros, examinava o seu grande caderno de contas, aberto sobre os joelhos; e, defronte, calado, com as mãos cruzadas atrás das costas, o bom Casimiro sorria pensativamente às flores do tapete.

— Ora venha cá, venha cá! — disse ele, mal eu assomei curvando o espinhaço. — Ouça lá a novidade! Que você é uma joia, respeitador de velhos, e tudo merece de Deus e da senhora sua tia. Chegue-se cá, venha de lá esse abraço!

Sorri, inquieto. A titi enrolava o seu caderno.

— Teodorico! — começou ela, cruzando os braços, empertigada. — Teodorico! tenho estado aqui a consultar com o Sr. padre Casimiro. E estou decidida a que alguém que me pertença, e que seja do meu sangue, vá fazer por minha intenção uma peregrinação à Terra Santa...

— Hem, felizão! — murmurou Casimiro, resplandecendo.

— Assim — prosseguiu a titi — está entendido e ficas sabendo que vais a Jerusalém e a todos os divinos lugares. Escusas de me agradecer, é para meu gosto, e para honrar o túmulo de Jesus Cristo, já que eu lá não posso ir... Como, louvado seja Nosso Senhor, não me faltam os meios, hás de fazer a viagem com todas as comodidades; e para não estar com mais dúvidas, e pela pressa de agradar a Nosso Senhor, ainda hás de partir neste mês... Bem, agora vai, que eu preciso conversar com o Sr. padre Casimiro. Obrigado, não quero nada para o Sr. S. Roque; já me entendi com ele.

Balbuciei: "Muito agradecido, titi; adeusinho, padre Casimiro". E segui pelo corredor, atordoado.

No meu quarto corri ao espelho a contemplar, pasmado, este rosto e estas barbas, onde em breve pousaria o pó de Jerusalém... Depois caí sobre o leito.

— Olha que tremenda espiga!

Ir a Jerusalém! E onde era Jerusalém? Recorri ao baú que continha os meus compêndios e a minha roupa velha; tirei o atlas e com ele aberto sobre a cômoda, diante da Senhora do Patrocínio, comecei a procurar Jerusalém lá para o lado onde vivem os infiéis, ondulam as escuras caravanas, e uma pouca de água num poço é como um dom precioso do Senhor.

O meu dedo errante sentia já o cansaço de uma longa jornada; e parei à beira tortuosa de um rio, que devia ser o devoto Jordão. Era o Danúbio. E de repente o nome de Jerusalém surgiu, negro numa vasta solidão branca, sem nomes, sem linhas, toda de areias, nua, junto ao mar. Ali estava Jerusalém. Meu Deus! Que remoto, que ermo, que triste!

Mas então comecei a considerar que, para chegar a esse solo de penitência, tinha de atravessar regiões amáveis, femininas e cheias de festa. Era primeiro essa bela Andaluzia, terra de Maria Santíssima, perfumada de flor de laranjeira, onde as mulheres só com meter dois cravos no cabelo, e traçando um xale escarlate, amansam o coração mais rebelde, *bendita sea su gracia!* Era adiante Nápoles — e as suas ruas escuras, quentes, com retábulos da Virgem, e cheirando a mulher como os corredores de um lupanar. Era depois mais longe ainda a Grécia desde a aula de retórica, ela aparecera-me sempre como um bosque sacro de loureiros, onde alvejam frontões de templos, e, nos lugares de sombra em que arrulham as pombas, Vênus de repente surge, cor de luz e cor-de--rosa, oferecendo a todo o lábio, ou bestial ou divino, o mimo dos seus seios imortais. Vênus já não vivia na Grécia; mas as mulheres tinham conservado lá o esplendor da sua forma e o encanto do seu impudor... Jesus! o que eu podia gozar! Um clarão sulcou-me a alma. E gritei, com um murro sobre o atlas que fez estremecer a castíssima Senhora do Patrocínio e todas as estrelas da sua coroa:

— Caramba, vou fartar o bandulho!

Sim, fartá-lo! E mesmo, receando que a titi, por avareza do seu ouro ou desconfiança da minha piedade, renunciasse à ideia desta peregrinação tão prometedora de gozos, resolvi ligá-la supernaturalmente por uma ordem divina. Fui ao oratório; desmanchei o cabelo, como se por entre ele tivesse passado um sopro celeste; e corri ao quarto da titi; esgazeado, com os braços a tremer no ar.

— Ó titi! pois não quer saber? Estava agora no oratório, a rezar de satisfação, e vai de repente pareceu-me ouvir a voz de Nosso Senhor, de cima da cruz, a dizer-me baixinho, sem se mexer: "Fazes bem, Teodorico, fazes bem em ir visitar o meu Santo Sepulcro... E estou muito contente com a tua tia... Tua tia é das minhas!..."

Ela juntou as mãos, num fogoso transporte de amor:

— Louvado seja o seu santíssimo nome!... Pois disse isso? Ai, era bem capaz, que Nosso Senhor sabe que é para O honrar que eu lá te mando... Louvado seja outra vez o seu santíssimo nome! Louvado seja em Terra e céu! Anda, filho, vai, reza-lhe... Não te fartes, não te fartes!

Eu ia murmurando uma ave-maria. Ela correu ainda à porta, numa efusão de simpatia:

— E olha, Teodorico, vê lá a respeito de roupa branca... Talvez te sejam necessárias mais ceroulas... Encomenda, filho, encomenda, que graças a Nossa Senhora do Rosário tenho posses, e quero que vás com decência e te apresentes bem lá na sepulturazinha de Deus!...

Encomendei; e, tendo comprado um *Guia do Oriente* e um capacete de cortiça, informei-me, sobre o modo mais deleitoso de chegar a Jerusalém, com Benjamim Sarrosa & Cia., judeu sagaz, que ia todos os anos, de turbante, comprar bois a Marrocos. Benjamim marcou-me, miudamente, num papel, o meu grandioso itinerário. Embarcaria no *Málaga*, vapor da casa Jadley que, por Gibraltar, e depois por Malta, me levaria, num mar sempre azul, à velha terra do Egito. Aí um repouso sensual na festiva Alexandria. Depois no paquete do Levante, que sobe a costa religiosa da Síria, aportaria a Jafa, a de verdejantes pomares; e de lá, seguindo uma estrada macadamizada, ao chouto de uma égua doce, veria, ao fim de um dia e ao fim de uma noite, surgirem, negras entre as colinas tristes, as muralhas de Jerusalém!

— Diabo, Benjamim... Parece-me muito mar, muito paquete. Então nem um bocadinho de Espanha? Ó menino, olhe que eu quero refastelar-me.

— Refastela-se em Alexandria. Tem lá tudo. Tem o bilhar, tem a tipoia, tem a batota, tem a mulherinha... Tudo do bom. É lá que você se refastela!

No entanto, já no Montanha e na tabacaria do Brito se falava da minha santa empresa. Uma manhã, li, escarlate de orgulho, no *Jornal das Novidades*, estas linhas honoríficas: "Parte brevemente a visitar Jerusalém, e todos os sacros lugares em que padeceu por nós o Redentor, o nosso amigo Teodorico Raposo, sobrinho da exma. D. Patrocínio das Neves, opulenta proprietária, e modelo de virtudes cristãs. Boa viagem!" A titi, desvanecida, guardou o jornal no oratório, debaixo da peanha de S. José; e eu jubilei, por imaginar o despeito da Adélia (leitora fiel do *Jornal*) ao ver-me assim abalar desprendido dela, atestado de ouro, para essas terras muçulmanas — onde a cada passo se topa um serralho, mudo e cheirando a rosa entre sicômoros...

À véspera da partida, na sala dos damascos, teve elevação e solenidade. O Justino contemplava-me, como se contempla uma figura histórica.

— O nosso Teodorico... Que viagem!... O que se vai falar nisto!

E padre Pinheiro murmurava com unção:

— Foi uma inspiração do Senhor! E que bem que lhe há de fazer à saúde!

Depois mostrei o meu capacete de cortiça. Todos o admiraram. O nosso Casimiro, todavia, depois de coçar pensativamente o queixo, observou que me daria talvez mais seriedade um chapéu alto...

A titi acudiu, aflita:

— É o que eu lhe disse! Acho de pouca cerimônia, para a cidade em que morreu Nosso Senhor...

— Ó titi, mas já lhe expliquei! Isto é só para o deserto!... Em Jerusalém, está claro, em todos aqueles santos lugares, ando de chapéu alto...

— Sempre é mais de cavalheiro — afirmou o Dr. Margaride.

Padre Pinheiro quis saber, solicitamente, se eu ia prevenido com remédios, para o caso de um contratempo intestinal nesses descampados bíblicos...

— Levo tudo. O Benjamim deu-me a lista... Até linhaça, até arnica!...

O pachorrento relógio do corredor começou a gemer às dez; eu devia madrugar; e o Dr. Margaride, comovido, agasalhava já o pescoço no seu lenço de seda. Então, antes dos abraços, perguntei aos meus leais amigos que "lembrançazinha" desejavam dessas terras remotas onde vivera o Senhor. Padre Pinheiro queria um frasquinho de água do Jordão. Justino (que já me pedira no vão da janela um pacote de tabaco turco), diante da titi só apetecia um raminho de oliveira, do Monte Olivete. O Dr. Margaride contentava-se com uma boa fotografia do sepulcro de Jesus Cristo, para encaixilhar...

Com a carteira aberta, depois de alistar estas piedosas incumbências, voltei-me para a titi, risonho, carinhoso, humilde...

— Cá por mim — disse ela do meio do sofá como de um altar, tesa nos seus cetins de domingo —, o que desejo é que faças essa viagem com toda a devoção, sem deixar pedra por beijar, nem perder novena, nem ficar lugarzinho em que não rezes ou o terço ou a coroa... Além disso, também estimo que tenhas saúde.

Eu ia depor na sua mão, brilhante de anéis, um beijo gratíssimo. Ela deteve-me, mais aprumada e seca:

— Até aqui tens sido apropositado, não tens faltado aos preceitos, nem te tens dado a relaxações... Por isso te vais regalar de ver as oliveiras onde Nosso Senhor suou sangue, e de beber no Jordãozinho... Mas se eu soubesse que nesta passeata tinhas tido maus pensamentos, e praticado uma relaxação, ou andado atrás de saias, fica certo de que, apesar de seres a única pessoa do meu sangue, e teres visitado Jerusalém, e gozar indulgências, havias de ir para a rua, sem uma côdea, como um cão!

Curvei a cabeça, apavorado. E a titi, depois de roçar o lenço de rendas pelos beiços sumidos, prosseguiu com mais autoridade, e uma emoção crescente que lhe punha, sob o corpete raso, como o fugitivo arfar de um peito humano:

— E agora quero dizer-te, para teu governo, uma só coisa!...

Todos de pé, e reverentes, logo percebemos que a titi se preparava a proferir uma palavra suprema. Nessa hora de separação, rodeada dos seus sacerdotes, rodeada dos seus magistrados, D. Patrocínio das Neves ia decerto revelar qual fora o seu íntimo motivo, em me mandar, como sobrinho e como romeiro, à cidade de Jerusalém. Eu ia saber enfim, e tão indubitavelmente como se ela mo escrevesse num pergaminho, qual deveria ser o mais precioso dos meus cuidados, velando ou dormindo, nas terras do Evangelho!

— Aqui está! — declarou a titi. — Se entendes que mereço alguma coisa, pelo que tenho feito por ti, desde que morreu tua mãe, já educando-te, já vestindo-te, já dando-te égua para passeares, já cuidando da tua alma, então traz-me desses santos lugares uma santa relíquia, uma relíquia milagrosa que eu guarde, com que me fique sempre apegando nas minhas aflições e que cure as minhas doenças.

E pela vez primeira, depois de cinquenta anos de aridez, uma lágrima breve escorregou no carão da titi, por sob os seus óculos sombrios.

O Dr. Margaride rompeu para mim, arrebatadamente:

— Teodorico, que amor que lhe tem a titi! Rebusque essas ruínas, esquadrinhe esses sepulcros! Traga uma relíquia à titi!

Eu bradei, exaltado:

— Titi, palavra de Raposão que lhe hei de trazer uma tremenda relíquia!

Pela severa sala de damascos transbordou, ruidosa e tocante, a comoção dos nossos corações. Eu achei-me com os beiços do Justino, ainda moles da torrada, colados à minha barba...

Cedo, na manhã de domingo, seis de setembro e dia de Santa Libânia, fui bater, devagar, ao quarto da titi, ainda adormecida no seu leito castíssimo. Senti, por sobre o tapete, aproximar-se o som mole dos seus chinelos. Entreabriu pudicamente a porta; e, decerto em camisa, estendeu-me, através da fenda, a sua mão escarnada, lívida, cheirando a rapé. Apeteceu-me mordê-la; depus nela um beijo baboso; a titi murmurou:

— Adeus, menino... Dá muitas saudades ao Senhor!

Desci a escadaria, já de capacete, sobraçando o meu *Guia do Oriente*. Atrás, a Vicência soluçava.

A minha mala nova de couro, o meu repleto saco de lona enchiam o cupê do *Pingalho*. Ainda as andorinhas retardadas cantavam no beiral dos telhados; na Capela de Sant'Ana tocava para a missa. E um raio de sol, vindo do Oriente, vindo lá da Palestina ao meu encontro, banhou-me a face, acolhedor e risonho, como uma carícia do Senhor.

Fechei a tipoia, estirei-me, gritei: "Larga, *Pingalho*!".

E, romeiro abastado, soprando à brisa o fumo do meu cigarro, assim deixei o portão de minha tia, em caminho para Jerusalém!

Capítulo II

Foi num domingo e dia de S. Jerônimo que meus pés latinos pisaram, enfim, no cais de Alexandria, a terra do Oriente, sensual e religiosa. Agradeci ao Senhor da Boa Viagem. E o meu companheiro, o ilustre Topsius, doutor alemão pela Universidade de Bonn, sócio do *Instituto Imperial de Escavações Históricas*, murmurou, grave como numa invocação, desdobrando o seu vastíssimo guarda-sol verde:

— Egito! Egito! Eu te saúdo, negro Egito! E que me seja em ti propício o teu deus Ftás, deus das Letras, deus da História, inspirador da obra de arte e da obra de verdade!...

Através deste zumbido científico, eu sentia-me envolvido num bafo morno como o de uma estufa, amolecedoramente tocado de aromas de sândalo e rosa. No cais faiscante, entre fardos de lã, estirava-se, banal e sujo, o barracão da alfândega. Mais além as pombas brancas voavam em torno aos minaretes brancos; o céu deslumbrava. Cercado de severas palmeiras, um lânguido palácio dormia à beira da água; e ao longe perdiam-se os areais da antiga Líbia, esbatidos numa poeirada quente, livre, e da cor de um leão.

Amei logo esta terra de indolência, de sonho e de luz. E saltando para a caleche forrada de chita, que nos ia levar ao *Hotel das Pirâmides*, invoquei as divindades, como o ilustrado doutor de Bonn:

— Egito, Egito! Eu te saúdo, negro Egito! E que me seja propício...

— Não! que vos seja propícia, D. Raposo, Ísis, a vaca amorosa! — acudiu o eruditíssimo homem, risonho, e abraçado à minha chapeleira.

Não compreendi, mas venerei. Eu conhecera Topsius em Malta, uma fresca manhã, estando a comprar violetas a uma ramalheteira que tinha já nos olhos grandes um langor muçulmano; ele andava medindo consideradamente com o seu guarda-sol as paredes marciais e monásticas do palácio do grão-mestre.

Persuadido que era um dever espiritual e doutoral, nestas terras do Levante, cheias de história, medir os monumentos da Antiguidade, tirei o meu lenço e fui-o gravemente passeando, esticado como um côvado, sobre as austeras cantarias. Topsius dardejou-me logo, por cima dos óculos de ouro, um olhar desconfiado e ciumento. Mas tranquilizado, decerto, pela minha face jucanda e material, pelas minhas luvas almiscaradas, pelo meu fútil raminho de violetas — ergueu cortesmente de sobre o longo cabelo, corredio e cor de milho, o seu bonezinho de seda preta. Eu saudei com o meu capacete de cortiça; e comunicamos. Disse-lhe o meu nome, a minha pátria, os santos motivos que me levavam a Jerusalém. Ele contou-me que nascera na gloriosa Alemanha; e ia também à Judeia, depois à Galileia, numa peregrinação científica, colher notas para a sua formidável obra, a *História dos Herodes*. Mas demorava-se em Alexandria a amontoar os pesados materiais de outro livro monumental, a *História dos Lágidas*... Porque estas duas turbulentas famílias, os Herodes e os Lágidas, eram propriedade histórica do doutíssimo Topsius.

— Então, ambos com o mesmo roteiro, podíamos acamaradar, Dr. Topsius!

Ele, espigado, magríssimo e pernudo, com uma raBonna curta de lustrina, enchumaçada de manuscritos, cortejou gostosamente:

— Pois acamarademos, D. Raposo! Será uma deleitosa economia! Encovado na gola, de guedelha[1] caída, o nariz agudo e pensativo, a calça esguia — o meu erudito amigo parecia-me uma cegonha, risível e cheia de letras, com óculos de ouro na ponta do bico. Mas já a minha animalidade reverenciava a sua intelectualidade; e fomos beber cerveja.

A sabedoria neste moço era dom hereditário. Seu avô materno, o naturalista Shlock, escreveu um famoso tratado em oito volumes sobre a *Expressão Fisionômica dos Lagartos,* que assombrou a Alemanha. E seu tio, o decrépito Topsius, o memorável egiptólogo, aos setenta e sete anos, ditou da poltrona, onde o prendia a gota, esse livro genial e fácil — a *Síntese Monoteísta da Teogonia Egípcia, Considerada nas Relações do Deus Ftás e do Deus Imhotep com as Tríades dos Nomos.*

O pai de Topsius, desgraçadamente, por meio desta alta ciência doméstica, permanecia figle numa charanga, em Munique; mas o meu camarada, reatando a tradição, logo aos vinte e dois anos tinha esclarecido, radiantemente, em dezenove artigos publicados no *Boletim Hebdomadário de Escavações Históricas,* a questão, vital para a Civilização, de uma parede de tijolo erguida pelo rei Pi-Sibkmé, da vigésima primeira dinastia, em torno do templo de Ramsés II, na lendária cidade de Tânis. Em toda a Alemanha científica, hoje, a opinião de Topsius, acerca desta parede, brilha com a irrefutabilidade do Sol.

Só conservo de Topsius recordações suaves ou elevadas. Já sobre as águas bravias do mar de Tirol; já nas ruas fuscas de Jerusalém; já dormindo lado a lado, sob

---

[1] Cabeleira comprida e em desalinho; madeixa.

a tenda, junto aos destroços de Jericó; já pelas estradas verdes de Galileia — encontrei-o sempre instrutivo, serviçal, paciente e discreto. Raramente compreendia as suas sentenças, sonoras e bem cunhadas, tendo a preciosidade de medalhas de ouro; mas, como diante da porta impenetrável de um santuário, eu reverenciava, por saber que lá dentro, na sombra, refulgia a essência pura da ideia. Por vezes também o Dr. Topsius rosnava uma praga imunda e então uma grata comunhão se estabelecia, entre ele e o meu singelo intelecto de bacharel em Leis. Ficou-me a dever seis moedas; mas esta diminuta migalha de pecúnia desaparece na copiosa onda de saber histórico, com que fecundou o meu espírito. Uma coisa apenas, além do seu pigarro de erudito, me desagradava nele — o hábito de se servir da minha escova de dentes.

Era também intoleravelmente vaidoso da sua pátria. Sem cessar erguendo o bico, sublimava a Alemanha, mãe espiritual dos povos; depois ameaçava-me com a irresistibilidade das suas armas. A onisciência da Alemanha! A onipotência da Alemanha! Ela imperava, vasto acampamento entrincheirado de in-fólios, onde ronda e fala de alto a metafísica armada! Eu, brioso, não gostava destas jactâncias. Assim, quando no *Hotel das Pirâmides* nos apresentaram um livro, para nele registrarmos nossos nomes e nossas terras, o meu douto amigo traçou o seu Topsius, ajuntando por baixo, altivamente, em letras tesas e disciplinadas como galuchos: Da Imperial Alemanha. Arrebatei a pena; e recordando o barbudo João de Castro, Ormuz em chamas, Adamastor, a Capela de S. Roque, o Tejo e outras glórias, escrevi largamente, em curvas mais enfunadas que velas de galeões: Raposo,

Português, D'Aquém e D'Além-Mar. E logo, do canto, um moço magro e murcho, murmurou, suspirando e a desfalecer:

— Em o cavalheiro necessitando alguma coisa, chame pelo Alpedrinha.

Um patrício! Ele contou-me a sua sombria história, desafivelando a minha maleta. Era de Trancoso e desgraçado. Tivera estudos, compusera um necrológio, sabia ainda mesmo de cor os versos mais doloridos do "nosso Soares de Passos". Mas apenas sua mamãzinha morrera, tendo herdado terras, correra à fatal Lisboa, a gozar; conheceu logo na Travessa da Conceição uma espanhola deleitosíssima, do adoçicado nome de Dulce; e largou com ela para Madri, num idílio. Ali o jogo empobreceu-o, a Dulce traiu-o, um *chulo* esfaqueou-o. Curado e macilento, passou a Marselha; e durante anos arrastou-se, como um frangalho social, através de misérias inenarráveis. Foi sacristão em Roma. Foi barbeiro em Atenas. Na Moreia, habitando uma choça junto a um pântano, empregara-se na pavorosa pesca das sanguessugas; e de turbante, com odres negros ao ombro, apregoou água pelas vielas de Esmirna. O fecundo Egito atraíra-o sempre, irresistivelmente... E ali estava no *Hotel das Pirâmides,* moço de bagagens e triste.

— E se o cavalheiro trouxesse por aí algum jornal da nossa Lisboa, eu gostava de saber como vai a Política.

Concedi-lhe generosamente todos os *Jornais de Notícias* que embrulhavam os meus botins.

O dono do hotel era um grego de Lacedemônia, de bigodes ferozes, e que *hablava un poquitito el castellano.* Respeitosamente ele próprio, teso na sua sobrecasaca preta ornada de uma condecoração, nos conduziu à sala do almoço — *la más preciosa, sin duda, de todo el Oriente, caballeros*!

Sobre a mesa murchava um ramo grosso de flores escarlates; no frasco do azeite flutuavam familiarmente cadáveres de moscas; as chinelas do criado topavam a cada instante um velho *Jornal dos Debates,* manchado de vinho, rojando ali desde a véspera, pisado por outras chinelas indolentes; e no teto, a fumaraça fétida dos candeeiros de latão juntara nuvens pretas, às nuvens cor-de-rosa, onde esvoaçavam anjos e andorinhas. Por baixo da varanda uma rabeca e uma harpa tocavam a *Mandolinata.* E enquanto Topsius se alagava de cerveja, eu sentia, estranhamente, crescer o meu amor por esta terra de preguiça e de luz.

Depois do café, o meu sapientíssimo amigo, com o lápis dos apontamentos na algibeira da raBonna, abalou a rebuscar antigualhas e pedras do tempo dos Ptolomeus. Eu, acendendo um charuto, reclamei Alpedrinha; e confiei-lhe que desejava, sem tardança, ir rezar e ir amar. Rezar era por intenção da tia Patrocínio, que me recomendara uma jaculatória a S. José, apenas pisasse esse solo do Egito, tornado, desde a fuga da Santa Família em cima do seu burrinho, chão devoto como o de uma sé. Amar era por necessidade do meu coração, ansioso e ardido. Alpedrinha, em silêncio, ergueu as persianas, e mostrou-me uma clara praça, ornamentada ao centro por um herói de bronze, cavalgando um corcel de bronze; uma aragem quente levantava poeiradas lentas por sobre dois tanques secos; e em redor perfilavam-se no azul altos prédios, hasteando cada um a bandeira da sua pátria, como cidadelas rivais sobre um solo vencido. Depois o triste Alpedrinha indicou-me, a uma esquina, onde uma velha vendia canas-de-açúcar, a tranquila Rua das Duas Irmãs. Aí (murmurou ele) eu veria, pendurada sobre a porta de uma lojinha discreta, uma pesada mão de pau, tosca e roxa — e por cima, em tabuleta negra, estes dizeres convidativos a ouro: Miss Mary, Luvas e Flores de Cera. Era esse o refúgio que ele aconselhava ao meu coração. Ao fundo da rua, junto de uma fonte chorando entre árvores, havia uma capela nova, onde a minha alma acharia consolação e frescura.

— E diga o cavalheiro a Miss Mary que vai de mandado do *Hotel das Pirâmides*.

Pus uma rosa ao peito, e saí, ovante. Logo da entrada das Duas Irmãs avistei a ermidinha virginal, dormindo castamente sob os plátanos, ao rumor meigo da água. Mas o amantíssimo patriarca S. José estava certamente, a essa hora, ocupado em receber jaculatórias mais instantes, e evoladas de lábios mais nobres; não quis importunar o bondosíssimo santo; e parei diante da mão de pau, pintada de roxo, que parecia estar ali esperando, alongada e aberta, para empolgar o meu coração.

Entrei, comovido. Por trás do balcão envernizado, junto a um vaso de rosas e magnólias, ela estava lendo o seu *Times*, com um gato branco no colo. O que me prendeu logo foram os seus olhos azuis-claros, de um azul que só há nas porcelanas, simples, celestes, como eu nunca vira na morena Lisboa. Mas encanto maior ainda tinham os seus cabelos, crespos, frisadinhos como uma carapinha de ouro, tão doces e finos que apetecia ficar eternamente e devotamente, a mexer-lhe com os dedos trêmulos; e era irresistível o profano nimbo luminoso, que eles punham em torno da sua face gordinha, de uma brancura de leite onde se desfez carmesim, toda tenra e suculenta. Sorrindo, e baixando com sentimento as pestanas escuras, perguntou-me se eu queria *pelica* ou *suécia*.

Eu murmurei, roçando-me sofregamente pelo balcão:

—Trago-lhe recadinhos do Alpedrinha.

Ela escolheu entre o ramo um tímido botão de rosa, e deu-mo na ponta dos dedos. Eu trinquei-o, com furor. E a voracidade desta carícia pareceu agradar-lhe, porque um sangue mais quente veio afoguear-lhe a face e chamou-me baixo, "mauzinho!". Esqueci S. José e a sua jaculatória; e as nossas mãos, um momento unidas para ela me calçar a luva clara, não se desenlaçaram mais, nessas semanas que passei, na cidade dos Lágidas, em festivas delícias muçulmanas!

Ela era de Iorque, esse heroico condado da velha Inglaterra, onde as mulheres crescem fortes e bem desabrochadas, como as rosas dos seus jardins reais. Por causa da sua meiguice e do seu riso de ouro quando lhe fazia cócegas, eu pusera-lhe o nome galante e cacarejante de *Maricoquinhas*. Topsius, que a apreciava, chamava-lhe "a nossa simbólica Cleópatra". Ela amava a minha barba negra e potente; e, só para não me afastar do calor das suas saias, eu renunciei a ver o Cairo, o Nilo, e a eterna Esfinge, deitada à porta do deserto, sorrindo da humanidade vã...

Vestido de branco como um lírio, eu gozava manhãs inefáveis, encostado ao balcão da Mary, amaciando respeitosamente a espinha do gato. Ela era silenciosa, mas o seu simples sorrir com os braços cruzados, ou o seu modo gentil de dobrar o *Times*, saturava o meu coração de luminosa alegria. Nem precisava chamar-me "seu portuguesinho valente, seu bibichinho". Bastava que o seu peito arfasse, só para ver aquela doce onda lânguida e saber que a levantava assim a saudade dos meus beijos, eu teria vindo de tão longe a Alexandria, iria mais longe, a pé, sem repouso, até onde as águas do Nilo são brancas!

De tarde, na caleche de chita com o nosso doutíssimo Topsius, dávamos lentos, amorosos passeios à beira do canal Mamudieh. Sob as frondosas árvores, rente aos muros de jardins de serralho, eu sentia o aroma perturbador de magnólias, e outros cálidos perfumes que não conhecia. Por vezes uma leve flor roxa ou branca caía-me sobre o regaço; com um suspiro eu roçava a barba pelo rosto macio da minha Maricoquinhas; ela, sensível, estremecia. Na água jaziam as barcas pesadas que sobem o Nilo, sagrado e benfazejo, ancorando junto às ruínas dos templos, costeando as ilhas verdes onde dormem os crocodilos. Pouco a pouco a tarde caía. Vagarosamente rolávamos na sombra olorosa. Topsius murmurava versos de Goethe. E as palmeiras da margem fronteira recortavam-se no poente amarelo — como feitas em relevo de bronze sobre uma lâmina de ouro.

Maricocas jantava sempre conosco no *Hotel das Pirâmides*; e, diante dela, Topsius desabrochava todo em flores de erudição amável. Contava-nos as tardes de festa da velha Alexandria dos Ptolomeus, no canal que levava a Canopo: ambas as margens resplandeciam de palácios e de jardins; as barcas, com toldos de seda, vogavam ao som dos alaúdes; os sacerdotes de Osíris, cobertos de peles de leopardo, dançavam sob os laranjais; e nos terraços, abrindo os véus, as damas de Alexandria bebiam à Vênus Assíria, pelo cálice da flor do lótus. Uma voluptuosidade esparsa amolecia as almas. Os filósofos mesmo eram frascários.

— E — dizia Topsius requebrando o olho — em toda a Alexandria só havia uma dama honesta, que comentava Homero e era tia de Sêneca. Só uma!

Maricoquinhas suspirava. Que encanto, viver nessa Alexandria, e navegar para Canopo, numa barca toldada de seda!

— Sem mim? — gritava eu, ciumento.

Ela jurava que, sem o seu portuguesinho valente, não queria habitar nem o céu!

Eu, regalado, pagava o champanhe.

E os dias assim foram passando, leves, flácidos, gostosos, repicados de beijos, até que chegou a véspera sombria de partirmos para Jerusalém.

— O cavalheiro — dizia-me nessa manhã Alpedrinha engraxando os meus botins — o que devia era ficar aqui na Alexandriazinha, a refocilar...

Ah! se pudesse! Mas irrecusáveis eram os mandados da titi! E, por amor do seu ouro, lá tinha de ir à negra Jerusalém, ajoelhar diante de oliveiras secas, desfiar rosários piedosos ao pé de frios sepulcros...

— Tu já estiveste em Jerusalém, Alpedrinha? — perguntei, enfiando desconsoladamente as ceroulas.

— Não senhor, mas sei... Pior que Braga!

— Irra!

A nossa ceia com Maricocas, à noite, no meu quarto, foi cortada de silêncios, de suspiros; as velas tinham a melancolia de tochas; o vinho anuviava-nos como aquele que se bebe nos funerais. Topsius ofertava consolações generosas.

— Bela dama, bela dama, o nosso Raposo há de voltar... Estou mesmo certo que trará da ardente terra da Síria, da terra da Vênus e da Esposa dos Cantares, uma chama no seu coração mais fogosa e mais moça...

Eu mordia o beiço, sufocado:

— Pois está visto! Ainda havemos de andar de caleche pelo Mamudieh... Isto é só ir rezar uns padre-nossos ao Calvário... Até me faz bem... Volto como um touro.

Depois do café fomos encostar-nos à varanda a olhar, calados, aquela suntuosa noite do Egito. As estrelas eram como uma grossa poeirada de luz que o bom Deus levantava lá em cima, passeando sozinho pelas estradas do céu. O silêncio tinha uma solenidade de sacrário. Nos escuros terraços, embaixo, uma forma branca movendo-se por vezes, de leve, mostrava que outras criaturas estavam ali, como nós, deixando a alma embeber-se mudamente no esplendor sideral; e nesta difusa religiosidade, igual à de uma multidão pasmando para os lumes de um altar-mor, eu sentia subir aos lábios, irresistivelmente, a doçura de uma ave-maria...

Ao longe o mar dormia. E, à quente irradiação dos astros, eu podia distinguir, num pontal de areia, mergulhando quase na água, uma casa deserta, pequenina, toda branca e poética entre duas palmeiras... Então comecei a pensar que, mal a titi morresse e fosse meu o seu ouro, eu poderia comprar esse doce retiro, forrá-lo de lindas sedas, e viver ao lado da minha luveira, vestido de turco, fresco, sereno, livre de todas as inquietações da civilização. Desagravos ao Sagrado Coração de Jesus ser-me-iam tão indiferentes, como as guerras que entre si travassem os reis. Do céu só me importaria a luz anilada, que banhasse a minha vidraça; da Terra só me importariam as flores abertas no meu jardim, para aromatizar a minha alegria. E passaria os dias numa fofa preguiça oriental, fumando o puro latakieh, tocando viola francesa, e recebendo perpetuamente essa impressão de felicidade perfeita, que a Mary me dava só com deixar arfar o seio e chamar-me "seu portuguesinho valente".

Apertei-a contra mim num desejo de a sorver. Junto à sua orelha, de uma brancura de concha branca, balbuciei nomes inefáveis: disse-lhe *rechonchudinha,* disse-lhe *riquiquitinha.* Ela estremeceu, ergueu os olhos magoados para a poeirada de ouro.

— Que de estrelas! Deus queira que amanhã o mar esteja manso!

Então, à ideia dessas longas ondas que me iam levar à ríspida terra do Evangelho, tão longe da minha Mary, um pesar infinito afogou-me o peito, e irrepressivelmente se me escapou dos lábios, em gemidos entoados, queixosos e requebrados... Cantei. Por sobre os terraços adormecidos da muçulmana Alexandria soltei a voz dolorida, voltado para as estrelas; e roçando os dedos pelo peito do jaquetão onde deviam estar os bordões da viola, fazendo os meus ais bem chorosos, suspirei o *fado* mais sentido da saudade portuguesa:

> Co'a minh'alma aqui te ficas,
> Eu parto só com os meus ais
> E tudo me diz, Maricas,
> Que não te verei nunca mais.

Parei, abafado de paixão. O erudito Topsius quis saber se estes doces versos eram de Luís de Camões. Eu, choramingando, disse-lhe que estes — ouvira-os no Dafundo ao *Calcinhas.*

Topsius recolheu a tomar uma nota do grande poeta *Calcinhas.* Eu fechei a vidraça; e, depois de ir ao corredor fazer às escondidas um rápido sinal da cruz, vim desapertar sofregamente, e pela vez derradeira, os atacadores do colete da minha saborosa bem-amada.

Breve, avaramente breve, foi essa noite estrelada do Egito!

Cedo, amargamente cedo, veio o grego de Lacedemônia avisar-me que já fumegava na baía, áspera e cheia de vento, *el paquete*, ferozmente chamado o *Caimão*, que me devia levar para as tristezas de Israel.

El senhor Dr. Topsius, madrugador, já estava embaixo a almoçar pachorrentamente os seus ovos com presunto, a sua vasta caneca de cerveja. Eu tomei apenas um gole de café no quarto, a um canto da cômoda, em mangas de camisa, com os olhos vermelhos sob a névoa das lágrimas. A minha sólida mala de couro atravancava o corredor, fechada e afivelada; mas Alpedrinha estava ainda acomodando, à pressa, a roupa suja dentro do saco de lona. E Maricoquinhas, sentada desoladamente à borda do leito, com o seu gentil chapéu enfeitado de papoulas e as olheirinhas pisadas, contemplava aquele enfardelar de flanelas, como se fossem bocados do seu coração atirados para o fundo do saco, para partirem e não voltarem mais!

— Levas tanta roupa suja, Teodorico!

Balbuciei, dilacerado:

— Manda-se lavar em Jerusalém, com a ajuda de Nosso Senhor!

Deitei os meus bentinhos ao pescoço. Nesse instante Topsius assomava à porta, cachimbando, com a barraca do seu guarda-sol fechada sob o braço, de galochas anchas para a umidade do tombadilho, e um volume da Bíblia enchumaçando-lhe a raBonna de alpaca. Ao ver-me sem colete, repreendeu a minha amorosa preguiça.

— Mas compreendo, bela dama, compreendo! — acudiu ele, às cortesias a Mary, esgrouviado e onduloso, de óculos na ponta do bico. — É doloroso deixar os braços de Cleópatra... Já Antônio por eles perdeu Roma e o mundo... Eu mesmo, todo absorvido na minha missão com recantos crepusculares da História a alumiar, levo gratas memórias destes dias de Alexandria... Deliciosíssimos os nossos passeios pelo Mamudieh!... Permita-me que apanhe a sua luva, bela dama!... E se voltar jamais a esta terra dos Ptolomeus, não me esquecerá a Rua das *Duas Irmãs*... "Miss Mary, luvas e flores de cera". Perfeitamente. Consentirá que lhe mande, quando completa, a minha *História dos Lágidas*... Há detalhes muito picantes... Quando Cleópatra se apaixonou por Herodes, o rei da Judeia...

Mas Alpedrinha, da beira do leito, gritava, alvoroçado:

— Cavalheiro! Ainda há aqui roupa suja!

Rebuscando, entre os cobertores revoltos, descobrira uma longa camisa de rendas, com laços de seda clara. Sacudia-a; e espalhava-se um aroma saudoso de violeta e de amor... Ai! era a camisa de dormir da Mary, quente ainda dos meus abraços!

— Pertence à Sra. D. Mary! É a tua camisinha, amor! — gemi eu, cruzando os suspensórios.

A minha luveirinha ergueu-se, trêmula, descorada, e teve um poético rasgo de paixão. Enrolou a sua camisinha, atirou-ma para os braços, tão ardentemente, como se entre as dobras viesse também o seu coração.

— Dou-ta, Teodorico! Leva-a, Teodorico! Ainda está amarrotada da nossa ternura!... Leva-a para dormires com ela a teu lado, como se fosse comigo... Espera,

espera ainda, amor! Quero pôr-lhe uma palavra, uma dedicatória!

Correu à mesa, onde jaziam restos do papel sisudo em que eu escrevia à titi a história edificativa dos meus jejuns em Alexandria, das noites consumidas a embeber-me do Evangelho... E eu, com a camisinha perfumada nos braços, sentindo duas bagas de pranto rolarem-me pelas barbas, procurava angustiosamente em redor onde guardar aquela preciosa relíquia de amor. As malas estavam fechadas. O saco de lona estalava repleto.

Topsius, impaciente, tirara das profundezas do seio o seu relógio de prata. O nosso Lacedemônio, à porta, rosnava:

— *D. Teodorico, es tarde, es mui tarde...*

Mas a minha bem-amada já sacudia o papel, coberto das letras que ela traçara, largas, impetuosas e francas como o seu amor: "Ao meu Teodorico, meu portuguesinho possante, em lembrança do muito que gozamos!".

— Oh! riquinha! E onde hei de eu meter isto? Eu não hei de levar a camisa nos braços, assim nua e ao léu!

Já Alpedrinha, de joelhos, desafivelava desesperadamente o saco. Então Maricoquinhas, com uma inspiração delicada, agarrou uma folha de papel pardo; apanhou do chão um nastro vermelho; e as suas habilidosas mãos de luveira fizeram da camisinha um embrulho redondo, cômodo e gracioso, que eu meti debaixo do braço, apertando-o com avara, inflamada paixão.

Depois foi um murmúrio arrebatado de soluços, de beijos, de doçuras...

— Mary, anjo querido!

— Teodorico, amor!...

— Escreve-me para Jerusalém...

— Lembra-te da tua bichaninha bonita...

Rolei pela escada, tonto. E a caleche que tantas vezes me passeara, enlaçado com Mary, por sob os arvoredos aromáticos do Mamudieh, lá partiu, ao trote da parelha branca, arrancando-me a uma felicidade onde o meu coração deitara raízes, agora despedaçadas e gotejando sangue no silêncio do meu peito. O douto Topsius, abarracado sob o seu guarda-sol verde, recomeçara, impassível, a murmurar coisas de velha erudição. Sabia eu por onde íamos rodando? Por sobre a nobre calçada dos Sete-Estados, que o primeiro dos Lágidas construíra para comunicar com a ilha de Faros, louvada nos versos de Homero! Nem o escutava, debruçado para trás, na caleche, agitando o lenço molhado da minha saudade. A doce Maricoquinhas, à porta do hotel, ao lado de Alpedrinha, linda sob o chapéu florido de papoulas, fazia esvoaçar também o seu lenço amoroso e acariciador; e um momento estas duas cambraias brancas sacudiram uma para a outra, no ar quente, o ardor dos nossos corações. Depois eu caí sobre a almofada de chita, como cai um corpo morto...

Apenas embarcado no *Caimão*, corri a esconder no beliche a minha dor. Topsius ainda me agarrou pela manga para me mostrar sítios das grandezas dos Ptolomeus, o porto de Eunotos, a enseada de mármore onde ancoravam as galeras de Cleópatra. Fugi; na escada esbarrei, quase rolei sobre uma irmã da Caridade, que subia timidamente, com as suas contas na mão. Rosnei um "desculpe, minha santinha". E tombando enfim no catre, deixei escapar o pranto à larga por cima do embrulho de papel pardo; ele era tudo que me restava dessa paixão de incomparável esplendor, passada na terra do Egito.

Dois dias e duas noites o *Caimão* arquejou e rolou nos vagalhões do mar de Tiro. Enrodilhado num cobertor, sem largar do peito o embrulhinho de Mary, eu recusava com ódio as bolachas que de vez em quando me trazia o humaníssimo Topsius; e desatento às coisas eruditas que ele imperturbavelmente me contava destas águas chamadas pelos egípcios o *Grande Verde,* rebuscava, debalde, na memória, bocados soltos de uma oração que ouvira à titi, para amansar as vagas iradas.

Mas uma tarde, ao escurecer, tendo cerrado os olhos, pareceu-me sentir sob as chinelas um chão firme, chão de rocha, onde cheirava a rosmaninho; e achei-me incompreensivelmente a subir uma colina agreste de companhia com a Adélia, e com a minha loura Mary — que saíra de dentro do embrulho, fresca, nítida, sem ter sequer amarrotado as papoulas do seu chapéu! Depois, por trás de um penedo, surgiu-nos um homem nu, colossal, tisnado, de cornos; os seus olhos reluziam, vermelhos como vidros redondos de lanternas e, com o rabo infindável, ia fazendo no chão o rumor de uma cobra irritada que roja por folhas secas. Sem nos cortejar, impudentemente, pôs-se a marchar ao nosso lado. Eu percebi bem que era o Diabo; mas não senti escrúpulo, nem terror. A insaciável Adélia atirava olhadelas oblíquas à potência dos seus músculos. Eu dizia-lhe, indignado: "Porca, até te serve o Diabo?"

Assim marchando, chegamos ao alto do monte, onde uma palmeira se desgrenhava sobre um abismo cheio de mudez e de treva. Defronte de nós, muito longe, o céu desdobrava-se como um vasto estofo amarelo; e sobre esse fundo vivo, cor de gema de ovo, destacava um negríssimo outeiro, tendo cravadas no alto três cruzinhas em linha, finas e de um só traço. O Diabo, depois de escarrar, murmurou, travando-me da manga: "A do meio é a de Jesus, filho de José, a quem também chamam o Cristo; e chegamos a tempo para saborear a Ascensão". Com efeito! A cruz do meio, a do Cristo, desarraigada do outeiro, como um arbusto que o vento arranca, começou a elevar-se, lentamente, engrossando, atravancando o céu. E logo de todo o espaço voaram bandos de anjos, a sustê-la apressados como as pombas quando acodem ao grão; uns puxavam-na de cima, tendo-lhe amarrado ao meio longas cordas de seda; outros, de baixo, empurravam-na, e nós víamos o esforço entumecido dos seus braços azulados. Por vezes do madeiro desprendia-se, como uma cereja muito madura, uma grossa gota de sangue; um Serafim recolhia-a nas mãos e ia colocá-la sobre a parte mais alta do céu, onde ela ficava suspensa e brilhando com o resplendor de uma estrela. Um ancião enorme de túnica branca, a que mal distinguíamos as feições, entre a abundância da coma revolta e os flocos de barbas nevadas, comandava, estirado entre nuvens, estas manobras da Ascensão, numa língua semelhante ao latim e forte como o rolar de cem carros de guerra. Subitamente tudo desapareceu. E o Diabo, olhando para mim, pensativo:

"*Consummatum est*, amigo! Mais outro deus! Mais outra religião! E esta vai espalhar em Terra e Céu um inenarrável tédio".

E logo, levando-me pela colina abaixo, o Diabo rompeu a contar-me animadamente os cultos, as festas, as religiões que floresciam na sua mocidade. Toda esta costa do Grande Verde, então, desde Biblos até Cartago, desde Elêusis até Mênfis, estava atulhada de deuses. Uns deslumbravam pela perfeição da sua beleza, outros pela complicação da sua ferocidade. Mas todos se misturavam à vida humana, divinizando-a; viajavam em carros triunfais, respiravam as flores, bebiam os vinhos, defloravam as virgens adormecidas. Por isso eram amados com um amor que não mais voltará; e os povos, emigrando, podiam abandonar os seus gados ou esquecer os rios onde tinham bebido, mas levavam carinhosamente os seus deuses ao colo. "O amigo", perguntou ele, "nunca esteve em Babilônia?" Aí todas as mulheres, matronas ou donzelas, se vinham um dia prostituir nos bosques sagrados, em honra da deusa Milita. As mais ricas chegavam em carros marchetados de prata, puxados a búfalos, e escoltadas de escravas; as mais pobres traziam uma corda ao pescoço. Umas, estendendo um tapete na erva, agachavam-se como reses pacientes; outras, erguidas, nuas, brancas, com a cabeça escondida num véu preto, eram como esplêndidos mármores entre os troncos dos álamos. E todas assim esperaram que qualquer, atirando-lhe uma moeda de prata, lhes dissesse: "Em nome de Vênus!" Seguiam-no então, fosse um príncipe vindo de Susa com tiara de pérolas; ou o mercador que desce o Eufrates no seu barco de couro; e toda a noite rugia, na escuridão das ramagens, o delírio da luxúria ritual. Depois o Diabo disse-me as fogueiras humanas de Moloch, os mistérios da Boa Deusa em que os lírios se regavam com sangue, e os ardentes funerais de Adônis...

E parando, risonhamente: "O amigo nunca esteve no Egito?" Eu disse-lhe que estivera e conhecera lá Maricocas. E o Diabo, cortês:

"Não era Maricocas, era Ísis!" Quando a inundação chegava até Mênfis, as águas cobriam-se de barcas sagradas. Uma alegria heroica, subindo para o Sol, fazia os homens iguais aos deuses. Osíris, com seus cornos de boi, montava Ísis; e, entre o estridor das harpas de bronze, ouvia-se por todo o Nilo o rugir amoroso da vaca divina.

Depois o Diabo contava-me como brilhavam, doces e belas, na Grécia, as religiões da natureza. Aí tudo era branco, polido, puro, luminoso e sereno: uma harmonia saía das formas dos mármores, da constituição das cidades, da eloquência das academias e das destrezas dos atletas; por entre as ilhas da Iônia, flutuando na moleza do mar mudo como cestas de flores, as Nereidas dependuravam-se da borda dos navios para ouvir as histórias dos viajantes; as Musas, de pé, cantavam pelos vales; e a beleza de Vênus era como uma condensação da beleza de Helênia.

Mas aparecera este carpinteiro de Galileia, e logo tudo acabara! A face humana tornava-se para sempre pálida, cheia de mortificação; uma cruz escura, esmagando a Terra, secava o esplendor das rosas, tirava o sabor aos beijos das formas.

Julgando Lúcifer entristecido, eu procurava consolá-lo. "Deixe estar, ainda há de haver no mundo muito orgulho, muita prostituição, muito sangue, muito furor! Não lamente as fogueiras de Moloch. Há de ter fogueiras de judeus." E ele, espantado: "Eu? Uns ou outro, que me importa, Raposo? Eles passam, eu fico!"

Assim, despercebido, a conversar com Satanás, achei-me no Campo de Sant'Ana. E tendo parado, enquanto ele desenvencilhava os cornos dos ramos de uma das árvores, ouvi de repente ao meu lado um berro: "Olha o Teodorico com o Porco-Sujo!" Voltei-me. Era a titi! A titi, lívida, terrível, erguendo, para me espancar, o seu livro de missa! Coberto de suor, acordei.

Topsius gritava, à porta do beliche, alegremente:

— Levante-se, Raposo! Estamos à vista da Palestina!

O *Caimão* parara; e no silêncio eu sentia a água roçando-lhe o costado, de leve, num murmúrio de mansa carícia. Por que sonhara eu assim, ao avizinhar-me de Jerusalém, com os deuses falsos, Jesus seu vencedor, e o Demônio a todos rebelde? Que suprema revelação me preparava o Senhor?...

Desenrodilhei-me da manta; atordoado, sujo, sem largar o precioso embrulho da Mary, subi ao tombadilho, encolhido no meu jaquetão. Um ar fino e forte banhou-me deliciosamente, trazendo um aroma de serra e de flor de laranjeira. O mar emudecera, todo azul, na frescura da manhã. E ante meus olhos pecadores estendia-se a terra da Palestina, arenosa e baixa, com uma cidade escura, rodeada de pomares, toucada no alto de flechas de sol irradiando como os raios de um resplendor de santo.

— Jafa! — gritou-me Topsius, sacudindo o seu cachimbo de louça. Aí tem o D. Raposo a mais antiga cidade da Ásia, a velhíssima Jopé; anterior ao Dilúvio! Tire o barrete, saúde essa anciã dos tempos, cheia de lenda e de história... Foi aqui que o borrachíssimo Noé construiu a sua Arca!

Cortejei, assombrado.

— Caramba! Ainda agora a gente chega, já lhe começam a aparecer coisas de religião!

E conservei-me descoberto, porque o *Caimão*, ao ancorar diante da Terra Santa, tomara o recolhimento de uma capela, cheia de piedosas ocupações e de unção.

Um lazarista, de longa sotaina, passeava, com os olhos baixos, meditando o seu breviário. Sumidas dentro dos capuzes negros de lustrina, duas religiosas corriam os dedos pálidos pelas contas dos seus rosários. Ao longo da amurada úmida, peregrinos da Abissínia, hirsutos padres gregos de Alexandria, pasmavam para o casario de Jafa, aureolado de sol, como para a iluminação de um sacrário. E a sineta à popa tilintava, na brisa salgada, com uma doçura devota de toque de missa...

Mas, vendo uma barcaça escura remar para o *Caimão*, baixei depressa ao beliche a pôr o meu capacete de cortiça, calçar luvas pretas, para pisar decorosamente a terra do meu Salvador. Ao voltar, bem escovado, bem perfumado, achei a lancha atulhada. E descia, com alvoroço, atrás de um franciscano barbudo, quando o amado embrulhinho da Mary escapou dos meus braços carinhosos, rolou em saltos pela escada como uma péla,[2] raspou a borda do bote... Ia sumir-se nas águas amargas! Dei um berro! Uma das religiosas apanhou-o ligeira e cheia de misericórdia.

— Agradecido, minha senhora! — gritei, enfiado. — É um pacotezinho de roupa! Seja pelo sagrado amor de Maria!

Ela refugiou-se modestamente na sombra do seu capuz; e como eu me acomodara, mais longe, entre Topsius e o franciscano barbudo que cheirava a alho, a santa criatura guardou o embrulho sobre o seu puro regaço, deitou-lhe mesmo por cima as contas do seu rosário.

O arrais, empunhando o leme, bradou: "Alá é grande, larga!" Os árabes remaram cantando. O Sol surgiu por

---

[2] Tipo de bola para brincadeira e jogos.

trás de Jafa. E eu, encostado ao meu guarda-chuva, contemplava a pudica religiosa que assim levava, ao colo, para a terra de castidade, a camisinha da Mary.

Era nova; e entre o bioco triste de lustrina preta parecia de marfim o seu rosto oval, onde as pestanas longas punham a sombra de uma dolente melancolia. Os beiços tinham perdido toda a cor e todo o calor, para sempre inúteis, destinados somente a beijar os pés arroxeados do cadáver de um deus. Comparada com Mary — rosa de Iorque aberta e sensual, perfumando Alexandria — esta pendia como um lírio ainda fechado e já murcho na umidade de uma capela. Ia certamente para algum hospício da Terra Santa. A vida para ela devia ser uma sucessão de chagas a cobrir de fios e de lençóis, a estender por cima de faces mortas. E era decerto o medo do Senhor que a tornava assim tão pálida.

— Bem tola! — murmurei eu.

Pobre e estéril criatura! Percebeu ela por acaso o que continha aquele embrulho pardo? Sentiu ela subir de lá, e espalhar-se no escuro do seu capuz, um perfume estranho e enlanguescedor de baunilha e de pele amorosa? A quentura do leito revolto, que ficara nas rendas da camisa, atravessou por acaso o papel e veio aquecer-lhe brandamente os joelhos? Quem sabe! Durante um momento pareceu-me que uma gota de sangue novo lhe roseou a face desmaiada, e que debaixo do hábito, onde brilhava uma cruz, o seu seio arfou, perturbado; mesmo julguei ver lampejar, por entre as suas pestanas, um raio fugitivo e assustado, procurando as minhas barbas cerradas e pretas... Mas foi só um relance. Outra vez, sob o capuz, o rosto recaiu na sua frialdade de mármore santo; e sobre o seio submetido, a cruz pesou, ciumenta e de ferro. Ao seu lado, a outra religiosa, rechonchuda e de lunetas, sorria para o verde mar, sorria para o sábio Topsius — com um sorriso claro que saía da paz do seu coração e lhe punha uma covinha no queixo.

Apenas saltamos na areia da Palestina, corri a agradecer, de capacete na mão, garboso e palaciano.

— Minha irmã, estou muito penhorado... Grande desgosto se se perdesse o pacotezinho!... É de minha tia, uma encomenda para Jerusalém... Lá lhe contarei... A titi é muito respeitadora de coisas santas, pela-se pela caridade...

Muda, no refolho do seu capuz, ela estendeu-me o embrulhinho com a ponta dos dedos, débeis e mais transparentes que os de uma Senhora da Agonia. E os dois hábitos negros sumiram-se, entre muros faiscantes de cal nova, numa viela em escadas onde apodrecia o cadáver de um cão sob o voo dos moscardos. Eu murmurei ainda: "Bem tola!"

Quando me voltei, Topsius, à sombra do seu guarda-sol, conversava com um homem prestante, que foi nosso guia através das terras da Escritura. Era moço, moreno, espigado, com longos bigodes esvoaçando ao vento; usava jaqueta de veludilho e botas brancas de montar; as coronhas prateadas de duas pistolas, emergindo de uma faixa de lã negra, armavam-lhe heroicamente o peito forte; e trazia amarrado na cabeça, com as pontas e as franjas atiradas para trás, um lenço rutilante de seda amarela. O seu nome era Paulo Pote, a sua pátria o Montenegro; e toda a costa da Síria o conhecia pelo *alegre Pote*. Jesus, que alegre matalote! A alegria faiscava-lhe na pupila azul-clara; a alegria cantava-lhe nos dentes incomparáveis; a alegria estremecia-lhe nas mãos buliçosas; a alegria ressoava-lhe no bater dos tacões. Desde Áscalon até aos bazares de Damasco, desde o Carmelo até aos pomares de Engadi — ele era o *alegre Pote*. Estendeu-me rasgadamente a bolsa do tabaco perfumado. Topsius maravilhou-se do seu saber bíblico. Eu, com palmadas pelo ventre, gritei-lhe logo — *meu gajo*! E, depois de valentes apertos de mão, fomos para o *Hotel de Josafat* firmar o nosso contrato, bebendo vasta cerveja.

O alegríssimo Pote depressa organizou a nossa caravana para a cidade do Senhor. Um macho levava as bagagens; o arrieiro árabe embrulhado num farrapo azul, era tão airoso e lindo que eu, irresistivelmente e sem cessar, procurava o negro afago do seu olhar de veludo; e, por luxo oriental, como escolta, seguia-nos um beduíno, velho, catarroso, com o albornoz de lã de camelo listrado de cinzento, e uma forte lança ferrugenta toda enfeitada de borlas.

Guardei num alforje, desveladamente, o embrulhinho mimoso da camisinha de Mary; depois, já na sela, alongados os loros do pernudo Topsius, o festivo Pote, floreando o chicote, lançou o antigo grito das Cruzadas e de Ricardo Coração de Leão — *Avante, a Jerusalém*; *Deus o quer*! E a trote, com os charutos em brasa, saímos de Jafa pela porta do Mercado — à hora em que suavemente tocava a vésperas no Hospício dos Padres Latinos.

Na luminosa meiguice da tarde, a estrada alongava-se através de jardins, hortas, pomares, laranjais, palmeirais, terra de Promissão, resplandecente e amável. Por entre as sebes de mirtos perdia-se o fugidio cantar das águas. O ar todo, de uma doçura inefável, como para nele respirar melhor o povo eleito de Deus, era um derramado perfume de jasmins e limoeiros. O grave e pacífico chiar das noras ia adormecendo, ao fim do dia de rega, entre as romãzeiras em flor. Alta e serena no azul, voava uma grande águia.

Consolados, paramos numa fonte de mármore vermelho e negro, abrigada à sombra de sicômoros onde arrulhavam rolas; ao lado erguia-se uma tenda, com um tapete na relva coberto de uvas e de malgas de leite; e o velho de barbas brancas que a ocupava saudou-nos em nome de Alá, com a nobreza de um patriarca. A cerveja tinha-me feito sede; foi uma rapariga bela como a antiga Raquel, que me deu a beber do seu cântaro de forma bíblica, sorrindo com o seio descoberto, duas longas argolas de ouro batendo-lhe a face morena — e um cordeirinho branco e familiar preso da ponta da túnica.

A tarde descia, muda e dourada, quando penetramos na planície de Sáron, que a Bíblia outrora encheu de rosas. No silêncio tilintavam os chocalhos de um rebanho de cabras negras, que um árabe ia pastoreando nu como um S. João. Lá ao fundo, os montes sinistros da Judeia, tocados pelo sol oblíquo que se afundava sobre o mar de Tiro, pareciam ainda formosos, azuis e cheios de doçura de longe, como as ilusões do pecado. Depois tudo escureceu. Duas estrelas de um resplendor infinito apareceram: e começaram a caminhar adiante de nós para os lados de Jerusalém.

O nosso quarto, no *Hotel do Mediterrâneo*, em Jerusalém, com a sua abóbada caiada de branco, o chão de tijolo, semelhava uma rígida cela de rude mosteiro. Mas, fronteiro à janela, um tabique delgado, revestido de papel de ramagens azuis, dividia-o de outro quarto, onde nós sentíamos uma voz fresca a cantarolar a *Balada do Rei de Tule*; e aí, exalando conforto e civilização, brilhava um guarda-roupa de mogno, que eu abri, como se abre um relicário, para encerrar o meu embrulhinho bendito.

Os dois leitozinhos de ferro desapareciam sob as pregas virginais dos cortinados de cambraia branca, e ao meio havia uma mesa de pinho, onde Topsius estudava o mapa da Palestina, enquanto eu, de chinelos, passeava, limando as unhas. Era a devota sexta-feira em que a cristandade comemora, enternecida, os santos mártires de Évora. Nós tínhamos chegado nessa tarde, sob uma chuva triste e miúda, à cidade do Senhor; e de vez em quando Topsius, erguendo os óculos de cima das estradas de Galileia, contemplava-me de braços cruzados e murmurava com amizade:

— Ora está o amigo Raposo em Jerusalém!

Eu, parando ao espelho, dava um olhar às barbas crescidas, à face crestada, e murmurava também, agradado:

— É verdade, cá está o belo Raposo em Jerusalém!

E voltava, insaciado, a admirar através dos vidros baços a divina Sião. Sob a chuva melancólica erguiam-se defronte as paredes brancas de um convento silencioso, com as persianas verdes corridas, e duas enormes goteiras de zinco a cada esquina, uma escoando-se ruidosamente sobre uma viela deserta — a outra caindo no chão mole de uma horta plantada de couves, onde orneava um jumento. Desse lado, era uma vastidão infindável de telhados em terraço, lúgubres e cor de lodo, com uma cupulazinha de tijolo em forma de forno, e longas varas para secar farrapos; e quase todos decrépitos, desmantelados, misérrimos, pareciam desfazer-se na água lenta que os alagava. Do outro elevava-se uma encosta atulhada de casebres sórdidos, com verduras de quintal, esfumadas, arrepiadas na névoa úmida; por entre eles, torcia-se uma viela esgalgada, em escadinhas, onde constantemente se cruzavam frades de alpercatas sob os seus guarda-chuvas, sombrios judeus de melenas caídas, ou algum vagaroso beduíno arregaçando o seu albornoz... Por cima pesava o céu pardacento. E assim da minha janela me aparecia a velha Sião, a bem edificada, brilhante de claridade, alegria da terra, e formosa entre as cidades.

— Isto é um horror, Topsius! Bem dizia o Alpedrinha! Isto é pior que Braga, Topsius! E nem um passeio, nem um bilhar, nem um teatro! Nada! Olha que cidade para viver Nosso Senhor!

— Sim! No tempo dele era mais divertida — resmungou o meu sapiente amigo.

E logo me propôs que no domingo partíssemos para as margens do Jordão — onde o reclamavam os seus estudos sobre os Herodes. Aí eu poderia ter deleites campestres, banhando-me nas águas santas, atirando às perdizes, entre as palmeiras de Jericó. Acedi com gosto. E descemos a comer, chamado por uma sineta de convento, funerária e badalando na sombra do corredor.

O refeitório era também abobadado, com uma esteira de esparto sobre o chão de ladrilho; e estávamos sós, o erudito investigador dos Herodes e eu, na mesa tristonha, adornada com flores de papel em vasinhos rachados. Remexendo o macarrão de uma sopa dessaborida, murmurei, sucumbido: "Jesus, Topsius, que grande maçada!" Mas uma porta de vidraça ao fundo abriu-se de leve; e logo exclamei, arrebatado: "Caramba, Topsius, que grande mulher!"

Grande, em verdade! Sólida e saudável como eu; branca, da alvura do linho muito lavado, e picada de sardas; coroada por uma massa ardente de cabelo ondeado e castanho; presa num vestido de sarja azul que os seios rijos quase faziam estalar, ela entrou, derramando um fresco cheiro de sabão de Windsor e de água-de-colônia, e logo alumiou todo o refeitório com o esplendor da sua carne e da sua mocidade... O facundo Topsius comparou-a à fortíssima deusa Cibele.

Cibele sentou-se no topo da mesa, serena e soberba. Ao lado, fazendo ranger a cadeira com o peso dos seus amplos membros, acomodou-se um Hércules, tranquilo, calvo, de espessas barbas grisalhas, que — no mero gesto de desdobrar o guardanapo — revelou a onipotência do dinheiro e o envelhecido hábito de mandar. Por um *yes* que ela murmurou, compreendi que era da terra de Maricocas. E lembrava-me a inglesa do senhor barão.

Ela colocara junto ao prato um livro aberto que me pareceu ser de versos; o barbaças, mastigando com o vagar majestoso de um leão, folheava também em silêncio o seu *Guia do Oriente*. E eu esquecia o meu carneiro guisado, para contemplar devoradoramente cada uma das suas perfeições. De vez em quando ela erguia a franja cerrada das suas pestanas; eu esperava com ânsia o dom desse claro e suave olhar; mas ela derramava-o pelos muros caiados, pelas flores de papel, e deixava-o recair, desinteressado e frio, sobre as páginas do seu poema.

Depois do café beijou a mão cabeluda do barbaças; e desapareceu pela porta envidraçada, levando consigo o aroma, a luz, e a alegria de Jerusalém. O Hércules acendeu morosamente o cachimbo; disse ao moço "que lhe mandasse o Ibraim, o guia"; levantou-se, pesado e membrudo. Junto à porta derrubou o guarda-chuva de Topsius, do venerabilíssimo Topsius, glória da Alemanha, membro do *Instituto Imperial de Escavações Históricas*; e passou, sem o erguer, nem sequer baixar o olho altivo.

— Irra, bruto! — rosnei, a borbulhar de furor.

O meu douto amigo, com a sua cobardia social de alemão disciplinado, apanhou o seu guarda-chuva e escovou-lhe o paninho, murmurando, já trêmulo, que talvez "o barbaças fosse um duque..."

— Qual duque! Para mim não há duques! Eu sou Raposo, dos Raposos do Alentejo... Rachava-o!

Mas a tarde descia, e devíamos fazer a nossa visita reverente ao sepulcro do nosso Deus. Corri ao quarto, a ornar-me com o meu chapéu alto, como prometera à titi; e penetrava no corredor quando vi Cibele abrir a porta, *junto da nossa porta*, e sair envolta numa capa cinzenta, com uma gorra onde alvejavam duas penas de gaivota. O coração bateu-me no delírio de uma grande esperança. Assim, era ela que cantarolava a *Balada do Rei de Tule*! Assim, os nossos leitos estavam apenas separados pelo fino, frágil tabique coberto de ramarias azuis! Nem procurei as luvas pretas: desci num alvoroço, certo de que a ia encontrar no sepulcro de Jesus; e planeava já verrumar no tabique um buraco, por onde o meu olho namorado pudesse ir saciar-se nas belezas do seu desalinho.

Ainda chovia, lugubremente. Apenas começamos a atolar-nos no enxurro da Via Dolorosa, entalada entre muros cor de lodo — chamei Pote para debaixo do meu guarda-chuva, perguntei-lhe se vira no hotel a minha forte e sardenta Cibele. O jucundo Pote já a admirara. E pelo Ibraim, seu compadre dileto, sabia que o barbaças era um escocês, negociante de curtumes...

— Aí está, Topsius! — gritei eu. — Negociante de curtumes... Qual duque! É uma besta! Eu rachava-o! Em coisas de dignidade sou uma fera. Rachava-o!

A filha, a das bastas tranças, dizia Pote, tinha um nome radiante de pedra preciosa: chamava-se *Ruby*, rubim. Amava os cavalos, era arrojada; na Alta Galileia, de onde vinham, matara uma águia negra...

— Ora aqui têm os cavalheiros a casa de Pilatos...

— Deixa lá a casa de Pilatos, homem! Importa-me bem com Pilatos! E então que diz mais o Ibraim? Desembucha, Pote!

Ali a Via Dolorosa estreitava-se, abobadada, como um corredor de catacumba. Dois mendigos chaguentos roíam cascas de melões, acaçapados na lama e grunhindo. Um cão uivava. E o risonho Pote contava-me que o Ibraim vira muitas vezes Miss Ruby enlevada na beleza dos homens da Síria; de noite, à porta da tenda, enquanto o papá cervejava, ela dizia versos baixinho, olhando para a palpitação das estrelas. Eu pensava: "Caramba! tenho mulher!"

— Ora aqui estão os cavalheiros diante do Santo Sepulcro...

Fechei o meu guarda-chuva. Ao fundo de um adro, de lajes descoladas, erguia-se a fachada de uma igreja, caduca, triste, abatida, com duas portas em arco: uma tapada já a pedregulho e cal, como supérflua; a outra timidamente, medrosamente entreaberta. E aos flancos débeis deste templo soturno, manchado de tons de ruína, colavam-se duas construções desmanteladas, do rito latino e do rito grego — como filhas apavoradas que a morte alcançou, e que se refugiam ao seio da mãe, meio morta também e já fria.

Calcei então as minhas luvas pretas. E imediatamente, um bando voraz de homens sórdidos envolveu-nos com alarido, oferecendo relíquias, rosários, cruzes, escapulários, bocadinhos de tábuas aplainadas por S. José, medalhas, bentinhos, frasquinhos de água do Jordão, círios, ágnus-dei, litografias da Paixão, flores de papel feitas em Nazaré, pedras benzidas, caroços de azeitona do Monte Olivete, e túnicas "como usava a Virgem Maria!" E à porta do sepulcro de Cristo, onde a titi me recomendara que entrasse de rastos, gemendo e rezando a coroa — tive de esmurrar um malandrão de barbas de ermita, que se dependurara da minha raBonna, faminto, rábido, ganindo que lhe comprássemos boquilhas feitas de um pedaço da arca de Noé!

— Irra, caramba, larga-me animal!

E foi assim, praguejando, que me precipitei, com o guarda-chuva a pingar, dentro do santuário sublime onde a Cristandade guarda o túmulo do seu Cristo. Mas logo estaquei, surpreendido, sentindo um delicioso e grato aroma de tabaco da Síria. Num amplo estrado, afofado em divã, com tapetes da Caramânia e velhas almofadas de seda, reclinavam-se três turcos, barbudos e graves, fumando longos cachimbos de cerejeira. Tinham dependurado na parede as suas armas. O chão estava negro dos seus escarros. E, diante, um servo em farrapos esperava, com uma taça fumegante de café, na palma de cada mão.

Pensei que o catolicismo, previdente, estabelecera à porta do lugar divino uma *Loja de Bebidas e Águas-Ardentes,* para conforto dos seus romeiros. Disse baixo a Pote:

— Grande ideia! Parece-me que também vou tomar um cafezinho!

Mas logo o festivo Pote me explicou que esses homens sérios, de cachimbo, eram soldados muçulmanos policiando os altares cristãos, para impedir que em torno ao mausoléu de Jesus se dilacerem, por superstição, por fanatismo, por inveja de alfaias, os sacerdócios rivais que ali celebram os seus ritos rivais — católicos como o padre Pinheiro; gregos ortodoxos para quem a cruz tem quatro braços; abissínios e armênios, coptas que descendem dos que outrora em Mênfis adoravam o boi Ápis; nestorianos que vêm da Caldeia; georgianos que vêm do mar Cáspio; maronitas que vêm do Líbano —, todos cristãos, todos intolerantes, todos ferozes!... Então saudei com gratidão esses soldados de Maomé que, para manter o recolhimento piedoso em torno de Cristo morto, serenos e armados velam à porta, fumando.

Logo à entrada paramos diante de uma lápide quadrada, incrustada nas lajes escuras, tão polida e reluzindo com um doce brilho de nácar, que parecia a água quieta de um tanque, onde se refletiam as luzes das lâmpadas. Pote puxou-me a manga, lembrou-me que era costume beijar aquele pedaço de rocha, santa entre todas, que outrora, no jardim de José de Arimateia...

— Bem sei, bem sei... Beijo, Topsius?

— Vá beijando sempre — disse-me o prudente historiógrafo dos Herodes. — Não se lhe pega nada; e agrada à senhora sua tia.

Não beijei. Em fila e calados, penetramos numa vasta cúpula, tão esfumada no crepúsculo que o círculo de frestas redondas na cimalha brilhava apenas, palidamente, como um aro de pérolas em torno de uma tiara; as colunas que a sustentavam, finas e juntas como as lanças de uma grade, riscavam a sombra em redor — cada uma picada pela mancha vermelha e mortal de uma lâmpada de bronze. Ao centro do lajedo sonoro elevava-se, espelhado e branco, um mausoléu de mármore — com lavores e com florões; um velho pano de damasco cobria-o como um toldo, recamado de bordados de ouro esvaído; e duas alas de tocheiros faziam-lhe uma avenida de lumes funerários até à porta, estreita como uma fenda, tapada por um traço cor de sangue. Um padre armênio, que desaparecia sob o seu amplo manto negro, sob o capuz descido, incensava-o, dormente e mudamente.

Pote puxou-me outra vez pela manga:

— O túmulo!

Oh! minha alma piedosa! Oh! titi! Aí estava, pois, ao alcance dos meus lábios, o túmulo do meu Senhor! — E imediatamente rompi como um rafeiro, por entre a turba ruidosa de frades e peregrinos, a buscar um rosto gordinho e sardento e uma gorra com penas de gaivota! Longamente, errei estonteado... Ora esbarrava num franciscano cingido na sua corda de esparto; ora me arredava diante de um padre copta deslizando como uma sombra tênue, precedido por serventes que tangiam as pandeiretas sagradas do tempo de Osíris. Aqui topava num montão de roupagens brancas, caído nas lajes como um fardo, donde se escapavam gemidos de contrição; adiante tropeçava num negro, todo nu, estirado ao pé de uma coluna, dormindo placidamente. Por vezes o clamor sacro de um órgão ressoava, rolava pelos mármores da nave, morria com um sussurro de vaga espraiada; e logo mais longe um canto armênio, trêmulo e ansioso, batia os muros austeros como a palpitação das asas de uma ave presa que quer fugir para a luz. Junto de um altar apartei dois gordos sacristãos, um grego, outro latino, que se tratavam furiosamente de *birbantes*, esbraseados, cheirando a cebola; e fui de encontro a um bando de romeiros russos de grenhas hirsutas, vindos decerto do Cáspio, com os pés doloridos embrulhados em trapos, que não ousavam mover-se, enleados de terror divino, torcendo o barrete de feltro entre as mãos, donde lhes pendiam grossos rosários de vidro. Crianças, em farrapos, brincavam na escuridão das arcarias; outras pediam esmola. O aroma do incenso sufocava; e padres de cultos rivais puxavam-me pela rabona para me mostrarem relíquias rivais, heroicas ou divinas — uns as esporas de Godofredo, outros um pedaço da cana verde.

Atordoado, enfileirei-me numa procissão penitente — onde eu julgava entrever, brancas, altivas, entre véus pretos de arrependimento, as duas penas de gaivota. Uma carmelita, à frente, resmungava a ladainha, detendo-nos a cada passo, arrebanhados num assombro devoto, à porta de capelas cavernosas, dedicadas à Paixão — a do *Impropério* onde o Senhor foi flagelado, a da *Túnica* onde o Senhor foi despido. Depois subimos, de tochas na mão, uma escadaria tenebrosa, escavada na rocha...
— E subitamente todo o tropel devoto se atirou de rojo, ululando, carpindo, gemendo, flagelando os peitos, clamando pelo Senhor, lúgubre e delirante. Estávamos sobre a pedra do Calvário.

Em torno, a capela que a abriga, resplandecia com um luxo sensual e pagão. No teto azul-ferrete brilhavam sóis de prata, signos do Zodíaco, estrelas, asas de anjos, flores de púrpura; e, de entre este fausto sideral, pendiam de correntes de pérolas os velhos símbolos da fecundidade, os ovos de avestruz, ovos sacros de Astarte e de Baco de ouro. Sobre o altar elevava-se uma cruz vermelha com um Cristo tosco pintado a ouro — que parecia vibrar, viver através do fulgor difuso dos molhos de lumes, da faiscação das alfaias, do fumo dos aromáticos ardendo em taças de bronze. Globos espelhados, pousando sobre peanhas de ébano, refletiam as joias dos retábulos, a refulgência das paredes revestidas de jaspe, de nácar e de ágata. E no chão, em meio deste clarão precioso de pedraria e luz, emergindo de entre as lajes de mármore branco, destacava um bocado de rocha bruta e brava, com uma fenda alargada e polida por longos séculos de beijos e de afagos beatos. Um arquidiácono grego, de barbas esquálidas, gritou: "Nesta rocha foi cravada a cruz! A cruz! A cruz! *Miserere! Kyrie Eleison!* Cristo! Cristo!" As rezas precipitaram-se, mais ardentes, entre soluços. Um cântico dolente balançava-se, ao ranger dos incensadores. *Kyrie Eleison! Kyrie Eleison!* E os diáconos perpassavam rapidamente, sofregamente, com vastos sacos de veludo, onde tilintavam, se abundavam, se sumiam as oferendas dos simples.

Fugi, aturdido e confuso. O sábio historiador dos Herodes passeava no adro, sob o seu guarda-chuva, respirando o ar úmido. De novo nos acometeu o bando esfaimado dos vendilhões de relíquias. Repeli-os rudemente; e saí do santo lugar como entrara — em pecado e praguejando.

No hotel, Topsius recolheu logo ao quarto a registrar as suas impressões do sepulcro de Jesus; eu fiquei no pátio cervejando e cachimbando com o aprazível Pote. Quando subi, tarde, o meu esclarecido amigo já ressonava, com a vela acesa — e com um livro aberto sobre o leito, um livro meu, trazido de Lisboa para me recrear no país do Evangelho, o *Homem dos Três Calções*. Descalçando os botins, sujos da lama venerável da Via Dolorosa, eu pensava na minha Cibele. Em que sacratíssimas ruínas, sob que árvores divinizadas por terem dado sombra ao Senhor, passara ela essa tarde nevoenta de Jerusalém? Fora ao Vale do Cédron? Fora ao branco túmulo de Raquel?...

Suspirei, amoroso e moído; e abria os lençóis bocejando — quando distintamente, através do tabique fino, senti um ruído de água despejada numa banheira. Escutei, alvoroçado; e logo nesse silêncio negro e magoado que sempre envolve Jerusalém, me chegou, perceptível, o som leve de uma esponja arremessada na água. Corri, colei a face contra o papel de ramagens azuis. Passos brandos e nus pisavam a esteira que recobria o ladrilho de tijolo; e a água rumorejou, como agitada por um braço doce despido que lhe experimentava o calor. Então, abrasado, fui ouvindo todos os rumores íntimos de um longo, lento, lânguido banho; o espremer da esponja; o fofo esfregar da mão cheia de espuma de sabão; o suspiro lasso e consolado do corpo que se estira sob a carícia da água tépida, tocada de uma gota de perfume... A testa, túmida de sangue, latejava-me; e percorria desesperadamente o tabique, procurando um buraco, uma fenda. Tentei verrumá-lo com a tesoura; as pontas finas quebraram-se na espessura da caliça... Outra vez a água cantou, escoando da esponja, e eu, tremendo todo, julgava ver as gotas vagarosas a escorrer entre o rego desses seios duros e brancos que faziam estalar o vestido de sarja.

Não resisti; descalço, em ceroulas, saí ao corredor adormecido; e cravei à fechadura da sua porta um olho tão esbugalhado, tão ardente, que quase receava feri-la com a devorante chama do seu raio sanguíneo... Enxerguei num círculo de claridade uma toalha caída na esteira, um roupão vermelho, uma nesga do alvo cortinado do seu leito. E assim agachado, com bagas de suor no pescoço, esperava que ela atravessasse, nua e esplêndida, nesse disco escasso de luz, quando senti de repente, por trás, uma porta ranger, um clarão banhar a parede. Era o barbaças, em mangas de camisa, com o seu castiçal na mão! E eu, misérrimo Raposo, não podia escapar. De um lado estava ele, enorme. Do outro o topo do corredor, maciço.

Vagarosamente, calado, com método, o Hércules pousou a vela no chão, ergueu a sua rude bota de duas solas, e desmantelou-me as ilhargas... Eu rugi: "Bruto!" Ele ciciou: "Silêncio!" E outra vez, tendo-me ali acercado contra o muro, a sua bota bestial e de bronze me malhou tremendamente quadris, nádegas, canelas, a minha carne toda, bem cuidada e preciosa! Depois, tranquilamente, apanhou o seu castiçal. Então eu, lívido, em ceroulas, disse-lhe com imensa dignidade:

— Sabe o que lhe vale, seu bife? É estarmos aqui ao pé do túmulo do Senhor, e eu não querer dar escândalos por causa da minha tia... Mas se estivéssemos em Lisboa, fora de portas, num sítio que eu cá sei, comia-lhe os fígados! Nem você sabe de que se livrou. Vá com esta, comia-lhe os fígados!

E muito digno, coxeando, voltei ao quarto a fazer pacientes fricções de arnica. Assim eu passei a minha primeira noite em Sião.

Ao outro dia cedo o profundo Topsius foi peregrinar ao Monte das Oliveiras, à fonte clara de Siloé. Eu, dorido, não podendo montar a cavalo, fiquei no sofá de riscadinho com o *Homem dos Três Calções*. E até para evitar o afrontoso barbaças não desci ao refeitório, pretextando tristeza e langor. Mas, ao mergulhar o Sol no mar de Tiro, estava restabelecido e vivaz. Pote preparara para essa noite uma festividade sensual em casa de

Fatmé, matrona bem acolhedora, que tinha no Bairro dos Armênios um doce pombal de pombas; e nós íamos lá contemplar a gloriosa bailadeira da Palestina, a *Flor de Jericó*, a saracotear essa dança da *Abelha*, que esbraseia os mais frios e deprava os mais puros...

A recatada portinha de Fatmé, ornada de um pé de vinha seca, abria-se ao canto de um muro negro junto à Torre de Davi. Fatmé esperava-nos, majestosa e obesa, envolta em véus brancos, com fios de corais entre as tranças, os braços nus, tendo cada um a cicatriz escura de um bubão de peste. Tomou-me submissamente a mão, levou-a à testa oleosa, levou-a aos lábios empastados de escarlate, e conduziu-me em cerimônia defronte de uma cortina preta, franjada de ouro como o pano de um esquife. E eu estremeci, ao penetrar enfim nos segredos deslumbradores de um serralho mudo e cheirando a rosa.

Era uma sala caiada de fresco, com sanefas de algodão vermelho, encimando a gelosia; e ao longo das paredes corria um divã amassado, revestido de seda amarela, com remendos de seda mais clara. Num bocado de tapete da Pérsia pousava um braseiro de latão, apagado, sob o montão de cinzas; aí ficara esquecido um pantufo de veludo, estrelado de lentejoulas. Do teto de madeira alvadia, onde se alastrava uma nódoa de umidade, pendia, de duas correntes enfeitadas de borlas, um candeeiro de petrolina. Um bandolim dormia a um canto entre almofadas. No ar morno errava um cheiro adocicado e mole a mofo e a benjoim. Pelos ladrilhos, por baixo dos poiais da gelosia, corriam carochas.

Sentei-me sisudamente ao lado do historiador dos Herodes. Uma negra de Dongola, encamisada de escarlate, com braceletes de prata a tilintar nos braços, veio oferecer-nos um café aromático; e quase imediatamente Topsius apareceu, descoroçoado, dizendo que não podíamos saborear a famosa dança da *Abelha*! A *Rosa de Jericó* fora bailar diante de um príncipe de Alemanha, chegado nessa manhã a Sião, a adorar o túmulo do Senhor. E Fatmé apertava com humildade o coração, invocava Alá, dizia-se nossa escrava! Mas era uma fatalidade! A *Rosa de Jericó* fora para o príncipe louro que viera, com cavalos e com plumas, do país dos germanos!...

Eu, despeitado, observei que não era um príncipe; mas minha tia tinha luzidas riquezas: os Raposos primavam pelo sangue no fidalgo Alentejo. Se *Flor de Jericó* estava ajustada para regozijar meus olhos católicos, era uma desconsideração tê-la cedido ao romeiro couraçado, que viera da herege Alemanha...

O erudito Topsius resmungou, alçando o bico com petulância, que a Alemanha era a mãe espiritual dos povos...

— O brilho que sai do capacete alemão, D. Raposo, é a luz que guia a humanidade!

— Sebo para o capacete! A mim ninguém me guia! Eu sou Raposo, dos Raposos do Alentejo!... Ninguém me guia senão Nosso Senhor Jesus Cristo... E em Portugal há grandes homens! Há Afonso Henriques, há o Herculano... Sebo!

Ergui-me, medonho. O sapientíssimo Topsius tremia, encolhido. Pote acudiu:

— Paz, cristãos e amigos, paz!

Topsius e eu recruzamo-nos logo no divã, tendo apertado as mãos, galhardamente e com honra.

Fatmé, no entanto, jurava que Alá era grande e que ela era a nossa escrava. E, se nós a quiséssemos mimosear com sete piastras de ouro, ela, em compensação da *Rosa de Jericó*, oferecia-nos uma joia inapreciável, uma circassiana, mais branca que a Lua cheia, mais airosa que os lírios que nascem em Galgala.

— Venha a circassiana! — gritei, excitado. — Caramba, eu vim aos Santos Lugares para me refocilar... Venha a circassiana! Larga as piastras, Pote! Irra! Quero regalar a carne!

Fatmé saiu, recuando; o festivo Pote reclinou-se entre nós, abrindo a sua bolsa perfumada de tabaco de Alepo. Então, uma portinha branca, sumida no muro caiado, rangeu a um canto, de leve; e uma figura entrou, velada, vaga, vaporosa. Amplos calções turcos de seda carmesim tufavam com languidez, desde a sua cinta ondeante até aos tornozelos, onde franziam, fixos por uma liga de ouro; os seus pezinhos mal pousavam, alvos e alados, nos chinelos de marroquim amarelo; e através do véu de gaze que lhe enrodilhava a cabeça, o peito e os braços, brilhavam recamos de ouro, centelhas de joias e as duas estrelas negras dos seus olhos. Espreguicei-me, túmido de desejo.

Por trás dela Fatmé, com a ponta dos dedos, ergueu-lhe o véu devagar, devagar — e de entre a nuvem de gaze surgiu um carão cor de gesso, escaveirado e nariguado, com um olho vesgo, e dentes podres que negrejavam no langor néscio do sorriso... Pote pulou do divã, injuriando Fatmé; ela gritava por Alá, batendo nos seios, que soavam molemente como odres mal cheios.

E desapareceram, assanhados, levados numa rajada de ira. A circassiana, requebrando-se, com o seu sorriso pútrido, veio estender-nos a mão suja, a pedir "presentinhos" num tom rouco de aguardente. Repeli-a com nojo. Ela coçou um braço, depois a ilharga, apanhou tranquilamente o seu véu, e saiu arrastando as chinelas.

— Ó Topsius! — rosnei eu. — Isto parece-me uma grande infâmia!

O sábio fez considerações sobre a voluptuosidade. Ela é sempre enganadora. Debaixo do sorriso luminoso está o dente cariado. Dos beijos humanos só resta o amargor. Quando o corpo se extasia, a alma entristece...

— Qual alma! não há alma! O que há é um eminentíssimo desaforo! Na Rua do Arco do Bandeira, esta Fatmé tinha já dois murros na bochecha... Irra!

Sentia-me feroz, com desejos de escavacar o bandolim... Mas Pote reapareceu, cofiando os bigodões, dizendo que, por mais nove piastras de ouro, Fatmé consentia em mostrar a sua secreta maravilha, uma virgem das margens do Nilo, da alta Núbia, bela como a noite mais bela do Oriente. E ele vira-a, afiançava-a, valia o tributo de uma fértil província.

Frágil e liberal, cedi. Uma a uma, as nove piastras de ouro tiniram na mão gordufa de Fatmé.

De novo a porta caiada rangeu, ficou cerrada — e, sobre o tom alvaiado, destacou, na sua nudez cor de bronze, uma esplêndida fêmea, feita como uma Vênus. Durante um momento parou, muda, assustada pela luz e pelos homens, roçando os joelhos lentamente. Uma tanga branca cobria-lhe os flancos possantes e ágeis; os cabelos hirsutos, lustrosos de óleo, com sequins de ouro entrelaçados, caíam-lhe sobre o dorso, como uma juba selvagem; um fio solto de contas de vidro azul enroscava-se-lhe em torno do pescoço e vinha escorregar por entre o rego dos seios rijos, perfeitos e de ébano. De repente soltou convulsivamente, repicando a língua, uma ululação desolada: *Lu! lu! lu! lu! lu!* Atirou-se de bruços para o divã; e estirada, na atitude de uma Esfinge, ficou dardejando sobre nós, séria e imóvel, os seus grandes olhos tenebrosos.

— Hem? — dizia Pote, acotovelando-me. — Veja-lhe o corpo... Olhe os braços! Olhe a espinha como arqueia! É uma pantera!

E Fatmé, de olhos em alvo, chilreava beijos na ponta dos dedos, exprimindo os deleites transcendentes que devia dar o amor daquela núbia... Certo, pela persistência do seu olhar, que as minhas barbas fortes a tinham cativado, desenrosquei-me do divã, fui-me acercando, devagar, como para uma presa certa. Os seus olhos alargavam-se, inquietos e faiscantes. Gentilmente, chamando-lhe "minha lindinha", acariciei-lhe o ombro frio; e logo ao contato da minha pele branca a núbia recuou, arrepiada, com um grito abafado de gazela ferida. Não gostei. Mas quis ser amável. Disse-lhe paternalmente:

— Ah! se tu conhecesses a minha pátria!... E olha que sou capaz de te levar! Em Lisboa é que é! Vai-se ao Dafundo, ceia-se no Silva... Isto aqui é uma choldra! E as raparigas como tu são bem tratadas, dá-se-lhes consideração, os jornais falam delas, casam com proprietários...

Murmurava-lhe ainda outras coisas profundas e doces. Ela não compreendia o meu falar; e nos seus olhos esgazeados flutuava a longa saudade da sua aldeia da Núbia, dos rebanhos de búfalos que dormem à sombra das tamareiras, do grande rio que corre eterno e sereno entre as ruínas das religiões e os túmulos das dinastias...

Imaginando então despertar o seu coração com a chama do meu, puxei-a para mim, lascivamente. Ela fugiu; encolheu-se toda a um canto, a tremer; e deixando cair a cabeça entre as mãos, começou a chorar, longamente.

— Olha que maçada! — gritei, embaçado.

E agarrei o capacete, abalei, esgaçando quase no meu furor o pano preto franjado de ouro. Paramos numa cela ladrilhada onde cheirava mal. E aí bruscamente foi entre Pote e a nédia matrona uma bulha ferina sobre a paga daquela radiante festa do Oriente; ela reclamava mais sete piastras de ouro; Pote, de bigode eriçado, cuspia-lhe injúrias em árabe, rudes e chocando-se como calhaus que se despenham num vale. E saímos daquele lugar de deleite perseguidos pelos gritos de Fatmé, que se babava de furor, agitava os braços marcados da peste e nos amaldiçoava, e a nossos pais, e aos ossos de nossos avós, e a terra que nos gerara, e o pão que comíamos, e as sombras que nos cobrissem! Depois na rua negra dois cães seguiram-nos muito tempo, ladrando lugubremente.

Entrei no *Hotel do Mediterrâneo,* afogado em saudades da minha terra risonha; os gozos de que me via privado nesta lôbrega, inimiga Sião, faziam-me ansiar mais inflamadamente pelos que me daria a fácil, amorável Lisboa, quando, morta a titi, eu herdasse a bolsa sonora de seda verde!... Lá não encontraria, nos corredores adormecidos, uma bota severa e bestial! Lá nenhum corpo bárbaro fugiria, com lágrimas, à carícia dos meus dedos. Dourado pelo ouro da titi, o meu amor não seria jamais ultrajado, nem a minha concupiscência jamais repelida. Ah! meu Deus! Assim eu lograsse, pela minha santidade, cativar a titi... E logo, abancando, escrevi à hedionda senhora esta carta terníssima:

Querida titi do meu coração! Cada vez me sinto com mais virtude. E atribuo-a ao agrado com que o Senhor está vendo esta minha visita ao seu santo túmulo. De dia e de noite passo o tempo a meditar a sua divina Paixão e a pensar na titi. Agora mesmo venho da Via Dolorosa. Ai, que enternecedora que estava! É uma rua tão benta, tão benta, que até tenho escrúpulo de a pisar com os botins; e noutro dia não me contive, agachei-me, beijei-lhe as ricas pedrinhas! Esta noite passei-a quase toda a rezar à Senhora do Patrocínio, que todo o mundo aqui em Jerusalém respeita muitíssimo. Tem um altar muito lindo; ainda que a este respeito bem razão tinha a minha boa tia (como tem razão em tudo), quando dizia que lá para festas e procissões não há como os nossos portugueses. Pois esta noite, assim que ajoelhei diante da capela da Senhora, depois de seis salve-rainhas, voltei-me para a bela imagem e disse-lhe: 'Ai quem me dera saber como está a minha tia Patrocínio!' E quer a titi acreditar? Pois olhe, a Senhora, com a sua divina boca, disse-me, palavras textuais, que até, para não me esquecerem, as escrevi no punho da camisa — A minha querida afilhada vai bem, Raposo, e espera fazer-te feliz! — E isso não é milagre extraordinário, porque me contam aqui todas as famílias respeitáveis com quem vou tomar chá, que a Senhora e seu divino Filho dirigem sempre algumas palavras bonitas a quem os vem visitar. Saberá que já lhe obtive certas relíquias, uma palhinha do presépio, e uma tabuinha plainada por S. José. O meu companheiro alemão, que, como mencionei à titi na minha carta de Alexandria, de muita religião e muito sábio, consultou os livros que traz e afirmou-me que a tabuinha era das mesmas que, segundo está provado, S. José costumava aplainar nas horas vagas. Enquanto à *grande relíquia*, aquela que lhe quero levar para curar de todos os seus males e dar a salvação à sua alma e pagar-lhe assim tudo o que lhe devo, *essa espero em breve obtê-la*. Mas por ora não posso dizer nada... Recados aos nossos amigos, em quem penso muito e por quem tenho rezado constantemente; sobretudo ao nosso virtuoso Casimiro. E a titi deite a sua bênção ao seu sobrinho fiel e que muito a venera e está chupadinho de saudades e deseja a sua saúde — *Teodorico*. — P. S. Ai, titi, que asco que me fez hoje a casa de Pilatos! Até lhe escarrei! E eu disse à Santa Verônica que a titi tinha muita devoção com ela. Pareceu-me que a senhora santa ficou muito regalada... É o que eu digo aqui a todos estes eclesiásticos e aos patriarcas: 'É necessário conhecer-se a titi, para se saber o que é virtude!'

Antes de me despir, fui escutar, colada a orelha ao tabique de ramagens. A inglesa dormia serena, insensível; eu resmunguei, brandindo para lá o punho fechado:
— Besta!

Depois abri o guarda-roupa, tirei o dileto embrulho da camisinha da Mary, depus nele o meu beijo repenicado e grato.

Cedo, ao alvorar do outro dia, partimos para o devoto Jordão.

Fastidiosa, modorrenta, foi a nossa marcha entre as colinas de Judá! Elas sucedem-se, lívidas, redondas como crânios, ressequidas, escalvadas por um vento de maldição; só a espaços nalguma encosta, rasteja um tojo escasso, que na vibração inexorável da luz parece de longe um bolor de velhice e de abandono. O chão faísca, cor de cal. O silêncio radiante entristece como o que cai da abóbada de um jazigo. No fulgor duro do céu rondava em torno a nós, lento e negro, um abutre... Ao declinar do Sol erguemos as nossas tendas nas ruínas de Jericó.

Saboroso foi então descansar sobre macios tapetes, bebendo devagar limonada, na doçura da tarde. A frescura de um riacho alegre, que chalrava junto ao nosso acampamento por entre arbustos silvestres, misturava-se ao aroma da flor que eles davam, amarela como a da giesta; adiante verdejava um prado de ervas altas, avivado pela brancura de vaidosos, lânguidos lírios; junto da água passeavam aos pares pensativas cegonhas. Do lado de Judá erguia-se o monte da Quarentena, torvo, fusco na sua tristeza de eterna penitência; e para as bandas de Moab os meus olhos perdiam-se na velha, sagrada terra de Canaã, areal cinzento e desolado que se estende, como a alva mortalha de uma raça esquecida, até às solidões do mar Morto.

Fomos, ao alvorecer, com os alforjes fornidos, fazer essa votiva romaria. Era então em dezembro; esse inverno da Síria ia transparentemente doce; e trotando pela areia fina ao meu lado, o erudito Topsius contava-me como esta planície de Canaã fora outrora toda coberta de rumorosas cidades, de brancos caminhos entre vinhedos, e de águas de rega refrescando os muros das eiras; as mulheres, toucadas de anêmonas, pisavam a uva cantando; o perfume dos jardins era mais grato ao céu que o incenso; e as caravanas que entravam no vale pelo lado de Segor achavam aqui a abundância do rico Egito — e diziam que era este em verdade o vergel do Senhor.

— Depois — acrescentava Topsius sorrindo com infinito sarcasmo —, um dia o Altíssimo aborreceu-se e arrasou tudo!

— Mas por quê? por quê?

— Birra; mau humor; ferocidade...

Os cavalos relincharam sentindo a vizinhança das águas malditas; e bem depressa elas apareceram, estendidas até às montanhas de Moab, imóveis, mudas, faiscando solitárias sob o céu solitário. Oh! tristeza incomparável! E compreende-se que pesa ainda sobre elas a cólera do Senhor, quando se considera que ali jazem, há tantos séculos, sem uma recreável vila como Cascais; sem claras barracas de lona alinhadas à sua beira; sem regatas, sem pescas; sem que senhoras, meigas e de galochas, lhe recolham poeticamente as conchinhas na areia; sem que as alegrem, à hora das estrelas, as rabecas de uma assembleia toda festiva e com gás — ali mortas, enterradas entre duas serras como entre as cantarias de um túmulo.

— Além era a cidadela de Makeros — disse gravemente o erudito Topsius, alçado sobre os estribos, alongando o guarda-sol para a costa azulada do mar. — Ali viveu um dos meus Herodes, Antipas, o tetrarca da Galileia, filho de Herodes, o Grande; ali, D. Raposo, foi degolado o Batista.

E seguindo a passo para o Jordão (enquanto o alegre Pote nos fazia cigarros do bom tabaco de Alepo), Topsius contou-me essa lamentável história. Makeros, a mais altiva fortaleza da Ásia, erguia-se sobre pavorosos rochedos de basalto. As suas muralhas tinham cento e cinquenta côvados de altura; as águias mal podiam chegar até onde subiam as suas torres. Por fora era toda negra e soturna; mas dentro resplandecia de marfins, de jaspes, de alabastros; e nos profundos tetos de cedro os largos broquéis de ouro suspensos faziam como as constelações de um céu de verão. No centro da montanha, num subterrâneo, viviam as duzentas éguas de Herodes, as mais belas da Terra, brancas como o leite, com crinas negras como o ébano, alimentadas a bolos de mel, e tão ligeiras que podiam correr, sem lhes macular a pureza, por sobre um prado de açucenas. Depois, mais fundo ainda, num cárcere, jazia Iokanan — que a Igreja chama o Batista.

— Mas então, esclarecido amigo, como foi essa desgraça?

— Pois foi assim, D. Raposo... O meu Herodes conhecera em Roma Herodíade, sua sobrinha, esposa de seu irmão Filipe, que vivia na Itália, indolente e esquecido da Judeia, gozando o luxo latino. Era esplendidamente, sombriamente bela, Herodíade!... Antipas Herodes arrebata-a numa galera para a Síria; repudia sua mulher, uma moabita nobre, filha do rei Aretas, que governava o deserto e as caravanas; e fecha-se incestuosamente com Herodíade nessa cidadela de Makeros. Cólera em toda a devota Judeia, contra este ultraje à lei do Senhor! E então Antipas Herodes, arteiro, manda buscar o Batista, que pregava em vão no Jordão...

— Mas para que, Topsius?

— Pois para isto, D. Raposo... A ver se o rude profeta acariciado, amimado, amolecido pelo louvor e pelo bom vinho de Siquém, aprovava estes negros amores, e pela persuasão da sua voz, dominante em Judeia e Galileia, os tornava aos olhos dos fiéis brancos como a neve do Carmelo. Mas, desgraçadamente, D. Raposo, o Batista não tinha originalidade. Santo respeitável, sim; mas nenhuma originalidade... O Batista imitava em tudo servilmente o grande profeta Elias; vivia num buraco como Elias; cobria-se de peles de feras como Elias; nutria-se de gafanhotos como Elias; repetia as imprecações clássicas de Elias: e como Elias clamara contra o incesto de Acab, logo o Batista trovejou contra o incesto de Herodíade. Por imitação, D. Raposo!

— E emudeceram-no com a masmorra!

— Qual! Rugiu pior, mais terrivelmente! E Herodíade escondia a cabeça no manto para não ouvir esse clamor de maldição, saído do fundo da montanha.

Eu balbuciei, com uma lágrima a amolentar-me a pálpebra:

— E Herodes mandou então degolar o nosso bom S. João!

— Não! Antipas Herodes era um frouxo, um tíbio... Muito lúbrico, D. Raposo, infinitamente lúbrico, D. Raposo! Mas que indecisão!... Além disso, como todos os galileus, tinha uma secreta fraqueza, uma irremediável simpatia por profetas. E depois receava a vingança de Elias, o patrono, o amigo de Iokanan... Porque Elias não morreu, D. Raposo. Habita o céu, vivo, em carne, ainda coberto de farrapos, implacável, vociferador e medonho...

— Safa! — murmurei arrepiado.

— Pois aí está... Iokanan ia vivendo, ia rugindo. Mas sinuoso e sutil é o ódio da mulher, D. Raposo. Chega, no mês de Xebate, o dia dos anos de Herodes. Há um vasto festim em Makeros, a que assistia Vitélio, então viajando na Síria. D. Raposo lembra-se do crasso Vitélio que depois foi senhor do mundo... Pois à hora em que pelo cerimonial das Províncias Tributárias, se bebia à saúde de César e de Roma, entra subitamente na sala, ao som dos tamborins e dançando à maneira de Babilônia, uma virgem maravilhosa. Era Salomé, a filha de Herodíade e de seu marido Filipe, que ela educara secretamente em Cesareia, num bosque, junto do templo de Hércules. Salomé dançou, nua e deslumbrante. Antipas Herodes, inflamado, estonteado de desejo, promete dar tudo o que ela pedisse pelo beijo dos seus lábios... Ela toma um prato de ouro e, tendo olhado a mãe, pede a cabeça do Batista. Antipas, aterrado, oferece-lhe a cidade de Tiberíade, tesouros, as cem aldeias de Genesaré... Ela sorriu, olhou a mãe; e outra vez, incerta e gaguejando, pediu a cabeça de Iokanan... Então todos os convivas, saduceus, escribas, homens ricos da Decápolis, mesmo Vitélio e os romanos, gritaram alegremente: "Tu prometeste, tetrarca, tu juraste tetrarca!" Momentos depois, D. Raposo, um negro de Idumeia entrou, trazendo numa das mãos um alfanje, na outra, presa pelos cabelos, a cabeça do profeta. E assim acabou S. João, por quem se canta e se queimam fogueiras numa doce noite de junho...

Escutando, embevecidos e a passo, estas coisas tão antigas, avistamos ao longe, na areia fulva, uma sebe de verdura triste e da cor do bronze. Pote gritou: "O Jordão! O Jordão!" E arrebatadamente galopamos para o rio da Escritura.

O festivo Pote conhecia, à beira da corrente batismal, um sítio deleitosíssimo para uma sesta cristã; e aí passamos as horas quentes, recostados num tapete, lânguidos, e bebendo cerveja, depois de bem esfriada nas águas do rio santo. Ele faz ali um claro, suave remanso, a repousar da lenta, abrasada jornada que traz, através do deserto, desde o lago de Galileia; e, antes de mergulhar para sempre no amargor do mar Morto, ali preguiça, espraiado sobre a areia fina; canta baixo e cheio de transparência, rolando os seixos lustrosos do seu leito; e dorme nos sítios mais frescos, imóvel e verde, à sombra dos tamarindos... Por sobre nós rumorejavam as folhas dos altos choupos da Pérsia; entre as ervas balançavam-se flores desconhecidas, das que toucavam outrora as tranças das virgens de Canaã em manhãs de vindima; e na escuridão fofa das ramagens, onde já as não vinha assustar a voz terrível de Jeová, gorjeavam pacificamente as toutinegras. Defronte elevavam-se, azuis e sem mancha, como feitas de um só bloco de pedra preciosa, as montanhas de Moab. O céu branco, mudo, recolhido, parecia descansar deliciosamente do duro tumulto que o agitou quando ali vivia, entre preces e mortandades, o sombrio povo de Deus; e onde constantemente batiam as asas dos serafins, e flutuavam as roupagens dos profetas arrebatados pelo Altíssimo, era calmante ver agora passar apenas uma revoada de pombos bravos, voando para os pomares de Engada.

Obedecendo à recomendação da titi, despi-me, e banhei-me nas águas do Batista. Ao princípio, enleado de emoção beata, pisei a areia reverentemente como se fosse o tapete de um altar-mor; e de braços cruzados, nu, com a corrente lenta a bater-me os joelhos, pensei em S. Joãozinho, sussurrei um padre-nosso. Depois ri, aproveitei aquela bucólica banheira entre árvores; Pote atirou-me a minha esponja; e ensaboei-me nas águas sagradas, trauteando o *fado* da Adélia.

Ao refrescar, quando montávamos a cavalo, uma tribo de beduínos, descendo das colinas de Galgala, trouxe os seus rebanhos de camelos a beber ao Jordão; as crias brancas e felpudas corriam balando; os pastores, de lança alta, soltando gritos de batalha, galopavam, num amplo esvoaçar de albornozes; e era como se ressurgisse em todo o vale, no esplendor da tarde, uma pastoral da idade bíblica, quando Agar era moça! Teso na sela, com as rédeas bem colhidas, eu senti um curto arrepio de heroísmo; ambicionava uma espada, uma lei, um Deus por quem combater... Lentamente alargara-se pela planície sacra um silêncio enlevado. E o mais alto cerro de Moab cobriu-se de um fulgor raro, cor-de-rosa e cor de ouro, como se nele de novo, fugitivamente, ao passar, se refletisse a face do Senhor! Topsius alçou a mão sapiente:

— Aquele cimo iluminado, D. Raposo, é o Mória, onde morreu Moisés!

Estremeci. E penetrado pelas emanações divinas dessas águas, desses montes, sentia-me forte e igual aos homens fortes do Êxodo. Pareceu-me ser um deles, familiar de Jeová, e tendo chegado do negro Egito com as minhas sandálias na mão... Esse aliviado suspiro que trazia a brisa vinha das tribos de Israel, emergindo enfim do deserto! Pelas encostas além, seguida de uma escolta de anjos, a Arca dourada descia balançada sobre os ombros dos levitas vestidos de linho e cantando. Outra vez, nas secas areias, reverdecia a Terra da Promissão. Jericó branquejava entre as searas; e através dos palmares cerrados já ressoavam, em marcha, os clarins de Josué!

Não me contive, arranquei o capacete, saltei por sobre Canaã este urro piedoso:

— Viva Nosso Senhor Jesus Cristo! Viva toda a Corte do céu!

Cedo, ao outro dia, domingo, o incansável Topsius partiu bem enlapisado e bem enguardasolado, a estudar as ruínas de Jericó, essa velha cidade das palmeiras que Herodes cobrira de termas, de templos, de jardins, de estátuas, e onde passaram os seus tortuosos amores com Cleópatra... E eu, à porta da tenda, escarranchado num caixote, fiquei a tomar o meu café, olhando os pacíficos aspectos do nosso acampamento. O cozinheiro depenava frangos; o beduíno triste areava à beira da água o seu pacato alfanje; o nosso lindo arrieiro esquecia a ração às éguas para seguir no céu, de um brilho de safira, a branca passagem das cegonhas voando aos pares para a Samaria.

Depois pus o capacete, fui vadiar na doçura da manhã, de mãos nos bolsos, cantarolando um *fado* meigo. E ia pensando na Adélia e no Sr. Adelino... Enroscados na alcova, beijando-se furiosamente, estavam-me talvez chamando *carola*, enquanto eu passeava ali, nos retiros da Escritura! Àquela hora a titi, de mantelete preto, com o seu ripanço, saía para a missa de Sant'Ana; os criados do Montanha, esguedelhados, assobiando, escovavam o pano dos bilhares; e o Dr. Margaride à janela, na Praça da Figueira, pondo os óculos, abria o *Diário de Notícias*. Ó minha doce Lisboa!... Mas ainda mais perto, para além do deserto de Gaza, no verde Egito, a minha Maricoquinhas nesse instante estava enchendo o vaso do balcão com magnólias e rosas; o seu gato dormia no veludo da cadeira; ela suspirava pelo "seu portuguesinho valente...". Suspirei também: mais triste nos lábios se me fez o *fado* triste.

E de repente, olhando, achei-me, como perdido, num sítio de grande solidão e de grande melancolia. Era longe do regato e dos aromáticos arbustos de flor amarela; já não via as nossas tendas brancas; e diante de mim arredondava-se um ermo árido, lívido, de areia, fechado todo por penedos lisos, direitos como os muros de um poço — tão lúgubres que a luz loura da quente manhã de Oriente desmaiava ali, mortalmente, desbotada e magoada. Eu lembrava-me de gravuras, assim desoladas, onde um eremita de longas barbas medita um in-fólio junto de uma caveira. Mas nenhum solitário aniquilava ali a carne em heroica penitência. Somente, ao meio do fero recinto, isolada, orgulhosa, com um ar de raridade e de relíquia, como se as penedias se tivessem amontoado para lhe arranjarem um resguardo de sacrário, erguia-se uma árvore tão repelente, que logo me fez morrer nos lábios o resto do *fado* triste...

Era um tronco grosso, curto, atochado, e sem nós de raízes, semelhante a uma enorme moca bruscamente cravada na areia; a casca corredia tinha o lustre oleoso de uma pele negra; e da sua cabeça entumecida, de um tom de tição apagado, rompiam, como longas pernas de aranha, oito galhos que contei, pretos, moles, lanugentos, viscosos, e armados de espinhos... Depois de olhar em silêncio para aquele monstro, tirei devagar o meu capacete e murmurei:

— Para que viva!

É que me encontrava certamente diante de uma árvore ilustre! Fora um galho igual (o nono talvez) que, arranjado outrora em forma de coroa por um centurião romano da guarnição de Jerusalém, ornara sarcasticamente, no dia do suplício, a cabeça de um carpinteiro de Galileia, condenado... Sim, condenado por andar, entre quietas aldeias e nos santos pátios do templo, dizendo-se filho de Davi, e dizendo-se filho de Deus, a pregar contra a velha religião, contra as velhas instituições, contra a velha ordem, contra as velhas formas!

E eis que esse galho, por ter tocado os cabelos incultos do rebelde, torna-se divino, sobe aos altares, e do alto enfeitado dos andores faz prostrar no lajedo, à sua passagem, as multidões enternecidas...

No colégio dos Isidoros, às terças e sábados, o sebento padre Soares dizia esfuracando os dentes "que havia, meninos, lá num sítio da Judeia...". Era ali! "... uma árvore que segundo dizem os autores é mesmo de arrepiar...". Era aquela! Eu tinha, ante meus frívolos olhos de bacharel, a sacratíssima árvore de espinhos!

E logo uma ideia sulcou-me o espírito, com um brilho de visitação celeste... Levar à titi um desses galhos, o mais penugento, o mais espinhoso, como sendo a relíquia fecunda em milagres, a que ela poderia consagrar seus ardores de devota e confiadamente pedir as mercês celestiais! "Se entendes que mereço alguma coisa pelo que tenho feito por ti, traz-me então desses santos lugares uma santa relíquia..." Assim dissera a Sra. D. Patrocínio das Neves na véspera da minha jornada piedosa, entronada nos seus damascos vermelhos, diante da Magistratura e da Igreja, deixando escapar uma baga de pranto sob seus óculos austeros. Que lhe podia eu oferecer mais sagrado, mais enternecedor, mais eficaz, que um ramo da árvore de espinhos, colhido no vale do Jordão, numa clara, rosada manhã de missa?

Mas de repente assaltou-me uma áspera inquietação... E se realmente uma virtude transcendente circulasse nas fibras daquele tronco? E se a titi começasse a melhorar do fígado, a reverdecer, mal eu instalasse no seu oratório, entre lumes e flores, um desses galhos eriçados de espinhos? Oh! misérrimo logro! Era eu, pois, que lhe levava nesciamente o princípio milagroso da saúde, e a tornava rija, indestrutível, ininterrável, com os contos de G. Godinho firmes na mão avara! Eu. Eu que só começaria a viver quando ela começasse a morrer!

Rondando então em torno à árvore de espinhos, interroguei-a, sombrio e rouco: "Anda, monstro, diz! És tu uma relíquia divina com poderes sobrenaturais? Ou és apenas um arbusto grotesco com um nome latino nas classificações de Lineu? Fala! Tens tu, como aquele cuja cabeça coroaste por escárnio, o dom de sarar? Vê lá... Se te levo comigo para um lindo oratório português, livrando-te do tormento da solidão e das melancolias da obscuridão, e dando-te lá os regalos de um altar, o incenso vivo das rosas, a chama louvadora das velas, o respeito das mãos postas, todas as carícias da oração, não é para que tu, prolongando indulgentemente uma existência estorvadora, me prives da rápida herança e dos gozos a que a minha carne moça tem direito! Vê lá! Se por teres atravessado o Evangelho, te embebeste de ideais pueris de caridade e misericórdia e vais com tenção de curar a titi, então fica-te aí, entre essas penedias, fustigado pelo pó do deserto, recebendo o excremento das aves de rapina, enfastiado no silêncio eterno!... Mas se prometes permanecer surdo às preces da titi, comportar-te como um pobre galho seco e sem influência, e não interromperes a apetecida decomposição dos seus tecidos, então vais ter em Lisboa o macio agasalho de uma capela afofada de damascos, o calor dos beijos devotos, todas as satisfações de um ídolo, e eu hei de cercar-te de tanta adoração que não hás de invejar o Deus que os teus espinhos feriram... Fala, monstro!"

O monstro não falou. Mas logo senti perpassar-me na alma, aquietadoramente, com uma consolante fresquidão de brisa de estio, o pressentimento de que breve a titi ia morrer e apodrecer na sua cova. A árvore de espinhos mandava, pela comunicação esparsa da Natureza, da sua seiva ao meu sangue, aquele palpite suave da morte da Sra. D. Patrocínio, como uma promessa suficiente de que, transportado para o oratório, nenhum dos seus galhos impediria que o fígado dessa hedionda senhora inchasse e se desfizesse... E isto foi entre nós, nesse ermo, como um pacto taciturno, profundo e mortal.

Mas era esta realmente a árvore de espinhos? A rapidez da sua condescendência fazia-me suspeitar a excelência da sua divindade. Resolvi consultar o sólido, sapientíssimo Topsius.

Corri à fonte de Eliseu, onde ele rebuscava pedras, lascas, lixos, restos da orgulhosa cidade das palmeiras. Avistei logo o luminoso historiógrafo acocorado junto a uma poça de água, com os óculos sôfregos, esgarafunhando um pedaço de pilastra negra, meio enterrada no lodo. Ao lado um burro, esquecido da erva tenra, contemplava filosoficamente e com melancolia o afã, a paixão daquele sábio, de rastos no chão, à procura das termas de Herodes.

Contei a Topsius o meu achado, a minha incerteza... Ele ergueu-se logo, serviçal, zeloso, presto às lides do saber.

— Um arbusto de espinhos? — murmurava, estancando o suor. — Há de ser o *nabka*... Banalíssimo em toda a Síria! Hasselquist, o botânico, pretende que daí se fez a coroa de espinhos... Tem umas folhinhas verdes, muito tocantes, em forma de coração, como as da hera... Ah! não tem? Perfeitamente, então é o *Lycium spinosum*. Foi o que serviu, segundo a tradição latina, para a coroa da injúria... Que, quanto a mim, a tradição é fútil; o Hasselquist ignaro, infinitamente ignaro... Mas eu vou já aclarar isso, D. Raposo. Aclarar irrefutavelmente e para sempre!

Abalamos. No ermo, ante a árvore medonha, Topsius, alçando catedraticamente o bico, recolheu um momento aos depósitos interiores do seu saber, e depois declarou que eu não podia levar à minha tia devotíssima nada mais precioso. E a sua demonstração foi faiscante. Todos os instrumentos da crucificação (disse ele, floreando o guarda-sol), os pregos, a esponja, a cana verde, um momento divinizados como materiais da Divina Tragédia, reentraram pouco a pouco, pelas urgências da Civilização, nos usos grosseiros da vida... Assim, o prego não ficou *per aeternum* na ociosidade dos altares, memorando as Chagas Sacratíssimas; a humanidade, católica e comerciante, foi gradualmente levada a utilizar o prego como uma valiosa ferragem; e tendo traspassado as mãos do Messias, ele hoje segura, laborioso e modesto, as tampas de caixões impuríssimos... Os mais reverentes irmãos do Senhor dos Passos empregam a cana para pescar, ela entra na folgante composição do foguete; e o Estado mesmo (tão escrupuloso em matéria religiosa) assim a usa em noites alegres de nova Constituição, ou em festivos delírios pelas bodas de príncipes... A esponja, outrora embebida no vinagre de sarcasmo oferecida numa lança, é hoje aproveitada nesses irreligiosos cerimonias da limpeza, que a Igreja sempre reprovou com ódio... Até a cruz, a forma suprema, tem perdido entre os homens a sua divina significação. A cristandade, depois de a ter usado como lábaro, usa-a como enfeite. A cruz é broche, a cruz é berloque: pende nos colares, tilinta nas pulseiras; é gravada em sinetes de lacre, é incrustada em botões de punho; e a cruz realmente neste soberbo século pertence mais à ourivesaria do que pertence à religião...

— Mas a coroa de espinhos, D. Raposo, essa não *tornou* a *servir para mais nada*!

Sim, *para mais nada*! A Igreja recebeu-a das mãos de um procônsul romano, e ela ficou isoladamente e para toda a eternidade na Igreja, comemorando o grande ultraje. Em todo este vário universo, ela só encontra um lugar congênere na penumbra das capelas; o seu único préstimo é persuadir à contrição. Nenhum joalheiro jamais a imitou em ouro, cravejada de rubis, para ornar um penteado louro; e é só instrumento de martírio; e com salpicos de sangue, sobre os caracóis frisados das imagens, inspira infinitamente as lágrimas... O mais astuto industrial, depois de a retorcer pensativamente nas mãos, restituí-la-ia aos altares como coisa inútil na vida, no comércio, na civilização; ela é só atributo da Paixão, recurso de tristes, enternecedora de fracos. Só ela, entre os acessórios da Escritura, provoca sinceramente a oração. Quem, por mais adorabundo, se prostraria, a borbulhar de padre-nossos, diante de uma esponja caída numa tina, ou de uma cana à beira de um regato?... Mas para a coroa de espinhos, erguem-se sempre as mãos crentes; e a sensação da sua desumanidade passa ainda na melancolia dos *Misereres*!

Que maior maravilha podia eu levar à titi?...

— Sim, Topsius, meu catita... Os teus dizeres são de ouro puro... Mas a outra, a verdadeira, *a que serviu*, teria sido tirada daqui deste tronco? Hem, amiguinho?

O erudito Topsius desdobrou lentamente o seu lenço de quadrados; e declarou (contra a fútil tradição latina e contra o ignaríssimo Hasselquist) que a coroa de espinhos fora arranjada de uma silva, fina e flexível, que abunda nos vales de Jerusalém, com que se acende o lume, com que se eriçam as sebes, e que dá uma florzinha roxa, triste e sem cheiro...

Eu murmurei, sucumbido:

— Que pena! A titi fazia tanto gosto que fosse daqui, Topsius!

Então esse sagaz filósofo compreendeu que há razões de família como há razões de Estado — e foi sublime. Estendeu a mão por cima da árvore, cobrindo-a assim largamente com a garantia da sua ciência, e disse estas palavras memoráveis:

— D. Raposo, nós temos sido bons amigos... Pode pois afiançar à senhora sua tia, da parte de um homem que a Alemanha escuta em questões de crítica arqueológica, que o galho que lhe levar daqui, arranjado em coroa, foi...

— Foi? — berrei ansioso.

— Foi o mesmo que ensanguentou a fronte do Rabi Jexua Natzarieh, a quem os latinos chamam Jesus de Nazaré, e outros também chamam o Cristo!...

Falara o alto saber germânico! Puxei o meu navalhão sevilhano, decepei um dos galhos. E enquanto Topsius voltava a procurar pelas ervas úmidas a cidadela de Cipron e outras pedras de Herodes, eu recolhi às tendas, em triunfo, com a minha preciosidade. O prazenteiro Pote, sentado num selim, estava moendo café.

— Soberbo galho! — gritou ele. — Quer-se arranjadinho em coroa... Fica de uma devoção!

E logo com a sua rara destreza de mãos, o jucundo homem entrelaçou o galho rude em forma de coroa santa. E tão parecida! tão tocante!...

— Só lhe faltam as pinguinhas de sangue! — murmurava eu, enternecido. — Jesus! o que a titi se vai babar!

Mas como levaríamos para Jerusalém, através dos cerros de Judá, aqueles incômodos espinhos, que, apenas armados na sua forma passional, pareciam já ávidos de rasgar carne inocente? Para o alegre Pote não havia dificuldades; tirou do fundo do seu provido alforje uma fofa nuvem de algodão em rama; envolveu nela delicadamente a coroa de agravo, como uma joia frágil; depois, com uma folha de papel pardo e um nastro escarlate, fez um embrulho redondo, sólido, ligeiro e nítido... E eu, sorrindo, enrolando o cigarro, pensava nesse outro embrulho de rendas e laços de seda, cheirando a violeta e a amor, que ficara em Jerusalém, esperando por mim e pelo favor dos meus beijos.

— Pote, Pote! — gritei, radiante. — Nem tu sabes que grossa moeda me vai render esse galhinho, dentro desse pacotinho!

Apenas Topsius voltou da sacra fonte de Eliseu, eu ofereci, para celebrar o encontro providencial da grande relíquia, uma das garrafas de champanhe, que Pote trazia nos alforjes, encarapuçadas de ouro. Topsius bebeu "à Ciência!" Eu bebi "à Religião!". E largamente a espuma de *Möet & Chandon* regou a terra de Canaã.

À noite, para maior festividade, acendemos uma fogueira; e as mulheres árabes de Jericó vieram dançar diante das nossas tendas. Recolhemos tarde, quando por sobre Moab, para os lados de Makeros, a lua aparecia, fina e recurva, como esse alfanje de ouro que decepou a cabeça ardente de Iokanan.

O embrulho da coroa de espinhos estava à beira do meu catre. O lume apagara-se, o nosso acampamento dormia no infinito silêncio do vale da Escritura... Tranquilo, regalado, adormeci também.

Capítulo III

Havia certamente duas horas que assim dormia, denso e estirado no catre, quando me pareceu que uma claridade trêmula, como a de uma tocha fumegante, penetrava na tenda; e através dela uma voz me chamava, lamentosa e dolente:

— Teodorico, Teodorico, ergue-te e parte para Jerusalém!

Arrojei a manta, assustado; e vi o doutíssimo Topsius, que, à luz mortal de uma vela, bruxuleando sobre a mesa onde jaziam as garrafas de champanhe, afivelava no pé rapidamente uma velha espora de ferro. Era ele que me despertava, açodado, fervoroso:

— A pé, Teodorico, a pé! As éguas estão seladas! Amanhã é Páscoa! Ao alvorecer devemos chegar às portas de Jerusalém!

Arredando os cabelos, considerei com pasmo o sisudo, ponderado doutor:

— Ó Topsius! Pois nós partimos assim, bruscamente, sem os nossos alforjes, e deixando as tendas adormecidas, como quem foge espavorido?

O erudito homem alçou os seus óculos de ouro que resplandeciam com uma desusada, irresistível intelectualidade. Uma capa branca, que eu nunca lhe vira, envolvia-lhe a douta magreza em pregas graves e puras de toga latina; e lento, esguio, abrindo os braços, disse, com lábios que pareciam clássicos e de mármore:

— D. Raposo! Esta aurora que vai nascer, e em pouco tocar os cimos do Hébron, é a de quinze do mês de Nizão; e não houve em toda a história de Israel, desde que as tribos voltaram da Babilônia, nem haverá, até que

Tito venha pôr o último cerco ao templo, um dia mais interessante! Eu preciso estar em Jerusalém para ver, viva e rumorejando, esta página do Evangelho! Vamos, pois fazer a santa Páscoa à casa de Gamaliel, que é um amigo de Hilel, e um amigo meu, um conhecedor das letras gregas, patriota forte e membro do Sanedrim. Foi ele que disse: "Para te livrares do tormento da dúvida, impõe-te uma autoridade". Portanto, a pé, D. Raposo!

Assim murmurou o meu amigo, ereto e lento. E eu, submissamente, como perante um mandamento celeste, comecei a enfiar em silêncio as minhas grossas botas de montar. Depois, apenas me agasalhei no albornoz, ele empurrou-me com impaciência para fora da tenda, sem mesmo me deixar recolher o relógio e a faca sevilhana, que todas as noites, cauteloso, eu guardava debaixo do travesseiro. A luz da vela esmorecia, fumarenta e vermelha...

Devia ser meia-noite. Dois cães ladravam ao longe, surdamente, como entre frondosos muros de quintas. O ar macio e ermo cheirava a rosas de vergel e à flor de laranjeira. O céu de Israel faiscava com desacostumado esplendor; e, em cima do monte Nebo, um belo astro mais branco, de uma refulgência divina, olhava para mim, palpitando ansiosamente, como se procurasse, cativo na sua mudez, dizer um segredo à minha alma!

As éguas esperavam, imóveis sob as longas crinas. Montei. E então, enquanto Topsius arranjava laboriosamente os loros, avistei, para os lados da fonte de Eliseu, uma forma maravilhosa que me arrepiou de terror transcendente.

Era, ao clarão diamantino das estrelas da Síria, como a branca muralha de uma cidade nova! Frontões de templos alvejavam palidamente entre a espessura de bosques sagrados; para as colinas distantes, fugiam esbatidos os arcos ligeiros de um aqueduto. Uma chama fumegava no alto de uma torre; mais baixo, movendo-se, faiscavam pontas de lanças; um som longo de buzina morria na sombra... E abrigada junto aos bastiões, uma aldeia dormia entre palmeiras.

Topsius, na sela, pronto a marchar, embrulhara a mão nas crinas da égua.

— Aquilo branco, além? — murmurei sufocado.

Ele disse simplesmente:

— Jericó.

Rompeu, galopando. Não sei quanto tempo segui, emudecido, o nobre historiador dos Herodes; era por uma estrada direita, feita de lajes negras de basalto. Ah! que diferente do áspero caminho por onde tínhamos descido a Canaã, faiscante e cor de cal, através de colinas onde o tojo escasso semelhava, na irradiação da luz, um bolor de velhice e de abandono! E tudo em redor me parecia diferente também, a forma das rochas, o cheiro da terra quente, até a palpitação das estrelas... Que mudança se fizera em mim, que mudança se fizera no Universo? Por vezes uma faísca dura saltava das ferraduras das éguas. E sem descontinuar, Topsius galopava, agarrado às crinas, com as duas bandas da capa branca batendo como os dois panos de uma bandeira...

Mas subitamente parou. Era junto de uma casa quadrada, entre árvores, toda apagada e muda, tendo no topo uma haste sobre que pousava estranhamente, como recortada numa lâmina de ferro, a figura de uma cegonha. À entrada esmorecia uma fogueira; remexi as achas e, à curta chama que ressaltou, compreendi que era uma antiga estalagem à beira de uma antiga estrada. Por baixo da cegonha, encimando a porta estreita e eriçada de pregos, brilhava em negro, numa lápide branca, a tabuleta latina *Ad Gruem Majorem*; e ao lado, enchendo parte da fachada, desenrolava-se uma inscrição rudemente entalhada na pedra, que eu decifrei a custo, e em que Apolo prometia a saúde ao hóspede, e Septimano, o hospedeiro, lhe garantia risonha acolhida, o banho reparador, vinho forte da Campânia, frescos palhetes de Engadi, e "todas as comodidades à maneira de Roma".

Murmurei desconfiado:

— À maneira de Roma!

Que estranhos caminhos ia eu então trilhando? Que outros homens, dessemelhantes de mim, no falar e no traje, bebiam ali, sob a proteção de outros deuses, o vinho em ânforas do tempo de Horácio?...

Mas de novo Topsius marchou, esguio e vago, na noite. Agora findara a estrada de basalto sonoro; e subíamos a passo um brusco caminho, cavado entre rochas, onde grossos pedregulhos ressoavam, rolavam sobre as patas das éguas, como no leito de uma torrente que um lento agosto secou. O erudito doutor, sacudido na sela, praguejava roucamente contra o Sanedrim, contra a hirta lei judaica, oposta indobravelmente a toda a obra culta que quer fazer o procônsul... Sempre o Fariseu via com rancor o aqueduto romano que lhe trazia a água, a estrada romana que o levava às cidades, à terma romana que lhe curava as pústulas...

— Maldito seja o Fariseu!

Sonolento, rememorando velhas imprecações do Evangelho, eu rosnava, encolhido no meu albornoz:

— Fariseu, sepulcro caiado... Maldito seja!

Era a hora calada em que os lobos dos montes vão beber. Cerrei os olhos; as estrelas desmaiavam.

Breves faz o Senhor as noites macias do mês de Nizão, quando se come em Jerusalém o anho branco de Páscoa; e bem cedo o céu se vestiu de alvo do lado do país de Moab.

Despertei. Já os gados balavam nos cerros. O ar fresco cheirava a rosmaninho.

E então avistei, errando por cima dos penedos sobranceiros ao caminho, um homem estranho, bravio, coberto com uma pele de carneiro, que me recordou Elias e todas as cóleras da Escritura; o peito, as pernas pareciam de granito vermelho; por entre a grenha e a barba, rudes, emaranhadas, fazendo-lhe como uma juba feroz, os olhos refulgiam-lhe desvairadamente... Descobriu-nos, e logo, estendendo os braços como quem arremessa pedras, despediu sobre nós todas as maldições do Senhor! Chamou-nos "pagãos", chamou-nos "cães"; gritava "malditas sejam as vossas mães, secos sejam os peitos que vos criaram!". Cruéis e cheios de presságios caíam os seus brados do alto das rochas; e, retardado pelos passos lentos da égua, Topsius encolhia-se na capa, como sob uma saraiva inclemente. Até que me enfureci; voltei-me na anca da cavalgadura, chamei-lhe bêbado, atirei-lhe obscenidades; e via, no entanto, sob a chama selvagem dos seus olhos, a boca clamorosa e negra torcer-se-lhe, babar-se de furor devoto...

Mas, desembocando da ravina, encontramos, larga e lajeada, a estrada romana que vai a Siquém; e, trotando por ela, sentimos o alívio de penetrar enfim numa região culta, piedosa, humana e legal. A água abundava; sobre as colinas erguiam-se fortalezas novas; pedras sagradas delimitavam os campos. Nas eiras brancas, os bois enfeitados de anêmonas pisavam o trigo da colheita de Páscoa; e em vergéis, onde a figueira já tinha enfolhado, o servo na sua torre caiada, cantando com uma vara na mão, afugentava os pombos bravos. Por vezes avistávamos um homem, de pé, junto da sua vinha, ou à beira dos canais de rega, direito, com a ponta do manto atirada por cima da cabeça, e os olhos baixos, dizendo a santa oração do *Schema*. Um oleiro, que espicaçava o seu burro, carregado de cântaros de barro amarelo, gritou-nos: "Benditas sejam as vossas mães, boa vos seja a Páscoa!" E um leproso, que descansava à sombra, nos olivedos, perguntou-nos, gemendo e mostrando as chagas, qual era em Jerusalém o Rabi que curava, e aonde se apanhava a raiz do baraz.

Já nos aproximávamos de Betânia. Para dar de beber às éguas, paramos numa linda fonte que um cedro assombreava. E o douto Topsius, arranjando um loro, admirava-se de não termos encontrado a caravana, que vem de Galileia celebrar a Páscoa a Jerusalém, quando soou, adiante, na estrada, um rumor lento de armas em marcha... E eu vi, assombrado, aparecerem soldados romanos, desses que tantas vezes amaldiçoara em estampas da Paixão!

Barbudos, tostados pelo sol da Síria, marchavam solidamente, em cadência, com um passo bovino, fazendo ressoar sobre as lajes as sandálias ferradas; todos traziam às costas os escudos envoltos em sacos de lona; e cada um erguia ao ombro uma alta forquilha, donde pendiam trouxas encordeladas, pratos de bronze, ferramentas e cachos de tâmaras. Algumas filas, descobertas, seguravam o capacete como um balde; outras, nas mãos cabeludas, balançavam um dardo curto. O decurião, gordo e louro, seguido de uma gazela familiar, enfeitada com corais, dormitava, ao passo miúdo da égua, embrulhado num manto escarlate. E atrás, ao lado das mulas carregadas de sacos de trigo e molhos de lenha, os arrieiros cantavam ao som de uma flauta de barro, tocada por um negro quase nu, que tinha no peito, em traços vermelhos, o número da Legião.

Eu recuara para o escuro do cedro. Mas Topsius, logo, como um germano servil, desmontara, ajoelhando quase no pó, ante as Armas de Roma; e não se conteve, berrou agitando os braços e a capa:

— Longa vida a Caio Tibério, três vezes cônsul, ilírico, panônico, germânico, imperador, pacificador e augusto!...

Alguns legionários riram, crassamente. E passaram, cerrados, com um rumor de ferro, enquanto um pegureiro, ao longe, arrebanhando as cabras aos brados, fugia para o cimo dos cerros.

De novo galopamos. A estrada de basalto findou; e penetramos entre arvoredos, num aroma de pomares, através de abundância e frescura.

Oh, que diferentes se mostravam estes caminhos, estas colinas que eu vira dias antes, em torno à Cidade Santa, dessecadas por um vento de abstração, e brancas, da cor das ossadas... Agora tudo era verde, regado, murmuroso, e com sombras. A mesma luz perdera o tom magoado, a cor dorida, com que eu sempre a vira, cobrindo Jerusalém; as folhas dos ramos de abril desabrochavam num azul moço, tenro, cheio de esperança como elas. E a cada instante se me iam os olhos longamente nesses vergéis da Escritura, que são feitos da oliveira, da figueira e da vinha, e onde crescem silvestres, e mais esplêndidos que o rei Salomão, os lírios vermelhos dos campos!

Enlevado e cantarolando, eu trotava ao comprido de uma sebe toda entrelaçada de rosas. Mas Topsius deteve-me, mostrou-me no alto de um outeiro, sobre um fundo sombrio de ciprestes e cedros, uma casa abrindo, para o lado do oriente e da luz, o seu pórtico branco. Pertencia, disse ele, a um romano, parente de Valério Grato, antigo legado imperial da Síria; e tudo ali parecia penetrado de paz amável e de graça latina. Um tapete viçoso, de relva bem lisa, estendia-se em declive até a uma álea de alfazema, tendo ao meio, sobre o verde, desenhadas com linhas de flores escarlates, as iniciais de Valério Grato; em redor, entre canteiros de rosas, de açucenas, orladas de mirto, resplandeciam nobres vasos de mármore coríntico, onde se enrolavam folhas de acanto; um servo, de capuz cinzento, talhava um teixo em forma de urna, ao lado de um buxo alto já talhado sabiamente em feitio de lira; aves domésticas picavam o chão, coberto de areia escarlate, numa rua de plátanos onde os braços de hera faziam, de tronco a tronco, festões como os que ornam um templo; a rama dos loureiros velava de sombras a nudez das estátuas. E sob um caramanchão de vinha, ao rumor de água lenta cantando numa bacia de bronze, um velho de toga, sereno, risonho, ditoso, lia junto a uma imagem de Esculápio um longo rolo de papiro, enquanto uma rapariga, com uma flecha de ouro nas tranças, toda vestida de linho alvo, fazia uma grinalda com as flores que lhe enchiam o regaço... Ao passo dos nossos cavalos, ela erguia os olhos claros. Topsius gritou: *Oh! salve, pulquérrima*! Eu gritei: *Viva la gracia*! Os melros cantavam nas romãzeiras em flor.

Mais adiante o facundo Topsius deteve-me ainda, apontando-me outra vivenda de campo, escura e severa entre ciprestes; e disse-me baixo que era de Osanias, um rico saduceu de Jerusalém, da família pontifical de Boethos, e membro do Sanedrim. Nenhum ornato pagão lhe profanava os muros. Quadrada, fechada, hirta, ela reproduzia a austeridade da lei. Mas os largos celeiros, cobertos de colmo, os lagares, os vinhedos, diziam as riquezas feitas de duros tributos; no pátio dez escravos não bastavam a guardar os sacos de trigo, odres, carneiros marcados de vermelho, recolhidos em pagamento do dízimo nesse dia de Páscoa. Junto à estrada, com uma piedade ostentosa, caiada de fresco, refazia, ao sol, entre roseiras, a sepultura doméstica.

Assim caminhando chegamos aos palmares onde se aninha Betfagé. E por um atalho virente que Topsius conhecia, começamos a subir o Monte das Oliveiras, até o Lagar da Moabita — que é uma paragem de caravanas nessa infinita, vetusta Via Real que vem do Egito, seguindo até Damasco, a bem regada.

E foi como um deslumbramento, ao encontrarmos sobre todo o monte, por entre os olivedos da encosta até ao Cédron, por entre os pomares do vale até Siloé, em meio dos túmulos novos dos sacrificadores, e mesmo para os lados onde se empoeira a estrada de Hébron — o despertar rumoroso de todo um povo acampado! Tendas negras do deserto, feitas de peles de carneiro e rodeadas de pedras: barracas de lona, da gente da Idumeia, alvejando ao sol entre as verduras; cabanas armadas com ramos, onde se abrigam os pastores de Áscalon; toldos de tapetes que os peregrinos de Neftali suspendem em varas de cedro — era toda a Judeia às portas de Jerusalém, a celebrar a Páscoa sagrada! E havia ainda, em volta ao casal onde velava um posto de legionários, os mercadores gregos da Decápolis, tecelões fenícios de Tiberíade, e a gente pagã que, através de Samaria, vem dos lados de Cesareia e do mar.

Fomos marchando, lentos e cautelosos. À sombra das oliveiras os camelos descarregados ruminavam placidamente; e as éguas da Pereia, com as patas entravadas, pendiam a cabeça sob a espessura das longas crinas. Junto às tendas, cujos panos meio levantados nos deixavam entrever brilhos de armas penduradas, ou o esmalte de um grande prato, raparigas, com os braços reluzindo de braceletes, pisavam entre duas pedras o grão do centeio; outras mungiam as cabras; por toda parte se acendiam fogos claros; e com os filhos pela mão, o cântaro esguio ao ombro, uma fila de mulheres descia cantando para a fonte de Siloé.

As patas dos nossos cavalos prendiam-se nas cordas retesadas das barracas dos ide umeus. Depois estacávamos diante de tapetes alastrados, onde um mercador de Cesareia, com um manto à cartaginesa, vistoso e bordado de flores, expunha peças de linho do Egito, estendia sedas de Cós, fazia reluzir armas marchetadas; ou com um frasco na palma de cada mão, celebrava as perfeições do nardo da Assíria e dos óleos doces da Partia... Os homens em redor, arredando-se, demoravam em nós os seus olhos lânguidos e altivos; por vezes murmuravam uma injúria surda; ou por causa dos óculos do douto Topsius, um riso de escárnio mostrava dentes agudos de fera, entre rudes barbas negras.

Sobre as árvores, encostados aos muros, filas de mendigos ganiam, mostrando o caco com que rapavam as chagas. Diante de uma cabana feita de ramos de loureiro, um velho obeso, rubro como um sileno, apregoava o vinho fresco de Siquém, as favas novas de abril. Os homens fuscos do deserto apinhavam-se em torno dos gigos de fruta. Um pastor de Áscalon, em andas, no meio de um rebanho de cordeiros brancos, tocava buzina, chamando os devotos a comprar o anho puro da Páscoa. E por entre a multidão onde constantemente se erguiam paus, em rixas bruscas, soldados romanos rondavam aos pares, com um ramo de oliveira no capacete, benignos e paternais.

Assim chegamos junto de dois altos, frondosos cedros, tão cobertos de pombas brancas voando, que eram como duas grandes macieiras, na primavera, que um vento estivesse destoucando das fores. Subitamente, Topsius parara, abria os braços; eu também: e com o coração suspenso ali ficamos imóveis, deslumbrados, vendo lá em baixo, na luz, resplandecer Jerusalém.

O sol banhava-a, suntuosamente! Uma severa, altiva muralha, guarnecida de torres novas, som portas onde as cantarias se entremeavam de lavores de ouro, erguia-se sobre a ribanceira escarpada do Cédron, já seco pelos calores de Nizão, e ia correndo, cingindo Sião, para o lado do Hinnon e até aos cerros de Gareb. E, dentro, em face aos cedros que nos assombreavam, o templo, sobre os seus alicerces eternos, parecia dominar toda a Judeia, soberbo em esplendor, murado de granitos polidos, armado de bastiões de mármore, como a refulgente cidadela de um Deus!...

Debruçado sobre as crinas, o sapiente Topsius apontava-me o adro primordial, chamado o "Pátio dos Gentílicos", vasto bastante para receber todas as multidões de Israel, todas as da terra pagã; o chão liso rebrilhava como a água límpida de uma piscina; e as colunas de mármore de Paros que o ladeavam, formando os Pórticos de Salomão, profundos e cheios de frescura, eram mais bastas que os troncos nos cerrados palmares de Jericó. Em meio desta área, cheia de ar e de luz, elevava-se, em escadarias lustrosas como se fossem de alabastro, com portas chapeadas de prata, arcarias, torreões donde voavam pombas, um nobre terraço, só acessível aos fiéis da lei, ao povo eleito de Deus, o orgulhoso "Adro de Israel". Daí erguia-se ainda, com outras claras escadarias, outro branco terraço, o "Átrio dos Sacerdotes"; no brilho difuso que o enchia, negrejava um enorme altar de pedras brutas, enristando a cada ângulo um sombrio corno de bronze; aos lados dois longos fumos direitos subiam devagar, mergulhavam no azul com a serenidade de uma prece perenal. E ao fundo, mais alto, ofuscante com os seus recamos de ouro sobre a alvura dos mármores, níveo e fulvo, como feito de ouro puro e neve pura, refulgia maravilhosamente, lançando o seu clarão aos montes em redor, o *Hiéron*, o Santuário dos Santuários, a morada de Jeová: sobre a porta pendia o véu místico, tecido em Babilônia, cor do fogo e cor dos mares; pelas paredes trepava a folhagem de uma vinha de esmeralda, com cachos de outras pedrarias; da cúpula irradiavam longas lanças de ouro, que o aureolavam de raios como um sol; e assim, resplandecente, triunfante, augusto, precioso, ele elevava-se para aquele céu de festa pascal, ofertando-se todo, como o dom mais belo, o dom mais raro da Terra!

Mas ao lado do Templo, mais alto que ele, dominando-o com a severidade de um amo orgulhoso, Topsius mostrou-me a Torre Antônia, negra, maciça, impenetrável, cidadela de forças romanas... Na plataforma, entre as ameias, movia-se gente armada; sobre um bastião, uma figura forte, envolta num manto vermelho de centurião, estendia o braço; e toques lentos de buzina pareciam falar, dar ordens, para outras torres que ao longe se azulavam no ar límpido, algemando a Cidade Santa. César pareceu-me mais forte que Jeová!

E mostrou-me ainda, para além da Antônia, o velho burgo de Davi. Era um tropel de casas cerradas, caiadas de fresco sobre o azul, descendo como um rebanho de cabras brancas para um vale ainda em sombra, onde uma praça monumental se abria entre arcarias; depois, trepava, fendido em ruas tortuosas, a espalhar-se sobre a colina fronteira de Acra, rica, com palácios, e cisternas redondas que luziam à luz semelhantes a broquéis de aço. Mais longe ainda, para além de velhos muros derrocados, era o bairro novo de Bezetha, em construção; o circo de Herodes arredondava aí as suas arcarias; e os jardins de Antipas estiravam-se por um último outeiro, até junto ao túmulo de Helena, assoalhados, frescos, regados pelas águas doces de Enrogel.

— Ah! Topsius, que cidade! — murmurei maravilhado.

— Rabi Eliézer diz que não viu jamais cidade bela quem não viu Jerusalém!

Mas ao nosso lado passava gente alegre, correndo para os lados da verde estrada que sobe de Betânia; e um velho que puxava à pressa a arreata do seu burro, carregado de molhos de palmas, gritou-nos que se avistara e vinha chegando à caravana da Galileia! Então, curiosos, trotamos até um cômoro, junto a uma sebe de cactos, onde já se apinhavam mulheres com os filhos ao colo, sacudindo véus claros, soltando palavras de bênção e de boa acolhida; e logo vimos, numa poeirada lenta que o sol dourava, a densa fila de peregrinos que são os derradeiros a chegar a Jerusalém, vindos de longe, da alta Galileia, desde Gescala e dos montes. Um rumor de cânticos enchia a estrada festiva; em torno a um estandarte verde agitavam-se palmas e ramos floridos de amendoeira; e os grandes fardos, carregando o dorso dos camelos, balanceavam em cadência por entre os turbantes brancos cerrados e movendo-se em marcha.

Seis cavaleiros da guarda babilônica de Antipas Herodes, tetrarca de Galileia, escoltavam a caravana desde Tiberíade: traziam mitras de felpo, as longas barbas separadas em tranças, as pernas ligadas em tiras de couro amarelo; e caracolavam à frente, fazendo estalar numa das mãos açoites de corda, com a outra atirando ao ar e aparando alfanjes que faiscavam. Logo atrás era uma colegiada de levitas, em coro, a passos largos, apoiados a bordões enfeitados de flores, com os rolos da lei apertados sobre o peito, salmodiando rijo os louvores de Sião. E em torno moços robustos, com as faces infladas e rubras, sopravam para o céu furiosamente em trompas recurvas de bronze.

Mas, dentre a gente apertada à beira da estrada, rompeu uma aclamação. Era um velho, sem turbante, de cabelos soltos, recuando e dançando freneticamente: das mãos cabeludas que ele agitava no ar saía um repique de castanholas; ora arremessava uma perna, ora outra; e toda a sua face barbuda de Rei Davi, ardia com um fulgor inspirado. Atrás dele, raparigas, pulando compassadamente sobre a ponta ligeira das sandálias, feriam com dolência harpas leves; outras, rodando sobre si, batiam de alto os tamborins — e as suas manilhas de prata brilhavam no pó que os seus pés levantavam, sob a roda das túnicas enfunadas... Então, arrebatada, a turba entoou o velho canto das jornadas rituais e os salmos de peregrinação.

— Meus passos vão todos para ti, ó Jerusalém! Tu és perfeita! Quem te ama conhece a abundância!

E eu bradava também, transportado:

— Tu és o palácio do Senhor, ó Jerusalém, e o repouso do meu coração!

Lenta e rumorosa a caravana passava. As mulheres dos levitas, em burros, veladas e rebuçadas, semelhavam grandes sacos moles; as mais pobres, a pé, traziam nas pontas dobradas do manto frutas e o grão da aveia. Os previdentes, já com a sua oferenda ao Senhor, arrastavam preso do cinto um cordeiro branco; os mais fortes seguravam às costas, presos pelos braços, os doentes — cujos olhos dilatados, nas faces maceradas, procuravam ansiosamente as muralhas da Cidade Santa, onde todo mal se cura.

Entre os peregrinos e a alegre multidão que os acolhia, as bênçãos cruzavam-se, ruidosas e ardentes; alguns perguntavam pelos vizinhos, pelas searas ou pelos avós que tinham ficado na aldeia à sombra da sua vinha; e ouvindo que lhe fora roubada a pedra do seu moinho, um velho, ao meu lado, com as barbas de um Abraão, arremessou-se à terra a arrepelar-se e a esfarrapar a túnica. Mas já fechando a marcha, passavam as mulas com guizos carregadas de lenha e de odres de azeite; e atrás uma turba de fanáticos que nos arredores, em Betfagé e em Refrain, se tinham juntado à caravana apareceu, atirando para os lados cabaças de vinho já vazias, brandindo facas, pedindo a morte dos samaritanos e ameaçando a gente pagã...

Então seguindo Topsius, trotei de novo através do monte, para junto dos cedros cobertos do voo alvo das pombas; e nesse instante também os peregrinos, emergindo da estrada, avistavam enfim Jerusalém, que resplandecia lá embaixo formosa, toda branca na luz... Então foi um santo, tumultuoso, inflamado delírio! Prostrada, a turba batia as faces na terra dura; um clamor de orações subia ao céu puro, por entre o estridor das tubas; as mulheres erguiam os filhos nos braços, ofertando-os arrebatadamente ao Senhor! Alguns permaneciam imóveis, como assombrados, ante os esplendores de Sião; e quentes lágrimas de fé, de amor piedoso, rolavam sobre barbas incultas e feras. Os velhos mostravam com o dedo os terraços do templo, as ruas antigas, os sacros lugares da história de Israel: "Ali é a porta de Efraim, acolá era a torre das Fornalhas; aquelas pedras brancas, além, são do túmulo de Raquel..." E os que escutavam em redor, apinhados, batiam as mãos, gritavam: "Bendita sejas, Sião!" Outros, estonteados, com o cinto desapertado, corriam tropeçando nas cordas das tendas, nos gigos de fruta, a trocar a moeda romana, a comprar o anho da oferta. Por vezes, dentre as árvores, um canto subia, claro, fino, cândido, e que ficava tremendo no ar; a terra um momento parecia escutar, como o céu; serenamente, Sião rebrilhava; do templo os dois fumos lentos ascendiam, com uma continuidade de prece eterna... Depois o canto morria: de novo as bênçãos rompiam, clamorosas; a alma inteira de Judá abismava-se no resplendor do santuário; e braços magros erguiam-se freneticamente para estreitar Jeová.

De repente Topsius colheu-me as rédeas da égua; e quase ao meu lado um homem, com uma túnica cor de açafrão, surgindo esgazeado detrás de uma oliveira e brandindo uma espada, saltou para cima de uma pedra e gritou desesperadamente:

— Homens de Galileia, acudi, e vós, homens de Neftali!...

Peregrinos correram, erguendo os bastões; e as mulheres saíam das tendas, pálidas, apertando os filhos ao colo. O homem fazia tremer a espada no ar; todo ele tremia também; e outra vez bradou, desoladamente:

— Homens de Galileia, Rabi Jexua foi preso! Rabi Jexua foi levado a casa de Hannan, homens de Neftali!

— D. Raposo — disse Topsius então, com os olhos faiscantes —, o Homem foi preso, e compareceu já diante do Sanedrim!... Depressa, depressa, amigo, a Jerusalém, a casa de Gamaliel!

E à hora em que no templo se fazia a oferta do perfume, quando o Sol já ia alto sobre o Hébron, Topsius e eu penetramos, pela porta do Pescado, a passo, numa rua da antiga Jerusalém. Era íngreme, tortuosa, poeirenta, com casas baixas e pobres de tijolo; sobre as portas, fechadas por uma correia, sobre as janelas esguias como fendas gradeadas, havia verduras e palmas entretecidas, fazendo ornatos de Páscoa. Nos terraços, rodeados de balaustradas, mulheres diligentes sacudiam os tapetes, joeiravam o trigo; outras, chalrando, penduravam lâmpadas de barro em festões para as iluminações rituais.

Ao nosso lado ia marchando fatigado um harpista egípcio, com uma pluma escarlate presa na peruca frisada, um pano branco envolvendo-lhe a cinta fina, os braços pesados de braceletes, e a harpa às costas, recurva como uma foice e lavrada em flores de lótus. Topsius perguntou-lhe se ele vinha de Alexandria. E ainda se cantavam, nas tabernas do Eunotos, as cantigas da batalha de Ácio? O homem, logo mostrando num riso triste os dentes longos, pousou a harpa, ia ferir os bordões... Picamos as éguas; e assustamos duas mulheres cobertas de véus amarelos, com casais de pombas enroladas na ponta do manto, que se apressavam decerto para o templo, airosas, ligeiras, fazendo retinir os guizos das suas sandálias.

Aqui e além um lume caseiro ardia no meio da rua, com trempes, caçarolas, donde saía um cheiro acre de alho; crianças de ventre enorme que rolavam nuas pela poeira, roendo vorazmente cascas de abóbora crua, ficavam pasmadas para nós, com grandes olhos ramelosos onde fervilhavam moscas. Diante de uma forja, um bando hirsuto de pastores de Moab esperavam, enquanto dentro, martelando num nimbo de chispas, os ferreiros lhes batiam ferros novos para as lanças. Um negro, com um pente em forma de Sol toucando-lhe a carapinha apregoava, num grito lúgubre, bolos de centeio de feitios obscenos.

Calados, atravessamos uma praça, clara e lajeada, que andava em obras. Ao fundo uma casa de banhos, moderna, uma terma romana, estendia com ar de luxo e de ociosidade a longa arcada do seu pórtico de granito; no pátio interior, por entre os plátanos que o refrescavam, cujos ramos suspendiam velários de linho alvo, corriam escravos nus, reluzentes de suor, levando vasos de essências e braçadas de flores; das aberturas gradeadas, ao rés das lajes, saía um bafo mole de estufa que cheirava a rosa. E sob uma das colunas vestibulares, onde uma lápide de ônix indicava a entrada das mulheres, estava de pé, imóvel, ofertando-se aos votos como um ídolo, uma criatura maravilhosa; sobre a sua face redonda, de uma brancura de lua cheia, com lábios grossos, rubros de sangue, erguia-se a mitra amarela das prostitutas da Babilônia; dos ombros fortes, por cima da túmida rijeza dos seios direitos, caía, em pregas duras de brocado, uma dalmática negra radiantemente recamada de ramagens cor de ouro. Na mão tinha uma flor de cacto e as suas pálpebras pesadas, as pestanas densas, abriam-se e fechava-se em ritmo ao mover onduloso de um leque que uma escrava preta, agachada a seus pés, balançava cantando. Quando os seus olhos se cerravam, tudo em redor parecia escurecer; e quando se levantava a negra cortina das suas pestanas, vinha dessa larga pupila um clarão, uma influência, como a do sol do meio-dia no deserto, que abrasa e vagamente entristece. E assim se ofertava, magnífica, com os seus grandes membros de mármore, a sua mitra fulva, lembrando os ritos de Astarte e de Adônis, lasciva e pontifical...

Toquei no braço de Topsius, murmurei, pálido:

— Caramba! Vou aos banhos!

Seco, empertigado na sua capa branca, ele volveu asperamente:

— Espera-nos Gamaliel, filho de Simeão. E a sabedoria dos rabis lá disse que a mulher é o caminho da iniquidade!

E bruscamente penetrou numa lôbrega viela, toda abobadada; as patas das éguas, ferindo as lajes, acirraram contra nós uivos de cães, maldições de mendigos, amontoados juntos no escuro. Depois saltamos por uma brecha da antiga muralha de Ezekiah, passamos uma velha cisterna seca onde os lagartos dormiam; e trotando pela poeira solta de uma longa rua, entre muros caiados que reluziam e portas besuntadas de alcatrão, paramos no alto diante de uma entrada mais nobre, em arco, com uma grade baixa de arame que a defendia dos escorpiões. Era a casa de Gamaliel.

No meio de um vasto pátio ladrilhado, escaldando ao sol, um limoeiro toldava a água clara de um tanque. Em volta, sobre pilastras de mármore verde, corria uma varanda, silenciosa e fresca, donde pendia, aqui e além, um tapete da Assíria com flores bordadas. Um puro azul brilhava no alto; e ao canto, sob um alpendre, um negro atrelado por cordas como uma alimária a uma barra de pau, calçado de ferraduras, vincado de cicatrizes, ia fazendo gemer e girar, lentamente, a grande mó de pedra do moinho doméstico.

No escuro de uma porta apareceu um homem obeso, sem barba, quase tão amarelo como a túnica lassa que o envolvia todo; tinha na mão uma vara de marfim e mal podia erguer as pálpebras moles.

— Teu amo? — gritou-lhe Topsius, desmontando.

— Entra — disse o homem numa voz fugidia e fina como silvo de cobra.

Por uma escadaria rica de granito negro chegamos a um patamar onde pousavam dois candelabros, espigados como os arbustos de que reproduziam, em bronze, o tronco sem folhas e entre eles estava de pé, diante de nós, Gamaliel, filho de Simeão. Era muito alto, muito magro; e a barba solta, lustrosa, perfumada, enchia-lhe o peito, onde brilhava um sinete de coral pendurado de uma fita escarlate. O seu turbante branco, entremeado de fio de pérolas, descobria uma tira de pergaminho colada sobre a testa e cheia de textos sagrados; sob aquela alvura, os seus olhos encovados tinham um fulgor frio e duro. Uma longa túnica azul cobria-o até às sandálias, orlada de compridas franjas que arrastavam; e cosidas às mangas, enroladas nos pulsos, tinha ainda outras tiras do pergaminho, onde negrejavam outras escrituras rituais...

Topsius saudou-o à moda do Egito, deixando cair lentamente a mão até à joelheira da sua calça de lustrina. Gamaliel alargou os braços e murmurou, como salmodiando:

— Entrai, sede bem-vindos, comei e regozijai-vos...

E atrás de Gamaliel, pisando um chão sonoro de mosaico, penetramos numa sala onde se achavam três homens. Um, que se afastou da janela para nos acolher, era magnificamente belo, com longos cabelos castanhos, pendendo em anéis doces em torno de um pescoço forte, macio e branco como um mármore coríntio; na faixa negra que lhe apertava a túnica brilhava, com pedrarias, o punho de ouro de uma espada curta. O outro, calvo, gordo, com uma face balofa sem sobrancelhas, e tão lívida que parecia coberta de farinha, ficara encruzado, embrulhado no seu manto cor de vinho, sobre um divã feito de correias tendo uma almofada de púrpura debaixo de cada braço; e o seu gesto de acolhida foi mais distraído e desdenhoso do que a esmola que se atira ao estrangeiro. Mas Topsius quase se prostrara, a beijar os seus sapatos redondos de couro amarelo, atados por fios de ouro, porque aquele era o venerando Osanias, da família pontifical de Beothos, ainda do sangue real de Aristóbulo! O outro homem não o saudamos, nem ele também nos viu; estava agachado a um canto, com a face sumida no capuz de uma túnica de linho mais alvo que a neve fresca, como mergulhado numa oração; e só de vez em quando se movia, para limpar as mãos lentamente a uma toalha da fina brancura da túnica, que lhe pendia de uma corda, apertada à cintura, grossa e cheia de nós, como as que cingem os monges.

No entanto, descalçando as luvas, eu examinava o teto da sala todo de cedro, com lavores retocados de escarlate. O azul liso e lustroso das paredes era como a continuação daquele céu do Oriente, quente e puro, que resplandecia através da janela, onde se destacava, pendido do muro, na plena luz, um ramo solitário de madressilva. Sobre uma tripeça, incrustada de nácar, num incensador de bronze, fumegava uma resina aromática.

Mas Gamaliel aproximara-se e, depois de ter olhado duramente as minhas botas de montar, disse com lentidão:

— A jornada do Jordão é longa, deveis vir esfomeados...

Murmurei polidamente uma recusa... E ele, grave como se recitasse um texto:

— A hora do meio-dia é a mais grata ao Senhor. José disse a Benjamim: "Tu comerás comigo ao meio-dia". Mas a alegria do hóspede é também doce ao Muito Alto, ao Muito Forte... Estais fracos, ides comer, para que a vossa alma me abençoe.

Bateu as palmas — um servo, com os cabelos apertados num diadema de metal, entrou trazendo um jarro cheio de água tépida que cheirava a rosa, onde eu purifiquei as mãos; outro ofereceu bolos de mel sobre viçosas folhas de parra; outro verteu, em taças de louça brilhante, um vinho forte e negro de Emaús. E para que o hóspede não comesse só, Gamaliel partiu um gomo de romã, e com as pálpebras cerradas levou à beira dos lábios uma malga, onde boiavam pedaços de gelo entre flores de laranjeira.

— Pois agora — disse eu lambendo os dedos — tenho lastro até ao meio-dia...

— Que a tua alma se regozije!

Acendi um cigarro, debrucei-me na janela. A casa de Gamaliel ficava num alto, decerto por trás do Templo, sobre a colina de Orfel: ali o ar era tão doce e macio, que só o sentir a sua carícia enchia de paz o coração. Por baixo corria a muralha nova erguida por Herodes, o Grande; e para além floriam jardins e pomares, dando sombra ao vale da Fonte, e subindo até à colina, em que branquejava, calada e fresca, a aldeia de Siloé. Por uma fenda, entre o monte do Escândalo e colina das Túmulos, eu via resplandecer o mar Morto como uma chapa de prata; as montanhas de Moab ondulavam depois, suaves, de um azul apenas mais denso que o do céu; e uma forma branca, que parecia tremer na vibração da luz, devia ser a cidade de Makeros sobre o seu rochedo, nos confins da Idumeia. No terraço relvoso de uma casa, ao pé das muralhas, uma figura imóvel, abrigada sob um alto guarda-sol franjado de guizos, olhava como eu para esses longes da Arábia; e ao lado uma rapariga, ligeira e delgada, com os braços nus e erguidos, chamava um bando de pombas que esvoaçavam em redor. A túnica aberta descobria-lhe o seiozinho cheio de seiva; e era tão linda, morena e dourada pelo sol, que eu ia, no silêncio do ar, atirar-lhe um beijo... Mas recolhi, ouvindo Gamaliel que dizia, como o homem do manto cor de açafrão no Monte das Oliveiras: "Sim, esta noite, em Betânia, Rabi Jexua foi preso..."

Depois ajuntou, lento, com os olhos semicerrados, erguendo por entre os dedos os longos fios da barba.

— Mas Pôncio teve um escrúpulo... Não quis julgar um homem de Galileia, que é súdito de Antipas Herodes...

E como o tetrarca veio à Páscoa a Jerusalém, Pôncio mandou o Rabi à sua morada, a Bezetha...

Os doutos óculos de Topsius rebrilharam de espanto.

— Coisa estranha! — exclamou, abrindo os braços magros. — Pôncio escrupuloso, Pôncio formalista! E desde quando respeita Pôncio a judicatura do tetrarca? Quantos pobres galileus não fez ele matar sem licença do tetrarca, quando foi da revolta do aqueduto, quando espadas romanas, por ordem de Pôncio, misturaram, nos pátios do templo, o sangue dos homens de Neftali ao sangue dos bois do sacrifício!

Gamaliel murmurou sombriamente:

— O romano é cruel, mas escravo da legalidade.

Então Osanias, filho de Beothos, disse com um sorriso mole e sem dentes, agitando de leve, sobre a púrpura das almofadas, as mãos resplandecentes de anéis:

— Ou talvez seja que a mulher de Pôncio proteja o Rabi.

Gamaliel, surdamente, amaldiçoou o impudor da romana. E como os óculos de Topsius interrogavam o venerando Osanias, ele admirou-se que o doutor ignorasse coisas tão conversadas no templo, até pelos pastores que vêm da Idumeia vender os cordeiros da oferenda. Sempre que o Rabi pregava no Pórtico de Salomão, do lado da porta Susa, Cláudia vinha vê-lo do alto do terraço da Torre Antônia, só, envolta num véu negro... Menahem, que guardava no mês de Tebete a escadaria dos gentis, vira a mulher de Pôncio acenar com o véu ao Rabi. E talvez Cláudia, saciada de Capreia, de todos os cocheiros do circo, de todos os histriões de Suburra, e dos brinquedos de Atalanta que fizeram perder a voz ao cantor Ácio, quisesse provar, vindo à Síria, a que sabiam os beijos de um profeta de Galileia...

O homem vestido de linho alvo ergueu bruscamente a face, sacudindo o capuz de sobre os cabelos revoltos; o seu largo olhar azul fulgurou por toda a sala, num relâmpago, e apagou-se logo, sob a humildade grave das pestanas que se baixaram... Depois murmurou, lento e severo.

— Osanias, o Rabi é casto!

O velho riu, pesadamente. Casto, o Rabi! E então essa galileia de Magdala, que vivera no bairro de Bezetha e nas festas do Prurim, se misturava com as prostitutas gregas às portas do teatro de Herodes?... E Joana, a mulher de Khosna, um dos cozinheiros de Antipas? E outra de Efraim, Susana, que uma noite, a um gesto do Rabi, a um aceno do seu desejo, deixara o tear, deixara os filhos, e com o pecúlio doméstico, escondido na ponta do manto, o seguira até Cesareia?...

— Ó Osanias! — gritou, batendo palmas folgazãs, o homem formoso que tinha uma espada com pedrarias. — Ó filho de Beothos, como tu conheces, uma a uma, as incontinências de um Rabi galileu, filho das ervas do chão e mais miserável que elas!

Nem que se tratasse de Élio Lama, nosso legado imperial, que o Senhor cubra de males!

Os olhos de Osanias, miudinhos como duas contas de vidro negro, reluziram de agudeza e malícia.

— Ó Manassés! É para que vós outros, os patriotas, os puros herdeiros de Judas de Galaunitida, não nos acuseis sempre, a nós, saduceus, de saber só o que se passa no Átrio dos Sacerdotes e nos eirados da casa de Hannan...

Uma tosse rouca reteve-o um espaço, sufocando, sob a ponta do manto em que vivamente se embuçara. Depois, mais quebrado, com laivos roxos na face farinhenta:

— Que em verdade foi justamente na casa de Hannan que ouvimos isto a Menahem, passeando todos debaixo da vinha... E mesmo nos contou ele que esse Rabi de Galileia chegava, no seu impudor, a tocar fêmeas pagãs, e outras mais impuras que o porco... Um levita viu-o, na estrada de Siquém, erguer-se afogueado, detrás da borda de um poço, com uma mulher de Samaria!

O homem coberto de alvo linho ergueu-se de um salto, todo direito e trêmulo; e, no grito que lhe escapou, havia o horror de quem surpreendeu a profanação de um altar!

Mas Gamaliel, com uma seca autoridade cravou nele os olhos duros:

— Ó Gad, aos trinta anos o Rabi não é casado! Qual é o seu trabalho? Onde está o campo que lavra? Alguém jamais conheceu a sua vinha? Vagabundeia pelos caminhos e vive do que lhe ofertam essas mulheres dissolutas! E que outra coisa fazem esses moços sem barba de Síbaris e de Lesbos, que passeiam todo o dia na Via Judiciária, e que vós outros, essênios, abominais de tal sorte que correis a lavar as vestes numa cisterna, se um deles roça por vós?... Tu ouviste Osanias, filho de Beothos... Só Jeová é grande! E em verdade te digo que, quando Rabi Jeschoua, desprezando a lei, dá à mulher adúltera um perdão que tanto cativa os simples, cede à frouxidão da sua moral e não à abundância da sua misericórdia!

Com a face abrasada, e atirando os braços ao ar, Gad bradou:

— Mas o Rabi faz milagres!

E foi o famoso Manassés, com um sereno desdém, que respondeu ao essênio:

— Sossega, Gad, outros têm feito milagres! Simão de Samaria fez milagres. Fê-los Apolônio e fê-los Gabinio... E que são os prodígios do teu galileu comparados aos das filhas do grão-sacerdote Ânio, e aos do sábio Rabi Chekiná?

E Osanias escarnecia a simpleza de Gad:

— Em verdade, que aprendeis vós outros, essênios, no vosso oásis de Engadi? Milagres! Milagres até os pagãos os fazem! Vai a Alexandria, ao porto do Eunotos, para a direita, onde estão as fábricas de papiros, e vês lá magos fazendo milagres por um dracma, que é o preço de um dia de trabalho. Se o milagre prova a divindade, então é divino o peixe Oannes, que tem barbatanas de nácar e prega nas margens do Eufrates, em noites de lua cheia!

Gad sorria com altivez e doçura. A sua indignação expirara sob a imensidão do seu desdém. Deu um passo vagaroso, depois outro; e considerando, apiedadamente, aqueles homens enfatuados, endurecidos, e cheios de irrisão:

— Vós dizeis, vós dizeis, vãos à maneira de moscardos que zumbem! Vós dizeis, e vós não o ouvistes! Em Galileia, que é bem fértil, bem verde, quando ele falava era como se corresse uma fonte de leite em terra de fome e secura; até a luz parecia um bem maior! As águas, no lago de Tiberíade, amansavam para o escutar; e, aos olhos das crianças que o rodeavam, subia a gravidade de uma fé já madura... Ele falava; e como pombas que desdobram as asas e voam da porta de um santuário, nós víamos desprender-se dos seus lábios, irem voar por sobre as nações do mundo, toda a sorte de coisas nobres e santas, a Caridade, a Fraternidade, a Justiça, a Misericórdia e as formas novas, belas, divinamente belas, do Amor!

A sua face resplandecia, enlevada para os céus, como seguindo o voo dessas novas divinas. Mas já do lado, Gamaliel, doutor da lei, o rebatia com uma dura autoridade:

— Que há de original e de individual em todas essas ideias, homem? Pensas que o Rabi as tirou da abundância do seu coração? Está cheia delas a nossa doutrina!... Queres ouvir falar de Amor, de Caridade, de Igualdade? Lê o livro de Jesus, filho de Sidrah... Tudo isso o pregou Hilel, tudo isso o disse Schemaia! Coisas tão justas se encontram nos livros pagãos que são, ao pé dos nossos, como o lodo ao pé da água pura de Siloé!... Vós mesmos, os essênios, tendes preceitos melhores... Os rabis de Babilônia, de Alexandria, ensinaram sempre leis puras de Justiça e de Igualdade! E ensinou-as o teu amigo Iokanan, a quem chamais o Batista, que lá acabou tão miseravelmente num ergástulo de Makeros...

— Iokanan! — exclamou Gad, estremecendo, como rudemente acordado da suavidade de um sonho.

Os seus olhos brilhantes umedeceram. Três vezes, curvado para o chão, com os braços abertos, repetiu o nome de Iokanan, como chamando alguém dentre os mortos. Depois, com duas lágrimas rolando pela barba, murmurou muito baixo, numa confidência que o enchia de terror e de fé:

— Fui eu que subi a Makeros a buscar a cabeça do Batista! E quando descia o caminho, com ela embrulhada no meu manto, ainda a outra, Herodíade, estirada por sobre a muralha como a fêmea lasciva do tigre, rugia e me gritava injúrias!... Três dias e três noites segui pelas estradas de Galileia, levando a cabeça do justo pendurada pelos cabelos... Às vezes, detrás de um rochedo, um anjo surgia todo coberto de negro, abria as asas e punha-se a caminhar ao meu lado...

De novo a cabeça lhe pendeu, os seus duros joelhos ressoaram nas lajes; e ficou prostrado, orando ansiosamente, com os braços estendidos em cruz.

Então Gamaliel adiantou-se para o sábio Topsius; e, mais direito que uma coluna do templo, com os cotovelos colados à cinta, as mãos magras espalmadas para fora:

— Nós temos uma lei, a nossa lei é clara. Ela é a palavra do Senhor; e o Senhor disse: "Eu sou Jeová, o eterno, o primeiro e o último, o que não transmite a outros nem o seu nome, nem a sua glória; antes de mim não houve Deus algum, não existe Deus algum a meu lado, não haverá Deus algum depois de mim..." Esta é a voz do Senhor. E o Senhor disse ainda: "Se pois entre vós aparecer um profeta, um visionário que faça milagres e queira introduzir outro deus e chame os simples ao culto desse deus, esse profeta e visionário morrerá!" Esta é a lei, esta é a voz do Senhor. Ora o Rabi de Nazaré proclamou-se Deus em Galileia, nas sinagogas, nas ruas de Jerusalém, nos pátios santos do templo... O Rabi deve morrer.

Mas o famoso Manassés, cujo lânguido olhar entenebrecia como um céu onde vai trovejar, interpôs-se entre o doutor da lei e o historiador dos Herodes. E nobremente repeliu a letra cruel da doutrina:

— Não, não! Que importa que a lâmpada de um sepulcro diga que é o sol? Que importa que um homem abra os braços e grite que é um deus? As nossas leis são suaves; por tão pouco não se vai buscar o carrasco ao seu covil a Gareb...

Eu, caridoso, ia louvar Manassés. Mas já ele bradava, com violência e fervor:

— Todavia, esse Rabi de Galileia deve decerto morrer, porque é um mau cidadão e um mal judeu! Não o ouvimos nos aconselhar que se pague o tributo a César? O Rabi estende a mão a Roma, o romano não é o seu inimigo. Há três anos que prega, e ninguém jamais lhe ouviu proclamar a necessidade santa de expulsar o estrangeiro. Nós esperamos um messias que traga uma espada e liberte Israel, e este, néscio e verboso, declara que traz só o pão da verdade! Quando há um pretor romano em Jerusalém, quando são lanças romanas que velam às portas do nosso Deus, a que vem esse visionário falar do pão do céu e do vinho da verdade? A única verdade útil é que não deve haver romanos em Jerusalém!...

Osanias, inquieto, olhou a janela cheia de luz, por onde as ameaças de Manassés se evolavam, vibrantes e livres. Gamaliel sorria friamente. E o discípulo ardente de Judas de Gamala clamava, arrebatado na sua paixão:

— Oh! Em verdade vos digo, embalar as almas na esperança do Reino do Céu, e fazer-lhes esquecer o dever forte para com o reino da Terra, para esta terra de Israel que está em ferros, e chora e não quer ser consolada! O Rabi é traidor à Pátria! O Rabi deve morrer!

Trêmulo, agarrara a espada; e o seu olhar alargava-se, com uma fulguração de revolta, como chamando avidamente os combates e a glória dos suplícios.

Então Osanias ergueu-se apoiado a um bastão que rematava uma pinha de ouro. Um penoso cuidado parecia agora anuviar a sua velhice leviana. E começou a dizer, de manso e tristemente, como quem através do entusiasmo e da doutrina aponta o mandato iludível da necessidade:

— Decerto, decerto, pouco importa que um visionário se diga Messias e filho de Deus, ameace destruir a lei e destruir o templo. O templo e a lei podem bem sorrir e perdoar, certos da sua eternidade... Mas, ó Manassés, as nossas leis são suaves; e não creio que se deva ir acordar o carrasco a Gareb, porque um Rabi de Galileia que se lembra dos filhos de Judas de Gamala pregados na cruz, aconselha prudência e malícia nas relações com o Romano! Ó Manassés, robustas são as tuas mãos; mas podes tu, com elas, desviar a corrente do Jordão, da terra de Canaã para a terra de Trakaunitida? Não. Nem podes também impedir que as legiões de César, que cobriram as cidades da Grécia, venham cobrir o país de Judá! Sábio e forte era Judas Macabeu, e fez amizade com Roma... Porque Roma é sobre a Terra como um grande vento da natureza; quando ele vem, o insensato oferece-lhe o peito e é derrubado; mas o homem prudente recolhe à sua morada e está quieto. Indomável era a Galácia; Filipe e Perseu tinham exércitos na planície; Antíoco, o Grande, comandava cento e vinte elefantes e carros de guerra inumeráveis... Roma passou, deles que resta? Escravos, pagando tributos...

Curvara-se, pesadamente, como um boi sob o jugo. Depois, fixando sobre nós os olhos miúdos que dardejavam um brilho inexorável e frio, prosseguiu, sempre de manso e sutil:

— Mas em verdade vos digo que esse Rabi de Galileia deve morrer! Porque é o dever do homem que tem bens na Terra e searas apagar depressa com a sandália, sobre as lajes da eira, a fagulha que ameaça inflamar-lhe a meda... Com o romano em Jerusalém, todo aquele que venha e se proclame Messias, como o de Galileia, é nocivo e perigoso para Israel. O romano não compreende o Reino do Céu que ele promete: mas vê que essas prédicas, essas exaltações divinas, agitam sombriamente o povo dentro dos pórticos do templo... E então diz: "Na verdade este templo, com o seu ouro, as suas multidões, e tanto zelo, é um perigo para a autoridade de César na Judeia..." E logo, lentamente, anula a força do templo diminuindo a riqueza, os privilégios do seu sacerdócio. Já para nossa humilhação, as vestes pontificais são guardadas no erário da Torre Antônia; amanhã será o candelabro de ouro! Já o pretor usou, para nos empobrecer, o dinheiro do Corban! Amanhã os dízimos da colheita, o dos gados, o dinheiro da oferenda, o óbolo das trombetas, os tributos rituais, todos os haveres do sacerdócio, até as viandas dos sacrifícios, nada será nosso, tudo será romano! E só nos ficará o bordão para irmos mendigar nas estradas de Samaria, à espera dos mercadores ricos da Decápolis... Em verdade vos digo, se quisermos conservar as honras e os tesouros, que são nossos pela antiga lei, e que fazem o esplendor de Israel, devemos mostrar ao romano, que nos vigia, um templo quieto, policiado, submisso, contente, sem fervores e sem messias!... O Rabi deve morrer!

Assim diante de mim falou Osanias, filho de Beothos, e membro do Sanedrim.

Então o magro historiador dos Herodes, cruzando com reverência as mãos sobre o peito, saudou três vezes aqueles homens facundos. Gad, imóvel, orava. No azul da janela uma abelha cor de ouro zumbia, em torno da flor de madressilva. E Topsius dizia com pompa:

— Homens que me haveis acolhido, a verdade abunda nos vossos espíritos, como a uva abunda nas videiras! Vós sois três torres que guardais Israel entre as nações; uma defende a unidade da Religião, outra mantém o entusiasmo da Pátria; e a terceira, que és tu, venerando filho de Beothos, cauto e ondeante como a serpente que amava Salomão, protege uma coisa mais preciosa, que é a Ordem!... Vós sois três torres: e contra cada uma o Rabi de Galileia ergue o braço e lança a primeira pedrada! Mas vós guardais Israel e o seu Deus e os seus bens, e não vos deveis deixar derrocar!... Em verdade, agora o reconheço, Jesus e o judaísmo nunca poderiam viver juntos.

E Gamaliel, com o gesto de quem quebra uma vara frágil, disse, mostrando os dentes brancos:

— Por isso o crucificamos!

Foi como uma faca acerada, que, lampejando e silvando, se viesse cravar no meu peito! Arrebatei, sufocado, a manga do douto historiador:

— Topsius! Topsius! quem é esse Rabi que pregava em Galileia, e faz milagres e vai ser crucificado?

O sábio doutor arregalou os olhos com tanto pasmo, como se eu lhe perguntasse qual era o astro que, de além dos montes, traz a luz da manhã. Depois, secamente:

— Rabi Jexua bar Joseph, que veio de Nazaré em Galileia, a quem alguns chamam Jesus e outros também chamam o Cristo.

— O nosso! — gritei, vacilando, como um homem atordoado.

E os meus joelhos católicos quase bateram as lajes, num impulso de ficar ali caído, enrodilhado no meu pavor, rezando desesperadamente e para sempre. Mas logo como uma labareda chamejou por todo o meu ser o desejo de correr ao seu encontro e pôr os meus olhos mortais no corpo do meu Senhor, no seu corpo humano e real, vestido do linho de que os homens se vestem, coberto com o pó que levantam os caminhos humanos!... E ao mesmo tempo, mais do que treme a folha num áspero vento, tremia a minha alma num terror sombrio o terror do servo negligente diante do amo justo! Estava eu bastante purificado, com jejuns e terços, para afrontar a face fulgurante do meu Deus? Não! Oh! mesquinha e amarga deficiência da minha devoção! Eu não beijara jamais, com suficiente amor, o seu pé dorido e roxo na sua Igreja da Graça! Ai de mim! Quantos domingos — nesses tempos carnais em que a Adélia, sol da minha vida, me esperava na Travessa dos Caldas, fumando e em camisa — não maldissera eu a lentidão das missas e a monotonia dos setenários! E sendo assim do crânio à sola dos pés uma crosta de pecado, como poderia meu corpo não tombar, já réprobo, já tisnado, quando os dois globos dos olhos do Senhor, como duas metades do céu, se voltassem vagarosamente para mim?

Mas *ver* Jesus! Ver como eram os seus cabelos, que pregas fazia a sua túnica, e o que acontecia na Terra quando os seus lábios se abriam!... Para além desses eirados onde as mulheres atiravam grão às pombas; numa dessas ruas donde me chegava claro e cantado o pregão dos vendedores de pães ázimos, ia passando talvez, nesse temeroso instante, entre barbudos, graves soldados romanos, Jesus meu salvador, com uma corda amarrada nas mãos. A benta aragem que balançava na janela o ramo de madressilva, e lhe avivava o aroma, acabava talvez de roçar a fronte do meu Deus, já ensanguentada de espinhos! Era só empurrar aquela porta de cedro, atravessar o pátio onde gemia a mó do moinho doméstico, e logo, na rua, eu poderia *ver*, presente e corpóreo, o meu Senhor Jesus tão realmente e tão bem como o viram S. João e S. Mateus. Seguiria a sua sacra sombra no muro branco, onde cairia também a minha sombra. Na mesma poeira que as minhas solas pisassem, beijaria a pegada ainda quente dos seus pés! E, abafando com ambas as mãos o barulho do meu coração, eu poderia surpreender, saído da sua boca inefável, um ai, um soluço, um queixume, uma promessa! Eu saberia então uma palavra nova de Cristo, não escrita no Evangelho; e só eu teria o direito pontifical de a repetir às multidões prostradas. A minha autoridade surgia, na Igreja, como a de um testamento novíssimo. Eu era uma testemunha inédita da Paixão. Tornava-me S. Teodorico Evangelista!

Então, com uma desesperada ansiedade, que espantou aqueles orientais de maneiras mesuradas, eu gritei:

— Onde o posso ver? Onde está Jesus de Nazaré, meu Senhor?

Nesse momento um escravo, correndo na ponta leve das sandálias, veio cair de bruços nas lajes, diante de Gamaliel; beijava-lhe as franjas da túnica, as suas costelas magras arquejavam; por fim murmurou, exausto:

— Amo, o Rabi está no Pretório!

Gad emergiu da sua oração com um salto de fera, apertou em torno dos rins a corda de nós, e correu arrebatadamente; com o capuz solto, espalhando em redor o sulco louro dos seus cabelos revoltos. Topsius traçara a sua capa branca, com essas pregas de toga latina que lhe davam a solenidade de um mármore, e, tendo comparado a hospitalidade de Gamaliel à de Abraão, bradou-me triunfantemente:

— Ao Pretório!

Muito tempo segui Topsius através da antiga Jerusalém, numa caminhada ofegante, todo perdido no tumulto dos meus pensamentos. Passamos junto a um jardim de rosas, do tempo dos Profetas, esplêndido e silencioso, que dois levitas guardavam com lanças douradas. Depois foi uma rua fresca, toda aromatizada pelas lojas dos perfumistas, ornadas de tabuletas em forma de flores e de almofarizes; um toldo de esteiras finas assombreava as portas, o chão estava regado e juncado de erva-doce e de folhas de anêmonas; e pela sombra preguiçavam moços lânguidos, de cabelos frisados em cachos, de olheiras pintadas, mal podendo erguer, nas mãos pesadas de anéis, as sedas roçagantes das túnicas cor de cereja e cor de ouro. Além dessa rua indolente abria-se uma praça, que escaldava ao sol, com uma poeira grossa e branca, onde os pés se enterravam; solitária, no meio, uma vetusta palmeira arqueava o seu penacho, imóvel e como de bronze; e ao fundo, negrejavam na luz as colunatas de granito do velho palácio de Herodes. Aí era o Pretório.

Defronte do arco de entrada, onde rondavam, com plumas pretas no elmo reluzente, dois legionários da Síria, um bando de raparigas, tendo detrás da orelha uma rosa e no regaço coifas de esparto, apregoavam os pães ázimos. Sob um enorme guarda-sol de penas, cravado no chão, homens de mitra de feltro, com tábuas sobre os joelhos e balanças, trocavam a moeda romana. E os vendedores de água, com os seus odres felpudos, lançavam um grito trêmulo. Entramos: e logo um terror me envolveu.

Era um claro pátio, aberto sob o azul, lajeado de mármore, tendo de cada lado uma arcada, elevada em terraço, com parapeito, fresca e sonora como um claustro de mosteiro. Da arcaria ao fundo, encimada pela frontaria austera do palácio, estendia-se um velário, de um estofo escarlate franjado de ouro, fazendo uma sombra quadrada e dura; dois mastros de pau de sicômoro sustentavam-no, rematados por uma flor de lótus.

Aí se apertava um magote de gente, onde se confundiam as túnicas dos fariseus orladas de azul, o rude saião de estamenha dos obreiros apertado com um cinto de couro, os vastos albornozes listrados de cinzento e branco dos homens de Galileia, e a capa carmezim de grande capuz dos mercadores de Tiberíade; algumas mulheres, já fora do abrigo do velário, alçavam-se na ponta das chinelas amarelas, estendendo por cima do rosto contra o sol, uma dobra do manto ligeiro; e daquela multidão saía um cheiro morno de suor e de mirra. Para além, por cima dos turbantes alvos apinhados, brilhavam pontas de lança. E ao fundo, sobre um sólio, um homem, um magistrado, envolto nas pregas nobres de uma toga pretexta, e mais imóvel que um mármore, apoiava sobre o punho forte a barba densa e grisalha; os seus olhos encovados pareciam indolentemente adormecidos; uma fita escarlate prendia-lhe os cabelos; e por trás, sobre um pedestal que fazia espaldar à sua cadeira curul, a figura de bronze da loba romana abria de través a goela voraz. Perguntei a Topsius quem era aquele magistrado melancólico.

— Um certo Pôncio, chamado Pilatos, que foi prefeito em Batávia.

Lentamente caminhei pelo pátio, procurando, como num templo, fazer mais sutil e respeitoso o ruído das minhas solas. Um grave silêncio caía do céu rutilante; só, por vezes, rompia do lado dos jardins, áspero e triste, o gritar dos pavões. Estendidos no chão, junto à balaustrada do claustro, negros dormitavam com a barriga ao sol. Uma velha contava moedas de cobre, acocorada diante do seu gigo de fruta. Em andaimes, postos contra uma coluna, havia trabalhadores compondo o telhado. E crianças, a um canto, jogavam com discos de ferro que tiniam de leve nas lajes.

Subitamente, alguém familiar tocou no ombro do historiador dos Herodes. Era o formoso Manassés; e com ele vinha um velho magnífico, de uma nobreza de pontífice, a quem Topsius beijou filialmente a manga da samarra branca, bordada de verdes folhas de parra. Uma barba de neve, lustrosa de óleo, caía-lhe até à faixa que o cingia, e os ombros largos desapareciam sob a esparsa abundância dos cabelos alvos, saindo do turbante como uma pura romeira de arminhos reais. Uma das mãos, cheia de anéis, apoiava-se a um forte bastão de marfim; e a outra conduzia uma criança pálida, que tinha os olhos mais belos que estrelas, e semelhava, junto ao ancião, um lírio à sombra de um cedro.

— Subi à galeria — disse-nos Manassés. — Tereis lá repouso e frescura...

Seguimos o patriota; e eu perguntei cautelosamente a Topsius quem era o outro tão velho, tão augusto.

— Rabi Robam — murmurou com veneração o meu douto amigo. — Uma luz do Sanedrim, facundo e sutil entre todos, e confidente de Kaipha...

Reverente, saudei três vezes Rabi Robam, que se sentara num banco de mármore, pensativo, aconchegando, sobre o seu vasto peito ancestral, a cabeça da criança mais loura que os milhos de Jopé. Depois continuamos devagar pela galeria sonora e clara: na sua extremidade brilhava uma porta suntuosa de cedro com chapas de prata lavradas; um pretoriano de Cesareia guardava-a, sonolento, encostado, ao seu alto escudo de vime. Aí, comovido, caminhei para o parapeito; e logo os meus olhos mortais encontraram lá embaixo a forma encarnada do meu Deus!

Mas, oh! rara surpresa da alma variável, não senti êxtase nem terror! Era como se de repente me tivessem fugido da memória longos, laboriosos séculos de História e de Religião. Nem pensei que aquele homem seco e moreno fosse o Remidor da Humanidade... Achei-me inexplicavelmente anterior nos tempos. Eu já não era Teodorico Raposo, cristão e bacharel; a minha individualidade como que a perdera, à maneira de um manto que escorrega, nessa carreira ansiosa desde a casa de Gamaliel. Toda a antiguidade das coisas ambientes me penetrara, me refizera um *ser*; eu era também um antigo. Era Teodorico, um lusitano, que viera numa galera das praias ressoantes do Promontório Magno, e viajava, sendo Tibério imperador, em terras tributárias de Roma. E aquele homem não era Jesus, nem Cristo, nem Messias, mas apenas um moço de Galileia que, cheio de um grande sonho, desce da sua verde aldeia para transfigurar todo um mundo e renovar todo um céu, e encontra a uma esquina um netenin do templo que o amarra e o traz ao pretor, numa manhã de audiência, entre um ladrão que roubara na estrada de Siquém e outro que atirara facadas numa rixa em Emath!

Num espaço ladrilhado de mosaico, em face do sólio onde se erguia o assento curul do pretor, sob a loba romana, Jesus estava de pé, com as mãos cruzadas e frouxamente ligadas por uma corda que rojava no chão. Um largo albornoz de lã grossa, em riscas pardas, orlado de franjas azuis, cobria-o até aos pés, calçados de sandálias já gastas pelos caminhos do deserto e atadas com correias. Não lhe ensanguentava a cabeça essa coroa inumana de espinhos, de que eu lera nos Evangelhos; tinha um turbante branco, feito de uma longa faixa de linho enrolada, cujas pontas lhe pendiam de cada lado sobre os ombros; um cordel amarrava-lhe por baixo da barba encaracolada e aguda. Os cabelos secos, passados por trás das orelhas, caíam-lhe em anéis pelas costas; e no rosto magro, requeimado, sobre sobrancelhas densas, unidas num só traço, negrejava com uma profundidade infinita o resplendor dos seus olhos. Não se movia, forte e sereno diante do pretor. Só algum estremecimento das mãos presas traía o tumulto do seu coração; e às vezes respirava longamente, como se o seu peito, acostumado aos livres e claros ares dos montes e dos lagos de Galileia, sufocasse entre aqueles mármores, sob o pesado velário romano, na estreiteza formalista da lei.

A um lado, Sareias, o vogal do Sanedrim, tendo deposto no chão o seu manto e o seu báculo dourado, ia desenrolando e lendo uma tira escura de pergaminho, num murmúrio cantado e dormente. Sentado num escabelo, o assessor romano, sufocado pelo calor já áspero do mês de Nizão, refrescava com um leque de folhas de ervas secas a face rapada e branca como um gesso; um escriba, velho e nédio, numa mesa de pedra cheia de tabulários e de regras de chumbo, aguçava miudamente os seus calamos; e entre ambos o intérprete, um fenício imberbe, sorria com a face no ar, com as mãos na cinta, arqueando o peito onde trazia pintado, sobre a jaqueta de linho, um papagaio vermelho. Em torno ao velário, constantemente voavam pombas. E foi assim que eu vi Jesus de Galileia preso, diante do pretor de Roma...

No entanto Sareias, tendo enrolado em torno à haste de ferro o pergaminho escuro, saudou Pilatos, beijou um sinete sobre o dedo, para marcar nos seus lábios o selo da verdade, e imediatamente encetou uma arenga em grego, com textos, verbosa e aduladora. Falava do tetrarca de Galileia, o nobre Antipas; louvava a sua prudência; celebrava seu pai Herodes, o Grande, restaurador do templo... A glória de Herodes enchia a Terra; fora terrível, sempre fiel aos Césares; seu filho Antipas era engenhoso e forte!... Mas, reconhecendo a sua sabedoria, ele estranhava que o tetrarca se recusasse a confirmar a sentença do Sanedrim, que condenava Jesus à morte... Não fora essa sentença fundada nas leis que dera o Senhor? O justo Hannan interrogara o Rabi, que emudecera, num silêncio ultrajante. Era essa a maneira de responder ao sábio, ao puro, ao piedoso Hannan? Por isso um zeloso, sem se conter, atirara a mão violenta à face do Rabi... Onde estava o respeito dos antigos tempos, e a veneração do pontificado?

A sua voz cava e larga rolava infindavelmente. Eu, cansado, bocejava. Por baixo de nós, dois homens encruzados nas lajes comiam tâmaras de Bethabara, que traziam no saião, bebendo de uma cabaça. Pilatos, com o punho sob a barba, olhava sonolentamente os seus borzeguins escarlates, picados de estrelas de ouro.

E Sareias agora proclamava os direitos do templo. Ele era o orgulho da nação, a morada eleita do Senhor! César Augusto ofertara-lhe escudos e vasos de ouro... E esse templo, como o respeitara o Rabi? Ameaçando

destruí-lo! "Eu derrocarei o templo de Jeová e edifica-
-lo-ei em três dias!" Testemunhas puras, ouvindo esta
rude impiedade, tinham coberto a cabeça de cinza, para
afastar a cólera do Senhor... Ora, a blasfêmia atirada ao
santuário ressaltava até ao seio de Deus!...

Sob o velário, os fariseus, os escribas, os netenins do
templo, escravos sórdidos, sussurravam como arbustos
agrestes que um vento começa a agitar. E Jesus permanecia imóvel, abstraidamente indiferente, com os olhos
cerrados, como para isolar melhor o seu sonho contínuo
e formoso, longe das coisas duras e vãs que o maculavam.
Então o assessor romano ergueu-se, depôs no escabelo
o seu leque de folhas, traçou com arte o manto forense,
orlado de azul, saudou três vezes o pretor, e a sua mão
delicada começou a ondear no ar, fazendo cintilar uma
joia.

— Que diz ele?...

— Coisas infinitamente hábeis — murmurou
Topsius. — É um pedante, mas tem razão. Diz que o
pretor não é um judeu; que nada sabe de Jeová, nem lhe
importam os profetas que se erguem contra Jeová; e que
a espada de César não vinga deuses que não protegem
César!... O romano é engenhoso!

Ofegando, o assessor recaiu languidamente no escabelo. E logo Sareias volveu a arengar, sacudindo os
braços para a multidão dos fariseus, como a evocar os
seus protestos, e refugiando-se na sua força. Agora, mais
retumbante, acusava Jesus, não da sua revolta contra Jeová
e o templo, mas das suas pretensões como príncipe da
casa de Davi! Toda a gente em Jerusalém o tinha visto,
havia quatro dias entrar pela Porta de Ouro, num falso
triunfo, entre palmas verdes, cercado de uma multidão

de galileus, que gritavam: "Hossana ao filho de Davi, hossana ao rei de Israel!..."

— Ele é o filho de Davi, que vem para nos tornar melhores! — gritou ao longe a voz de Gad, cheia de persuasão e de amor.

Mas de repente Sareias colou ao corpo as mangas franjadas, mudo e mais teso que um conto de lança; o escriba romano, de pé, com os punhos fincados na mesa, vergava o cachaço reverente e nédio; o assessor sorria, atento. Era o pretor que ia interrogar o Rabi; e eu, tremendo, vi um legionário empurrar Jesus que ergueu a face...

Debruçado de leve para o Rabi, com as mãos abertas que pareciam soltar, deixar cair todo o interesse por esse pleito ritual de sectários arguciosos, Pôncio murmurou, enfastiado e incerto:

— És tu então o rei dos Judeus?... Os da tua nação trazem-te aqui!... Que fizeste tu?... Onde é o teu reino?

O intérprete, enfatuado, perfilado junto ao sólio de mármore, repetiu muito alto estas coisas na antiga língua hebraica dos Livros Santos; e, como o Rabi permanecia silencioso, gritou-as na fala caldaica que se usa em Galileia.

Então Jesus deu um passo. Eu ouvi a sua voz. Era clara, segura, dominadora e serena:

— O meu reino não é daqui! Se por vontade de meu Pai eu fosse rei de Israel, não estaria diante de ti com esta corda nas mãos... Mas o meu reino não é deste mundo!

Um grito estrugiu, desesperado:

— Tirai-o então deste mundo!

E logo, como lenha preparada que uma faísca inflama, o furor dos fariseus e dos serventes do templo irrompeu, crepitando, em clamores impacientes:

— Crucificai-o! Crucificai-o!

Pomposamente o intérprete redizia em grego ao pretor os brados tumultuosos, lançados na língua siríaca que fala o povo em Judeia... Pôncio bateu o borzeguim sobre o mármore. Os dois litores ergueram ao ar as varas rematadas numa figura de águia; o escriba gritou o nome de Caio Tibério; e logo os braços frementes se abaixaram, e foi como um terror diante da majestade do povo romano.

De novo Pôncio falou, lento e vago:

— Dizes então que és rei... E que vens tu fazer aqui?

Jesus deu outro passo para o pretor. A sua sandália pousou fortemente sobre as lajes, como se tomasse posse suprema da Terra. E o que saiu dos seus lábios trêmulos pareceu-me fulgurar, vivo no ar, como o resplendor que dos seus olhos negros saiu.

— Eu vim a este mundo testemunhar a verdade! Quem desejar a verdade, quem quiser pertencer à verdade tem de escutar a minha voz!

Pilatos considerou-o um momento, pensativo; depois, encolhendo os ombros:

— Mas, homem, o que é a verdade?

Jesus de Nazaré emudeceu, e no Pretório espalhou-se um silêncio, como se todos os corações tivessem parado, cheios subitamente de incerteza.

Então, apanhando devagar a sua vasta toga, Pilatos desceu os quatro degraus de bronze; e precedido dos litores, seguido do assessor, penetrou no palácio, por entre o rumor de armas dos legionários que o saudavam, batendo o ferro das lanças sobre o bronze dos escudos.

Imediatamente elevou-se por todo o pátio um áspero e ardente sussurro, como de abelhas irritadas.

Sareias perorava, brandindo o báculo, entre os fariseus que apertavam as mãos num terror. Outros, afastados, cochichavam sombriamente. Um grande velho, com um manto negro que esvoaçava, corria numa ânsia o Pretório, por entre os que dormiam ao sol, por entre os vendedores de pães ázimos, gritando: "Israel está perdido!" E eu vi levitas fanáticos arrancarem as borlas das túnicas, como numa calamidade pública.

Gad surgiu diante de nós, erguendo os braços triunfantes:

— O pretor é justo e liberta o Rabi!...

E, com a face cheia de brilho, revelava-nos a doçura da sua esperança! O Rabi, apenas solto, deixaria Jerusalém, onde as pedras eram menos duras que os corações. Os seus amigos armados esperavam-no em Betânia; e partiriam ao romper da lua para o oásis de Engadi! Lá estavam aqueles que o amavam. Não era Jesus o irmão dos essênios? Como eles, o Rabi pregava o desprezo dos bens terrestres, a ternura pelos que são pobres, a incomparável beleza do reino de Deus...

Eu, crédulo, regozijava-me, quando um tumulto invadiu a galeria, que um escravo viera regar. Era o bando escuro dos fariseus, em marcha para o banco de pedra, onde Rabi Robam conversava com Manassés, enrolando docemente nos dedos os cabelos da criança, mais louros que os milhos. Topsius e eu corremos para a turba intolerante. Já Sareias no meio, curvado, mas com a firmeza de quem intima, dizia:

— Rabi Robam, é necessário que vás falar ao pretor e salvar a nossa lei!

E logo, de todos os lados, foi um suplicar ansioso:

— Rabi, fala ao pretor! Rabi, salva Israel!

Lentamente o velho erguia-se, majestoso como um grande Moisés. E diante dele um levita, muito pálido, vergava os joelhos, murmurava a tremer:

— Rabi, tu és justo, sábio, perfeito e forte diante do Senhor!

Rabi Robam levantou as duas mãos abertas para o céu; e todos se curvaram como se o espírito de Jeová, obedecendo à muda invocação, tivesse descido para encher aquele coração justo. Depois, com a mão da criança na sua, pôs-se a caminhar em silêncio; atrás a turba fazia um rumor de sandálias lassas, sobre as lajes de mármore.

Paramos, amontoados, diante da porta de cedro, onde o pretoriano cruzara a lança, depois de bater as argolas de prata. Os pesados gonzos rangeram; um tribuno do palácio acudiu, tendo na mão um longo galho de vide. Dentro era uma fria sala, mal alumiada, severa, com os muros forrados de estuques escuros. Ao centro erguia-se palidamente uma estátua de Augusto, com o pedestal juncado de coroas de louro e de ramos votivos; dois grandes tocheiros de bronze dourado reluziam aos cantos, na sombra.

Nenhum dos judeus entrou, porque pisar em dia pascal um solo pagão era coisa impura diante do Senhor. Sareias anunciou altivamente ao tribuno que "alguns da nação de Israel, à porta do palácio de seus pais, estavam esperando o pretor". Depois pesou um silêncio, cheio de ansiedade...

Mas dois litores avançaram; e logo atrás, caminhando a passos largos, com a vasta toga apanhada contra o peito, Pilatos apareceu.

Todos os turbantes se curvaram, saudando o procurador da Judeia. Ele parara junto à estátua de Augusto.

E, como repetindo o gesto nobre da figura de mármore, estendeu a mão que segurava um pergaminho enrolado, e disse:

— Que a paz seja convosco e com as vossas palavras... Falai!

Sareias, vogal do Sanedrim, adiantando-se, declarou que os seus corações vinham em verdade cheios de paz... Mas, tendo o pretor deixado o Pretório, sem confirmar nem anular a sentença do Sanedrim, que condenava Jesus-ben-José, eles se achavam como homem que vê a uva na vinha, suspensa, sem secar e sem amadurecer!

Pôncio pareceu-me penetrado de equidade e clemência.

— Eu interroguei o vosso preso — disse ele — e não lhe achei culpa que deva punir o Procurador da Judeia... Antipas Herodes, que é prudente e forte, que pratica a vossa lei e ora no vosso templo, interrogou-o também e nenhuma culpa nele encontrou... Esse homem diz apenas coisas incoerentes, como os que falam em sonhos... Mas as suas mãos estão puras de sangue; nem ouvi que ele escalasse o muro do seu vizinho... César não é um amo inexorável... Esse homem é apenas um visionário.

Então, com um sombrio murmúrio, todos recuaram, deixando Rabi Robam só no limiar da sala romana. Um brilho de joia tremia na ponta da sua tiara; as suas cãs caindo sobre os vastos ombros, coroavam-no de majestade como a neve faz aos montes; as franjas azuis do seu manto solto rojavam nas lajes, em redor. Devagar, sereno, como se explicasse a lei aos seus discípulos, ergueu a mão e disse:

— Oficial de César, Pôncio, muito justo e muito sábio! O homem que tu chamas visionário há anos que ofende todas as nossas leis e blasfema o nosso Deus. Mas quando o prendemos nós, quando to trouxemos nós? Somente quando o vimos entrar em triunfo pela Porta de Ouro, aclamado como rei da Judeia. Porque a Judeia não tem outro rei senão Tibério; e apenas um sedicioso se proclama em revolta contra César, apressamo-nos a castigá-lo. Assim fazemos nós, que não temos mandado de César, nem cobramos do seu erário; e tu, o oficial de César, não queres que seja castigado o rebelde a teu amo?...

A face larga de Pôncio, que uma sonolência amolecia, relampeou raiada vivamente de sangue. Aquela tortuosidade de judeus que, execrando Roma, apregoavam agora um zelo ruidoso por César para poderem, em nome da sua autoridade, saciar um ódio sacerdotal, revoltou a retidão do romano e a audaciosa admoestação foi intolerável ao seu orgulho. Desabridamente exclamou, com um gesto que os sacudia:

— Cessai! Os procuradores de César não vêm aprender, a uma colônia bárbara da Ásia, os seus deveres para com César!

Manassés que ao meu lado, já impaciente, puxava a barba, afastou-se com indignação. Eu tremi. Mas o soberbo Rabi prosseguiu, mais indiferente à ira de Pôncio do que ao balar de um anho que arrastasse às aras.

— Que faria o procurador de César, em Alexandria, se um visionário descesse de Bubástis, proclamando-se rei do Egito? O que tu não queres fazer nesta terra bárbara da Ásia! Teu amo dá-te a guardar uma vinha, e tu deixas que entrem nela e que a vindimem? Para que estás na Judeia, para que está a sexta legião na Torre Antônia? Mas o nosso espírito é claro; e a nossa voz é clara e alta o bastante, Pôncio, para que César a ouça!...

Pôncio deu um passo lento para a porta. E com os olhos faiscantes, cravados naqueles judeus que, astutamente, o iam enlaçando na trama sutil dos seus rancores religiosos:

— Eu não receio as vossas intrigas! — murmurou surdamente. — Élio Lama é meu amigo!... E César conhece-me bem!

— Tu vês o que não está nos nossos corações! — disse Rabi Robam, calmo como se conversasse à sombra do seu vergel. — Mas nós vemos bem o que está no teu, Pôncio! Que te importa a ti a vida ou a morte de um vagabundo de Galileia? Se tu não queres, como dizes, vingar deuses cuja divindade não respeitas, como podes querer salvar um profeta cujas profecias não crês?... A tua malícia é outra, romano! Tu queres a destruição de Judá!

Um estremecimento de cólera, de paixão devota, passou entre os fariseus; alguns palpavam o seio da túnica, como procurando uma arma. E Rabi Robam continuava, denunciando o pretor, com serenidade e lentidão:

— Tu queres deixar impune o homem que pregou a insurreição declarando-se rei numa província de César, para tentar, pela impunidade, outras ambições mais fortes e levar, outro Judas de Gamala, a atacar as guarnições de Samaria! Assim preparas um pretexto para abater sobre nós a espada imperial, e inteiramente apagar a vida nacional da Judeia. Tu queres uma revolta para afogares em sangue, e apresentar-te depois a César como soldado vitorioso, administrador sábio, digno de um proconsulado ou de um governo na Itália! E a isso que chamais a fé romana? Eu não estive em Roma, mas sei que a isso se chama lá a fé púnica... Não nos suponhas, porém, tão simples como um pastor de Idumeia! Nós estamos em paz com César, e cumprimos o nosso dever, condenando o homem que se revoltou contra César... Tu não queres cumprir o teu, confirmando essa condenação? Bem! Mandaremos emissários a Roma, levando a nossa sentença e a tua recusa e, tendo salvaguardado perante César a nossa responsabilidade, mostraremos a César como procede na Judeia aquele que representa a lei do Império!... E agora, pretor, podes voltar ao Pretório.

— E lembra-te dos Escudos Votivos — gritou Sareias.

— Talvez novamente vejas a quem César dá razão!

Pôncio baixara a face, perturbado. Decerto imaginava já ver além num claro terraço junto ao mar de Capreia, Sejano, Cesônio, todos os seus inimigos, falando ao ouvido de Tibério e mostrando-lhe os emissários do templo... César, desconfiado e sempre inquieto, suspeitaria logo um pacto dele com esse "rei dos Judeus", para sublevarem uma rica província imperial... E assim a sua justiça e o orgulho em a manter podiam custar-lhe o proconsulado da Judeia! Orgulho e justiça foram então, na sua alma frouxa, como ondas um momento altas que uma sobre outra se abatem, se desfazem. Veio até ao limiar da porta, devagar, abrindo os braços, como trazido por um impulso magnânimo de conciliação, e começou a dizer, mais branco que a sua toga:

— Há sete anos que governo a Judeia. Encontrastes-me jamais injusto, ou infiel às promessas juradas?... Decerto as vossas ameaças não me movem... César conhece-me bem... Mas entre nós, para proveito de César, não deve haver desacordo. Sempre vos fiz concessões! Mais que nenhum outro procurador, desde Copônio, tenho respeitado as vossas leis... Quando vieram os dois homens de Samaria poluir o vosso templo, não os fiz eu suplicar? Entre nós não deve haver dissensões nem palavras amargas...

Um momento hesitou; depois, esfregando lentamente as mãos e sacudindo-as, como molhadas numa água impura:

— Quereis a vida desse visionário? Que me importa? Tomai-a... Não vos basta a flagelação? Quereis a Cruz? Crucificai-o... Mas não sou eu que derramo esse sangue!

O levita macilento bradou com paixão:

— Somos nós, e que esse sangue caia sobre as nossas cabeças!

E alguns estremeceram, crentes de que todas as palavras têm um poder sobrenatural e tornam vivas as coisas pensadas.

Pôncio deixara a sala; o decurião, saudando, cerrou a porta de cedro. Então Rabi Robam voltou-se, sereno, resplandecente como um justo; e adiantando-se por entre os fariseus, que se baixavam a beijar-lhe as franjas da túnica, murmurava com uma grave doçura:

— Antes sofra um só homem, do que sofra um povo inteiro!

Limpando as bagas de suor de que a emoção me alagara a testa caí, trêmulo, sobre um banco. E, através da minha lassidão, confusamente distinguia no Pretório dois legionários, de cinturão desapertado, bebendo numa grande malga de ferro, que um negro ia enchendo com o odre suspenso aos ombros; adiante uma mulher bela e forte, sentada ao sol, com os filhos pendurados dos dois peitos nus; mais longe um pegureiro envolto em peles, rindo e mostrando o braço manchado de sangue. Depois cerrei os olhos; um momento pensei na vela que deixara na tenda, ardendo junto ao meu catre, fumarenta e vermelha; por fim roçou-me um sono ligeiro... Quando despertei, a cadeira curul permanecia vazia — com a almofada de púrpura em frente, sobre o mármore, gasta, cavada pelos pés do pretor; e uma multidão mais densa enchia, num longo rumor de arraial, o velho átrio de Herodes. Eram homens rudes, com capas curtas de estamenha, sujas de pó, como se tivessem servido de tapetes sobre as lajes de uma praça. Alguns traziam balanças na mão, gaiolas de rolas; e as mulheres que os seguiam, sórdidas e macilentas, atiravam de longe, com o braço fremente, maldições ao Rabi. Outros, no entanto, caminhando na ponta das sandálias, apregoavam baixo coisas ínfimas e ricas, metidas nos seios entre as dobras dos saiões — grãos de aveia torrada, potes de unguentos, corais, braceletes de filigrana de Sidron. Interroguei Topsius; e o meu douto amigo, limpando os óculos, explicou-me que eram decerto os mercadores contra quem Jesus, na véspera de Páscoa, erguendo um bastão, reclamara a estreita aplicação da lei que interdiz tráficos profanos no templo, fora dos pórticos de Salomão...

— Outra imprudência do Rabi, D. Raposo! — murmurou com ironia o fino historiador.

Entretanto, como caíra a sexta hora judaica e findara o trabalho, vinham entrando obreiros das tinturarias vizinhas, enodoados de escarlate ou azul; escribas das sinagogas, apertando debaixo dos braços os seus tabulários; jardineiros com a foice a tiracolo, o ramo de murta no turbante; alfaiates com uma longa agulha de ferro pendendo da orelha. Tocadores fenícios a um canto afinavam as harpas, tiravam suspiros das flautas de barro; e diante de nós rondavam duas prostitutas gregas de Tiberíade, com perucas amarelas, mostrando a ponta da língua e sacudindo a roda da túnica, donde voava um cheiro de manjerona. Os legionários, com as lanças atravessadas no peito, apertavam uma cercadura de ferro em torno de Jesus; e eu, agora, mal podia distinguir o Rabi através dessa multidão sussurrante, em que as consoantes ásperas de Moab e do deserto se chocavam por sobre a moleza grave da fala caldaica...

Por baixo da galeria veio tilintando uma sineta triste. Era um hortelão que oferecia num cabaz de esparto, acamados sobre folhas de parra, figos rachados de Betfagé. Debilitado pelas emoções, perguntei-lhe, debruçado no parapeito, o preço daquele mimo dos vergéis que os Evangelhos tanto louvam. E o homem, rindo, alargou os braços, como se encontrasse o esperado do seu coração:

— Entre mim e ti, ó criatura de abundância que vens dalém do mar, que são estes poucos figos? Jeová manda que os irmãos troquem presentes e bênçãos! Estes frutos colhi-os no horto, um a um, à hora em que o dia nasce no Hebron; são suculentos e consoladores; poderiam ser postos na mesa de Hannan!... Mas que valem vãs palavras entre mim e ti, se os nossos peitos se entendem? Toma estes figos, os melhores da Síria, e que o Senhor cubra de bens aquela que te criou!

Eu sabia que esta oferta era uma cortesia consagrada, em compras e vendas, desde o tempo dos patriarcas.

Cumpri também o cerimonial; declarei que Jeová, o muito forte, me ordenava que, com o dinheiro cunhado pelos príncipes, eu pagasse os frutos da terra... Então o hortelão abaixou a cabeça, cedeu ao mandamento divino; e pousando o cesto nas lajes, tomando um figo em cada uma das mãos negras e cheias de terra:

— Em verdade — exclamou —, Jeová é o mais forte! Se ele o manda, eu devo pôr um preço a estes frutos da sua bondade, mais doces que os lábios da esposa! Justo é, pois, ó homem abundante, que por estes dois que me enchem as palmas, tão perfumados e frescos, tu me dês um bom *traphik*.

Oh! Deus magnífico de Judá! O facundo hebreu reclamava por cada figo um tostão da moeda real da minha pátria! Bradei-lhe: "Irra, ladrão!" Depois, guloso e tentado, ofereci-lhe um dracma por todos os figos que coubessem no forro largo dom turbante. O homem levou as mãos ao seio da túnica, para a despedaçar na imensidade da sua humilhação. E ia invocar Jeová, Elias, todos os profetas seus patronos, quando o sapiente Topsius, enojado, interveio secamente, mostrando-lhe uma miúda rodela de ferro que tinha por cunho um livro aberto:

— Na verdade Jeová é grande! E tu és ruidoso e vazio como o odre cheio de vento. Pois pelos figos do cesto inteiro te dou eu este *meah*. E se não queres, conheço o caminho dos hortos tão bem como o do templo, e sei onde as águas doces de Enrogel banham os melhores pomares... Vai-te!

O homem logo, trepando ansiosamente até ao parapeito de mármore, atulhou de figos a ponta do albornoz que eu lhe estendera, carrancudo e digno. Depois, descobrindo os dentes brancos, murmurou risonhamente que nós éramos mais benéficos que o orvalho do Carmelo!

Saborosa e rara me parecia aquela merenda de figos de Betfagé, no palácio de Herodes. Mas apenas nos acomodáramos com a fruta no regaço, reparei embaixo num velhito magro, que cravava em nós humildemente uns olhos enevoados, queixosos, cheios de cansaço. Compadecido, ia arremessar-lhe figos e uma moeda de prata dos Ptolomeus quando ele, mergulhando a mão trêmula nos farrapos que mal lhe velavam o peito cabeludo, estendeu-me, com um sorriso macerado, uma pedra que reluzia. Era uma placa oval de alabastro, tendo gravada uma imagem do templo. E enquanto Topsius doutamente a examinava, o velho foi tirando do seio outras pedras de mármore, de ônix, de jaspe, com representações do tabernáculo no deserto, os nomes das tribos entalhados, e figuras confusas em relevo, simulando as batalhas dos macabeus. Depois ficou com os braços cruzados; e no seu nobre rosto, escavado pelos cuidados, luzia uma ansiedade, como se de nós somente esperasse misericórdia e descanso.

Topsius deduziu que ele era um desses guebros, adoradores do fogo e hábeis nas artes, que vão descalços até ao Egito, com fachos acesos, salpicar sobre a Esfinge o sangue de um galo negro. Mas o velho negou, horrorizado, e tristemente murmurou a sua história. Era um pedreiro de Naim, que trabalhara no templo e nas construções que Antipas Herodes erguia em Bezetha. O açoute dos intendentes rasgara-lhe a carne; depois a doença levara-lhe a força, como a geada seca a macieira. E agora, sem trabalho, com os filhos de sua filha a alimentar, procurava pedras raras — nos montes — e gravava nelas nomes santos, sítios santos, para as vender no templo aos fiéis. Em véspera de Páscoa, porém, viera um Rabi de Galileia cheio de cólera que lhe arrancara o seu pão!...

— Aquele! — balbuciou sufocado, sacudindo a mão para o lado de Jesus.

Eu protestei. Como lhe poderia ter vindo a injustiça e a dor desse Rabi, de coração divino, que era o melhor amigo dos pobres?

— Então vendias no templo? — perguntou o terso historiador dos Herodes.

— Sim — suspirou o velho —, era lá, pelas festas, que eu ganhava o pão do longo ano! Nesses dias subia ao templo, ofertava a minha prece ao Senhor, e junto à porta de Susa, diante do Pórtico do Rei, estendia a minha esteira e dispunha as minhas pedras que brilhavam ao sol... Decerto, eu não tinha direito de pôr ali tenda, mas como poderia eu pagar ao templo o aluguel de um côvado de lajedo, para vender o trabalho das minhas mãos! Todos os que apregoam à sombra, debaixo do pórtico, sobre tabuleiros de cedro, são mercadores ricos que podem satisfazer a licença; alguns pagam um ciclo de ouro. Eu não podia, com crianças em casa sem pão... Por isso ficava a um canto fora do pórtico, no pior sítio. Ali estava bem encolhido, bem calado; nem mesmo me queixava quando homens duros me empurravam, ou me davam com os bastões na cabeça. E ao pé de mim havia outros, pobres como eu; Eboim, de Jopé, que oferecia um óleo para fazer crescer os cabelos, e Oseias, de Ramah, que vendia flautas de barro... Os soldados da Torre Antônia que fazem a ronda, passavam por nós e desviavam os olhos. Até Menahem, que estava quase sempre de guarda pela Páscoa, nos dizia: "Está bem, ficai, contanto que não apregoeis alto". Porque todos sabiam que éramos pobres, não podíamos pagar o côvado de laje, e tínhamos nas nossas moradas crianças com fome... Na Páscoa e nos tabernáculos, vêm da terra distante peregrinos a Jerusalém; e todos me compravam uma imagem do templo para mostrar na sua aldeia, ou uma das pedras da lua, que afugentam o demônio... Às vezes, ao fim do dia, tinha feito três dracmas; enchia o saião de lentilha e descia ao meu casebre, alegre, cantando os louvores do Senhor!...

Eu, de enternecido, esquecera a merenda. E o velho desafogava o seu longo queixume:

— Mas eis que há dias esse Rabi de Galileia aparece no templo cheio de palavras de cólera, ergue o bastão e arremessa-se sobre nós bradando que aquela "era a casa de seu pai, e que nós a poluíamos!...". E dispersou todas as minhas pedras, que nunca mais vi, que eram o meu pão! Quebrou nas lajes os vasos de óleo de Eboim, de Jopé, que nem gritava, espantado. Acudiram os guardas do templo. Menahem acudiu também; até, indignado, disse ao Rabi: "És bem duro com os pobres. Que autoridade tens tu?" E o Rabi falou "de seu Pai", e reclamou contra nós a lei severa do templo. Menahem baixou a cabeça... E nós tivemos de fugir, apupados pelos mercadores ricos, que bem encruzados nos seus tapetes de Babilônia, e com o seu lajedo bem pago, batiam palmas ao Rabi... Ah! contra esses o Rabi nada podia dizer; eram ricos, tinham pago!... E agora aqui ando! Minha filha, viúva e doente, não pode trabalhar, embrulhada a um canto nos seus trapos; e os filhos de minha filha, pequeninos, têm fome, olham para mim, veem-me tão triste e nem choram. E que fiz eu? Sempre fui humilde, cumpro o Sabat, vou à sinagoga de Naim que é a minha, e as raras migalhas, que sobravam do meu pão, juntava-as para aqueles que nem migalhas têm na Terra... Que mal fazia eu vendendo? Em que ofendia o Senhor? Sempre, antes de estender a esteira, beijava as lajes do templo; cada pedra era purificada pelas águas lustrais... Em verdade Jeová é grande, e sabe... Mas eu fui expulso pelo Rabi, somente porque sou pobre!

Calou-se, e as suas mãos magras, tatuadas de linhas mágicas, tremiam, limpando as longas lágrimas que o alagavam.

Bati no peito, desesperado. E a minha angústia toda era por Jesus ignorar esta desgraça, que, na violência do seu espiritualismo, suas mãos misericordiosas tinham involuntariamente criado, como a chuva benéfica por vezes, fazendo nascer a sementeira, quebra e mata uma flor isolada. Então para que não houvesse nada imperfeito na sua vida, nem dela ficasse uma queixa na Terra, paguei a dívida de Jesus (assim seu Pai perdoe a minha!), atirando para o saião do velho moedas consideráveis, dracmas, crisos gregos de Filipe, áureos romanos de Augusto, até uma grossa peça da Cirenaica, que eu estimava por ter uma cabeça de Zeus Amon, que parecia a minha imagem. Topsius juntou a este tesouro um *lepta* de cobre — que tem em Judeia o valor de um grão de milho...

O velho pedreiro de Naim empalidecia, sufocado. Depois, com o dinheiro numa dobra do saião, bem apertado contra o peito, murmurou tímida e religiosamente, erguendo os olhos ainda molhados para as alturas:

— Pai, que estás nos Céus, lembra-te da face deste homem, que me deu o pão de longos dias!...

E soluçando, sumiu-se entre a turba — que, agora, de todo o átrio rumorosamente afluía, se apinhava em torno aos mastros altos do velário. O escriba aparecera, mais vermelho e limpando os beiços. Ao lado do Rabi e dos guardas do templo, Sareias viera perfilar-se encostado ao seu báculo. Depois, entre um brilho de armas, surgiram as varas brancas dos litores; e novamente Pôncio, pálido e pesado, na sua vasta toga, subiu aos degraus de bronze, retomou o assento curul.

Um silêncio caiu, tão atento, que se ouviam as buzinas tocando ao longe na Torre Mariana. Sareias desenrolou o seu escuro pergaminho, estendeu-o sobre a mesa de pedra entre os tabulários; e eu vi as mãos gordas e morosas do escriba traçarem uma rubrica, estamparem um selo sob as linhas vermelhas que condenavam à morte Jesus de Galileia, meu Senhor... Depois Pôncio Pilatos, com uma dignidade indolente, erguendo apenas de leve o braço nu, confirmou em nome de César a "sentença do Sanedrim, que julga em Jerusalém...".

Imediatamente Sareias atirou sobre o turbante uma ponta do manto, ficou orando, com as mãos abertas para o céu. E os fariseus triunfavam; junto a nós, dois muito velhos beijavam-se em silêncio nas barbas brancas; outros sacudiam no ar os bastões, ou lançavam sarcasticamente a aclamação forense dos romanos: "Bene et belle! Non potest melius!"

Mas de súbito o intérprete apareceu em cima de um escabelo alteando sobre o peito o seu papagaio flamante. A turba emudecera, surpreendida. E o fenício, depois de ter consultado com o escriba, sorriu, gritou em caldaico alargando os braços cercados de manilhas de coral:

— Escutai! Nesta vossa festa de Páscoa, o pretor de Jerusalém costuma, desde que Valério Grato assim o determinou, e com assenso de César, perdoar a um criminoso... O pretor propõe-vos o perdão deste... Escutai ainda! Vós tendes também o direito de escolher, vós mesmos, entre os condenados... O pretor tem em seu poder, nos ergástulos de Herodes, outro sentenciado à morte...

Hesitou, e, debruçado do escabelo, interrogava de novo o escriba, que remexia numa atarantação os papiros e os tabulários. Sareias, sacudindo a ponta do manto que escondia a sua oração, ficara assombrado para o pretor, com as mãos abertas no ar. Mas já o intérprete bradava, erguendo mais a face risonha:

— Um dos condenados é Rabi Jexua, que aí tendes, e que se disse filho de Davi... E esse que propõe o pretor. O outro, endurecido no mal, foi preso por ter morto um legionário traiçoeiramente, numa rixa, ao pé do Xisto. O seu nome é Barrabás... Escolhei!

Um grito brusco e roufenho partiu de entre os fariseus:

— Barrabás!

Aqui e além, pelo átrio, confusamente ressoou o nome de Barrabás. E um escravo do templo, de saião amarelo, pulando até aos degraus do sólio, rompeu a berrar, em face de Pôncio, com palmadas furiosas nas coxas:

— Barrabás! Ouve bem! Barrabás! O povo só quer Barrabás!

A haste de um legionário fê-lo rolar nas lajes. Mas já toda a multidão, mais leve e fácil de inflamar do que a palha na meda, clamava por Barrabás; uns, com furor, batendo as sandálias e os cajados ferrados como para aluir o Pretório; outros de longe, encruzados ao sol indolentes e erguendo um dedo. Os vendilhões do templo, rancorosos sacudindo as balanças de ferro e repicando sinetas, berravam, por entre maldições ao Rabi: "Barrabás é o melhor". E até as prostitutas de Tiberíade, pintadas de vermelhão como ídolos, feriam o ar de gritos silvantes:

— Barrabás! Barrabás!

Raros ali conheciam Barrabás; muitos, decerto, não odiavam o Rabi, mas todos engrossavam o tumulto prontamente, sentindo, nessa reclamação do preso que atacara legionários, um ultraje ao pretor romano, togado e augusto no seu tribunal. Pôncio, no entanto, indiferente, traçava letras numa vasta lauda de pergaminho pousada sobre os joelhos. E em torno os clamores disciplinados retumbavam em cadência, como malhos numa eira:

— Barrabás! Barrabás! Barrabás!

Então Jesus, vagarosamente, voltou-se para aquele mundo duro e revoltoso que o condenava; e nos seus refulgentes olhos umedecidos, no fugitivo tremor dos seus lábios, só transpareceu nesse instante uma mágoa misericordiosa pela opaca inconsciência dos homens, que assim empurravam para a morte o melhor amigo dos homens... Com os pulsos presos, limpou uma gota de suor; depois ficou diante do pretor, tão imperturbado e quedo, como se já não pertencesse à Terra.

O escriba, batendo com uma régua de ferro na pedra da mesa três vezes bradara o nome de César. O tumulto ardente esmorecia. Pôncio ergueu-se; e grave, sem trair impaciência ou cólera, lançou, sacudindo a mão, o mandado final:

— Ide e crucificai-o!

Desceu o estrado; a turba batia ferozmente as palmas.

Oito soldados da corte siríaca apareceram, apetrechados em marcha, com os escudos revestidos de lona, ferramentas entrouxadas, e o largo cantil da *posca*. Sareias, vogal do Sanedrim, tocando no ombro de Jesus, entregou-o ao decurião; um soldado desapertou-lhe as cordas, outro tirou-lhe o albornoz de lã e eu vi o doce Rabi de Galileia dar o seu primeiro passo para a morte.

Apressados, enrolando o cigarro, deixamos logo o palácio de Herodes, por uma passagem que o douto Topsius conhecia, lôbrega e úmida, com fendas gradeadas donde vinha um canto triste de escravos encarcerados... Saímos a um terreiro, abrigado pelo muro de um jardim todo plantado de ciprestes. Dois dromedários deitados no pó ruminavam junto de um montão de ervas cortadas. E o alto historiador tomava já o caminho do templo, quando, sob as ruínas de um arco que a hera cobria, vimos povo apinhado em torno de um essênio, cujas mangas de alvo linho batiam o ar como as asas de um pássaro irritado.

Era Gad, rouco de indignação, clamando contra um homem esgrouviado, de barba rala e ruiva, com grossas argolas de ouro nas orelhas, que tremia e balbuciava:

— Não fui eu, não fui eu...

— Foste tu! — bradava o essênio, estampando a sandália na terra. — Conheço-te bem. Tua mãe é cardadeira em Cafarnaum, e maldita seja pelo leite que te deu!...

O homem recuava, baixando a cabeça, como um animal encurralado à força:

— Não fui eu! Eu sou Refraim, filho de Eliézer, de Ramah! Sempre todos me conheceram são e forte como a palmeira nova!

— Torto e inútil eras tu como um sarmento velho de vide, cão e filho de um cão! — gritou Gad. — Vi-te bem... Foi em Cafarnaum, na viela onde está a fonte, ao pé da sinagoga, que tu apareceste a Jesus, Rabi de Nazaré! Beijavas-lhe as sandálias, dizias: "Rabi, cura-me! Rabi, vê esta mão que não pode trabalhar!" E mostravas-lhe a mão, essa, a direita, seca, mirrada e negra, como o ramo que definhou sobre o tronco! Era no Sabat; estavam os três chefes da sinagoga, e Eliézer e Simeão. E todos olhavam Jesus para ver se ele ousaria curar no dia do Senhor... Tu choravas, de rojo no chão. E por acaso o Rabi repeliu-te? Mandou-te procurar a raiz do baraz? Ah! cão, filho de um cão! O Rabi, indiferente às acusações da sinagoga, e só escutando a sua misericórdia, disse-te: "Estende a mão!" Tocou-a, e ela reverdeceu logo como a planta regada pelo orvalho do céu! Estava sã, forte, firme; e tu movias ora um dedo, ora outro, espantado e tremendo.

Um murmúrio de enlevo correu entre a multidão maravilhada pelo doce milagre. E o essênio exclamava, com os braços trêmulos no ar:

— Assim foi a caridade do Rabi! E estendeu-te ele a ponta do manto, como fazem os rabis de Jerusalém, para que lhe deitasses dentro um ciclo de prata? Não. Disse aos seus amigos que te dessem da provisão de lentilha... E tu largaste a correr pelo caminho, refeito e ágil, gritando para o lado da tua casa: "Oh! mãe, oh! mãe, estou curado!..." E foste tu, porco e filho de porco, que há pouco no Pretório pedias a cruz para o Rabi e gritavas por Barrabás! Não negues, boca imunda; eu ouvi-te; estava por trás de ti, e via incharem-te as cordoveias do pescoço, com o furor da tua ingratidão!

Alguns, escandalizados, gritavam: "Maldito! maldito!" Um velho, com justiceira gravidade, apanhara duas grossas pedras. E o homem de Cafarnaum, encolhido, esmagado, ainda rosnou surdamente:

— Não fui eu, não fui eu... Eu sou de Ramah!

Gad, furioso, agarrou-o pelas barbas:

— Nesse braço, quando o arregaçaste diante do Rabi, todos te viram duas cicatrizes curvas, como de dois golpes de foice!... E tu vais mostrá-las agora, cão e filho de um cão!

Despedaçou-lhe a manga da túnica nova; arrastou-o em redor, apertado nas suas mãos de bronze, como um bode teimoso; mostrou bem as duas cicatrizes, lívidas no pelo ruivo; e assim o arremessou desprezivelmente para entre o povo, que, levantando o pó do caminho, perseguiu o homem de Cafarnaum com apupos e com pedradas...

Acercamo-nos de Gad sorrindo, louvando a sua fidelidade a Jesus. Ele, acalmado, estendera as mãos a um vendedor de água, que lhas purificava com um largo jorro do seu odre felpudo; depois, limpando-as à toalha de linho que lhe pendia do cinto:

— Escutai! José de Ramatha reclamou o corpo do Rabi, o pretor concedeu-lho... Esperai-me à nona hora romana no pátio de Gamaliel... Onde ides?

Topsius confessou que íamos ao templo, por motivos intelectuais de arte, de arqueologia...

— Vão é aquele que admira pedras! — rosnou o altivo idealista.

E afastou-se puxando o capuz sobre a face, por entre as bênçãos do povo que crê e ama os essênios.

Para poupar, até ao templo, a rude caminhada pelo Tiropeu e pela ponte do Xisto, tomamos duas liteiras — das que um liberto de Pôncio ultimamente alugava, junto ao Pretório, "à moda de Roma".

Cansado, estirei-me, com as mãos sob a nuca, no colchão de folhas secas que cheirava a murta; e lentamente começou a invadir-me a alma uma inquietação estranha, temerosa, que já no Pretório me roçara de leve como a asa arrepiada de uma ave agourenta... Ia eu ficar para sempre nesta cidade forte dos judeus? Perdera eu irremediavelmente a minha individualidade de Raposo, de católico, de bacharel, contemporâneo do *Times* e do gás, para me tornar um homem da Antiguidade clássica, coevo de Tibério? E, dado este mirífico retrocesso nos tempos, se voltasse à minha pátria, que iria eu encontrar à beira do rio claro...

Decerto encontraria uma colônia romana; na encosta da colina mais fresca, uma edificação de pedra onde vive o procônsul; ao lado um templo pequeno de Apolo ou de Marte, coberto de lousa; nos altos um campo entrincheirado, onde estão os legionários; e, em redor, a vila lusitana, esparsa, com os seus caminhos agrestes, cabanas de pedra solta, alpendres para recolher o gado, e estacadas no lodo onde se amarram jangadas... Assim encontraria a minha pátria. E que faria lá, pobre, solitário? Seria pastor nos montes? Varreria as escadarias do templo, racharia a lenha das cortes para ganhar um salário romano?... Miséria incomparável!

Mas se ficasse em Jerusalém? Que carreira tomaria nesta sombria, devota cidade da Ásia? Tornar-me-ia um judeu, rezando o Esquema, cumprindo o Sabat, perfumando a barba de nardo, indo preguiçar nos átrios do templo, seguindo as lições de um rabi, e passeando às tardes, com um bastão dourado, nos jardins de Gareb entre os túmulos?... E esta existência igualmente me parecia pavorosa!... Não! a ficar encarcerado no mundo antigo com o doutíssimo Topsius, então deveríamos galopar nessa mesma noite, ao erguer da Lua, para Jopé; de lá embarcar em qualquer trirreme fenícia que partisse para Itália; e ir habitar Roma, ainda que fosse numa das escuras vielas do Velabro, numa dessas altas, fumarentas trapeiras, com duzentas escadas a subir empestadas pelos guisados de alho e tripa, que escassamente atravessam duas calendas sem desabar ou arder.

Assim me inquietava quando a liteira parou; descerrei as cortinas; vi ante mim os vastos granitos da muralha do templo. Penetramos sob a abóbada da porta de Huldah; e fomos logo detidos enquanto os guardas do templo arrancavam a um pegureiro, teimoso e rude, a clava armada de pregos com que ele queria atravessar o santuário. O rolante rumor que vinha de longe, dos átrios, já me atemorizava, semelhante ao de uma selva ou de um grande mar irritado...

E ao emergir enfim da abóbada estreita, agarrei o braço magro do historiador dos Herodes, no deslumbramento que me tomou, intenso e repassado de terror! Um brilho de neve e ouro vibrava profusamente no ar mole, irradiado dos claros mármores, dos granitos brunidos, dos recamos preciosos banhados pelo divino sol de Nizam. Os lisos pátios que eu de manhã vira desertos, alvejando como a água quieta de um lago, desapareciam agora sob o povo que os atulhava, adornado e festivo. Os cheiros estonteavam, acres emanados dos estofos tingidos, das resinas aromáticas, da gordura frigindo em brasas. Sobre o denso ruído passavam roucos mugidos de bois. E perenemente os fumos votivos se sumiam na refulgência do céu...

— Caramba! — murmurei, enfiado. — Isto são magnificências de entupir!

Fomos penetrando sob os Pórticos de Salomão, onde ressoava o profano tumulto de um mercado. Por trás de grossas caixas gradeadas encruzavam-se os cambistas, com uma moeda de ouro pendente da orelha entre as melenas sórdidas, trocando o dinheiro sacerdotal do templo pelas moedas pagãs de todas as regiões, de todas as idades, desde as maciças rodelas do velho Lácio, mais pesadas que broquéis, até aos tijolos gravados que circulam como "notas" nas feiras da Assíria. Adiante, brilhava a frescura e abundância de um pomar; as romãs, estaladas de madura, transbordavam dos gigos; hortelões, com um ramo de amendoeira preso ao carapuço, apregoavam grinaldas de anêmonas ou ervas amargas de Páscoa; jarras de leite puro pousavam sobre sacos de lentilha; e os cordeiros, deitados nas lajes, amarrados pelas patas às colunas, balavam tristemente de sede.

Mas a multidão sobretudo apinhava-se, com suspiros de cobiça, em torno aos tecidos e às joias. Mercadores das colônias fenícias, das ilhas gregas, de Tardis, da Mesopotâmia, de Tadmor, uns com soberbas samarras de lã bordada, outros com toscos tabardos de couro pintado, desdobravam os panos azuis de Tiro, que reproduzem o brilho ardente dos céus do Oriente, as sedas impudicas de Sheba, de uma transparência verde que voa na aragem, e esses estofos solenes de Babilônia que sempre me extasiavam, negros com largas flores cor de sangue... Dentro de cofres de cedro, espalhados sobre tapetes da Galácia, reluziam espelhos de prata simulando a lua e os seus raios, sinetes de turmalina que os hebreus usam no peito, manilhas de pedrarias enfiadas em cornos de antílopes, diademas de sal-gema com que se enfeitam os noivos; e, resguardados mais preciosamente, talismãs e amuletos que me pareciam pueris, pedaços de raízes, pedregulhos negros, couros tisnados e ossos com letras.

Topsius ainda parou entre as tendas dos perfumistas, apreçando um esplêndido bastão de Tilos, de uma rara madeira mosqueada como a pele do tigre, mas logo fugimos ao ardente cheiro que ali sufocava, vindo das resinas, das gomas dos países dos negros, dos molhos de plumas de avestruz, da mirra de Oronte, das ceras de Cirenaica, dos óleos rosados de Císico, e das grandes coifas de pele de hipopótamo cheias de violetas secas e de folhas de bácaris...

Entramos então na galeria chamada *Real*, toda votada à doutrina e à lei. Aí, cada dia, tumultuam rancorosamente as controvérsias entre saduceus, escribas, soforins, fariseus, sectários de Eschemaia, sectários de Hilel, juristas, gramáticos, fanáticos de toda a terra judaica. Junto às colunas de mármore instalavam-se os mestres da lei, sobre altos escabelos, tendo ao lado um prato de metal onde caíam os óbolos dos fiéis; e em torno, encruzados no chão, com as sandálias ao pescoço, as pelicas cobertas de letras vermelhas desdobradas nos joelhos, os discípulos, imberbes ou decrépitos, resmoneavam os ditames, balançando os ombros lentos. Aqui e além, no meio de devotos embebidos, dois doutores disputavam, com as faces assanhadas, sobre temerosos pontos da doutrina. "Pode-se comer um ovo de galinha posto no dia de Sabat? Por que osso da espinha dorsal começa a Ressurreição?" O filosófico Topsius ria disfarçado numa prega da capa; mas eu tremia quando os doutores, escaveirados e barbudos, se ameaçavam, gritavam *racca! racca!* mergulhando a mão no seio da túnica, à procura de um ferro escondido.

A cada momento cruzávamos esses fariseus, ressoantes e vazios como tambores, que vêm ao templo assoalhar a sua piedade — uns com as costas vergadas, esmagadas pela vastidão do pecado humano; outros, tropeçando e apalpando o ar, de olhos fechados, para não ver as formas impuras das mulheres; alguns mascarados de cinza, gemendo com as mãos apertadas sobre o estômago — em testemunho dos seus duros jejuns! Depois Topsius mostrou-me um rabi, interpretador de sonhos; num carão lívido e chupado os seus olhos fundos luziam com a tristeza de lâmpadas de sepulcro; e, sentado sobre sacos de lã, estendia por cima de cada devoto, que vinha ajoelhar aos seus pés nus, a ponta de um vasto manto negro com signos brancos pintados. Eu, curioso, pensava em o consultar, quando de repente gritos aflitos ressoaram no átrio. Corremos. Eram levitas, com cordas e vergas, chibatando furiosamente um leproso que, em estado de impureza, penetrara no pátio de Israel. O sangue salpicava as lajes. Em torno crianças riam.

Ia caindo a sexta hora judaica, a mais grata ao Senhor, quando o sol, na sua marcha para o mar, pára sobre Jerusalém a contemplá-la com paixão; e, para nos acercarmos do "átrio de Israel", fomos penosamente fendendo a multidão que ali remoinhava, vinda de toda a terra culta e bárbara... O rude saião de peles, dos pegureiros das Idumeias, roçava a clâmide curta dos gregos de face rapada e mais brancos que mármores. Havia homens solenes da planície de Babilônia, com as barbas metidas dentro de sacos azuis, que uma corrente de prata lhes prendia às mitras de couro pintado; e havia gauleses ruivos, de bigodes pendentes como as ervas das suas lagoas, que riam e parolavam, devorando com a casca os limões doces da Síria. Por vezes um romano togado passava, tão grave como se descesse de um pedestal. Gente da Dácia e da Mísia, com as pernas enfaixadas em ligaduras de feltro, tropeçava deslumbrada pelo claro esplendor dos mármores. E não era menos estranho ir eu, Teodorico Raposo, arrastando ali as minhas botas de montar, atrás de um sacerdote de Moloch, enorme e sensual na sua samarra de púrpura, que, em meio de um bando de mercadores de Sarepta, desdenhava daquele templo sem imagens, sem bosques, e mais ruidoso que uma feira fenícia.

Assim lentamente nos fomos chegando à porta chamada "A Bela", que dava acesso para o átrio sagrado de Israel. Bela em verdade, preciosa e triunfal, sobre os catorze degraus de mármore verde de Numídia, mosqueado de amarelo; os seus largos batentes, revestidos de chapas de prata, faiscavam como os de um relicário; e os dois umbrais, semelhantes a grossos molhos de palmas, sustentavam uma torre, redonda e branca, guarnecida de escudos tomados aos inimigos de Judá, brilhantes no sol como um colar de glória sobre o pescoço forte de um herói! Mas diante deste ádito maravilhoso erguia-se severamente um pilar, encimado por uma placa negra com letras de ouro, onde se desenrolava esta ameaça em grego, em latim, em aramaico, em caldaico: *Que nenhum estrangeiro aqui penetre, sob pena de morrer!*

Afortunadamente avistamos o magro Gamaliel que se encaminhava ao Santo Pátio, descalço, apertando ao peito um molho de espigas votivas; com ele vinha um homem nédio e risonho, de face cor de papoula, coroado por uma enorme mitra de lã negra enfeitada de fios de coral... Curvados até às lajes, saudamos o austero doutor da lei. Ele salmodiou logo, de pálpebras cerradas:

— Sede bem-vindos... Esta é a hora melhor para receber a bênção do Senhor. O Senhor disse: "Saí das vossas habitações, vinde a mim com as primícias dos vossos frutos, eu vos abençoarei em todas as obras das vossas mãos...". Vós hoje pertenceis miraculosamente a Israel. Subi à morada do Eterno! Este que vem a meu lado é Eliézer de Silo, benéfico e sábio entre todos nas coisas da natureza.

Deu-nos duas espigas de milho; e atrás dele pisamos, com as nossas solas gentílicas, o adro interdito de Judá.

Caminhando a meu lado, Eliézer de Silo, cortês e suave, perguntou-me se era remota a minha pátria e perigosos os seus caminhos...

Eu rosnei, vaga e recatadamente:

— Sim... Chegamos de Jericó.

— Boa, por lá, a colheita do bálsamo?

— Rica! — afiancei, com calor. — Louvado seja o Eterno, que neste seu ano de Graça estamos lá abarrotadinhos de bálsamos!

Ele pareceu regozijado. E revelou-me então que era um dos médicos que residem no templo — onde os sacerdotes e os sacrificadores sofrem perenemente "dissabores intestinais", por pisarem suados e descalços as lajes frias dos adros.

— Por isso — murmurou ele com uma faísca alegre no olho benigno — o povo em Sião nos chama *doutores da tripa*!

Torci-me de riso, de gozo, com aquela jocosidade assim sussurrada na austera morada do Eterno... Depois, recordando os meus dissabores intestinais em Jericó, por muito amar os divinos e pérfidos melões da Síria, perguntei ao amável físico se nessas ocorrências ele preconizava o bismuto...

O homem magistral abanou cautamente a sua mitra bojuda. Depois espetando um dedo no ar, segredou-me esta receita incomparável:

— Tomai goma de Alexandria, açafrão de jardim, uma cebola da Pérsia e vinho negro de Emaús... Misturai, cozei... Deixai esfriar num vaso de prata... colocai-vos numa encruzilhada, ao nascer do sol...

Mas emudeceu subitamente com os braços abertos e a face pendida para as lajes. Penetráramos no soberbo adro, chamado "Pátio das Mulheres"; e nesse instante terminavam as bênçãos que à sexta hora um sacerdote vem ali derramar, do alto da porta de Nicanor.

Severa, toda de bronze, ela deixava entrever, lá ao fundo, os ouros, a neve, as pedrarias do santuário, refulgindo com serenidade... Nos largos degraus, mais lustrosos que alabastro, desenrolavam-se duas colegiadas de levitas, ajoelhados e vestidos de branco — uns com uma trompa recurva, outros pousando os dedos sobre as cordas mudas de liras. E, por entre estas alas de homens prostrados, um grande velho emaciado vinha descendo devagar os degraus, com um incensador de ouro na mão...

A sua túnica justa de bisso tinha a fímbria orlada de pinhas de esmeralda, alternando com guizos que tiniam finamente; os pés sem sandálias e tingidos de *henneh* pareciam de coral; e ao meio da faixa que lhe cingia as costelas magras brilhava, bordado a ouro, um grande sol. Os fiéis ajoelhados, quedos, sem um murmúrio, quase pousavam nas lajes a cabeça escondida sob os mantos e sob os véus; e com as cores festivas, onde dominava o vermelho da anêmona e o verde da figueira, era como se o adro estivesse juncado de flores e folhagens numa manhã de triunfo, para passar Salomão!

Com a barba aguda e dura levantada aos céus, o velho incensou o lado do Oriente e das areias, depois o lado do Ocidente e dos mares; e o recolhimento era tão enlevado que se ouviam no fundo do santuário os mugidos lentos dos bois. Desceu ainda, alçou mais a mitra salpicada de joias, atirou o incensador que rangeu faiscando ao sol — e com o fumo branco veio rolando, tênue e cheirosa, sobre Israel, a bênção do Muito Forte. Então os levitas, unissonamente, feriram as cordas das liras; das trombetas curvas subiu um grito de bronze; e todo o povo erguido, com os braços ao céu, entoou um salmo celebrando a eternidade de Judá... E subitamente tudo cessou; os levitas recolhiam pela escadaria de mármore sem um rumor dos pés nus; Eliézer de Silo e o rígido Gamaliel tinham desaparecido sob os pórticos; e o claro pátio em redor resplandecia suntuoso e cheio de mulheres.

Os revestimentos de alabastro eram tão lustrosos que Topsius mirava neles, como num espelho, as pregas nobres da sua capa; todos os frutos da Ásia e as flores dos vergéis se entrelaçavam, em copiosos lavores de prata, nas portas das câmaras rituais onde se perfuma o óleo, se consagra a lenha, se purifica a lepra; entre as colunas pendiam em festões fios grossos de pérolas e de contas de ônix, mais numerosos que no peito de uma noiva; e nos mealheiros de bronze, semelhantes a trombetas de guerra colossais, pousadas nas lajes, enrolavam-se, cintilando e reclamando as dádivas, inscrições em relevo de ouro, graciosas como versos de cânticos — *Queimai incensos e nardos; ofertai pombas e rolas.*

Mas o santo adro resplandecia de mulheres; e meus olhos bem depressa deixaram metais e mármores, para cativadamente se prenderem àquelas filhas de Jerusalém, cheias de graça e morenas como as tendas do Cédar!

Todas traziam no templo o rosto descoberto; ou apenas um fofo véu, de uma musselina leve como o ar, à moda romana, enrodilhado finamente no turbante, punha em torno das faces uma alvura de espuma, onde os olhos negros tomavam um quebranto mais úmido, enlanguescidos pelas densas pestanas, alongados pela tintura de cipro. A abundância bárbara dos ouros, das pedrarias, envolvia-as numa radiância trêmula, desde os peitos fortes até aos cabelos mais crespos que a lã das cabras de Galaad. As sandálias, ornadas de guizos e de correntes, arrastavam sobre as lajes uma melodia argentina, tanta era a graça concertada dos seus movimentos ondulados e graves; e os tecidos bordados, os algodões de Galácia, os finos linhos de cores que as cingiam, ensopados nas essências ardentes de âmbar, de malóbatro e de bácaris, enchiam o ar de fragrância e de moleza a alma dos homens. As mais ricas caminhavam solenemente entre escravas vestidas de panos amarelos, que lhes traziam para-sol de penas de pavão, os rolos devotos em que está escrita a lei, sacos de tâmaras doces, espelhos ligeiros de prata. As mais pobres, com uma simples camisa de algodão de riscadinho multicor, e sem mais joias que um rude talismã de coral, corriam, chalravam, mostrando nus os braços e o colo cor de medronho mal maduro... E sobre todas o meu desejo zumbia, como uma abelha que hesita entre flores de igual doçura!

— Ai Topsius, Topsius! — rosnava eu. — Que mulheres! Que mulheres! Eu estouro, esclarecido amigo! O sábio afirmava, com desdém, que elas não tinham mais intelectualidade que os pavões dos jardins de Antipas; e que nenhuma decerto ali lera Aristóteles ou Sófocles!... Eu encolhia os ombros. Oh! esplendor dos céus! por qual destas mulheres, que não lera Sófocles, não daria eu, se fosse César, uma cidade de Itália e toda a Ibéria! Umas entonteciam-me pela sua graça dolente e macerada de virgens de devoção, vivendo na penumbra constante dos quartos de cedro, com o corpo saturado de perfumes, a alma esmagada de orações. Outras me deslumbravam pela suntuosidade sólida e suculenta da sua beleza. Que largos, escuros olhos de ídolos! Que claros, macios membros de mármore! Que sombria moleza! Que nudezas magníficas, quando à beira do leito baixo se lhes desenrolassem os cabelos pesados, e fossem docemente escorregando os véus e os linhos de Galácia!...

Foi necessário que Topsius me arrastasse pelo albornoz, para a escadaria de Nicanor. E ainda estacava a cada degrau, alongando para trás os olhos esbraseados, resfolgando como um touro em maio nas lezírias.

— Ai, filhinhas de Sião! Que sois de vos deixar aqui os miolos!

Ao voltar-me, puxado pelo douto historiador, bati no focinho de um cordeiro branco que um velho conduzia às costas, amarrado pelas patas e enfeitado de rosas. Em frente corria uma longa balaustrada de cedro lavrado, onde uma cancela toda de prata, aberta e lassa nos seus gonzos, se movia em silêncio, faiscando.

— É aqui — disse o erudito Topsius — que se dão a beber as águas amargas às mulheres adúlteras... E agora, D. Raposo, aí tem Israel adorando o seu Deus.

Era enfim o adro sacerdotal! E eu estremeci diante daquele santuário, entre todos monstruoso e deslumbrante. Ao meio do vasto e claro terrado erguia-se, feito de enormes pedras negras, o altar dos holocaustos; aos seus cantos enristavam-se quatro cornos de bronze: de um pendiam grinaldas de lírios; de outros fios de corais; o outro pingava sangue. Da imensa grelha do altar subia uma fumaça avermelhada e lenta; e em redor apinhavam-se os sacrificadores, descalços, todos de branco, com forquilhas de bronze nas mãos pálidas, espetos de prata, facas passadas nos cintos cor de céu... No afanoso, severo rumor do cerimonial sacrossanto, confundia-se o balar de cordeiros, o som argentino de pratos, o crepitar das lenhas, as pancadas surdas de malho, o cantar lento da água em bacias de mármore, e o estridor das buzinas. Apesar dos aromáticos que ardiam em caçoulas, das longas ventarolas de folhas de palmeira com que os serventes agitavam o ar, eu pus o lenço na face, enjoado com esse cheiro mole de carne crua, de sangue, de gordura frita e de açafrão, que o Senhor reclamou a Moisés, como o dom melhor a receber da Terra...

Ao fundo, bois enfeitados de flores, vitelas brancas com os cornos dourados, sacudiam, mugindo e marrando, as cordas que os prendiam a fortes argolas de bronze; mais longe, sobre mesas de mármore, entre pedaços de gelo, pousavam, vermelhas e sangrentas, grossas peças de carne, sobre que os levitas balançavam leques de penas, para afugentar os moscardos. De colunas rematadas por faiscantes globos de cristal, pendiam cordeiros mortos, que os netenins, resguardados por aventais de couro cobertos de textos sagrados, esfolavam com cutelos de prata; enquanto os vitimários de saião azul, retesando os braços, conduziam baldes de onde transbordavam e iam arrastando entranhas. Coroados por uma mitra redonda de metal, escravos ide umeus constantemente limpavam as lajes com esponjas: alguns vergavam sob molhos de lenha; outros, agachados, sopravam fogareiros de pedra.

A cada momento algum velho sacrificador, descalço, marchava para o altar, trazendo ao colo um anho tenro que não balava, contente e quente entre os dois braços nus; um tocador de lira precedia-o; levitas atrás transportavam os jarros de óleo aromático. Em frente à ara, rodeado de acólitos, o sacrificador lançava sobre o cordeiro um punhado de sal; depois, salmodiando, cortava-lhe uma pouca de lã entre os cornos. As buzinas ressoavam; um grito de animal ferido perdia-se no tumulto sacro; por cima das tiaras brancas, duas mãos vermelhas erguiam-se ao ar, sacudindo sangue; da grelha do altar ressaltava, avivada pelos óleos e pela gordura, uma chama de alegria e de oferta; e o fumo avermelhado e lento ascendia serenamente ao azul, levando nos seus rolos o cheiro que deleita o Eterno.

— É um talho! — murmurei eu, aturdido. — É um talho! Topsius, doutor, vamos outra vez lá baixo às mulherinhas...

O sábio olhou para o sol. Depois, gravemente, pousando-me no ombro a mão amiga:

— É quase há nona hora, D. Raposo!... E temos de ir fora da Porta Judiciária para além do Garebe, a um sítio agreste que se chama o *Calvário*.

Empalideci. E pareceu-me que nenhuma vantagem espiritual obteria minha alma, nenhuma inesperada aquisição enriqueceria o saber de Topsius — por irmos contemplar no alto de um morro, entre urzes, Jesus atado a um madeiro e sofrendo; era apenas um tormento para a nossa sensibilidade! Mas, submisso, segui o meu sapiente amigo pela escadaria das Águas, que leva ao largo lajeado de basalto onde começam as primeiras casas de Acra. Vizinhas do santuário, habitadas por sacerdotes, elas ostentavam uma profusa devoção Pascal, em palmas, lâmpadas, alcatifas penduradas dos eirados; e algumas tinham os umbrais salpicados com sangue fresco de um anho.[1]

Antes de penetrar numa sórdida, andrajosa rua que se ia torcendo sob velhos toldos de esparto, voltei-me para o templo; agora só via a imensa muralha de granito, com bastiões no alto, sombria e inderrubável; e a arrogância da sua força e da sua eternidade encheu de cólera o meu coração. Enquanto sobre uma colina de morte, destinada aos escravos, o homem de Galileia incomparável amigo dos homens arrefecia na sua cruz, e para sempre se apagava aquela pura voz de amor e de espiritualidade; ali ficava o templo que o matava, rutilante e triunfal, com o balar dos seus gados, o estridor dos seus sofismas, a usura sob os pórticos, o sangue sob as aras, a iniquidade do seu duro orgulho, a importunidade do seu perene incenso... Então, com os dentes cerrados, mostrei o punho a Jeová e à sua cidadela, e bradei:

— Arrasados sejais!

Não descerrei mais os lábios secos até chegarmos à estreita porta nas muralhas de Ezekiah, que os romanos denominavam a *Judiciária*. E logo aí estremeci, vendo colado num pilar de pedra um pergaminho com três sentenças transcritas — "a de um ladrão de Betebara, a de um assassino de Emath, e a de Jesus de Galileia!". O escriba do Sanedrim — que, conforme à lei, ali vigiara para recolher, até que os condenados passassem, algum inesperado testemunho de inculpabilidade — ia partir, com os seus tabulários debaixo do braço, depois de

---

[1] Mesmo que cordeiro.

traçar sobre cada sentença um grosso risco vermelho. E aquele corte final, cor de sangue, passado à pressa por um escriturário que recolhia contente à sua morada, a comer o seu anho, comoveu-me mais que a melancolia dos Livros Santos.

Sebes de cactos em flor bordavam a estrada; e para além eram verdes outeiros onde os muros baixos de pedra solta, vestidos de rosas bravas, delimitavam os hortos. Tudo ali resplandecia, festivo e pacífico. A sombra das figueiras, debaixo dos pilares das parreiras, as mulheres, encruzadas em tapetes, fiavam o linho ou atavam os ramos de alfazema e manjerona que se oferecem na Páscoa; e crianças em redor, com o pescoço carregado de amuletos de coral, balouçavam-se em cordas, atiravam à seta... Pela estrada descia uma fila de lentos dromedários, levando mercadorias para Jopé; dois homens robustos recolhiam da caça, com altos coturnos vermelhos cobertos de pó, a aljava batendo-lhes a coxa, uma rede atirada para as costas, e os braços carregados de perdizes e de abutres amarrados pelas patas; e diante de nós caminhava devagar, apoiado ao ombro de uma criança que o conduzia, um velho pobre, de longas barbas, trazendo presa ao cinto como um bardo a lira grega de cinco cordas, e sobre a fronte uma coroa de louro...

Ao fundo de um muro, coberto de ramos de amendoeiras, diante de uma cancela pintada de vermelho, dois servos esperavam, sentados num tronco caldo, com os olhos baixos e as mãos sobre os joelhos. Topsius parou, puxou-me o albornoz:

— É este o horto de José de Ramatha, um amigo de Jesus, membro do Sanedrim, homem de espírito inquieto, que se inclina para os essênios... E justamente, aí vem Gad!

Do fundo do horto, com efeito, por uma rua de murta e rosas, Gad descia correndo com uma trouxa de linho e um cabaz de vimes enfiados num pau. Paramos.

— O Rabi? — gritou-lhe o alto historiador, transpondo a cancela. O essênio entregou a um dos escravos a trouxa, e o cesto que estava cheio de mirra e de ervas aromáticas; e ficou diante de nós um momento, trêmulo, sufocado, com a mão fortemente pousada sobre o coração para lhe serenar a ansiedade.

— Sofreu muito! — murmurou, por fim. — Sofreu quando lhe traspassaram as mãos... Mais ainda ao erguer da cruz... E repeliu primeiro o vinho de misericórdia, que lhe daria a inconsciência... O Rabi queria entrar com a alma clara na morte por que chamara!... Mas José de Ramatha, Nicodemo, estavam lá vigiando. Ambos lhe lembraram as coisas prometidas uma noite em Betânia... O Rabi então tomou a malga das mãos da mulher de Rosmofim, e bebeu.

E o essênio, pregados em Topsius os olhos reluzentes, como para cravar bem seguramente na sua alma uma recomendação suprema, recuou um passo e disse com uma grave lentidão:

— À noite, depois da ceia, no eirado de Gamaliel...

E outra vez desapareceu na rua fresca do horto, entre a murta e as roseiras. Topsius deixou logo a estrada de Jopé; e estugando o passo por um atalho agreste, onde o meu largo albornoz se prendia aos espinhos das piteiras, explicava-me que a bebida de misericórdia era um vinho forte de Társis, com suco de papoulas e especiarias, fornecido por uma confraria de mulheres devotas, para insensibilizar os supliciados... Mas eu mal escutava aquele copioso espírito. No alto de um áspero outeiro, todo de rocha e urze, avistara, destacando duramente no claro azul do céu liso, um montão de gente parada; e em meio dela sobrelevavam-se três pontas grossas de madeiros e moviam-se, faiscando ao sol, elmos polidos de legionários. Turbado, encostei-me à beira do caminho, num penedo branco que escaldava. Mas vendo Topsius marchar, com a sábia serenidade de quem considera a morte uma purificadora libertação das formas imperfeitas, não quis ser menos forte nem menos espiritual: arranquei o albornoz que me abafava, galguei intrepidamente a colina temerosa.

De um lado cavava-se o vale de Hinom, abrasado e lívido, sem uma erva, sem uma sombra, juncado de ossos, de carcaças, de cinzas. E diante de nós o morro ascendia, com manchas leprosas de tojo negro, e a espaços furado por uma ponta de rocha polida e branca como um osso. O córrego, onde os nossos passos espantavam os lagartos, ia perder-se entre as ruínas de um casebre de adobe; duas amendoeiras, mais tristes que plantas crescidas na fenda de um sepulcro, erguiam ao lado a sua rama rala e sem flor, onde cantavam asperamente cigarras. E na sombra tênue, quatro mulheres descalças, desgrenhadas, com rasgões de luto nas túnicas pobres, choravam como num funeral.

Uma, sem se mover, hirta contra um tronco, gemia surdamente sob a ponta do manto negro; outra, exausta de lágrimas, jazia numa pedra, com a cabeça caída nos joelhos, e os esplêndidos cabelos louros desmanchados, alastrados até ao chão. Mas as outras duas deliravam, arranhadas, ensanguentadas, batendo desesperadamente nos peitos, cobrindo a face de terra; depois, lançando ao céu os braços nus, abalavam o morro com gritos — "oh! eu encanto, oh! meu tesouro, oh! meu sol!". E um cão, que farejava entre as ruínas, abria a goela, uivava também, sinistramente.

Espavorido, puxei a capa do douto Topsius, e cortamos pelas urzes até ao alto, onde se apinhavam, olhando e galrando, obreiros das oficinas de Gareb, serventes do templo, vendilhões, e alguns desses sacerdotes miseráveis e em farrapos, que vivem de nigromancia e de esmolas. Diante da branca capa em que Topsius se togava, dois cambistas, com moedas de ouro pendentes das orelhas, arredaram-se, murmurando bênçãos servis. Uma corda de esparto deteve-nos, presa a postes cravados no chão para isolar o alto do morro e, no sítio em que ficáramos, enrolada a uma velha oliveira que tinha pendurados, dos ramos, escudos de legionários e um manto vermelho.

Então, ansioso, ergui os olhos... Ergui os olhos para a cruz mais alta, cravada com cunhas numa fenda de rocha. O Rabi agonizava. E aquele corpo que não era de marfim nem de prata, e que arquejava, vivo, quente, atado e pregado a um madeiro, com um pano velho na cinta, um travessão passado entre as pernas, encheu-me de terror e de espanto... O sangue que manchara a madeira nova enegrecia-lhe as mãos, coalhado em torno aos cravos; os pés quase tocavam o chão, amarrados numa grossa corda, roxos e torcidos de dor. A cabeça, ora escurecida por uma onda de sangue, ora mais lívida que um mármore, rolava de um ombro a outro docemente; e por entre os cabelos emaranhados, que o suor empastara, os olhos esmoreciam, sumidos, apagados, parecendo levar com a sua luz, para sempre, toda a luz e toda a esperança da terra.

O centurião, sem manto, com os braços cruzados sobre a couraça de escamas, rondava gravemente junto à cruz do Rabi, cravando por vezes os olhos duros na gente do templo, cheia de rumores e de risos. E Topsius mostrou-me defronte, rente à corda, um homem cuja face, amarela e triste, quase desaparecia entre as duas longas mechas negras de cabelo que lhe desciam sobre o peito — e que abria e enrolava com impaciência um pergaminho, ora expiando a marcha lenta do sol, ora falando baixo a um escravo ao seu lado.

— É José de Ramatha — segredou-me o douto historiador. — Vamos ter com ele, ouvir as coisas que convém saber...

Mas nesse instante, de entre o bando sórdido dos servos do templo e dos sacerdotes miseráveis que são nutridos pelos sobejos dos holocaustos, rompeu um ruído mais forte, como o grasnar de corvos num alto. E um deles, colossal, esquálido com costuras de facadas através da barba rala, atirou os braços para a cruz do Rabi, e gritou numa baforada de vinho:

— Tu que és forte, e querias destruir o templo e as suas muralhas, por que não quebras ao menos o pau dessa cruz?

Em torno estalaram risadas alvares. E outro, espalmando as mãos sobre o peito, curvado com infinito escárnio, saudava o Rabi:

— Herdeiro de Davi, ó meu príncipe, que te parece esse trono?

— Filho de Deus! Chama teu pai, vê se teu pai te vem salvar! — rouquejava a meu lado um magro velho, que tremia e sacudia a barba, apoiado ao seu bordão.

Alguns vendilhões bestiais apanhavam torrões secos a que misturavam cuspo, para arremessar ao Rabi; uma pedra por fim passou, ressoou cavamente no madeiro. Então o centurião correu, indignado; a folha da sua larga espada lampejou no ar; e o bando recuou blasfemando, enquanto alguns embrulhavam na ponta do saião os dedos que escorriam sangue.

Nós acercamo-nos de José de Ramatha. Mas o sombrio homem abalou bruscamente, esquivando a importunidade do sábio Topsius. E, magoados com a sua rudeza, ali ficamos junto de um tronco de oliveira seca, defronte das outras cruzes.

Os dois condenados tinham acordado do primeiro desmaio, sob a frescura da aragem da tarde. Um, grosso, peludo, com os olhos esbugalhados, o peito atirado para diante e as costelas a estalar, como se num esforço desesperado quisesse arrancar-se do madeiro, urrava sem descontinuar, medonhamente; o sangue pingava-lhe em gotas lentas dos pés negros, das mãos esgaçadas; e abandonado, sem afeição ou piedade que o assistissem, era como um lobo ferido que uiva e morre num brejo. O outro, delgado e louro, pendia sem um gemido, como uma haste de planta meio quebrada. Defronte dele uma mulher, macilenta e em farrapos, passando a cada instante o joelho sobre a corda, estendia-lhe nos braços uma criancinha nua, e gritava, já rouca: "Olha ainda, olha ainda!" As pálpebras lívidas não se moviam; um negro, que entrouxava as ferramentas da crucificação, ia empurrá-la com brandura; ela emudecia, apertava desesperadamente o filho para que lho não levassem também, batendo os dentes, tremendo toda; e a criancinha entre os farrapos procurava o seio magro.

Soldados, sentados no chão, desdobravam as túnicas dos supliciados; outros, com o elmo enfiado no braço limpavam o suor, ou por uma malga de ferro, a goles lentos, bebiam a *posca*. E embaixo, na poeira da estrada, sob o sol mais doce, passava gente recolhendo pacificamente dos campos e dos hortos. Um velho picava as suas vacas para o lado da porta de Genath; mulheres, cantando, carregavam lenha; um cavaleiro trotava, embrulhado num manto branco. Às vezes os que atravessavam o caminho ou voltavam dos pomares de Gareb avistavam as três cruzes erguidas; arregaçavam a túnica, subiam a colina devagar através das urzes. O rótulo da cruz do Rabi, escrito em grego e em latim, causava logo assombro: "Rei dos Judeus!" Quem era esse? Dois moços, patrícios e saduceus, com brincos de pérolas nas orelhas e bordaduras de ouro nos borzeguins, interpelaram o centurião, escandalizados. Por que escrevera o pretor: "Rei dos Judeus"? Era aquele, ali pregado na cruz, Caio Tibério? Só Tibério era rei da Judeia! O pretor quisera ofender Israel! Mas em verdade só ultrajava César!...

Impassível, o centurião falava a dois legionários que remexiam no chão em grossas barras de ferro. E a mulher que acompanhava os saduceus, uma romana miudinha e morena, com fitas de púrpura nos cabelos empoados de azul, contemplava suavemente o Rabi e aspirava o seu frasco de essências, lamentando decerto aquele moço, rei vencido, rei bárbaro, que morria no poste dos escravos.

Cansado, fui sentar-me com Topsius numa pedra. Era perto da oitava hora judaica; o sol, sereno como um herói que envelhece, descia para o mar por sobre as palmeiras de Betânia. Diante de nós o Gareb verdejava, coberto de jardins. Junto às muralhas, no bairro novo de Bezetha, grandes panos vermelhos e azuis secavam em cordas às portas das tinturarias; um lume vermelhejava no fundo de uma forja; crianças corriam brincando sobre a borda de uma piscina. Adiante, no alto da torre Hípica, que estendia já a sua sombra sobre o vale de Hinom, soldados de pé na amurada apontavam a seta aos abutres voando no azul. E para além, entre arvoredos, surgiam, frescos e rosados pela tarde, os eirados do palácio de Herodes.

Triste, com o espírito disperso, eu pensava no Egito, nas nossas tendas, na vela que lá me esquecera ardendo, fumarenta e vermelha, quando avistei, subindo a colina devagar, apoiado ao ombro da criança que o conduzia, o velho que já cruzáramos na estrada de Jopé, com uma lira presa à cintura. Os seus passos arrastavam-se mais incertos, na fadiga de uma jornada penosa; uma tristeza abatia-lhe sobre o peito a clara barba ondeante; e debaixo do manto cor do vinho, que lhe cobria a cabeça, as folhas da coroa de louro pendiam raras e murchas.

Topsius gritou-lhe: "Eh, rapsodo!" E quando ele, tenteando
as urzes do caminho, se acercou, o douto historiador perguntou-lhe se das doces ilhas do mar trazia algum canto novo. O velho ergueu a face entristecida; e, muito nobremente, murmurou que uma mocidade imperecível sorri nos mais antigos cantos da Helênia. Depois, tendo assentado a sandália sobre uma pedra, tomou a lira entre as mãos vagarosas; a criança direita, com as pestanas baixas, pôs à boca uma flauta de cana; e, no resplendor da tarde que envolvia e dourava Sião, o rapsodo soltou um canto já trêmulo, mas glorioso e repassado de adoração, como ante a ara de um templo, numa praia da Iônia... E eu percebi que ele cantava os deuses, a sua beleza, a sua atividade heroica. Dizia o délfico, imberbe e cor de ouro,

afinando os pensamentos humanos pelo ritmo da sua cítara; Ateneia, armada e industriosa, guiando as mãos dos homens sobre os teares; Zeus, ancestral e sereno, dando a beleza às raças, a ordem às cidades; e acima de todos, sem forma e esparso, o Fado, mais forte que todos!

Mas subitamente um grito varou o céu no alto da colina, supremo e arrebatado como o de uma libertação! Os dedos frouxos do velho emudeceram entre as cordas de metal; com a cabeça descaída, a coroa do louro épico meio desfolhada, parecia chorar sobre a lira helênica, de ora em diante e para longas idades silenciosa e inútil. E ao lado a criança, tirando a flauta dos lábios, erguia para as cruzes negras os olhos claros — onde subia a curiosidade e a paixão de um mundo novo.

Topsius pediu ao velho a sua história. Ele contou-a, com amargura. Viera de Samos a Cesareia, e tocava o konnor junto ao templo de Hércules. Mas a gente abandonava o puro culto dos heróis; e só havia festas e oferendas para a boa deusa da Síria! Acompanhara depois uns mercadores a Tiberíade; os homens aí não respeitavam a velhice, e tinham corações interesseiros como escravos. Seguira então pelas longas estradas, parando nos postos romanos onde os soldados o escutavam; nas aldeias de Samaria batia às portas dos lagares; e para ganhar o pão duro, tocara a cítara grega nos funerais dos bárbaros. Agora errava ali, nessa cidade onde havia um grande templo, e um Deus feroz e sem forma que detestava as gentes. E o seu desejo era voltar a Mileto, sua pátria, sentir o fino murmúrio das águas do Meandro, poder palpar os mármores santos do templo de Febo Didimeu — onde ele em criança levara, num cesto e cantando, os primeiros anéis dos seus cabelos...

As lágrimas rolavam pela sua face, tristes como a chuva por um muro em ruínas. E a minha piedade foi grande por aquele rapsodo das ilhas da Grécia, perdido também na dura cidade dos judeus, envolto pela influência sinistra de um Deus alheio! Dei-lhe a minha derradeira moeda de prata. Ele desceu a colina, apoiado ao ombro da criança, lento e curvado, com a orla esfarrapada do manto trapejando nas pernas nuas, e muda e mal segura do cinto a lira heroica de cinco cordas.

No entanto, em torno às cruzes, no alto, crescera um rumor de revolta. E fomos encontrar a gente do templo, com as mãos no ar, mostrando o sol que descia como um escudo de ouro para o lado do mar de Tiro, intimando o centurião a que baixasse os condenados da cruz, antes de soar a hora santa da Páscoa! Os maus devotos reclamavam que se aplicasse aos crucificados, se ainda viviam, o *crurifrágio* romano, quebrando-lhes os ossos com barras de ferro, arrojando-os ao despenhadeiro de Hinom. E a indiferença do centurião exasperava o zelo piedoso. Ousaria ele macular o Sabat, deixando um corpo morto no ar? Alguns enrolavam a ponta do manto para correr, e ir a Acra avisar o pretor.

— O sol declina! O sol vai deixar o Hébron! — gritou de cima de uma pedra um levita, aterrado.

— Acabai-os, acabai-os!

E, ao nosso lado, um formoso moço exclamava, requebrando os olhos lânguidos, movendo os braços cheios de manilhas de ouro:

— Atirai o Rabi aos corvos!

Dai às aves de rapina a sua Páscoa!

O centurião que espreitava o alto da torre Mariana, onde os escudos suspensos luziam batidos pelo sol derradeiro, acenou devagar com a espada. Dois legionários, lançando pesadamente ao ombro as barras de ferro, marcharam com ele para as cruzes. Eu, arrepiado, agarrei o braço de Topsius. Mas, diante do madeiro de Jesus, o centurião parou, erguendo a mão...

O corpo branco e forte do Rabi tinha a serenidade de um adormecimento; os pés empoeirados, que há pouco a dor torcia dentro das cordas, pendiam agora direitos para o chão, como se o fossem em breve pisar; e a face não se via, tombada para trás molemente por sobre um dos braços da cruz, toda voltada para o céu onde ele pusera o seu desejo e o seu reino... Eu olhei também o céu; rebrilhava, sem uma sombra, sem uma nuvem, liso, claro, mudo, muito alto, e cheio de impassibilidade...

— Quem reclamou o corpo deste homem? — gritou, procurando para os lados, o centurião.

— Eu, que o amei em vida! — acudiu José de Ramatha, estendendo por cima da corda o seu pergaminho.

O escravo que esperava junto dele depôs logo no chão a trouxa de linho e correu para as ruínas do casebre, onde as mulheres choravam entre as amendoeiras.

E por trás de nós, fariseus e saduceus que se tinham juntado estranhavam com azede ume que José de Ramatha, um membro do Sanedrim, assim solicitasse o corpo do Rabi para o perfumar e lhe fazer soar em torno às flautas e os prantos de um funeral... Um deles, corcovado, com esfiadas melenas luzidias de óleo, afirmava que sempre conhecera José de Ramatha inclinado para todos os inovadores, todos os sediciosos... Mais de uma vez o vira falar com esse Rabi junto ao campo dos Tintureiros... E com eles estava Nicodemo, homem rico que tem gados, que tem vinhas, e todas as casas que estão de ambos os lados da Sinagoga de Cirenaica.

Outro rubicundo e mole, gemeu:

— Que será da nação, se os mais considerados se juntam aos que adulam o pobre, e lhe ensinam que os frutos da terra devem ser igualmente para todos!...

— Raça de Messias! — bradou o mais moço com furor, atirando o bastão contra as urzes. — Raça de Messias, perdição de Israel!

Mas o saduceu de melenas oleosas ergueu devagar a mão, ligada em tiras sagradas:

— Sossegai; Jeová é grande; e tudo em verdade determina para melhor... No templo e no Conselho não faltarão jamais homens fortes que mantenham a velha ordem; e em cima dos calvários, felizmente, hão de sempre erguer-se as cruzes!...

E todos sussurraram:

— Amém!

No entanto o centurião, com os soldados atrás levando ao ombro as barras de ferro, marchava para os outros madeiros onde os condenados, vivos e cheios de agonia, pediam água — um pendido e gemendo, outro torcido, com as mãos rasgadas, rugindo terrivelmente. Topsius, que sorria friamente, murmurou: "É tempo, vamos".

Com os olhos alagados de água amarga, tropeçando nas pedras, desci ao lado do fecundo crítico a colina de imolação. E sentia uma densa melancolia entenebrecer a minha alma, pensando nessas cruzes vindouras, anunciadas pelo conservador de guedelha oleosa... Assim seria, oh! dura miséria! Sim! de ora avante, por todos os séculos a vir, iria sempre recomeçando em torno à lenha das fogueiras, sob a frialdade das masmorras, junto às escadas das forcas — este afrontoso escândalo de se juntarem sacerdotes, patrícios, magistrados, soldados, doutores e mercadores para matarem ferozmente, no alto de um morro, o justo que, penetrado do esplendor de Deus, ensine a adoração em espírito ou cheio do amor dos homens, proclame o reino da igualdade!

Com estes pensamentos recolhi a Jerusalém, enquanto as aves, mais felizes que os homens, cantavam nos cedros do Gareb...

Escurecera e era a hora da Ceia Pascal, quando chegamos à casa de Gamalieu; no pátio, preso a uma argola, estava o burro, albardado de panos pretos, que trouxera o amável físico Eliézer de Silo.

Na sala azul, de teto de cedro, perfumada de malóbatro, o austero doutor já nos aguardava estendido no divã de correias brancas, com os pés nus, as largas mangas arregaçadas e pregadas no ombro — e ao lado um bordão de viagem, uma cabaça de água e uma trouxa, emblemas rituais da saída do Egito. Defronte dele, numa mesa incrustada de madrepérola, entre vasos de barro com flores pintadas, açafates de filigrana de prata, transbordando de fruta e pedaços cintilantes de gelo, erguia-se um candelabro em forma de arbusto, tendo na ponta de cada galho uma pálida chama azul; e, com os olhos perdidos no seu brilho trêmulo, as mãos cruzadas no ventre, Eliézer, o benigno "Doutor da Tripa", sorria beatificamente encostado a almofadas de couro vermelho. Junto dele dois escabelos, recobertos com tapetes da Assíria, esperavam por mim e pelo sagaz historiador.

— Sede bem-vindos — rosnou Gamaliel. — Grandes são as maravilhas de Sião, deveis vir esfomeados...

Bateu de leve as palmas. Os escravos, caminhando sem ruído nas sandálias de feltro, e precedidos majestosamente pelo homem obeso de túnica amarela, entraram, erguendo muito alto largos pratos de cobre que fumegavam.

A um lado tínhamos, para limpar os dedos, um bolo de farinha branca, fino e mole como um pano de linho; do outro, um prato largo, com cercadura de pérolas, onde negrejava, entre ramos de salsa, um montão de cigarras fritas; no chão, jarros com água de rosa. Cumprimos as abluções; e Gamaliel, tendo purificado a boca com um pedaço de gelo, murmurou a oração ritual sobre a vasta travessa de prata, onde o cabrito assado fazia transbordar o molho de açafrão e saumura.

Topsius, bom sabedor das maneiras orientais, arrotou fortemente, por cortesia, demonstrando fartura e deleite; depois, com uma febre de anho entre os dedos, afirmou, sorrindo aos doutores, que Jerusalém lhe parecera magnífica, formosa de claridade, e bendita entre as cidades...

Eliézer de Silo acudiu, com os olhos cerrados de gozo, como se o acariciassem:

— Ela é uma joia melhor que o diamante, e o Senhor engastou-a no centro da Terra, para que irradiasse igualmente o seu brilho em redor...

— No centro da Terra!... — murmurou o historiador, com douto espanto.

Sim! E, ensopando um pedaço de bolo no molho de açafrão, o profundo físico explicou a Terra. Ela é chata e mais redonda que um disco; no meio está Jerusalém, a santa, como um coração cheio de amor do Altíssimo; em redor a Judeia, rica em bálsamos e palmeiras, cercada de sombra e de aromas; para além ficam os pagãos, em regiões duras onde nem o mel nem o leite abundam; depois são os mares tenebrosos... E por cima, o céu, sonoro e sólido.

— Sólido!... — balbuciou o meu sapiente amigo, esgazeado.

Os escravos serviam em taças de prata cerveja amarela da Média. Com solicitude Gamaliel aconselhou-me que, para lhe avivar o sabor, trincasse uma cigarra frita. E rabi Eliézer, sábio entre todos nas coisas da Natureza, revelava a Topsius a divina construção do céu.

Ele é feito de sete duras, maravilhosas, rutilantes camadas de cristal; por cima delas constantemente rolam as grandes águas; sobre as águas flutua, num fulgor, o espírito de Jeová... Estas lâminas de cristal, furadas como um crivo, resvalam umas sobre as outras com uma música doce e lenta, que os profetas mais queridos por vezes ouviam... Ele mesmo, uma noite que orava no eirado da sua casa em Silo, sentira por um raro favor do Altíssimo essa harmonia, tão penetrante e suave, que as lágrimas uma a uma lhe caíam nas mãos abertas... Ora nos meses de Quisleve e de Tebete os furos das lâminas coincidem, e por eles caem sobre a Terra às gotas das águas eternas que fazem crescer as searas!

— A chuva? — perguntou Topsius, com acatamento.

— A chuva! — respondeu Eliézer, com serenidade.

Topsius, mordendo um sorriso, ergueu para Gamaliel os seus óculos de ouro, que faiscavam de sábia ironia, mas o piedoso filho de Simeão conservava sobre a face, emagrecida no estudo da lei, uma seriedade impenetrável. Então o historiador, remexendo as azeitonas, desejou saber, do esclarecido físico, por que tinha os cristais do céu essa cor azul que enleva a alma...

Eliézer de Silo elucidou-o:

— Uma grande montanha azul, invisível até hoje aos homens, ergue-se a Ocidente; ora, quando o sol abate, a sua reverberação banha o cristal do céu e anila-o. É talvez nessa montanha que vivem as almas dos justos!...

Gamaliel tossiu brandamente e murmurou: "Bebamos, louvando o Senhor!"

Ergueu uma taça cheia de vinho de Siquém, pronunciou sobre ela uma bênção e passou-me, chamando a paz sobre o meu coração. Eu rosnei: "À sua, muitos e felizes!" E Topsius, recebendo a taça com veneração, bebeu "à prosperidade de Israel, à sua força, ao seu saber!"

Depois os servos precedidos pelo homem obeso de túnica amarela, que fazia ressoar sobre as lajes com pompa a sua vara de marfim, trouxeram a mais devota comida pascal — as ervas amargas.

Era uma travessa repleta de alface, agriões, chicória, macela, com vinagre e grossas pedras de sal. Gamaliel mastigava-as solenemente, como cumprindo um rito. Elas representavam as amarguras de Israel no cativeiro do Egito. E Eliézer, chupando os dedos, declarou-as deliciosas, fortificadoras, e repassadas de alta lição espiritual.

Mas Topsius lembrou, fundado nos autores gregos, que todos os legumes amolecem no homem a virilidade, lhe descoram a eloquência, lhe enervam o heroísmo; e com torrencial erudição citou logo Teofrasto, Eubulo, Nicandro na segunda parte do seu *Dicionário*, Fênias no seu *Tratado das Plantas*, Defilo e Epicarmo!...

Gamaliel, secamente, condenou a inanidade dessa ciência — porque Hecateu de Mileto, só no primeiro livro da sua *Descrição da Ásia*, encerra cinquenta e três erros, catorze blasfêmias e cento e nove omissões. Assim dizia o leviano grego que a tâmara, maravilhoso dom do Altíssimo, enfraquece o intelecto!...

— Mas — exclamou Topsius com ardor — a mesma doutrina estabelece Xenofonte no livro segundo do *Anábasis*! E Xenofonte...

Gamaliel rejeitou a autoridade de Xenofonte. Então Topsius, vermelho, batendo com uma colher de ouro na borda da mesa, exaltou a eloquência de Xenofonte, a forte nobreza do seu sentimento, a sua terna reverência por Sócrates!... E enquanto eu partia um empadão de Comagênia, os dois facundos doutores, asperamente, romperam debatendo Sócrates. Gamaliel afirmava que as *vozes secretas* ouvidas por Sócrates, e que tão divina e puramente o governavam, eram murmúrios distantes que lhe chegavam da Judeia, repercussões miraculosas da voz do Senhor... Topsius pulava, encolhia os ombros, com desesperado sarcasmo. Sócrates inspirado por Jeová! Ora lérias!

No entanto era certo (insistia Gamaliel, já lívido), que os gentílicos iam emergindo da sua treva, atraídos pela luz forte e pura que derramava Jerusalém; porque a reverência pelos deuses aparecia em Ésquilo, profunda e cheia de tenor. Em Sófocles, amável e cheia de serenidade; em Eurípides, superficial e cheia de dúvida... E cada um dos trágicos dava assim, largamente, um passo para o Deus verdadeiro!

— Oh! Gamaliel, filho de Simeão — murmurou Eliézer de Silo —, tu, que possuis a verdade, para que dás acesso no teu espírito aos pagãos?

Gamaliel respondeu:

— Para os desprezar melhor dentro em mim!

Farto de tão clássica controvérsia acheguei a Eliézer um covilhete de mel do Hébron, e contei-lhe quanto me agradara o caminho do Gareb entre jardins. Ele concordou que Jerusalém, cercada de vergéis, era doce à vista como a fronte da noiva toucada de anêmonas. Depois estranhou que eu escolhesse, para me recrear, esses arredores de Gihon, cheios de açougues, junto ao morro escalvado onde se erguem as cruzes. Mais suave me teria sido a fragrância de Siloé...

— Fui ver Jesus — atalhei severamente. — Fui ver Jesus, crucificado esta tarde por mandado do Sanedrim...

Eliézer, com oriental cortesia bateu no peito demonstrando mágoa. E quis saber se pertencia ao meu sangue, ou partilhara comigo o pão de aliança, esse Jesus que eu fora assistir na sua morte de escravo.

Eu considerei-o, assombrado:

— É o Messias!

E ele considerou-me mais assombrado ainda, com um fio de mel a escorrer-lhe na barba.

Oh! raridade! Eliézer, doutor do templo, físico do Sanedrim, não conhecia Jesus de Galileia! Atarefado com os enfermos que, pela Páscoa, atulham Jerusalém (confessou ele), não fora ao Xisto, nem à loja do perfumista Cleos, nem aos eirados de Hannan, onde as novas voam mais numerosas que as pombas; por isso nada ouvira da aparição de um messias...

De resto, acrescentou, não podia ser o Messias! Esse deveria chamar-se *Menahem* "o consolador", porque traria a consolação a Israel. E haveria dois Messias: o primeiro, da tribo de José, seria vencido por Gog; o segundo, filho de Davi e cheio de força, venceria Magog. Antes de ele nascer, começariam sete anos de maravilhas; haveria mares evaporados, estrelas despregadas do céu, fomes e tais farturas que até as rochas dariam fruto; no último ano correria sangue entre as nações; enfim ressoaria uma voz portentosa; e, sobre o Hébron, com uma espada de fogo, surgiria o Messias!...

Dizia estas coisas peregrinas, fendendo a casca de um figo. Depois com um suspiro:

— Ora ainda nenhuma dessas maravilhas, meu filho, anunciou a consolação!...

E atolou os dentes no figo.

Então fui eu, Teodorico, ibero, de um remoto município romano, que contei a um físico de Jerusalém, criado entre os mármores do templo, a vida do Senhor! Disse as coisas doces e as coisas fortes: as três claras estrelas sobre o seu berço; a sua palavra amansando as águas de Galileia; o coração dos simples palpitando por ele; o Reino do Céu que prometia; e a sua face augusta brilhando diante do pretor de Roma...

— Depois os padres, os patrícios e os ricos crucificaram-no!

Doutor Eliézer, volvendo a remexer o açafate de figos, murmurou pensativamente:

— Triste, triste!... Todavia, meu filho, o Sanedrim é misericordioso. Em sete anos, desde que o sirvo, apenas tem lançado três sentenças de morte... Sim, decerto o mundo necessita bem escutar uma palavra de amor e de justiça; mas Israel tem sofrido tanto com inovadores, com profetas!... Enfim, nunca se deveria derramar o sangue do homem... E a verdade é que estes figos, de Betfagé, não valem os meus de Silo!

Calado, enrolei um cigarro. E nesse instante o douto Topsius debatendo ainda com Gamaliel o helenismo e as escolas socráticas, empinado, de óculos na ponta do bico, soltava este resumo forte:

— Sócrates é a semente; Platão, a flor; Aristóteles, o fruto... E desta árvore, assim completa, se tem nutrido o espírito humano!

Mas Gamaliel subitamente ergueu-se; Dr. Eliézer também, arrotando com efusão. Ambos tomaram os cajados, ambos gritaram:

— Aleluia! Louvai o Senhor que nos tirou da terra do Egito!

Findara a ceia pascal. O esclarecido historiador, que limpava o suor da controvérsia, olhou logo vivamente o relógio e rogou a Gamaliel permissão de subir ao terraço, a refrescar a sua emoção no ar macio de Ofel... O doutor da lei conduziu-nos à varanda, alumiada palidamente por lâmpadas de mica, mostrou-nos a íngreme escada de ébano que levava aos eirados; e, chamando sobre nós a graça do Senhor, penetrou com Eliézer num aposento cerrado por cortinas de Mesopotâmia — donde saiu um aroma, um fino rumor de risos e sons lentos de lira.

Que doce ar no terraço! E que alegre essa noite de Páscoa em Jerusalém! No céu, mudo e fechado como um palácio onde há luto, nenhum astro brilhava; mas o burgo de Davi e a colina de Acra, com as suas iluminações rituais, pareciam salpicadas de ouro. Em cada eirado, vasos com estopa ardendo em óleo lançavam uma chama ondeante e vermelha. Aqui e além, nalguma casa mais alta os fios de luzes, na parede escura, reluziam como um colar de joias no pescoço de uma negra. O ar estava docemente cortado dos gemidos de flauta, da dolente vibração das cordas do *konnor*; e, em ruas alumiadas por grandes fogueiras de lenha, víamos esvoaçar, claras e curtas, as túnicas de gregos dançando a *callabida*. Só as torres, mais vastas na noite, a Hípica, a Mariana, a

Pharsala, se conservaram escuras; e o mugido das suas buzinas passava por vezes, rouco e rude, como uma ameaça, sobre a santa cidade em festa.

Mas para além das muralhas recomeçava a alegria da noite pascal. Havia luzes em Siloé. Nos acampamentos sobre o Monte das Oliveiras, ardiam fogos claros; e, como as portas ficavam abertas, filas de tochas fumegavam pelos caminhos, por entre um rumor de cantares.

Só uma colina, além do Gareb, permanecera em treva. Nessa hora, por baixo dela, numa ravina entre rochas, alvejavam dois corpos despedaçados, onde os bicos dos abutres, com um ruído seco de ferros entrechocados faziam a sua ceia pascal. Ao menos outro corpo, precioso invólucro de um espírito perfeito, jazia resguardado num túmulo novo, envolto em linho fino, ungido, perfumado de canela e de nardo. Assim o tinham deixado nessa noite, a mais santa de Israel, aqueles que o amavam — e que desde então, para todo o sempre, mais entranhadamente o amariam... Assim o tinham deixado com uma pedra lisa por cima; e agora entre as casas de Jerusalém, cheias de luzes e cheias de cantos, alguma havia, escura e fechada, onde corriam lágrimas sem consolação. Aí o lar esfriara, apagado; a lâmpada triste esmorecia sobre o alqueire; na bilha não havia água, porque ninguém fora à fonte; e sentadas na esteira, com os cabelos caídos, aquelas que o tinham seguido de Galileia falavam dele, das primeiras esperanças, das parábolas contadas por entre os trigais, dos templos suaves à beira do lago...

Assim eu pensava, debruçado sobre o muro, olhando Jerusalém, quando no terraço surgiu, sem rumor, uma forma envolta em linhos brancos, espalhando um aroma de canela e de nardo. Pareceu-me que dela irradiava um clarão, que os seus pés não pisavam as lajes — e o meu coração tremeu! Mas de entre os pálidos panos uma bênção saiu, grave e familiar:

— Que a paz seja convosco!

Ah! que alívio! Era Gad.

— Que a paz seja contigo!

O essênio parou diante de nós, calado; e eu sentia os seus olhos procurarem o fundo da minha alma, para lhe sondar bem a grandeza e a força. Por fim murmurou, imóvel como uma imagem tumular nas suas grandes vestes brancas:

— A lua vai nascer... Todas as coisas esperadas se estão cumprindo... Agora, dizei! Sentis o coração forte para acompanhar Jesus e guardá-lo até ao oásis de Engadi?

Ergui-me, atirando os braços ao ar, num terror!... Acompanhar o Rabi! Ele não jazia, pois morto, ligado e perfumado, sob uma pedra, uma horta do Gareb?... Vivia! Ao nascer da Lua, entre os seus amigos, ia partir para Engadi! Agarrei ansiosamente o ombro de Topsius, amparando-me ao seu saber forte e à sua autoridade...

O meu douto amigo parecia enleado numa pesada incerteza:

— Sim, talvez... nosso coração é forte, mas... Além disso, não temos armas!

— Vinde comigo! — acudiu Gad, ardentemente. — Passaremos por casa de alguém que nos dirá as coisas que convém saber, e que vos dará armas!...

Ainda trêmulo, sem me desamparar de sapiente historiador, ousei balbuciar:

— E Jesus?... Onde está?

— Em casa de José de Ramatha — segredou o essênio, espreitando em roda como o avaro que fala de um tesouro. — Para que nada suspeitasse a gente do templo, mesmo na presença deles depositamos o Rabi no túmulo novo, que está no horto de José. Três vezes as mulheres choraram sobre a pedra que, segundo os ritos, como sabeis, não fechava inteiramente o túmulo, deixando uma larga fenda por onde se via o rosto do Rabi. Alguns serventes do templo olharam e disseram: "Está bem". Cada um recolheu à sua morada... Eu entrei pela porta de Genath, nada mais vi. Mas, apenas anoitecesse, José e outro, fiel inteiramente, deviam ir buscar o corpo de Jesus e, com as receitas que vêm no livro de Salomão, fazê-lo reviver do desmaio em que o deixou o vinho narcotizado e o sofrimento... Vinde, pois, vós que o amais também e credes nele!...

Impressionado, decidido, Topsius traçou a sua farta capa; e descemos, num cauto silêncio, pela escada que, do terraço, levava a um caminho de pedra miúda colado à muralha nova de Herodes.

Longo tempo marchamos na escuridão, guiados pelas roupagens brancas do essênio. De entre casebres em ruínas, por vezes um cão saltava uivando. Sobre as altas ameias passavam mortiças lanternas de ronda. Depois uma sombra que tossia ergueu-se de sob uma árvore triste e mole como se saísse da sua sepultura; e roçando o meu braço, puxando a capa de Topsius, rogava-nos através de gemidos e baforadas de alho que fôssemos dormir ao seu leito que ela perfumara de nardo.

Paramos finalmente diante de um muro, a que uma esteira grossa de esparto cerrava a entrada. Um corredor que ressumbrava água levou-nos a um pátio rodeado por uma varanda, assente sobre rudes vigas de madeira; o chão mole como lodo abafava o rumor das nossas solas.

Gad, três vezes espaçadas, soltou o grito dos chacais. Nós esperávamos no meio do pátio, à borda de um poço, coberto com tábuas; o céu, por cima, guardava a escuridão dura e impenetrável de um bronze. A um canto, enfim, sob a varanda, um clarão vivo de lâmpada surgiu — alumiando a barba negra do homem que a trazia e que lançara, sobre a cabeça, a ponta de um albornoz pardo de galileu. Mas a luz morreu sob um sopro forte. E o homem, lentamente na treva, caminhou para nós.

Gad cortou a desolada mudez:

— Que a paz seja contigo, irmão! Estamos prontos.

O homem pousou devagar a lâmpada sobre a tampa do poço e disse:

— Tudo está consumado.

Gad, estremecendo, gritou:

— O Rabi?

O homem atirou a mão para abafar o grito do essênio. Depois, tendo sondado a sombra em redor com olhos inquietos, que reluziam como os de um animal do deserto:

— São coisas mais altas do que podemos entender. Tudo parecia certo. O vinho narcotizado fora bem preparado pela mulher de Rosmofim, que é hábil e conhece os simples... Eu tinha falado ao centurião, um camarada a quem salvei a vida na Germânia, na campanha de Públio. E, quando rolamos a pedra sobre o túmulo de José de Ramatha, o corpo do Rabi estava quente!

Mas calou-se; e, como se o pátio fechado sob o céu negro não fosse bastante secreto e seguro, tocou no ombro de Gad, e sem um rumor dos pés nus recolheu à escuridão mais densa sob a varanda, ate às pedras do muro. Nós, rente a ele e mudos, tremíamos de ansiedade; e eu senti que uma revelação ia passar, suprema e prodigiosa, alumiando os mistérios.

— Ao anoitecer — segredou o homem por fim, com um murmúrio triste de água correndo na sombra —, voltamos ao túmulo. Olhamos pela fenda; a face do Rabi estava serena e cheia de majestade. Levantamos a pedra, tirámos o corpo. Parecia adormecido, tão belo, como divino, nos panos que o envolviam... José tinha uma lanterna e levamo-lo pelo Gareb, correndo através do arvoredo. Ao pé da fonte encontramos uma ronda da corte auxiliar. Dissemos: "E um homem de Jopé que adoeceu, e que nós levamos à sua sinagoga". A ronda disse: "Passai". Em casa de José estava Simeão, o essênio, que viveu em Alexandria e sabe a natureza das plantas; e tudo fora preparado, até à raiz do baraz... Estendemos Jesus na esteira. Demos-lhe a beber os cordiais, chamamo-lo, esperamos, oramos... Mas ai! sentíamos, sob as nossas mãos, arrefecer-lhe o corpo!... Um instante abriu lentamente os olhos, uma palavra saiu-lhe dos lábios. Era vaga, não a compreendemos... Parecia que invocava seu pai, e que se queixava de um abandono... Depois estremeceu; um pouco de sangue apareceu-lhe ao canto da boca. E, com a cabeça sobre o peito de Nicodemo, o Rabi ficou morto!

Gad caiu pesadamente de joelhos, soluçando; e o homem, como se todas as coisas tivessem sido ditas, deu um passo para buscar a sua lâmpada ao poço. Topsius deteve-o, com avidez:

— Escuta! Preciso toda a verdade. Que fizeste depois?

O homem parou junto a um dos pilares de madeira. Depois, alargando os braços na escuridão e tão perto das nossas faces, que eu sentia seu bafo quente:

— Era necessário, para bem da Terra, que se cumprissem as profecias! Durante duas horas José de

Ramatha orou, prostrado. Não sei se o Senhor lhe falou em segredo; mas, quando se ergueu, resplandecia todo e gritou: "Elias veio! Elias veio! Os tempos chegaram!" Depois, por sua ordem, enterramos o Rabi numa caverna que ele tem, talhada na rocha, por trás do moinho...

Atravessou o pátio, tomou a sua lâmpada. E recolhia lentamente sem um rumor, quando Gad, erguendo a face, o chamou através dos seus soluços:

Escuta ainda! Grande é o Senhor, na verdade!... E o outro túmulo, onde as mulheres de Galileia o deixaram, ligado e envolto em panos, com aloés e com nardo?

O homem, sem parar, murmurou, já sumido na treva:

— Lá ficou aberto, lá ficou vazio!...

Então Topsius arrastou-me pelo braço, tão arrebatadamente, que tropeçávamos no escuro contra os pilares da varanda. Uma porta ao fundo abriu-se, com um brusco estrondo de ferros caídos... E vi uma praça rodeada de pálidos arcos, triste e fria, com erva entre as fendas das lajes dessoldadas, como numa cidade abandonada. Topsius estacou, os seus óculos faiscavam:

— Teodorico, a noite termina, vamos partir de Jerusalém!... A nossa jornada ao passado acabou... A lenda inicial do Cristianismo está feita, vai findar o mundo antigo!

Eu considerei, assombrado e arrepiado, o douto historiador. Os seus cabelos ondeavam agitados por um vento de inspiração. E o que levemente saía dos seus finos lábios retumbava, terrível e enorme, caindo sobre o meu coração:

— Depois de amanhã, quando acabar o Sabat, as mulheres de Galileia voltarão ao sepulcro de José de Ramatha, onde deixaram Jesus sepultado... E encontram-no aberto, encontram-no vazio! "Desapareceu, não está aqui!..." Então Maria de Magdala, crente e apaixonada, irá gritar por Jerusalém: "*Ressuscitou, ressuscitou!*" E assim o amor de uma mulher muda a face do mundo, e dá uma religião mais à humanidade!

E, atirando os braços ao ar, correu através da praça, onde os pilares de mármore começavam a tombar, sem ruído e molemente. Arquejando, paramos no portão de Gamaliel. Um escravo, tendo ainda nos pulsos pedaços de cadeias partidas, segurava os nossos cavalos. Montamos. Com um fragor de pedras levadas numa torrente, varamos a Porta de Ouro; e galopamos para Jericó, pela estrada romana de Siquém, tão vertiginosamente que não sentíamos as ferraduras ferir as lajes negras de basalto. Adiante, a capa branca de Topsius torcia-se açoutada por uma rajada furiosa. Os montes corriam aos lados, como fardos sobre dorsos de camelos na debandada de um povo. As ventas da minha égua dardejavam jatos de fumo avermelhado; e eu agarrava-me às crinas, tonto, como se rolasse entre nuvens...

De repente avistamos, alargada, cavada até às serras de Moab, a planície de Canaã. O nosso acampamento alvejava junto às brasas dormentes da fogueira. Os cavalos estacaram, tremendo. Corremos às tendas; sobre a mesa, a vela que Topsius acendera para se vestir havia mil e oitocentos anos, morria num fogacho lívido... E derreado da infinita jornada, atirei-me para o catre, sem mesmo descalçar as botas brancas de pó...

Imediatamente me pareceu que uma tocha fumegante penetrara na tenda, esparzindo um brilho de ouro...

Ergui-me, assustado. Num largo raio de sol, vindo dos montes de Moab, o jucundo Pote entrava, em mangas de camisa, com as minhas botas na mão!

Arrojei a manta, arredei os cabelos, para verificar melhor a mudança terrível que desde a véspera se fizera no Universo! Sobre a mesa jaziam as garrafas do champanha, com que brindáramos à Ciência e à Religião. O embrulho da coroa de espinhos pousava à minha cabeceira. Topsius, no seu catre, em camisola e com um lenço amarrado na testa, bocejava, pondo os óculos de ouro no bico. E o risonho Pote, censurando a nossa preguiça, queria saber se apetecíamos nessa manhã "tapioca ou café".

Deixei sair deliciosamente do peito um ruidoso, consolado suspiro. E no júbilo triunfal de me sentir reentrado na minha individualidade e no meu século, pulei sobre o colchão com a fralda ao vento, bradei:

— Tapioca, meu Pote! Uma tapioca bem docinha e molezinha, que saiba bem ao meu Portugal...

Capítulo IV

Ao outro dia, que fora um radioso domingo, levantamos de Jericó as nossas tendas; e caminhando com o Sol para ocidente, pelo vale de Cherith, começamos a romagem de Galileia.

Mas ou fosse que a consoladora fonte da admiração houvesse secado dentro em mim, ou que a minha alma, arrebatada um momento aos cimos da História e batida aí por ásperas rajadas de emoção, não se pudesse já aprazer nestes quietos e ermos caminhos da Síria — senti sempre indiferença e cansaço, do país de Efraim ao país de Zebelon.

Quando nessa noite acampamos em Betel, vinha à lua cheia saindo por trás dos montes negros de Gilead... O festivo Pote mostrou-me logo o chão sagrado em que Jacó, pastor de Bersabé, tendo adormecido sobre uma rocha, vira uma escada que faiscava, fincada a seus pés e arrimada às estrelas, por onde ascendia e baixavam, entre Terra e Céu, anjos calados, com as asas fechadas... Eu bocejei formidavelmente e rosnei: "Tem seu chique!..."

E assim rosnando e bocejando, atravessei a terra dos prodígios. A graça dos vales foi-me tão fastidiosa como a santidade das ruínas. No poço de Jacó, sentado nas mesmas pedras em que Jesus, cansado como eu da calma destas estradas e como eu bebendo do cântaro de uma samaritana, ensinara a nova e pura maneira de adorar; nas encostas do Carmelo, numa cela de mosteiro, ouvindo de noite ramalhar os cedros que abrigaram Elias, e gemerem embaixo as ondas, vassalas de Hirão, rei de Tiro; galopando com o albornoz ao vento pela planície de Esdrelon; remando docemente no lago de

Genesaré, coberto de silêncio e de luz — sempre o tédio marchou a meu lado como companheiro fiel, que a cada passo me apertava ao seu peito mole, debaixo do seu manto pardo...

Às vezes, porém, uma saudade fina e gostosa, vinda do remoto passado, levantava de leve a minha alma, como uma aragem lenta faz a uma cortina muito pesada... E então, fumando diante das tendas, trotando pelo leito seco das torrentes, eu *revia*, com deleite, pedaços soltos dessa Antiguidade que me apaixonara; a terma romana, onde uma criatura maravilhosa de mitra amarela se ofertava, lasciva e pontifical; o formoso Manassés, levando a mão à espada cheia de pedrarias; mercadores, no templo, desdobrando os brocados de Babilônia; a sentença do Rabi com um traço vermelho, num pilar de pedra, à porta *Judiciária*; ruas iluminadas, gregos dançando a *callabida*... E era logo um desejo angustioso de remergulhar nesse mundo irrecuperável. Coisa risível! eu, Raposo e bacharel, no farto gozo de todos os confortos da civilização — tinha saudade dessa bárbara Jerusalém, que habitara num dia do mês de Nizão, sendo Pôncio Pilatos procurador da Judeia!

Depois estas memórias esmoreciam, como fogos a que falta a lenha. Na minha alma só restavam cinzas — e, diante das ruínas do monte Ebal, ou sob os pomares que perfumam Siquém, a levítica, recomeçava a bocejar.

Quando chegamos a Nazaré, que aparece na desolação da Palestina como um ramalhete pousado na pedra de uma sepultura, nem me interessaram as lindas judias, por quem se banhou de ternura o coração de Santo Antonino. Com a sua cântara vermelha ao ombro, elas subiam por entre os sicômoros à fonte aonde Maria, mãe de Jesus, ia todas as tardes, cantando como estas e como estas vestidas de branco... O jucundo Pote, torcendo os bigodes, murmurava-lhe madrigais; elas sorriam, baixando as pestanas pesadas e meigas. Era diante desta suave modéstia que Santo Antonino, apoiado ao seu bordão, sacudindo a sua longa barba, suspirava: "Oh! virtudes claras, herdadas de Maria cheia de graça!" Eu, por mim, rosnava secamente: "Lambisgoias!"

Através de vielas aonde a vinha e a figueira abrigam casas humildes como convém à doce aldeia daquele que ensinou a humildade, trepamos ao cimo de Nazaré, batido sempre do largo vento que sopra das Idumeias. Aí Topsius tirou o barrete saudando essas planícies, esses longes, que decerto Jesus vinha contemplar, concebendo diante da sua luz e da sua graça as incomparáveis belezas do reino de Deus... O dedo do douto historiador ia-me apontando todos os lugares religiosos, cujos nomes sonoros caem na alma com uma solenidade de profecia, ou com um fragor de batalha; Esdrelon, Endor, Sulem, Tabor... Eu olhava, enrolando um cigarro. Sobre o Carmelo sorria uma brancura de neve; as planícies da Pereia fulguravam, rolando uma poeira de ouro; o golfo de Caifa era todo azul; uma tristeza cobria ao longe as montanhas de Samaria; grandes águias torneavam sobre os vales... Bocejando, rosnei:

— Vistazinha catita!

Urna madrugada, enfim, recomeçamos a descer para Jerusalém. Desde Samaria a Ramah fomos alagados por esses vastos e negros chuveiros da Síria, que armam logo torrentes rugindo entre as rochas sob os aloendros em flor; depois, junto à colina de Gibeah onde outrora no seu jardim, entre o louro e o cipreste, Davi tangia harpa olhando Sião, tudo se vestiu de serenidade e de azul. E uma inquietação engolfou-se em minha alma, como um vento triste numa ruína... Eu ia avistar Jerusalém! Mas *qual?* Seria a mesma que vira um dia resplandecendo suntuosamente ao sol de Nizão, com as torres formidáveis, o templo cor de ouro e cor de neve. Acra cheia de palácios. Bezetha regada pelas águas do Enrogel?...

— *El-Kurds! El-Kurds!* — gritou o velho beduíno, com a lança no ar, anunciando pela sua alcunha muçulmana a cidade do Senhor.

Galopei, a tremer... E logo a vi, lá embaixo, junto à ravina do Cédron, sombria, atulhada de conventos e agachada nas suas muralhas caducas — como uma pobre, coberta de piolhos, que para morrer se embrulha a um canto nos farrapos do seu mantéu.

Bem depressa, transpassada a Porta de Damasco, as patas dos nossos cavalos atroaram o lajedo da Rua Cristã; rente ao muro um frade gordo, com o breviário e o guarda-sol de paninho entalados sob o braço, ia sorvendo uma pitada estrondosa. Apeamos no *Hotel do Mediterrâneo*; no esguio pátio, sob um anúncio das "Pílulas Holloway", um inglês, com um quadrado de vidro colado ao olho claro, os sapatões atirados para cima do divã de chita, lia o *Times*; por trás de uma varanda aberta, onde secavam ceroulas brancas com nódoas de café, uma goela roufenha vozeava; *C'est le beau Nicolas, holà!*... Ah! era esta, era esta, a Jerusalém católica!... Depois ao penetrar no nosso quarto, claro e alegrado pelo tabique de ramagens azuis, ainda um instante me rebrilhou na memória certa sala, com candelabros de ouro e uma estátua de Augusto, onde um homem togado estendia o braço e dizia: "César conhece-me bem!"

Corri logo à janela a sorver o ar vivo da moderna Sião. Lá estava o convento com as suas persianas verdes fechadas, e as goteiras agora mudas nesta tarde de sol e doçura... Entre socalcos de jardins, já se torciam as escadinhas, cruzadas por franciscanos de alpercatas, por judeus magros de sujas melenas... E que repouso na frescura destas paredes de cela, depois das estradas abrasadas de Samaria! Fui apalpar a cama fofa. Abri o guarda-roupa de mogno, fiz uma carícia leve ao embrulhinho da camisa da Mary, redondo e gracioso com o seu nastro vermelho, aninhado entre peúgas.

Neste instante o jucundo Pote entrou a trazer-me o precioso embrulho da coroa de espinhos, redondo e nítido com o seu nastro vermelho; e alegremente deu-me as novas de Jerusalém. Colhera-as do barbeiro da Via Dolorosa e eram consideráveis. De Constantinopla viera um *firman* exilando o Patriarca grego, pobre velho evangélico, com uma doença de fígado, que socorria os pobres. O Sr. cônsul Damiani afirmara na loja de relíquias da Rua Armênia, batendo o pé, que antes do dia de Reis, por causa da birra do muro entre os Franciscanos e a *Missão Protestante*, a Itália tomaria armas contra a Alemanha. Em Belém, na igreja da Natividade, um padre latino numa bulha, ao benzer hóstias, rachara a cabeça de um padre copta com uma tocha de cera... E enfim, novidade mais jubilosa, abrira-se para alegria de Sião, ao pé da porta de Herodes, deitando sobre o vale de Josafat, um café com bilhares, chamado o *Retiro do Sinai*!

Subitamente, saudades dolentes do passado, cinzas que me cobriam a alma, foram varridas por um fresco vento de mocidade e de modernidade... Pulei sobre o ladrilho sonoro:

— Viva o belo Retiro! A ele! às iscas! à carambola! Irra que estava morto por me refestelar! E depois às mulherinhas!... Põe aí o embrulho da coroa, belo Pote... Isso significa muito bago! Jesus, o que aí a titi se vai babar!... Planta-o em cima da cômoda, entre os castiçais... E logo, depois da comidinha, Potezinho, para o *Retiro do Sinai*!

Justamente o sábio Topsius entrava esbaforido, com uma formosa nova histórica! Durante a nossa romagem a Galileia, a *Comissão de Escavações Bíblicas* encontrara, sob lixos seculares, uma das lápides de mármore que, segundo Josefo e Fílon e os Talmudes, se erguiam no templo; junto à Porta Bela, com uma inscrição proibindo a entrada aos gentílicos... E ele instava que marchássemos, engolida a sopa, a pasmar para essa maravilha... Um momento ainda me rebrilhou na memória uma porta, bela em verdade, preciosa e triunfal, sobre os seus catorze degraus de mármore verde de Numídia...

Mas sacudi desabridamente os braços, numa revolta:

— Não quero! — gritei. — Estou farto!... Irra! E aqui lho declaro, Topsius, solenemente: de hoje em diante não torno a ver nem mais um pedregulho, nem mais um sítio de religião... Irra! Tenho a minha dose; e forte, muito forte, doutor!

O sábio, enfiado, abalou com a raBonna colada às nádegas!

Nessa semana ocupei-me em documentar e empacotar as relíquias menores que destinava à tia Patrocínio. Copiosas e bem preciosas eram elas — e com devotíssimo lustre brilhariam no tesouro da mais orgulhosa sé! Além das que Sião importa de Marselha em caixotes — rosários, bentinhos, medalhas, escapulários; além das que fornecem no Santo Sepulcro os vendilhões — frascos de água do Jordão, pedrinhas da Via Dolorosa, azeitonas do monte Olivete, conchas do lago de Genesaré — eu levava-lhe outras raras, peregrinas, inéditas... Era uma tabuinha aplainada por S. José; duas palhinhas do curral onde nasceu o Senhor; um bocadinho do cântaro com que a Virgem ia à fonte; uma ferradura do burrinho em que fugiu a Santa Família para a terra do Egito; e um prego torto e ferrugento...

Estas preciosidades, embrulhadas em papéis de cor, atadas com fitinhas de seda, guarnecidas de tocantes dísticos, foram acondicionadas num forte caixote, que a minha prudência fez revestir de chapas de ferro. Depois cuidei da relíquia maior, a coroa de espinhos, fonte de celestiais mercês para a titi — e de sonora pecúnia para mim, seu cavaleiro e seu romeiro.

Para a encaixotar, ambicionei uma madeira preclara e santa. Topsius aconselhava o cedro do Líbano, tão belo que, por ele, Salomão fez aliança com Hirão, rei de Tiro. O jucundo Pote, porém, menos arqueológico, lembrou o honesto pinho de Flandres benzido pelo patriarca de Jerusalém. Eu diria à titi que os pregos para o pregar tinham pertencido à Arca de Noé; que um ermitão os achara miraculosamente no monte Ararat; que a ferrugem que neles deixara o lodo primitivo, dissolvida em água benta, curava catarros... Tramamos estas coisas consideráveis, cervejando no *Sinai*.

Durante esta atarefada semana, o embrulho da coroa de espinhos permanecera na cômoda entre os dois castiçais de vidro; foi só na véspera de deixarmos Jerusalém que o encaixotei com carinho. Forrei a madeira de chita azul comprada na Via Dolorosa; fiz fofo e doce o fundo do caixote, com uma camada de algodão mais branco que a neve do Carmelo; e coloquei dentro o adorável embrulho, sem o remexer, como Topsius o arranjara, no seu papel pardo e no seu nastro vermelho, porque estas mesmas dobras do papel vincadas em Jericó, este mesmo nó do nastro atado junto ao Jordão, teriam para a Sra. D. Patrocínio um insubstituível sabor de devoção... O esguio Topsius considerava estes piedosos aprestos, fumando o seu cachimbo de louça.

— Ó! Topsius, que chelpa isto me vai render! E diga lá, amiguinho, diga lá! Então acha que eu posso afirmar à titi que *esta coroa de espinhos foi a mesma que...*

O doutíssimo homem, por entre o fumo leve, soltou uma solidíssima máxima:

— As relíquias, D. Raposo, não valem pela autenticidade que possuem, mas pela fé que inspiram. Pode dizer à titi que foi a mesma!

— Bendito sejas, doutor!

Nessa tarde, o erudito homem acompanhara aos Túmulos dos Reis a *Comissão de Escavações*. Eu parti, só, para o Horto das Oliveiras, porque não havia, em torno a Jerusalém, lugar de sombra onde mais gratamente, em tardes serenas, gozasse um pachorrento cachimbo.

Saí pela porta de Santo Estêvão; trotei pela ponte do Cédron; galguei o atalho entre piteiras até ao murozinho, caiado e aldeão, que cerra o jardim de Getsêmani. Empurrei a portinha verde, pintada de fresco, com a sua aldraba de cobre; e penetrei no pomar onde Jesus ajoelhou e gemeu sob a folhagem das oliveiras. Ali vivem ainda essas árvores santas, que ramalharam embaladoramente sobre a sua cabeça fatigada do mundo! São oito, negras, carcomidas pela decrepitude, escoradas com estacas de madeira, amodorradas, já esquecidas dessa noite de Nizão em que os anjos, voando sem rumor, espreitavam através dos seus ramos as desconsolações humanas do filho de Deus... Nos buracos dos seus troncos estão guardados enxós e podões; nas pontas dos galhos, raras e tênues folhinhas, de um verde sem seiva, tremem e mal vivem como os sorrisos de um moribundo.

E em redor que hortazinha caridosamente regada, estrumada com devoção! Em canteiros, com sebes de alfena, verdejam frescas alfaces; as ruazinhas areadas não têm uma folha murcha que lhes macule o asseio de capela; rente aos muros, onde rebrilham em nichos doze apóstolos de louça, correm alfobres de cebolinho e cenoura, fechados por cheirosa alfazema... Por que não floria aqui, em tempos de Jesus, tão suave quintal? Talvez a plácida ordem, destes úteis legumes, calmasse a tormenta do seu coração!

Sentei-me debaixo da mais velha oliveira. O frade guardião, risonho santo de barbas sem fim, regava com o hábito arregaçado os seus vasos de rainúnculos. A tarde caía com melancólico esplendor.

E, enchendo o cachimbo, eu sorria aos meus pensamentos. Sim! Ao outro dia deixaria essa cinzenta cidade, que lá embaixo se agachava entre os seus muros fúnebres, como viúva que não quer ser consolada... Depois uma manhã, cortando a vaga azul, avistaria a serra fresca de Sintra; as gaivotas da pátria vinham dar-me o grito de boa acolhida, esvoaçando em torno aos mastros; Lisboa pouco a pouco surgia, com as suas brancas caliças, a erva nos seus telhados, indolente e doce aos meus olhos... Berrando "ó titi, ó titi", eu trepava as escadas de pedra da nossa casa em Sant'Ana; e a titi, com fios de baba no queixo, punha-se a tremer diante da grande relíquia que eu lhe oferecia, modesto. Então, na presença de testemunhas celestes, de S. Pedro, de Nossa Senhora do Patrocínio, de S. Casimiro e de S. José, ela chamava-me "seu filho, seu herdeiro!". E ao outro dia começava a amarelecer, a definhar, a gemer... Oh! delícia!

De leve, sobre o muro, entre as madressilvas, um pássaro cantou; e mais alegre que ele cantou uma esperança no meu coração! Era a titi na cama, com o lenço negro amarrado na cabeça, apalpando angustiosamente as dobras do lençol suado, arquejando com terror do diabo... Era a titi a espichar, retesando as canelas. Num dia macio de maio metiam-na já fria e cheirando mal, dentro de um caixão bem pregado e bem seguro. Com tipoias atrás, lá marchava D. Patrocínio para a sua cova, para os bichos. Depois se quebrava o lacre do testamento na sala dos damascos, onde eu preparara, para o tabelião Justino, pastéis e vinho do Porto; carregado de luto, amparado ao mármore da mesa, eu afogava, num lenço amarfanhado, o escandaloso brilho da minha face; e dentre as folhas de papel selado sentia, rolando com um tinir de ouro, rolando com um sussurro de searas, rolando, rolando para mim os contos de G. Godinho!... Oh! êxtase!

O santo frade pousara o regador, e passeava com o breviário aberto numa ruazinha de murta. Que faria eu, na minha casa em Sant'Ana, apenas levassem a fétida velha, amortalhada num hábito de Nossa Senhora? Uma alta justiça: correr ao oratório, apagar as luzes, desfolhar os ramos, abandonar os santos à escuridão e ao bolor! Sim, todo eu, Raposo e liberal, necessitava a desforra de me ter prostrado diante das suas figuras pintadas como um sórdido sacrista, de me ter recomendado à sua influência de calendário, como um escravo crédulo! Eu servira os santos para servir a titi. Mas agora, inefável deleite, ela na sua cova apodrecia; naqueles olhos, onde nunca escorrera uma lágrima caridosa, fervilhavam gulosamente os vermes; sob aqueles beijos, desfeitos em lodo, surgiam enfim, sorrindo, os seus velhos dentes furados que jamais tinham sorrido... Os contos de G. Godinho eram meus; e libertado da ascorosa senhora, eu já não devia aos seus santos nem rezas, nem rosas! Depois, cumprida esta obra de justiça filosófica, corria a Paris, às mulherinhas!

O bom frade, risonho na sua barba de neve, bateu-me no ombro, chamou-me seu filho, lembrou-me que se fechava o santo horto e que lhe seria grata a minha esmola... Dei-lhe uma placa; e recolhi regalado a Jerusalém; devagar, pelo vale de Josafate, cantarolando um *fado* meigo.

Ao outro dia de tarde, tocava o sino a novena na igreja da Flagelação quando a nossa caravana se formou à porta do *Hotel do Mediterrâneo*, para partirmos de Jerusalém. Os caixões das relíquias iam sobre o macho, entre os fardos. O beduíno, mais encatarroado, abafara-se num ignóbil *cache-nez* de sacristão. Topsius montava outra égua, séria e pachorrenta. E eu, que por alegria pusera uma rosa vermelha ao peito, resmunguei, ao pisarmos pela vez derradeira a Via Dolorosa: "Fica-te, pocilga de Sião!"

Já chegávamos à porta de Damasco quando um grito esbaforido ressoou, no alto da rua, à esquina do convento dos abissínios:

— Amigo Pote, doutor, cavalheiros!... Um embrulho! Esqueceu um embrulho...

Era o negro do hotel, em cabelo, agitando um embrulho que logo reconheci pelo papel, pardo e pelo nastro vermelho. A camisinha de dormir da Mary! E recordei que, com efeito, ao emalar, eu não o vira no guarda-roupa, no seu ninho de peúgas.

Esfalfado, o servo contou que depois de partirmos, varrendo o quarto, descobrira o embrulhinho entre pó e aranhas, detrás da cômoda; limpara-o carinhosamente; e, como fora sempre seu afã servir o fidalgo lusitano, abalara, mesmo sem a jaleca...

— Basta! — rosnei eu, seco e carrancudo.

Dei-lhe as moedas de cobre que me atulhavam as algibeiras. E pensava: "Como rolou ele para trás da cômoda?" Talvez o negro atabalhoado que, arrumando, o tirara do seu ninho de peúgas. Pois antes lá permanecesse para sempre, entre o pó e as aranhas! Porque em verdade este pacote era agora audazmente impertinente.

Decerto! eu amava a Mary. A esperança que em breve na terra do Egito seria apertado pelos seus braços gordinhos ainda me fazia espreguiçar com langor. Mas, guardando fielmente a sua imagem no coração, não necessitava trazer perenemente à garupa a sua camisinha de dormir. Com que direitos, pois, corria esta bretanha atrás de mim, pelas ruas de Jerusalém, querendo instalar-se violentamente nas minhas malas e acompanhar-me à minha pátria?

E era essa ideia de pátria que me torturava, enquanto nos afastávamos das muralhas da Cidade Santa... Como poderia eu jamais penetrar com este pacote lúbrico na casa eclesiástica da tia Patrocínio? Constantemente a titi se encafuava no meu quarto, reunida de chaves falsas, áspera e ávida, rebuscando pelos cantos, nas minhas cartas e nas minhas ceroulas... Que cólera a esverdearia se numa noite de pesquisas ela encontrasse estas rendas babujadas pelos meus lábios, fedendo a pecado, com a oferta em letra cursiva: "*Ao meu portuguesinho valente!*"

"Se soubesse que nesta santa viagem te tinhas metido com saias, escorraçava-te como um cão!" Assim o dissera a titi, em vésperas da minha romagem, diante da Magistratura e da Igreja. E iria eu, pelo luxo sentimental de conservar a relíquia de uma luveira, perder a amizade da velha que tão caramente conquistara com terços, pingos de água benta e humilhações da razão liberal? Jamais!... E, se não afoguei logo o embrulho funesto na água de um charco, ao atravessarmos as choças de Kolonieh, foi para não revelar ao penetrante Topsius as covardias do meu coração. Mas decidi que, mal penetrássemos com a noite nas montanhas de Judá, retardaria o passo à égua, e longe dos óculos do historiador, longe das solicitudes de Pote, arrojaria a um barranco a terrível camisa de Mary, evidência do meu pecado e dano da minha fortuna. E que bem depressa os dentes dos chacais a rasgassem! Bem depressa os chuveiros do Senhor a apodrecessem!

Já passáramos o túmulo de Samuel por trás dos rochedos de Emaús, já para sempre Jerusalém desaparecera aos meus olhos, quando a égua de Topsius, avistando uma fonte, num vale cavado junto à estrada, deixou a caravana, deixou o dever, e trotou para a água, com impudência e com alacridade. Estaquei, indignado:

— Puxe-lhe a rédea, doutor! Olhe que descaro de égua! Ainda agora bebeu... Não lhe ceda! Puxe mais! Não lhe toque, homem!

Mas debalde o filósofo, com os cotovelos saídos, as pernas esticadas, lhe repuxava bridões e crinas. A cavalgadura abalou com o filósofo.

Corri também à fonte, para não abandonar naquele ermo o precioso homem. Era um fio de água turva escorrendo de uma que-lha, sobre um tanque escavado na rocha. Ao pé branquejava, já partida, a grande carcaça de um dromedário. Os ramos de uma mimosa, ali solitária, tinham sido queimados por um fogo de caravana. Longe, na espinha escarnada de uma colina, um pastor, negro no céu opalino, ia caminhando devagar entre as suas ovelhas com a lança pousada ao ombro. E na sombria mudez de tudo a fonte chorava.

Aquela quebrada era tão deserta, que me lembrou deixar ali a desfazer-se, como a ossada do dromedário, o embrulhinho da Mary... A égua do historiador beberava com pachorra. E eu procurava aqui, além, um barranco ou um charco — quando me pareceu que, junto da fonte, e misturado ao pranto dela, corria também um pranto humano.

Torneei um penedo que avançava soberbamente, como a proa de uma galera, e descobri, agachada e refugiada entre as pedras e os cardos, uma mulher que chorava, com uma criancinha no regaço; os seus cabelos crespos espalhavam-se pelos ombros e pelos braços, que os trapos negros mal cobriam; e sobre o filho, que dormia no calor do colo, o seu choro corria, mais contínuo, mais triste que o da fonte e como se não devesse findar jamais.

Gritei pelo jucundo Pote. Quando ele trotou para nós, agarrando a coronha prateada da sua pistola, supliquei que perguntasse à mulher a causa dessas longas lágrimas. Mas ela parecia entontecida pela miséria; falou surdamente de um casebre queimado, de cavaleiros turcos que tinham passado, do leite que lhe secava... Depois apertou a criança contra a face, e sufocada sob os cabelos esguedelhados, recomeçou a chorar.

O festivo Pote deitou-lhe uma moeda de prata; Topsius tomou, para a sua severa conferência sobre a *Judeia Muçulmana*, um apontamento daquele infortúnio. E eu, comovido, procurava na algibeira o meu cobre, quando me recordei que o dera num punhado ao negro do *Hotel do Mediterrâneo*. Mas tive uma útil inspiração. Atirei-lhe o perigoso embrulho da camisinha da Mary; e a meu pedido o risonho Pote explicou, à desventurada, que qualquer das pecadoras que habitam junto à torre de Davi, a gorda Fatmé ou Palmira, a *samaritana*, lhe daria duas piastras de ouro por esse vestido de luxo, de amor e de civilização.

Trotamos para a estrada. Atrás de nós a mulher lançava-nos, por entre soluços e beijos ao filho, todas as bênçãos do seu coração; e a nossa caravana retomou a marcha, enquanto o arrieiro adiante, escarranchado sobre as bagagens, cantava à estrela de Vênus que se erguera esse canto da Síria, áspero, alongado e dolente, em que se fala de amor, de Alá, de uma batalha com lanças, e dos rosais de Damasco...

Ao apearmos de manhã no *Hotel de Josafate*, na vetusta Jafa, prodigiosa foi a minha surpresa vendo, pensativamente sentado no pátio, com um bojudo turbante branco, o mofino Alpedrinha!... Fiz-lhe ranger os ossos num abraço voraz. E quando Topsius e o jucundo Pote partiram, debaixo do guarda-sol de paninho, a colher novas do paquete que nos devia levar à terra do Egito, Alpedrinha contou-me a sua história, escovando o meu albornoz.

Fora por tristeza que deixara a "Alexandriazinha". O *Hotel das Pirâmides*, as maletas carregadas, tinham já saturado a sua alma de um tédio insondável; e o nosso embarque no Caimão para Jerusalém dera-lhe a saudade dos mares, das cidades cheias de história, das multidões desconhecidas... Um judeu de Keshan, que ia fundar uma estalagem em Bagdá com bilhar, aliciara-o para "marcador". E ele, metendo num saco as piastras juntas nas amarguras do Egito, ia tentar essa aventura do progresso junto às águas lentas do Eufrates, na terra da Babilônia. Mas, cansado de acarretar fardos alheios, buscava primeiro Jerusalém, insensivelmente, levado talvez pelo Espírito como o apóstolo, para descansar com as mãos quietas a uma esquina da Via Dolorosa...

— E o cavalheiro recebeu alguns jornais da nossa Lisboa? Gostava de saber como vai por lá a rapaziada...

Enquanto ele assim balbuciava, triste e com o turbante à banda, eu revia risonhamente a terra quente do Egito, a rua clara das *Duas Irmãs*, a capelinha entre plátanos, as papoulas do chapéu da Mary...

E mais agudo me picava outra vez o desejo da minha loura luveira. Que doce grito de paixão nos seus beiços gordinhos, quando uma tarde, queimado pelo sol da Síria e mais forte, eu surgisse diante do seu balcão espantando o gato branco! E a camisinha?... Bem! contaria que uma noite, junto de uma fonte, tinham-na roubado cavaleiros turcos com lanças.

— Diz lá, Alpedrinha! Tem-la visto, a Maricoquinhas? Que tal está? hem? Rechonchudinha?

Ele baixou o rosto murcho, onde um estranho rubor lhe avivara duas rosas.

— Já não está... Foi para Tebas!

— Para Tebas? Onde há umas ruínas?... Mas isso é no alto Egito! Isso é em cascos de Núbia! Ora essa!... Que foi ela lá fazer?

— Alindar as vistas — murmurou Alpedrinha com desolação.

Alindar as vistas! Só compreendi quando o patrício me contou que a ingrata rosa de Iorque, adorno de Alexandria, fora levada por um italiano de cabelos compridos, que ia a Tebas fotografar as ruínas desses palácios, onde viviam face a face Ramsés, rei dos homens, e Amon, rei dos deuses... E Maricoquinhas ia amenizar "as vistas", aparecendo nelas à sombra austera dos granitos sacerdotais, com a graça moderna do seu guarda-solinho fechado e do seu chapéu de papoulas...

— Que descarada! — gritei eu, varado. — Então com um italiano? E gostando dele? Ou só negócio?... Hem, gostando?

— Babadinha — balbuciou Alpedrinha.

E, com um suspiro, atroou o *Hotel de Josafat*. Perante este aí, repassado de tormento e de paixão, relampejou-me na alma uma suspeita abominável.

— Alpedrinha, tu suspiraste! Aqui há perfídia, Alpedrinha!

Ele baixou a fronte tão contritamente que o turbante lasso rolou nos ladrilhos. E antes que ele o levantasse já eu lhe empolgara com sanha o braço mole.

— Alpedrinha, escarra a verdade! A Maricoquinhas, hem? Também petiscaste?

A minha face barbuda chamejava... Mas Alpedrinha era meridional, das nossas terras palreiras da vanglória e do vinho. O medo cedeu à vaidade, e revirando para mim o bugalho branco do olho.

— Também petisquei!

Sacudi-lhe o braço para longe, cheio de furor e de nojo. Também aquela — com aquele! Oh! a Terra! a Terra! que é ela senão um montão de coisas podres, rolando pelos céus com bazófias de astro?

— E diz lá, Alpedrinha, diz lá, também te deu uma camisa?

— A mim um chambrezinho...

Também a ele — roupa branca! Ri, acerbamente, com as mãos nas ilhargas.

— E ouve lá... Também te chamava "seu portuguesinho valente"?

— Como eu servia com turcos, chamava-me seu "mourozinho catita".

Ia rebolar-me no divã, rasgá-lo com as unhas, rir sempre, num desesperado desprezo de tudo... Mas Topsius e o risonho Pote apareceram alvoroçados.

— Então?...

Sim, chegara de Esmirna um paquete que levantava nessa tarde ferro para o Egito, e que era o nosso dileto *Caimão*!

— Ainda bem! — gritei, atirando patadas ao ladrilho. — Ainda bem, que estava farto do Oriente!... Irra! que não apanhei aqui senão soalheiras, traições, sonhos medonhos e botas pelos quadris! Estava farto!

Assim eu bramava, sanhudo. Mas nessa tarde, na praia, diante da barcaça negra que nos devia levar ao *Caimão*, entrou-me na alma uma longa saudade da Palestina, e das nossas tendas erguidas sob o esplendor das estrelas, e da caravana, marchando e cantando por entre as ruínas de nomes sonoros.

O lábio tremeu-me, quando Pote comovido me estendeu a sua bolsa de tabaco de Alepo:

— D. Raposo, é o último cigarro que lhe dá o alegre Pote.

E a lágrima rolou por fim quando Alpedrinha, em silêncio, me estendeu os braços magros.

Da barcaça, acocorado sobre os caixões das relíquias, ainda o vi na praia, sacudindo para mim um lenço triste de quadrados, ao lado de Pote que nos atirava beijos, com as grossas botas metidas na água. E já no *Caimão*, debruçado na amurada, ainda o avistei imóvel sobre as pedras do molhe, segurando com as mãos, contra a brisa salgada, o seu vasto turbante branco.

Desventuroso Alpedrinha! Só eu, em verdade, compreendi a tua grandeza! Tu eras o derradeiro lusíada, da raça dos Albuquerques, dos Castros, dos varões fortes que iam nas armadas à Índia! A mesma sede divina do desconhecido te levara, como eles, para essa terra do Oriente, donde sobem ao céu os astros que espalham a luz e os deuses que ensinam a lei. Somente não tendo já, como os velhos lusíadas, crenças heroicas concebendo empresas heroicas, tu não vais como eles, com um grande rosário e com uma grande espada, impor às gentes estranhas o teu rei e o teu Deus. Já não tens Deus por quem se combata, Alpedrinha! nem rei por quem se navegue, Alpedrinha!... Por isso, entre os povos do Oriente, te gastas nas ocupações únicas que comportam a fé, o ideal, o valor dos modernos lusíadas — descansar encostado às esquinas, ou tristemente carregar fardos alheios...

As rodas do *Caimão* bateram a água. Topsius ergueu o seu boné de seda, e gravemente gritou para o lado de Jafa, que escurecia na palidez da tarde, sobre os seus tristes rochedos, entre os seus pomares verde-negro:

— Adeus, adeus para sempre, terra da Palestina.

Eu acenei também com o capacete:

— Adeusinho, adeusinho, coisas de religião!

Afastava-me devagar da amurada, quando roçou por mim a longa capa de lustrina de uma religiosa; e dentre a sombra pudica do capuz, que se voltou de leve, um fulgor de olhos negros procurou as minhas barbas potentes. Oh! maravilha! Era a mesma santa irmã que levara nos seus castos joelhos, através destas águas da Escritura, a camisa imunda da Mary!

Era a mesma! Por que colocava novamente o destino junto a mim, no estreito tombadilho do *Caimão*, este lírio de capela, ainda fechado e já murcho? Quem sabe! Talvez para que ao calor do meu desejo ele reverdecesse, desse flor, e não ficasse para sempre estéril e inútil, tombado aos pés do cadáver de um Deus!... E não vinha agora guardada pela outra religiosa, rechonchuda e de luneta! A sorte abandonava-me indefesa, como a pombinha no ermo.

Rompeu-me então na alma a fulgurante esperança de um amor de monja mais forte que o medo de Deus, de um seio magoado pela estamenha de penitência caindo, todo a tremer e vencido, entre os meus braços valentes!... Decidi segredar-lhe logo ali: "Ó! minha irmãzinha, estou todo lamecha por si!" E inflamado, torcendo os bigodes, caminhei para a doce religiosa, que se refugiara num banco, passando os dedos pálidos pelas contas do seu rosário...

Mas, bruscamente, o tabuado do *Caimão* fugiu sob meus pés ovantes. Estaquei, enfiado. Oh! miséria! humilhação! Era a vaga enjoadora... Corri à borda; sujei imundamente o azul do mar de Tiro; depois rolei para o beliche, e só ergui do travesseiro a face mortal, quando senti as correntes do *Caimão* mergulharem nas calmas águas onde outrora, fugindo de Ácio, caíram à pressa as âncoras douradas das galeras de Cleópatra!

E outra vez, estremunhado e esguedelhado, te avistei, terra baixa do Egito, quente e da cor de um leão! Em torno aos finos minaretes voavam as pombas serenas. O lânguido palácio dormia à beira da água entre palmeiras. Topsius sobraçava a minha chapeleira, serrazinando coisas doutíssimas sobre o antigo Farol. E a pálida religiosa já deixara o *Caimão*, pomba do ermo escapada ao milhafre — porque o milhafre no seu voo fechara a asa, sordidamente enjoado!

Nessa mesma tarde, no *Hotel das Pirâmides*, soube com júbilo que um vapor de gado, *El Cid Campeador* partia de madrugada para as terras benditas de Portugal! Na caleche de riscadinho, só com o douto Topsius, dei o derradeiro passeio nas sombras olorosas do Mamudieh. E passei a curta noite numa rua deleitosa. Ó, meus concidadãos, ide lá se apeteceis conhecer os deleites ásperos do Oriente... Os bicos de gás sem globo assobiam largamente, torcidos ao vento; as casas baixas, de pau, são apenas fechadas por uma cortina branca, atravessada de claridade; tudo cheira a sândalo e alho; e mulheres sentadas sobre esteiras, em camisa, com flores nas tranças, murmuram suavemente: *Eh môssiu*! *Eh milord*!... Recolhi tarde, exausto. Ao passar na rua das *Duas Irmãs*, avistei sobre a porta de uma loja cerrada a mão de pau, pintada de roxo, que empolgara o meu coração. Atirei-lhe uma bengalada. Este foi o último feito das minhas longas jornadas.

De manhã, o fiel e douto Topsius veio, de galochas, acompanhar-me ao barracão da alfândega. Enlacei-o longamente nos braços trêmulos:

— Adeus, companheiro, adeus! Escreva... Campo de Sant'Ana, 47...

Ele murmurou, estreitado comigo:

— Aqueles trinta mil-réis, lá mandarei...

Apertei-o generosamente, para abafar essa explicação de pecúnia. Depois, já com a bota na proa do bote que me ia levar ao *Cid Campeador*:

— Então, posso dizer à titi que a coroazinha de espinhos é a mesma...

Ele ergueu as mãos, solene como um pontífice do saber:

— Pode dizer-lhe em meu nome que foi a *mesmíssima*, espinho por espinho...

Baixou o bico de cegonha ornado de óculos, e beijamo-nos na face como dois irmãos.

Os negros remaram. Eu levava, pousado sobre os joelhos, o caixote da suprema relíquia. Mas, quando o meu bote, à vela, fendia a água azul, passou rente de outro bote lento, levado a remos para o lado do palácio que dormia entre palmeiras. E num relance vi o hábito negro, o capuz descido... Um largo, sequioso olhar, pela vez derradeira, procurou as minhas barbas. De pé, ainda gritei: "Oh! filhinha, oh! magana!" Mas já o vento me levara. Ela, no seu bote, sumia a face contrita e, sobre o delicado peito que ousara arfar, decerto a cruz pesou mais forte, ciumenta e de ferro!

Fiquei mono... Quem sabe? Era aquele talvez, em toda a vasta terra, o único coração em que o meu poderia repousar, como num asilo seguro... Mas quê! ela era só monja, eu só sobrinho. Ela ia para o seu Deus, eu ia para a minha tia. E quando nestas águas os nossos peitos se cruzavam, e sentindo a sua concordância, batiam mudamente um para o outro, o meu barco corria com vela alegre para ocidente, e o barco que a levava, lento e negro, ia a remos para oriente... Desencontro contínuo das almas congêneres — neste mundo de eterno esforço e de eterna imperfeição!

Capítulo V

Duas semanas depois, rolando na tipóia do *Pingalho* pelo campo de Sant'Ana, com a portinhola entreaberta e a bota estendida para o estribo, avistei entre as árvores sem folhas o por tão negro da casa da titi! E, dentro desse duro calhambeque, eu resplandecia mais que um gordo César, coroado de folhagens de ouro, sob o seu vasto carro, voltando do domar povos e deuses.

Era decerto em mim o deleite de rever, sob aquele céu de janeiro, tão azul e tão fino, a minha Lisboa, com as suas quietas ruas cor de caliça suja, e aqui e além as tabuinhas verdes descidas nas janelas, como pálpebras pesadas de langor e de sono. Mas era, sobretudo, a certeza da gloriosa mudança, que se fizera na minha fortuna doméstica e na minha influência social.

Até aí, que fora eu em casa da Sra. D. Patrocínio? O menino Teodorico que, apesar da sua carta de doutor e das suas barbas de Raposão, não podia mandar selar a égua para ir espontar o cabelo à Baixa, sem implorar licença à titi... E agora? O nosso Dr. Teodorico, que ganhara no contato santo com os lugares do Evangelho, uma autoridade quase pontifical! Que fora eu até aí, no Chiado, entre os meus concidadãos? O Raposito, que tinha um cavalo. E agora? O grande Raposo, que peregrinara poeticamente na Terra Santa, como Chateaubriand, e que, pelas remotas estalagens em que pousara, pelas roliças circassianas que beijocara, podia parolar — com superioridade na Sociedade de Geografia ou em casa da Benta *Bexigosa*...

O *Pingalho* estacou as pilecas. Saltei, com o caixote da relíquia estreitado ao coração... E ao fundo do pátio triste, lajeado de pedrinha, vi a Sra. D. Patrocínio das Neves, vestida de sedas negras, toucada de rendas negras, arreganhando no carão lívido, sob os óculos defumados, as dentuças risonhas para mim!

— Oh, titi!

— Oh, menino!

Larguei o caixote santo, caí no seu peito seco; e o cheirinho que vinha dela a rapé, a capela e a formiga, era como a alma esparsa das coisas domésticas que me envolvia para me fazer reentrar na piedosa rotina do lar.

— Ai filho, que queimadinho que vens!...

— Titi, trago-lhe muitas saudades do Senhor...

— Dá-mas todas, dá-mas todas!...

E retendo-me, cingido à dura tábua do seu peito, roçou os beiços frios pelas minhas barbas — tão respeitosamente como se fossem as barbas de pau da imagem de S. Teodorico.

Ao lado, a Vicência limpava o olho com a ponta do avental novo. O *Pingalho* descarregara a minha mala de couro. Então, erguendo o precioso caixote de pinho de Flandres benzido, murmurei, com uma modéstia cheia de unção:

— Aqui está ela, titi, aqui está ela! Aqui a tem, aí lha dou, a sua divina relíquia, que pertenceu ao Senhor!

As emaciadas, lívidas mãos da hedionda senhora tremeram ao tocar aquelas tábuas que continham o princípio miraculoso da sua saúde e o amparo das suas aflições. Muda, tesa, estreitando sofregamente o caixote, galgou os degraus de pedra, atravessou a sala de Nossa Senhora das Sete Dores, enfiou para o oratório. Eu atrás, magnífico, de capacete, ia rosnando: "Ora vivam! ora vivam!", à cozinheira, à desdentada Eusébia, que se curvavam no corredor como à passagem do Santíssimo.

Depois, no oratório, diante do altar juncado de camélias brancas, fui perfeito. Não ajoelhei, não me persignei; de longe, com dois dedos, fiz ao Jesus de ouro, pregado na sua cruz, um aceno familiar e atirei-lhe um olhar, muito risonho e muito fino, como a um velho amigo com quem se têm velhos segredos. A titi surpreendeu esta intimidade com o Senhor; e quando se rojou sobre o tapete (deixando-me a almofada de veludo verde), foi tanto para o seu Salvador como para o seu sobrinho, que levantou as mãos adorabundas.

Findos os padres-nossos de graças pelo meu regresso, ela, ainda prostrada, lembrou com humildade:

— Filho, seria bom que eu soubesse que relíquia é, para as velas, para o respeito...

Acudi, sacudindo os joelhos:

— Logo se verá. À noite é que se desencaixotam as relíquias. Foi o que me recomendou o patriarca de Jerusalém... Em todo o caso acenda a titi mais quatro luzes que até a madeirinha é santa!

Acendeu-as, submissa; colocou, com beato cuidado, o caixote sobre o altar; depôs-lhe um beijo chilreado e longo; estendeu-lhe por cima uma esplêndida toalha de rendas... Eu então, episcopalmente, tracei sobre a toalha, com dois dedos, uma bênção em cruz.

Ela esperava, com os óculos negros postos em mim, embaciados de ternura:

— E agora, filho, agora?

— Agora o jantarinho, titi, que tenho a tripa a tinir...

A Sra. D. Patrocínio logo, apanhando as saias, correu a apressar a Vicência. Eu fui desafivelar a maleta para o meu quarto, que a titi esteirara de novo; as cortinas de cassa tufavam, tesas de goma; um ramo de violetas perfumava a cômoda.

Longas horas nos detivemos à mesa, onde a travessa de arroz-doce ostentava as minhas iniciais, debaixo de um coração e de uma cruz, desenhadas a canela pela titi. E, inesgotavelmente, narrei a minha santa jornada. Disse os devotos dias do Egito, passados a beijar uma por uma as pegadas que lá deixara a Santa Família na sua fuga; disse o desembarque em Jafa com o meu amigo Topsius, um sábio alemão, doutor em teologia, e a deliciosa missa que lá saboreáramos; disse as colinas de Judá cobertas de presepes onde eu, com a minha égua pela rédea, ia ajoelhar, transmitindo às imagens e às custódias os recados da tia Patrocínio... Disse Jerusalém, pedra a pedra! E a titi, sem comer, apertando as mãos, suspirava com devotíssimo pasmo:

— Ai que santo! ai que santo ouvir estas coisas! Jesus, até dá uns gostinhos por dentro!...

Eu sorria, humilde. E cada vez que a considerava de soslaio, ela me parecia outra Patrocínio das Neves. Os seus fundos óculos negros, que outrora reluziam tão asperamente, conservavam um contínuo embaciamento de ternura úmida. Na voz que perdera a rispidez silvante errava, amolecendo-a, um suspiro acariciador e fanhoso. Emagrecera; mas nos seus secos ossos parecia correr enfim um calor de medula humana! Eu pensava: "Ainda a hei de pôr como um veludo".

E, sem moderação, prodigalizava as provas da minha intimidade com o céu.

Dizia: "Uma tarde, no Monte das Oliveiras, estando a rezar, passou de repente um anjo...". Dizia: "Tirei-me dos meus cuidados, fui ao túmulo de Nosso Senhor, abri a tampa, gritei para dentro...".

Ela pendia a cabeça, esmagada, ante estes privilégios prodigiosos só comparáveis aos de Santo Antão ou de S. Brás.

Depois enumerava as minhas tremendas rezas, os meus terríficos jejuns. Em Nazaré, ao pé da fonte onde Nossa Senhora enchia o cântaro, rezara mil ave-marias, de joelhos à chuva... No deserto, onde vivera S. João, sustentara-me como ele de gafanhotos...

E a titi, com baba no queixo:

— Ai que ternura, ai que ternura, os gafanhotinhos!... E que gosto para o nosso rico S. João!... Como ele havia de ficar! E olha filho, não te fizeram mal?

— Se até engordei, titi! Nada, era o que eu dizia ao meu amigo alemão: "Já que a gente veio a uma pechincha destas, é aproveitar e salvar a nossa alminha...".

Ela virava-se para a Vicência, que sorria, pasmada, no seu pouso tradicional entre as duas janelas, sob o retrato de Pio IX e o velho óculo do comendador G. Godinho:

— Ai Vicência, que ele vem cheinho de virtude! Ai que vem mesmo atochadinho dela!

— Parece-me que Nosso Senhor Jesus Cristo não ficou descontente comigo! — murmurava eu, estendendo a colher para o doce de marmelo.

E todos os meus movimentos (até o lamber da calda) os contemplava a odiosa senhora, venerandamente, como preciosas ações de santidade.

Depois, com um suspiro:

— E outra coisa, filho... Trazes de lá algumas orações, das boas, das que te ensinassem por lá os patriarcas, os fradezinhos?...

— Trago-as de chupeta, titi!

E numerosas, copiadas das carteiras dos santos, eficazes para todos os achaques! Tinha-as para tosses, para quando os gavetões das cômodas emperram, para vésperas de loteria...

E terás alguma para cãibras? Que eu às vezes, de noite, filho...

— Trago uma que não falha em cãibras. Deu-ma um monge meu amigo a quem costuma aparecer o Menino Jesus...

Disse e acendi um cigarro.

Nunca eu ousara fumar diante da titi! Ela detestara sempre o tabaco, mais que nenhuma outra emanação do pecado. Mas agora arrastou gulosamente a sua cadeira para mim, como para um milagroso cofre, repleto dessas rezas que dominam a hostilidade das coisas, vencem toda a enfermidade, eternizam as velhas sobre a terra.

— Hás de ma dar, filho... É uma caridade que fazes!

— Oh! titi, ora essa! Todas! E diga, diga lá... Como vai a titi dos seus padecimentos?

Ela deu um ai, de infinito desalento. Ia mal, ia mal... Cada dia se sentia mais fraca, como se fosse a desfazer... Enfim já não morria sem aquele gostinho de me ter mandado a Jerusalém visitar o Senhor; e esperava que ele lho levasse em conta, e as despesas que fizera, e o que lhe custara a separação... Mas ia mal, ia mal!

Eu desviara a face, a esconder o vivo e escandaloso lampejo de júbilo que a iluminara. Depois a animei, com generosidade. Que podia a titi recear? Não tinha ela agora, "para se apegar", vencer as leis da decomposição natural, aquela relíquia de Nosso Senhor?...

— E outra coisa, titi... Os amiguinhos, como vão?

Ela anunciou-me a desconsoladora nova. O melhor e mais grato, o delicioso Casimiro, recolhera à cama no domingo com as "perninhas inchadas...". Os doutores afirmavam que era uma anasarca... Ela desconfiava de uma praga que lhe rogara um galego...

— Seja como for, o santinho lá está! Tem-me feito uma falta, uma falta... Ai, filho, nem tu imaginas!... O que me tem valido é o sobrinho. O padre Negrão...

— O Negrão? — murmurei, estranho ao nome.

Ah! eu não conhecia... Padre Negrão vivia ao pé de Torres. Nunca vinha a Lisboa, que lhe trazia nojo, com tanta relaxação... Só por ela, e para a ajudar nos seus negócios, é que o santinho condescendera em deixar a sua aldeia. E tão delicado, tão serviçal... Ai! era uma perfeição!

— Tem-me feito uma virtude que nem calculas, filho... Só o que ele tem rezado por ti, para que Deus te protegesse nessas terras de turcos... E a companhia que me faz! Que todos os dias o tenho cá a jantar... Hoje não quis ele vir. Até me disse uma coisa muito linda: "Não quero, minha senhora, atalhar expansões". Que lá isso, falar bem, e assim coisas que tocam... Ai, não há outro... nem imaginas, até regala... É de apetite!

Sacudi o cigarro, secado. Por que vinha aquele padre de Torres, contra os costumes domésticos, comer todos os dias o cozido da titi? Resmunguei com autoridade:

— Lá em Jerusalém os padres e os patriarcas só vêm jantar aos domingos... Faz mais virtude.

Escurecera. A Vicência acendeu o gás no corredor; e como breve chegariam os diletos amigos, avisados pela titi para saudar o peregrino, recolhi ao meu quarto a enfiar a sobrecasaca preta.

Aí, considerando ao espelho a face requeimada, sorri gloriosamente e pensei: "Ah! Teodorico, venceste!"

Sim, vencera! Como a titi me tinha acolhido! com que veneração! com que devoção!... E ia mal, ia mal!...

Bem depressa eu sentiria, com o coração sufocado de gozo, as marteladas sobre o seu caixão. E nada podia desalojar-me do testamento da Sra. D. Patrocínio! Eu tornara-me para ela S. Teodorico! A hedionda velha estava enfim convencida que me deixar o seu ouro era como doá-lo a Jesus e aos Apóstolos e a toda a Santa Madre Igreja!

Mas a porta rangeu, a titi entrou, com o seu antigo xale de Tonquim pelos ombros. E caso estranho, pareceu-me ser a D. Patrocínio das Neves doutro tempo, hirta, agreste, esverdeada, odiando o amor como coisa suja, e sacudindo de si para sempre os homens que se tinham metido com saias! Com efeito! Os seus óculos, outra vez secos, reluziam, cravavam-se desconfiadamente na minha mala... Justos céus! Era a antiga D. Patrocínio. Lá vinham as suas lívidas, aduncas mãos, cruzadas sobre o xale, arrepanhando-lhe as franjas, sôfregas de esquadrinhar a minha roupa branca! Lá se cavava, aos cantos dos seus lábios sumidos, um rígido sulco de azede ume!... Tremi; mas visitou-me logo uma inspiração do Senhor. Diante da mala abri os braços, com candura:

— Pois é verdade!... Aqui tem a titi a maleta que lá andou por Jerusalém... Aqui está, bem aberta, para todo o mundo ver que é a mala de um homem de religião! Que é o que dizia o meu amigo alemão, pessoa que sabia tudo: "Lá isso, Raposo, meu santinho, quando numa viagem se pecou, e se fizeram relaxações, e se andou atrás de saias, trazem-se sempre provas na mala. Por mais que se escondam, que se deitem fora, sempre lá esquece coisa que cheire a pecado!...". Assim mo disse muitas vezes, até uma ocasião diante de um patriarca... E o patriarca aprovou. Por isso, eu cá, é malinha aberta, sem receio... Pode-se esquadrinhar, pode-se cheirar... A que cheira é a religião! Olhe, titi, olhe... Aqui estão as ceroulinhas e as peuguinhas. Isso não pode deixar de ser, porque é pecado andar nu... Mas o resto, tudo santo! O meu rosário, o livrinho de missa, os bentinhos, tudo do melhor, tudo do Santo Sepulcro...

— Tens ali uns embrulhos! — rosnou a asquerosa senhora, estendendo um grande dedo descarnado.

Abri-os logo, com alacridade. Eram dois frascos lacrados de água do Jordão! E muito sério, muito digno, fiquei diante da Sra. D. Patrocínio com uma garrafinha do líquido divino na palma de cada mão... Então ela, com os óculos de novo embaciados beijou penitentemente os frascos; uma pouca da baba do beijo escorreu nas minhas unhas. Depois, à porta, suspirando, já rendida:

— Olha, filho, até estou a tremer... E é destes gostinhos todos! Saiu. Eu fiquei coçando o queixo. Sim, ainda havia uma circunstância que me escorraçaria do testamento da titi! Seria aparecer diante dela, material e tangível, uma evidência das minhas relaxações... Mas como surgiria ela jamais neste lógico Universo? Todas as passadas fragilidades da minha carne eram como os fumos esparsos de uma fogueira apagada, que nenhum esforço pode novamente condensar. E o meu derradeiro pecado, saboreado tão longe, no velho Egito, como chegaria jamais à notícia da titi? Nenhuma combinação humana lograria trazer, ao campo de Sant'Ana, as duas únicas testemunhas dele — uma luveira ocupada agora a encostar as papoulas do seu chapéu aos granitos de Ramsés em Tebas, e um doutor encafuado numa rua escolástica, à sombra de uma vetusta universidade da Alemanha, escarafunchando o cisco histórico dos Herodes... E, a não ser essa flor de deboche e essa coluna de ciência, ninguém mais na terra conhecia os meus culpados delírios, na cidade amorosa dos Lágidas.

Demais, o terrível documento da minha junção com a sórdida Mary, a camisa de dormir aromatizada de violeta, lá cobria agora em Sião uma lânguida cinta de circassiana ou os seios cor de bronze de uma núbia de Koskoro; a comprometedora oferta "*ao meu portuguesinho valente*" fora despregada, queimada no braseiro; já as rendas se iriam esgaçando no serviço forte do amor, e rota, suja, gasta, ela bem depressa seria arremessada ao lixo secular de Jerusalém! Sim, nada se poderia interpor entre a minha justa sofreguidão e a bolsa verde da titi. Nada, a não ser a carne mesma da velha, a sua carcaça rangente, habitada por uma teimosa chama vital, que se não quisesse extinguir!... Oh! fado horrível! Se a titi, obstinada, renitente, vivesse ainda quando abrissem os cravos do outro ano! E então não me contive. Atirei a alma para as alturas, gritei desesperadamente, em toda a ânsia do meu desejo:

— Ó! Santa Virgem Maria faz que ela rebente depressa!

Nesse momento soou a grossa sineta do pátio. E foi-me grato reconhecer, depois da longa separação, as duas badaladas curtas e tímidas do nosso modesto Justino; mais grato ainda sentir, logo após, o repique majestoso do Dr. Margaride. Imediatamente a titi escancarou a porta do meu quarto, numa penosa atarantação:

— Teodorico, filho, ouve! Tem-me estado a lembrar... Parece-me que para destapar a relíquia é melhor esperar até que se vão logo embora o Justino e o Margaride! Ai,

eu sou muito amiga deles, são pessoas de muita virtude...
Mas acho que para uma cerimônia destas é melhor que
estejam só pessoas de igreja...

Ela, pela sua devoção, considerava-se pessoa de
igreja. Eu, pela minha jornada, era quase pessoa do céu.

— Não, titi... O Patriarca de Jerusalém recomendou-me que fosse diante de todos os meus amigos da casa, na capela, com velas... É mais eficaz... E olhe, diga à Vicência que me venha buscar as botas para limpar.

Ai, eu lhas dou!... São estas? Estão sujinhas, estão!
Já cá te vêm, filho, já cá te vêm!

E a Sra. D. Patrocínio das Neves agarrou as botas! E
a Sra. D. Patrocínio das Neves levou as botas!

Ah, estava mudada, estava bem mudada!... E ao
espelho, cravando no cetim da gravata uma cruz de coral
de Malta, eu pensava que desde esse dia ia reinar ali,
no campo de Sant'Ana, de cima da minha santidade, e
que, para apressar a obra lenta da morte, talvez viesse a
espancar aquela velha.

Foi-me doce, ao penetrar na sala, encontrar os diletos
amigos, com casacos sérios, de pé, alargando para mim
os braços extremosos. A titi pousava no sofá, tesa, desvanecida, com cetins de festa e com joias. E ao lado,
um padre muito magro vergava a espinha com os dedos
enclavinhados no peito, mostrando numa face chupada
dentes afiados e famintos. Era o Negrão. Dei-lhe dois
dedos, secamente:

— Estimo vê-lo por cá...

— Grandíssima honra para este seu servo! — ciciou
ele, puxando os meus dedos para o coração.

E, mais vergado o dorso servil, correu a erguer o abat-jour do candeeiro — para que a luz me banhasse, e se pudesse ver, na madureza do meu semblante, a eficácia da minha peregrinação.

Padre Pinheiro decidiu, com um sorriso de doente:

— Mais magro!

Justino hesitou, fez estalar os dedos:

— Mais queimado!

E o Margaride, carinhosamente:

— Mais homem!

O onduloso padre Negrão revirou-se, arqueado para a titi como para um Sacramento entre os seus molhos de luzes:

— E com um todo de inspirar respeito! Inteiramente digno de ser o sobrinho da virtuosíssima D. Patrocínio!...

No entanto em torno tumultuavam as curiosidades amigas: "E a saudinha?" "Então, Jerusalém?" "Que tal, as comidas?...".

Mas a titi bateu com o leque no joelho, num receio que tão familiar alvoroço importunasse S. Teodorico. E o Negrão acudiu com um zelo melífluo:

— Método, meus senhores, método!... Assim todos a uma não se goza... É melhor deixarmos falar o nosso interessante Teodorico!...

Detestei aquele *nosso*, odiei aquele padre. Por que corria tanto mel no seu falar? Por que se privilegiava ele no sofá, roçando a sórdida joelheira da calça pelos castos cetins da titi?

Mas o Dr. Margaride, abrindo a caixa de rapé, concordou que o método seria mais profícuo...

— Aqui nos sentamos todos, fazemos roda, e o nosso Teodorico conta por ordem todas as maravilhas que viu!

O esgalgado Negrão, com uma escandalosa pivança, correu dentro a colher um copo de água e açúcar para me lubrificar as vias. Estendi o lenço sobre o joelho. Tossi, e comecei a esboçar a soberba jornada. Disse o luxo do *Málaga*; Gribraltar e o seu morro encarapuçado de nuvens; a abundância das "mesas redondas", com pudins e águas gasosas...

— Tudo à grande, à francesa! — suspirou padre Pinheiro, com um brilho de gula no olho amortecido. — Mas, naturalmente, tudo muito indigesto...

— Eu lhe digo, padre Pinheiro... Sim, tudo à grande, tudo à francesa; mas coisas saudáveis, que não esquentavam os intestinos... Belo rosbife, belo carneiro...

— Que não valiam decerto o seu franguinho de cabidela, excelentíssima senhora! — atalhou untuosamente o Negrão, junto do ombro agudo da titi.

Execrei aquele padre! E, remexendo a água com açúcar, decidi em meu espírito que, mal eu começasse a governar ferreamente o campo de Sant'Ana, não mais a cabidela da minha família escorregaria na goela aduladora daquele servo de Deus.

No entanto o bom Justino, repuxando o colarinho, sorria para mim, embevecido. E como passava eu as noites em Alexandria? Havia uma assembleia, onde espairecesse? Conhecia eu alguma família considerada, com quem tomasse uma chávena de chá?...

— Eu lhe digo, Justino... Conhecia. Mas, a falar verdade, tinha repugnância em frequentar casas de turcos... Sempre é gente que não acredita senão em Mafona!... Olhe, sabe o que fazia à noite? Depois de jantar ia a uma igrejinha cá da nossa bela religião, sem estrangeirices, onde havia sempre um Santíssimo de apetite... Fazia as minhas devoções; depois me ia encontrar com o alemão, o meu amigo, o lente, numa grande praça que dizem lá os de Alexandria que é muito melhor que o rossio... Maior e mais abrutada talvez seja. Mas não é esta lindeza do nosso rossio, o ladrilhinho, as árvores, a estátua, o teatro... Enfim, para meu gosto, e para um regalinho de verão prefiro o rossio... E lá o disse aos turcos!

— E fica-lhe bem ter levantado assim as coisas portuguesas — observou o Dr. Margaride, contente e rufando na tabaqueira. — Direi mais... E ato de patriota... Nem doutra maneira procediam os Gamas e os Albuquerques!

— Pois é verdade... Ia-me encontrar com o alemão; e então para espairecer um bocado, porque enfim uma distração sempre é necessária quando se anda a viajar, íamos tomar um café... Que lá isso, sim! Lá café fazem-nos os turcos que é uma perfeição!

— Bom cafezinho, hem? — acudiu padre Pinheiro, chegando a cadeira para mim com interesse sôfrego. — E forte, forte? Bom aroma?

— Sim, padre Pinheiro; de consolar!... Pois tomávamos o nosso cafezinho, depois vínhamos para o hotel, e aí no quarto, com os santos Evangelhos, púnhamo-nos a estudar todos aqueles divinos lugares da Judeia onde tínhamos de ir rezar... E como o alemão era lente e sabia tudo, eu era instruir-me, instruir-me!... Até ele às vezes dizia: "Você, Raposo, com estas noitadas, vai daqui um chavão...". E lá isso, o que é de coisas santas e de Cristo, sei tudo... Pois senhores, assim passávamos à luz do candeeiro até às dez, onze horas... Depois, chazinho, terço, e cama.

— Sim, senhor, noites muito bem gozadas, noites muito frutuosas! — declarou, sorrindo para a titi, o estimável Dr. Margaride.

— Ai, isso lhe fez muita virtude! — suspirava a horrenda senhora. — Foi como se subisse um bocadinho ao céu... Até o que ele diz cheira bem... cheira a santo.

Modestissimamente baixei a pálpebra lenta.

Mas Negrão, com sinuosa perfídia, notou que mais proveitoso seria, e de maior unção repassaria as almas, escutar coisas de festas, de milagres, de penitências...

— Estou seguindo meu itinerário, Sr. padre Negrão — repliquei asperamente.

— Como fez Chateaubriand, como fazem todos os famosos autores! — confirmou Margaride, aprovando.

E foi com os olhos nele, como no mais douto, que eu disse a partida de Alexandria numa tarde de tormenta; o tocante momento em que uma santa irmã de caridade (que estivera já em Lisboa e que ouvira falar da virtude da titi) me salvara das águas salgadas um embrulho em que eu trazia terra do Egito, da que pisara a Santa Família; a nossa chegada a Jafa, que, por um prodígio, apenas eu subira ao tombadilho, de chapéu alto e pensando na titi, se coroara de raios de sol...

— "Magnífico! — exclamou o Dr. Margaride. — E diga, meu Teodorico... Não tinham consigo um sábio guia, que lhes fosse apontando as ruínas, lhes fosse comentando...

— Ora essa, Dr. Margaride! Tínhamos um grande latinista, o padre Pote!

Remolhei o lábio. E disse as emoções da gloriosa noite em que acampáramos junto a Ramleh, com a Lua no céu alumiando coisas da religião, beduínos velando de lança ao ombro, e em redor leões a rugir...

— Que cena! — bradou o Dr. Margaride, erguendo-se arrebatadamente. — Que enorme cena! Não estar eu lá!

Parece-me uma destas coisas grandiosas da Bíblia, do *Eurico*! E de inspirar! Eu por mim, se tal visse, não me continha!... Não me continha, fazia uma ode sublime!

O negrão puxou a aba do casaco ao facundo magistrado:

— É melhor deixar falar o nosso Teodorico, para podermos todos saborear...

Margaride, abespinhado, franziu as sobrancelhas temerosas e mais negras que o ébano:

— Ninguém nesta sala, melhor que eu, Sr. padre Negrão, saboreia o grandioso!

E a titi, insaciável, batendo com o leque:

— Está bem, está bem... Conta, filho, não te fartes! Olha, conta assim uma coisa que te acontecesse com Nosso Senhor, que nos faça ternura...

Todos emudeceram, reverentes. Eu então disse a marcha para Jerusalém com duas estrelas na frente a guiar-nos, como acontece sempre aos peregrinos mais finos e de boa família; as lágrimas que derramara, ao avistar, numa manhã de chuva, as muralhas de Jerusalém; e na minha visita ao Santo Sepulcro, de casaca, com padre Pote, as palavras que balbuciara diante do Túmulo, por entre soluços e no meio de acólitos: "Oh! meu Jesus, oh! meu Senhor, aqui estou, aqui venho da parte da titi...".

E a medonha senhora, sufocada:

— Que ternura que faz!... Diante do tumulozinho!...

Então passei o lenço pela face excitada, e disse:

— Nessa noite recolhi ao hotel para rezar... E agora, meus senhores, há aqui um pontozinho desagradável...

E contritamente confessei que — forçado pela religião, pelo nome honrado de Raposo, e pela dignidade de Portugal! — tivera um conflito no hotel com um grande inglês de barbas.

— Uma bulha! — acudiu com perversidade o vil Negrão, ansioso por empanar o brilho de santidade com que eu deslumbrava a titi. — Uma bulha na cidade de Jesus Cristo! Ora essa! Que desacato!

Com os dentes cerrados encarei o torpíssimo padre:

— Sim, senhor! um chinfrim! Mas fique V. Sa. sabendo que o Sr. Patriarca de Jerusalém me deu toda a razão, até me bateu no ombro e me disse: "Pois Teodorico, parabéns, você portou-se como um pimpão!" Que tem agora V. Sa. piar?

Negrão curvou a cabeça, onde a coroa punha uma lividez azulada de lua em tempo de peste:

— Se Sua Eminência aprovou...

— Sim, senhor! E aqui tem a titi por que foi a bulha!... No quarto ao lado do meu havia uma inglesa, uma herege, que mal eu me punha a rezar, aí começava ela a tocar piano, e a cantar fados e tolices e coisas imorais do *Barba-Azul* dos teatros... Ora imagine a titi, estar uma pessoa a dizer com todo o fervor e de joelhos: "Ó, Santa Maria do Patrocínio faz que a minha boa titi tenha muitos anos de vida", me vir lá detrás do tabique uma voz de excomungada a ganir: "*Sou o Barba-Azul, olé! Ser viúvo é o meu filé!...*" É de encavacar!... De modo que uma noite, desesperado, não me tenho em mim, saio ao corredor, atiro-lhe um murro à porta, e grito-lhe para dentro: "Faz favor de estar calada, que está aqui um cristão que quer rezar!..."

— E com todo o direito — afirmou o Dr. Margaride. — Você tinha por si a lei!

— Assim me disse o Patriarca! Pois senhores, como ia contando, grito isto para dentro à mulher, e ia recolher muito sério ao meu quarto, quando me sai de lá o pai, um grande barbaças, de bengalório na mão... Eu fui muito prudente: cruzei os braços e, com bons modos, disse-lhe que não queria ali escândalos ao pé do túmulo de Nosso Senhor, e o que desejava era rezar em sossego... E vai, que me há de ele responder? Que se estava a... Enfim, nem eu posso repetir! Uma coisa indecente contra o túmulo de Nosso Senhor... E eu, titi, passa-me uma oura pela cabeça, agarro-o pelo cachaço.

— E magoaste-o, filho?

— Escavaquei-o, titi!

Todos aclamaram a minha ferocidade. Padre Pinheiro citou leis canônicas autorizando a Fé a desancar a Impiedade. Justino, aos pulos, celebrou esse John Bull desmantelado a sólida murraça lusitana. E eu, excitado pelos louvores como por clarins de ataque, bradava de pé, medonho:

— Lá impiedades diante de mim, não! Arrombo tudo, esborracho tudo! Em coisas de religião sou uma fera!

E aproveitei esta santa cólera para brandir, como um aviso, diante do queixo sumido do Negrão, o meu punho cabeludo e pavoroso. O macilento e esgrouviado servo de Deus encolheu. Mas nesse instante a Vicência entrava com o chá, nas pratas ricas de G. Godinho.

Então os diletos amigos, com a torrada na mão, romperam em ardentes encômios:

— Que instrutiva viagem! É como ter um curso!

— E que belo bocadinho de noite aqui se tem passado! Qual S. Carlos! Isto é que é gozar!

— E como ele conta! Que fervor, que memória!...

Lentamente o bom Justino, com a sua chávena fornecida de bolos, acercara-se da janela, como a espreitar o céu estrelado; e dentre as franjas das cortinas os seus olhinhos luzidios e gulosos chamavam-me confidencialmente. Fui, trauteando o *Bendito*; ambos mergulhamos na sombra dos damascos; e o virtuoso tabelião, roçando o lábio pelas minhas barbas:

— Oh! amiguinho, e de mulheres?

Eu confiava no Justino. Segredei para dentro do seu colarinho:

— De se deixarem lá os miolos, Justininho!

As suas pupilas faiscaram como as de um gato em janeiro; a xícara ficou-lhe tremelicando na mão.

E eu, pensativo, repenetrando na luz:

— Sim, bonita noite... Mas não são aquelas estrelinhas santinhas que nós víamos lá no Jordão!...

Então padre Pinheiro, tomando aos goles cautelosos a sua chalada, veio timidamente bater-me no ombro... Lembrara-me eu, nessas Santas Terras, com tantas distrações, do seu fresquinho de água do Jordão?...

— Oh! padre Pinheiro, pois está claro!... Trago tudo! E o raminho do monte Olivete para o nosso Justino... E a fotografia para o nosso Margaride... Tudo!

Corri ao quarto, a buscar essas doces "lembrancinhas" da Palestina. E ao regressar, sustentando pelas pontas um lenço repleto de devotas preciosidades, estaquei por trás do reposteiro ao sentir dentro o meu nome... Suave gozo! Era o inestimável Dr. Margaride que afiançava à titi, com a sua tremenda autoridade:

— D. Patrocínio, eu não lho quis dizer diante dele... Mas isto agora é mais de que ter um sobrinho e um cavalheiro! Isto é ter, de casa e pucarinho, um amigo íntimo de Nosso Senhor Jesus Cristo!...

Tossi, entrei. Mas a Sra. D. Patrocínio ruminava um escrúpulo ciumento. Não lhe parecia delicado para

Nosso Senhor (nem para ela), que se repartissem estas relíquias mínimas antes de lhe ser entregue a ela, como senhora e como tia, na capela, a grande relíquia...

— Porque saibam os meus amigos — anunciou ela com o seu chatíssimo peito impando de satisfação — que o meu Teodorico trouxe-me uma santa relíquia, com que eu me vou apegar nas minhas aflições, e que me vai curar dos meus males!

— Bravíssimo! — gritou o impetuoso Dr. Margaride. — Com quê, Teodorico, seguiu-se o meu conselho! Esgaravataram-se esses sepulcros?... Bravíssimo! É de generoso romeiro!

— É de sobrinho como já o não há no nosso Portugal! — acudiu o padre Pinheiro junto ao espelho, onde estudava a língua saburrenta...

— É de filho, é de filho! — proclamava o Justino alçado na ponta dos botins...

Então o Negrão, mostrando os dentes famintos, babujou esta coisa vilíssima:

— Resta saber, cavalheiros, de que relíquia se trata.

Tive sede, ardente sede do sangue daquele padre! Trespassei-o com dois olhares mais agudos e faiscantes do que espetos em brasa:

— Talvez V. Sa. se é um verdadeiro sacerdote, se atire de focinho para baixo a rezar, quando aparecer aquela maravilha!...

E voltei-me para a Sra. D. Patrocínio, com a impaciência de uma nobre alma ofendida que carece reparação:

— É já, titi! Vamos ao oratório! Quero que fique aqui tudo assombrado! Foi o que disse o meu amigo alemão: "Essa relíquia ao destapar-se, é de ficar uma família inteira azabumbada!..."

Deslumbrada, a titi ergueu-se de mãos postas. Eu corri a prover-me de um martelo. Quando voltei, o Dr. Margaride, grave, calçava as suas luvas pretas... E atrás da Sra. D. Patrocínio, cujos cetins faziam no sobrado um ruge-ruge de vestes de prelado, penetramos no corredor onde o grande bico de gás silvava dentro do seu vidro fosco. Ao fundo a Vicência e a cozinheira espreitavam com os seus rosários na mão.

O oratório resplandecia. As velhas salvas de prata, batidas pelas chamas das velas de cera, punham no fundo do altar um brilho branco de glória. Sobre a candidez das rendas lavadas, entre a neve fresca das camélias — as túnicas dos santos, azuis e vermelhas, com o seu lustre de seda, pareciam novas, especialmente talhadas nos guarda-roupas do céu para aquela rara noite de festa... Por vezes o raio de uma auréola tremia, despedia um fulgor, como se na madeira das imagens corressem estremecimentos de júbilo. E na sua cruz de pau-preto o Cristo, riquíssimo, maciço, todo de ouro, suando ouro, sangrando ouro, reluzia preciosamente.

— Tudo com muito gosto! Que divina cena! — murmurou o Dr. Margaride, deliciado na sua paixão de grandioso.

Com piedosos cuidados coloquei o caixote na almofada de veludo; vergado, rosnei sobre ele uma *Ave*; depois, ergui a toalha que o cobria, e com ela no braço, tendo escarrado solenemente, falei:

— Titi, meus senhores... Eu não quis revelar ainda a relíquia que vem aqui no caixotinho, porque assim mo recomendou o Sr. Patriarca de Jerusalém... Agora é que vou dizer... Mas antes de tudo, parece-me bem a pelo explicar que tudo cá nesta relíquia, papel, nastro, caixotinho, pregos, tudo é santo! Assim por exemplo os preguinhos... são da Arca do Noé... Pode ver Sr. Padre Negrão, pode apalpar! são os da Arca, até ainda enferrujados... É tudo do melhor, tudo a escorrer virtude! Além disso, quero declarar diante de todos que esta relíquia pertence aqui à titi, e que lha trago para lhe provar que em Jerusalém não pensei senão nela, e no que Nosso Senhor padeceu, e em lhe arranjar esta pechincha...

— Comigo te hás de ver sempre, filho! — tartamudeou a horrenda senhora, enlevada.

Beijei-lhe a mão, selando este pacto de que a Magistratura e a Igreja eram verídicas testemunhas. Depois retomando o martelo:

— E agora, para que cada um esteja prevenido e possa fazer as orações que mais lhe calharem, devo dizer o que é a relíquia...

Tossi, cerrei os olhos:

— É a coroa de espinhos!

Esmagada, com um rouco gemido, a titi aluiu sobre o caixote, enlaçando-o nos braços trêmulos... Mas o Margaride coçava pensativamente o queixo austero; Justino sumira-se na profundidade dos seus colarinhos; e o ladino Negrão escancarava para mim uma bocaça negra, donde saía assombro e indignação! Justos céus! Magistrados e sacerdotes evidenciavam uma incredulidade — terrível para a minha fortuna!

Eu tremia, com suores, quando o padre Pinheiro, muito sério, convicto, se debruçou, apertou a mão da titi a felicitá-la pela posição religiosa a que a elevava à posse daquela relíquia. Então, cedendo à forte autoridade litúrgica de padre Pinheiro, todos, em fila, numa congratulação, estreitaram os dedos da babosa senhora.

Estava salvo! Rapidamente, ajoelhei à beira do caixote, cravei o formão na fenda da tampa, alcei o martelo em triunfo...

— Teodorico! Filho! — berrou a titi, arrepiada, como se eu fosse martelar a carne viva do Senhor.

— Não há receio, titi! Aprendi em Jerusalém a manejar estas coisinhas de Deus!...

Despregada a tábua fina, alvejou a camada de algodão. Ergui-a com tema reverência; e ante os olhos extáticos, surgiu o sacratíssimo embrulho de papel pardo, com o seu nastrinho vermelho.

— Ai que perfume! Ai! ai, que eu morro! — suspirou a titi a esvair-se de gosto beato, com o branco do olho aparecendo por sobre o negro dos óculos.

Ergui-me, rubro de orgulho:

— É à minha querida titi, só a ela, que compete, pela sua muita virtude, desembrulhar o pacotinho!...

Acordando do seu langor, trêmula e pálida, mas com a gravidade de um pontífice, a titi tomou o embrulho, fez mesura aos santos, colocou-o sobre o altar; devotamente desatou o nó de nastro vermelho; depois, com o cuidado de quem teme magoar um corpo divino, foi desfazendo uma a uma as dobras do papel pardo... Uma brancura de linho apareceu... A titi segurou-a nas pontas dos dedos, repuxou-a bruscamente — e sobre a ara, por entre os santos, em cima das camélias aos pés da cruz, espalhou-se, com laços e rendas, a camisa de dormir da Mary!

A camisa de dormir da Mary. Em todo o seu luxo, todo o seu impudor, enxovalhada pelos meus abraços, com cada prega fedendo a pecado! A camisa de dormir da Mary! E pregado nela por um alfinete bem evidente ao clarão das velas, o cartão com a oferta em letra encorpada: "*Ao meu Teodorico, meu portuguesinho possante, em lembrança do muito que gozamos!!*" Assinado, M. M... A camisa de dormir da Mary!

Mal sei o que ocorreu no florido oratório! Achei-me à porta enrodilhado na cortina verde, com as pernas a vergar, num desmaio. Estalando, como achas atiradas a uma fogueira, eu sentia as acusações do Negrão bradadas contra mim junto à touca da titi. "Deboche! escárnio! camisa de prostituta! achincalho à Sra. D. Patrocínio! profanação do oratório!" Distingui a sua bota arrojando furiosamente para o corredor o trapo branco. Um a um, entrevi os amigos perpassarem, como longas sombras levadas por um vento de terror. As luzes das velas arquejavam, aflitas. E, ensopada em suor, entre as pregas da cortina, percebi a titi caminhando para mim, lenta, lívida, hirta, medonha... Estacou. Os seus frios e ferozes óculos traspassaram-me. E através dos dentes cerrados cuspiu esta palavra:

— Porcalhão!

E saiu.

Rolei para o quarto, tombei no leito, esbarrondado. Um rumor de escândalo acordara o casarão severo. E a Vicência surgiu diante de mim, enfiada, com o seu avental branco na mão.

— Menino! Menino! A senhora manda dizer que saia imediatamente para o meio da rua, que o não quer nem mais um instante em casa... E diz que pode levar a sua roupa branca e todas as suas porcarias!

Despedido!

Ergui a face mole da travesseira de rendas. E a Vicência, atontada, torcendo o avental:

— Ai, menino! Ai, menino! se não sai já para a rua a senhora diz que manda chamar um polícia!

Escorraçado!

Atirei os pés incertos para o soalho. Mergulhei na algibeira uma escova de dente; topando nos móveis, procurei as chinelas que embrulhei num número da *Nação*. Sem reparo, agarrei dentre as malas um caixote com bandas de ferro; e em ponta de botins desci a escada da titi, encolhido e rasteiro, como um cão tinhoso vexado da sua tinha.

Mal transpus o pátio, a Vicência, cumprindo as ordens sanhudas da titi, bateu-me nas costas com o portão chapeado de ferro, desprezivelmente e para sempre!

Estava só na rua e na vida! À luz dos frios astros contei na palma da mão o meu dinheiro. Tinha duas libras, dezoito tostões, um duro espanhol e cobres... E então descobri que a caixa, apanhada tontamente entre as malas, era a das relíquias menores. Complicado sarcasmo do Destino! Para cobrir meu corpo desabrigado, nada mais tinha que tabuinhas aplainadas por S. José, e cacos de barro do cântaro da Virgem! Meti no bolso o embrulho das chinelas; e, sem voltar os olhos turvos à casa da minha tia, marchei a pé, com o caixote às costas, na noite cheia de silêncio e de estrelas, para a Baixa, para o *Hotel da Pomba de Ouro*.

Ao outro dia, descorado e misérrimo à mesa da *Pomba*, remexia uma sombria sopa de grão e nabo, quando um cavalheiro de colete de veludo negro veio ocupar o talher fronteiro, junto de uma garrafa de água de Vidago, de uma caixa de pílulas e de um número da *Nação*. Na sua testa, imensa e arqueada como um frontão de capela, torciam-se duas veias grossas; e sob as ventas largas, enegrecidas de rapé, o bigode era um tufo curto de pelos grisalhos, duros como cerdas de escova. O galego, ao servir-lhe o nabo e grão, rosnou com estima: "Ora seja bem aparecidinho o Sr. Lino!"

Ao cozido este cavalheiro, abandonando a *Nação* onde percorrera miudamente os anúncios, pousou em mim os olhos amarelentos de bílis e baços, e observou que estávamos gozando desde os Reis um tempinho de apetite...

— De rosas — murmurei com reserva.

O Sr. Lino entalou mais o guardanapo para dentro do colarinho lasso:

— E V. Sa., se não é curiosidade, vem das províncias do Norte?

Passei vagarosamente a mão pelos cabelos.

— Não, senhor... Venho de Jerusalém!

De assombrado o Sr. Lino perdeu a garfada de arroz. E, depois de ter ruminado mudamente a sua emoção, confessou que lhe interessavam muito todos esses lugares santos porque tinha religião, graças a Deus! E tinha um emprego, graças também a Deus, na Câmara Patriarcal...

— Ah! na Câmara Patriarcal! — acudi eu. — Sim, muito respeitável... Eu conheci muito um patriarca... Conheci muito o Sr. Patriarca de Jerusalém. Cavalheiro muito santo, muito catita... Até nos ficamos tratando de *tu*!

O Sr. Lino ofereceu-me da sua água de Vidago, e conversamos das terras da Escritura.

— Que tal Jerusalém, como lojas?...

— Como lojas?... Lojas de modas?

— Não, não! — atalhou o Sr. Lino. — Quero dizer lojas de santidade, de reliquiarias, de coisinhas divinas...

— Sim... Menos mau. Há o Damiani na Via Dolorosa que tem tido até ossos de mártires... Mas o melhor é cada um esquadrinhar, escavar... Eu nessas coisas trouxe maravilhas!

Uma chama de singular cobiça avivou as pupilas amareladas do Sr. Lino, da Câmara Patriarcal. E de repente, com uma decisão de inspirado:

— Andrezinho, a pinguinha de *porto*... hoje é bródio!

Quando o galego pousou a garrafa com a sua data traçada à mão num velho rótulo de papel almaço, o Sr. Lino ofertou-me um cálice cheio.

— À sua!

Com a ajuda do Senhor!... À sua!

Por cortesia, rilhado o queijo, convidei aquele homem, que graças a Deus tinha religião, a entrar no meu quarto e admirar as fotografias de Jerusalém. Ele aceitou, com alvoroço; mas, apenas transpôs a porta, correu sem etiqueta e gulosamente ao meu leito, onde jaziam espalhadas algumas das relíquias que eu desencaixotara essa manhã.

— O cavalheiro aprecia? — indaguei, desenrolando uma vista do monte Olivete, e pensando em lhe ofertar um rosário.

Ele revirava em silêncio, nas mãos gordas e de unhas roídas, um frasco de água do Jordão. Cheirou-o, pesou-o, chocalhou-o. Depois, muito sério, com as veias entumecidas na vastíssima fronte.

— Tem atestado?

Estendi-lhe a certidão do frade franciscano, garantindo como autêntica e sem mistura a água do rio batismal. Ele saboreou o venerando papel. E entusiasmado:

— Dou quinze tostões pelo frasquinho.

Foi, no meu intelecto de bacharel, como se uma janela se abrisse e por ela entrasse o sol! Vi inesperadamente, ao seu clarão forte, a natureza real dessas medalhas, bentinhas, águas, lascas, pedrinhas, palhas, que eu considerara até então um lixo eclesiástico esquecido pela vassoura da filosofia! As relíquias eram *valores*! Tinham a qualidade onipotente de *valores*! Dava-se um caco de barro, e recebia-se uma rodela de ouro!... E, iluminado, comecei insensivelmente a sorrir, com as mãos encostadas à mesa como a um balcão de armazém:

— Quinze tostões por água pura do Jordão! Boa! Em pouca conta tem V. Sa. o nosso S. João Batista... Quinze tostões! Chega a ser impiedade!... V. Sa. imagina que a água do Jordão é como a água do Arsenal? Ora essa!... Três mil-réis me recusei a um padre de Santa Justa, esta manhã, aí, ao pé dessa cama...

Ele fez saltar o frasco na palma gorda, considerou, calculou:

— Dou quatro mil-réis.

— Vá lá, por sermos companheiros na *Pomba*!

E quando o Sr. Lino saiu do meu quarto, com o frasco do Jordão embrulhado na *Nação*, eu, Teodorico Raposo, achava-me fatalmente, providencialmente, estabelecido vendilhão de relíquias!

Delas comi, delas fumei, delas amei, durante dois meses, quieto e aprazido na *Pomba de Ouro*. Quase sempre o Sr. Lino surdia de manhã no meu quarto, de chinelos, escolhia um caco do cântaro da Virgem ou uma palhinha do presépio, empacotava na *Nação*, largava a pecúnia e abalava assobiando o *De Profundis*. E evidentemente o digno homem revendia as minhas preciosidades com gordo provento — porque bem depressa, sobre o seu colete de veludo preto, rebrilhou uma corrente de ouro.

No entanto, muito hábil e fino, eu não tentara (nem com súplicas nem com explicações, nem com patrocínios) amansar as beatas iras da titi e repenetrar na sua estima. Contentava-me em ir à igreja de Sant'Ana, todo de negro, com um ripanço. Não encontrava a titi, que tinha agora de manhã no oratório missa do torpíssimo Negrão. Mas lá me prostrava, batendo contritamente no peito, suspirando para o sacrário — certo que, pelo Melchior, sacristão, as novas da minha devoção inalterável chegariam à hedionda senhora.

Muito manhoso também não procurara os amigos da titi — que deviam prudentemente partilhar as paixões da sua alma para lograrem os favores do seu testamento; assim poupava embaraços angustiosos a esses beneméritos da Magistratura e da Igreja. Sempre que encontrava padre Pinheiro ou Dr. Margaride, cruzava as mãos dentro das mangas, baixava os olhos, evidenciando humildade e compunção. E este retraimento era decerto grato aos amigos porque uma noite, topando o Justino perto da casa da Benta Bexigosa, o digno homem segredou junto da minha barba, depois de se ter assegurado da solidão da rua:

— Ande-me assim, amiguinho!... Tudo se há de arranjar... Que ela por ora está uma fera... Oh! diabo, aí vem gente!

E abalou.

No entanto, por intermédio do Lino, eu vendilhava relíquias.

Bem depressa, porém, recordado dos compêndios de *Economia Política*, refleti, que os meus proventos engordariam se, eliminando o Lino, eu mesmo me dirigisse ousadamente ao consumidor pio.

Escrevi então a fidalgas, servas do Senhor dos Passos da Graça, carta com listas e preços de relíquias. Mandei propostas de ossos de mártires a igrejas de província. Paguei copinhos de aguardente a sacristães, para que eles segredassem a velhas com achaques — "P'ra coisas de Santidade não há como o Sr. Dr. Raposo, que vem fresquinho de Jerusalém!..." E bafejou-me a sorte. A minha especialidade foi a água do Jordão, em frascos de zinco, lacrados e carimbados com um coração em chamas; vendi desta água para batizados, para comidas, para banhos; e durante um momento houve um outro Jordão, mais caudaloso e límpido que o da Palestina, correndo por Lisboa, com a sua nascente num quarto da *Pomba de Ouro*. Imaginativo, introduzi novidades rendosas e poéticas: lancei no comércio com eficácia o "pedacinho da bilha com que Nossa Senhora ia à fonte"; fui eu que acreditei na piedade nacional "uma das ferraduras do burrinho em que fugira a Santa Família". Agora quando o Lino de chinelos batia à porta do meu quarto, onde as medas de palhinhas do presépio alternavam com as pilhas de tabuinhas de S. José, eu entreabria uma fenda avara e ciciava:

— Foi-se... Esgotadinho!... Só para a semana... Vem-me aí um caixotinho da Terra Santa...

As veias frontais do capacíssimo homem inchavam, numa indignação de intermediário espoliado.

Todas as minhas relíquias eram acolhidas com o mais forte fervor, porque provinham "do Raposo fresquinho de Jerusalém". Os outros reliquistas não tinham esta esplêndida garantia de uma jornada à Terra Santa. Só eu, Raposo, percorrera esse vastíssimo depósito de Santidade. Só eu de resto sabia lançar na folha sebácea de papel que autenticava a relíquia, firma floreada do Sr. Patriarca de Jerusalém.

Mas bem cedo reconheci que esta profusão de reliquilharia saturara a devoção do meu país! Atochado, empanturrado de relíquias, este católico Portugal já não tinha capacidade nem para receber um desses raminhos secos de flores de Nazaré, que eu cedia a cinco tostões!

Inquieto, baixei melancolicamente os preços. Prodigalizei, no *Diário de Notícias*, anúncios tentadores — "*Preciosidades da Terra Santa, em conta, na tabacaria Rego, se diz...*" Muitas manhãs, com um casacão eclesiástico e um cachenê de seda disfarçando a minha barba, assaltei à porta das igrejas velhas beatas; oferecia pedaços da túnica da Virgem Maria, cordéis das sandálias de S. Pedro; e rosnava com ânsia, roçando-me pelos manteletes e pelas toucas: "Baratinhos, minha senhora, baratinhos... Excelentes para catarros!..."

Já devia uma carregada conta na *Pomba de Ouro*; descia as escadas sorrateiramente para não encontrar o patrão; chamava com sabujisse ao galego — "meu André, meu catitinha...".

E punha toda a minha esperança num renovamento da Fé! A menor notícia de festa de igreja me regozijava como um acréscimo de devoção no povo. Odiava ferozmente os republicanos e os filósofos que abalam o Catolicismo e, portanto, diminuem o valor das relíquias que ele instituiu. Escrevi artigos para a *Nação*, em que bradava: "Se vos não apegais aos ossos dos mártires, como quereis que prospere este país?" No café do Montanha dava murros sobre as mesas: "É necessário religião, caramba! Sem religião nem o bifezinho sabe!" Em casa da Benta Bexigosa, ameaçava as raparigas, se elas não usassem os seus bentinhos e os seus escapulários, de não voltar ali, de ir à casa da D. Adelaide!... A minha inquietação pelo "pão de cada dia" foi mesmo tão áspera, que de novo solicitei a intervenção do Lino — homem de vastas relações eclesiásticas, parente do capelão do convento. Outra vez lhe mostrei o meu leito juncado de relíquias. Outra vez lhe disse, esfregando as mãos: "Vamos a mais negócio, amiguinho! Aqui tenho sortimento fresco, chegadinho de Sião!"

Mas, do digno homem da Câmara Patriarcal, só recolhi recriminações acerbas...

— Essa léria não pega, senhor! — gritou ele, com as veias a estalar de cólera na fronte esbraseada. — Foi V. Sa. que estragou o comércio!... Está o mercado abarrotado, já não há maneira de vender nem um cueirinho do menino Jesus, uma relíquia que se vendia tão bem! O seu negócio com as ferraduras é perfeitamente indecente... Perfeitamente indecente! É o que me dizia noutro dia um capelão, primo meu: "São ferraduras de mais para um país tão pequeno!...". Catorze ferraduras, senhor! É abusar! Sabe V. Sa. quantos pregos, dos que pregaram Cristo na cruz, V. Sa. tem impingido, todos com documentos? Setenta e cinco, senhor!... Não lhe digo mais nada... Setenta e cinco!

E saiu, atirando a porta com furor, deixando-me aniquilado.

Venturosamente, nessa noite, encontrei o *Rinchão* em casa da Benta Bexigosa, e recebi dele uma considerável encomenda de relíquias. O *Rinchão* ia desposar uma menina Nogueira, filha da Sra. Nogueira, rica beata de Beja e rica proprietária de porcos; e ele "queria dar um presente catita à carola da velha, tudo coisinhas da Cartilha e do Santo Sepulcro". Arranjei-lhe um lindo cofre de relíquias (aí coloquei o meu septuagésimo sexto prego), ornado das minhas graciosas flores secas de Galileia. Com a generosa pecúnia que me deu o *Rinchão*, paguei à *Pomba de Ouro*; e tomei prudentemente um quarto na casa de hóspedes do Pita, à Travessa da Palha.

Assim diminuía a minha prosperidade. O meu quarto agora era nos altos, no 5º andar, com um catre de ferro, e uma poltrona vetusta cujo miolo de estopa fétida rompia entre a chita esgarçada. Como único ornato pendia sobre a cômoda, num caixilho enfeitado de borlas, uma litografia de Cristo crucificado, a cores; nuvens negras de tormenta rolavam-lhe aos pés; e os seus olhos claros arregalados seguiam e miravam todos os meus atos, os mais íntimos, mesmo o delicado aparar dos calos.

Havia uma semana que, assim instalado, farejava Lisboa à busca do pão incerto, com botas a que se começava a romper a sola, quando uma manhã o André da *Pomba de Ouro* me trouxe uma carta que lá fora deixada na véspera, com a marca "urgente". O papel tinha tarja preta; o sinete era de lacre negro. Abri, tremendo. E vi a assinatura do Justino.

"Meu querido amigo. É meu penoso dever, que cumpro com lágrimas, participar-lhe que sua respeitável tia e minha senhora inesperadamente sucumbiu..."

Caramba! A velha rebentara!

Ansiosamente saltei através das linhas, tropeçando sobre os detalhes — "congestão dos pulmões... Sacramentos recebidos... todos a chorar... O nosso Negrão!..." E empalidecendo, num suor que me alagava, avistei, ao fim da lauda, a nova medonha: "Do testamento da virtuosa senhora, consta que deixa a seu sobrinho Teodorico o óculo que se acha pendurado na sala de jantar..."

Deserdado!

Agarrei o chapéu, corri aos encontrões pelas ruas até ao cartório do Justino, a S. Paulo. Achei-o à banca, com uma gravata de luto e a pena atrás da orelha, comendo fatias de vitela sobre um velho *Diário de Notícias*.

— Com que, o óculo?... — balbuciei, esfalfado, arrimado à esquina de uma estante.

— É verdade. O óculo! — murmurou ele, com a boca atulhada.

Fui tombar, quase desmaiado, sobre o canapé de couro. Ele ofereceu-me vinho de Bucelas. Bebi um cálice. E passando a mão trêmula sobre a face lívida:

— Então diz lá, conta lá tudo, Justininho...

O Justino suspirou. A santa senhora, coitadinha, deixara-lhe duas inscrições de conto... E, de resto, dispersara no seu testamento as riquezas de G. Godinho, de modo mais incoerente e mais perverso. O prédio do campo de Sant'Ana e quarenta contos de inscrições, para o Senhor dos Passos da Graça. As ações da Companhia do Gás, as melhores pratas, a casa de Linda-a-Pastora para o Casimiro, que já se não mexia, moribundo. Padre Pinheiro recebia um prédio na Rua do Arsenal. A deliciosa quinta do *Mosteiro*, com o seu pitoresco portão de entrada, onde se viam ainda as armas dos condes de Lindoso, as inscrições de Crédito Público, a mobília do Campo de Sant'Ana, o Cristo de ouro — para o padre Negrão. Três contos de réis e o relógio, para o Margaride. A Vicência tivera as roupas de cama. Eu, o óculo!

— Para ver o resto de longe! — considerou filosoficamente o Justino, dando estalinhos nos dedos.

Recolhi à Travessa da Palha. E durante horas, em chinelas, com os olhos chamejantes, revolvi o desejo desesperado de ultrajar o cadáver da titi, cuspindo-lhe sobre o carão lívido, esfuracando, com uma bengala, a podridão do seu ventre. Chamei contra ela todas as cóleras da Natureza. Pedi às árvores que recusassem sombra à sua sepultura. Pedi aos ventos que sobre ela soprassem todos os lixos da Terra! Invoquei o Demônio: "Dou-te a minha alma se torturares incansavelmente a velha!" Gritei com os braços para as alturas: "Deus, se tens um céu, escorraça-a de lá!" Planeei quebrar a pedradas o mausoléu que lhe erguessem... E decidi escrever comunicados nos jornais, contando que ela se prostituía a um galego, todas as tardes, no sótão, de óculos negros e em fralda!

Esfalfado de a odiar, adormeci densamente.

Foi o Pita que me acordou, ao anoitecer, entrando com um longo embrulho. Era o óculo. Mandava-me o Justino, com estas palavras amigas: "Aí vai a modesta herança!"

Acendi uma vela. Com áspera amargura tomei o óculo, abri a vidraça — e *olhei por ele*, como da borda de uma nau que vai perdida nas águas. Sim, muito sagazmente o afirmara Justino, a asquerosa Patrocínio deixava-me o óculo com rancoroso sarcasmo — para eu *ver através dele o resto da herança*! E eu *via*, apesar da escura noite, nitidamente *via* o Senhor dos Passos, sumindo os maços de inscrições dentro da sua túnica roxa; o Casimiro, tocando com as mãos moribundas os lavores das pratas, espalhadas sobre o seu leito; e o vilíssimo Negrão, de casaco de cotim e galochas, passeando regalado à beira da água, sob os olmos do *Mosteiro*! E eu ali, com o óculo!

Eu ali para sempre, na Travessa da Palha, possuindo na algibeira de umas calças com fundilhos setecentos e vinte — para me debater através da cidade e da vida! Com um urro atirei o óculo que foi rolando até junto da chapeleira, onde eu guardava o capacete de cortiça da minha jornada em Terra Santa. Ali estavam, esse capacete e esse óculo, emblemas das minhas duas existências — a de esplendor e a de penúria! Havia meses, com aquele capacete na nuca, eu era o triunfante Raposo, herdeiro da Sra. D. Patrocínio das Neves, remexendo ouro nas algibeiras, e sentindo em torno, perfumadas e à espera de que eu as colhesse, todas as flores da civilização! E agora, com o óculo, eu era o pelintríssimo Raposo de botas cambadas, sentindo em roda, negros e prontos a ferirem-me, todos os cardos da vida... E tudo isto, por quê? Porque um dia, na estalagem de uma cidade da Ásia, se tinham trocado dois embrulhos de papel pardo!

Não houvera jamais zombaria igual da sorte! A uma tia beata, que odiava o amor como coisa suja e só esperava, para me deixar prédios e pratas, que eu, desdenhando saias, lhe rebuscasse em Jerusalém uma relíquia — trazia a camisa de dormir de uma luveira! E num impulso de caridade, destinado a cativar o céu, atirava como pingue esmola a uma pobre em farrapos, com o filho faminto chorando ao colo — um galho cheio de espinhos!... Ó, Deus, diz-me tu! Diz-me tu, ó, Demônio, como se fez, como se fez esta troca de embrulhos, que é a tragédia da minha vida?

Eles eram semelhantes no papel, no formato, no nastro!... O da camisa jazia no fundo escuro do guarda-fato; o da relíquia campeava sobre a cômoda, glorioso, entre dois castiçais. E ninguém lhes tocara; nem o jucundo Pote; nem o erudito Topsius; nem eu! Ninguém com mãos humanas, mãos mortais ousara mover os dois embrulhos. Quem os movera então? Só alguém, com mãos *invisíveis*!

Sim, havia alguém, incorpóreo, todo-poderoso, que por ódio trocara miraculosamente os espinhos em rendas, para que a titi me deserdasse e eu fosse precipitado para sempre nas profundas sociais!

E quando assim esbravejava, esguedelhado, encontrei frigidamente cravados em mim e mais abertos, como gozando a derrota da minha vida, os olhos claros do Cristo crucificado, dentro do seu caixilho com borlas...

— Foste tu! — gritei, de repente iluminado e compreendendo o prodígio. — Foste tu! Foste tu!

E, com os punhos fechados para ele, desafoguei fartamente os queixumes, os agravos do meu coração:

— Sim, foste tu que transformaste ante os olhos devotos da titi a coroa de dor da tua lenda — na camisa suja da Mary!... E por quê? Que te fiz eu? Deus ingrato e variável! Onde, quando, gozaste tu devoção mais perfeita? Não acudia eu todos os domingos, vestido de preto, a ouvir as missas melhores que te oferta Lisboa? Não me atochava eu todas as sextas-feiras, para te agradar, de bacalhau e de azeite? Não gastava eu dias, no oratório da titi, com os joelhos doridos, rosnando os terços da tua predileção? Em que cartilhas houve rezas que eu não decorasse para ti? Em que jardins desabrocharam flores com que eu não enfeitasse os teus altares?

E arrebatado, arrepiando os cabelos, repuxando as barbas, eu clamava ainda, tão perto da imagem que as baforadas da minha cólera lhe embaciavam o vidro:

— Olha bem para mim!... Não te recordas de ter visto este rosto, estes pelos, há séculos, num átrio de mármore, sob um velário, onde julgava um pretor de

Roma? Talvez te não lembres! Tanto dista de um Deus vitorioso sobre o seu andor a um Rabi de província amarrado com cordas!... Pois bem! Nesse dia de Nizão, em que não tinhas ainda confortáveis lugares no céu e na bem-aventurança a distribuir aos teus fiéis; nesse dia, em que ainda te não tornaras para ninguém fonte de riqueza e esteio de poder; nesse dia, em que a titi, e todos os que hoje se prostram a teus pés, te teriam apupado como os vendilhões do templo, os fariseus e a populaça de Acra; nesse dia, em que os soldados que hoje te escoltam com charangas, os magistrados que hoje encarceram quem te desacate ou te renegue, os proprietários que hoje te prodigalizam ouro e festas de igreja — se teriam juntado com as suas armas e os seus códigos e as suas bolsas, para obterem a tua morte como revolucionário, inimigo da ordem, tenor da propriedade, nesse dia, em que tu eras apenas uma inteligência criadora e uma bondade ativa, e, portanto considerado pelos homens sérios como um perigo social — houve em Jerusalém um coração que espontaneamente, sem engodo no céu, nem tenor do inferno, estremeceu por ti. Foi o meu!... E agora me persegues. Por quê?...

Subitamente, oh! maravilha! do tosco caixinho com borlas irradiaram trêmulos raios, cor de neve e cor de ouro. O vidro abriu-se ao meio com o fragor faiscante de uma porta do céu. E de dentro o Cristo no seu madeiro, sem despregar os braços, deslizou para mim serenamente, crescendo até ao estuque do teto, mais belo em majestade e brilho que o sol ao sair dos montes.

Com um berro caí sobre os joelhos; bati a fronte apavorado no assoalho. E então senti esparsamente pelo quarto, com um rumor manso de brisa entre jasmins, uma voz repousada e suave:

— Quando tu ias ao alto da Graça beijar no pé uma imagem, era para contar servilmente à titi a piedade com que deras o beijo; porque jamais houve oração nos teus lábios, humildade no teu olhar, que não fosse para que a titi ficasse agradada no seu fervor de beata. O Deus a que te prostravas era o dinheiro de G. Godinho; e o céu para que teus braços trementes se erguiam, o testamento da titi... Para lograres nele o lugar melhor, fingiste-te devoto sendo incrédulo; casto sendo devasso; caridoso sendo mesquinho; e simulaste a ternura de filho tendo só a rapacidade de herdeiro... Tu foste ilimitadamente o *hipócrita*! Tinhas duas existências: uma ostentada diante dos olhos da titi, toda de rosários, de jejuns, de novenas; e longe da titi, sorrateiramente, outra, toda de gula, cheia da Adélia e da Benta... Mentiste sempre; e só eras verdadeiro para o céu, verdadeiro para o mundo, quando rogavas a Jesus e a Virgem que rebentassem depressa a titi. Depois resumiste esse laborioso dolo de uma vida inteira num embrulho — onde acomodaras um galho, tão falso como o teu coração; e com ele contavas empolgar definitivamente as pratas e prédios de D. Patrocínio! Mas noutro embrulho parecido trazias pela Palestina, com rendas e laços, a irrecusável evidência do teu fingimento... Ora justiceiramente aconteceu que o embrulho que ofertaste à titi e que a titi abriu foi aquele que lhe revelava a tua perversidade! E isto te prova, Teodorico, a *inutilidade da hipocrisia*!

Eu gemia sobre as tábuas. A voz sussurrou, mais larga, como o vento da tarde entre as ramas:

— Eu não sei quem fez essa troca dos teus embrulhos, picaresca e terrível; talvez ninguém; talvez tu mesmo! Os teus tédios de deserdado não provêm dessa mudança de espinhos em rendas; mas de viveres duas vidas, uma verdadeira e de iniquidade, outra fingida e de santidade. Desde que contraditoriamente eras do lado direito o devoto Raposo e do lado esquerdo o obsceno Raposo, não poderias seguir muito tempo, junto da titi, mostrando só o lado vestido de casimiras de domingo, onde resplandecia a virtude; um dia fatalmente chegaria em que ela, espantada, visse o lado despido e natural onde negrejavam as máculas do vício... E aí está porque eu aludo, Teodorico, à *inutilidade da hipocrisia*."

De rojo eu estendia abjetamente os lábios para os pés do Cristo transparentes, suspensos no ar, com pregos que despediam trêmulas radiâncias de joia. E a voz passou sobre mim, cheia e rumorosa, como a rajada que curva os ciprestes.

— Tu dizes que eu te persigo! Não. O óculo, isso a que chamas profundas sociais, é obra das tuas mãos, não obra minha. Eu não construo os episódios da tua vida; assisto-o a eles e julgo-os placidamente... Sem que Eu me mova, nem intervenha influência sobrenatural, tu podes ainda descer a misérias mais torvas, ou elevar-te aos rendosos paraísos da terra e ser diretor de um Banco... Isso depende meramente de ti, e do teu esforço de homem... Escuta ainda! Perguntavas-me, há pouco, se eu me não lembrava do teu rosto... Eu pergunto-te agora se não te lembras da minha voz... Eu não sou Jesus de Nazaré, nem outro Deus criado pelos homens... Sou anterior aos deuses transitórios; eles dentro em mim nascem; dentro em mim duram; dentro em mim se transformam; dentro em mim se dissolvem; e eternamente permaneço em torno deles e superior a eles, concebendo-os e desfazendo-os, no perpétuo esforço de realizar fora de mim o Deus absoluto que em mim sinto. Chamo-me a Consciência; sou neste instante a tua própria consciência refletida fora de ti, no ar, e na luz, e tomando ante teus olhos a forma familiar, sob a qual, tu, mal-educado e pouco filosófico, estás habituado a compreender-me... Mas basta que te ergas e me fites, para que esta imagem resplandecente de todo se desvaneça.

E ainda eu não levantara os olhos, já tudo desaparecera!

Então, transportado como perante uma evidência do sobrenatural, atirei as mãos ao céu e bradei:

— Ó, meu Senhor Jesus, Deus e filho de Deus, que te encarnaste e padeceste por nós...

Mas emudeci... Aquela inefável voz ressoava ainda em minha alma, mostrando-me a inutilidade da hipocrisia. Consultei a minha consciência, que reentrara dentro de mim — e bem certo de não acreditar que Jesus fosse filho de Deus e de uma mulher casada da Galileia (como Hércules era filho de Júpiter e de uma mulher casada da Argólida) — cuspi dos meus lábios, tomados para sempre verdadeiros, o resto inútil da oração.

Ao outro dia, casualmente, entrei no jardim de S. Pedro de Alcântara — sítio que não pisara desde os meus anos de latim. E mal dera alguns passos, entre os canteiros, encontrei o meu antigo Crispim, filho de Teles Crispim & Cia., com fábrica de fiação a Pampulha, camarada que não avistara desde o meu grau de bacharel. Era este o louro Crispim, que outrora no colégio dos Isidoros me dava beijos vorazes no corredor, e me escrevia à noite bilhetinhos prometendo-me caixas com penas de aço. Crispim velho morrera; Teles, rico e obeso, passara a Visconde de S. Teles; e este meu Crispim agora era a Firma.

Trocado um ruidoso abraço, Crispim & Cia. notou pensativamente que eu estava "muitíssimo feio". Depois invejou a minha jornada à Terra Santa (que ele soubera pelo *Jornal das Novidades*) e aludiu, com amigável regozijo, à "grossa maquia que me devia ter deixado a Sra. D. Patrocínio das Neves…".

Amargamente mostrei-lhe as minhas botas cambadas. Paramos num banco, junto de uma trepadeira de rosas; e aí, no silêncio e no perfume, narrei a camisa funesta da Mary, a relíquia no seu embrulho, o desastre no oratório, o óculo, o meu quarto miserável na Travessa da Palha…

— De modo, Crispinzinho da minha alma, que aqui me encontro sem pão!

Crispim & Cia., impressionado, torcendo os bigodes louros, murmurou que em Portugal, graças à Carta e à Religião, todo o mundo tinha uma fatia de pão: o que a alguns faltava era o queijo.

— Ora o queijo dou-to eu, meu velho! — ajuntou alegremente a firma, atirando-me uma palmada ao joelho. — Um dos empregados do escritório lá na Pampulha começou a fazer versos, a meter-se com atrizes… E muito republicano, achincalhando as coisas santas… Enfim, um horror, desembaracei-me dele! Ora tu tinhas boa letra. Uma conta de somar sempre saberás fazer… Lá está a carteira do homem, vai lá, são vinte e cinco mil-réis, sempre é o queijo!…

Com duas lágrimas a tremerem-me nas pestanas abracei a firma. Crispim & Cia. murmurou outra vez, com uma careta de quem sente um gosto azedo:

— Irra! que estás muitíssimo feio!

Comecei então a servir com desvelo a fábrica de fiação a Pampulha; e todos os dias à carteira, com mangas de lustrina, copiava cartas na minha letra de belas curvas e alinhava algarismos num vasto *Livro de Caixa*... A Firma ensinara-me a "regra de três", e outras habilidades. E, como de sementes trazidas por um vento casual a um torrão desaproveitado, rompem inesperadamente plantas inúteis que prosperam, das lições da firma brotaram, na minha inculta natureza de bacharel em leis, aptidões consideráveis para o negócio da fiação. Já a Firma dizia, compenetrada, na Assembleia do Carmo:

— Lá o meu Raposo, apesar de Coimbra e dos compêndios que lhe meteram no caco, tem dedo para as coisas sérias!

Ora num sábado de agosto, à tarde, quando eu ia fechar o *Livro de Caixa*, Crispim & Cia. parou diante da minha carteira, risonho e acendendo o charuto:

— Ouve lá, ó Raposão, tu a que missa costumas ir?

Silenciosamente, tirei a minha manga de lustrina.

— Eu pergunto isto — ajuntou logo a Firma — porque amanhã vou com minha irmã à Outra Banda, a uma quinta nossa, à *Ribeira*. Ora se tu não estás muito apegado à outra missa, vinhas à de Santos, às nove, íamos almoçar ao *Hotel Central*, e embarcávamos de lá para Cacilhas. Estou com vontade que conheças minha irmã!...

Crispim & Cia. era um cavalheiro religioso que considerava a religião indispensável à sua saúde, à sua prosperidade comercial, e à boa ordem do país. Visitava com sinceridade o Senhor dos Passos da Graça, e pertencia à Irmandade de S. José. O empregado, cuja carteira eu ocupava, tornara-se-lhe, sobretudo intolerável por escrever no *Futuro*, gazeta republicana, folhetins louvando Renan e ultrajando a Eucaristia. Eu ia dizer a Crispim

& Cia. que estava tão apegado à missa da Conceição Nova, que outra não me podia saber bem... Mas lembrei a voz austera e salutar da Travessa da Palha! Recalquei a mentira beata que já me sujava os lábios — e disse, muito pálido e muito firme:

— Olha, Crispim, eu nunca vou à missa... Tudo isso são patranhas... Eu não posso acreditar que o corpo de Deus esteja todos os domingos num pedaço de hóstia feita de farinha. Deus não tem corpo, nunca teve... Tudo isso são idolatrias, são carolices... Digo-te isto rasgadamente... Podes fazer agora comigo o que quiseres, paciência!

A Firma considerou-me um momento mordendo o beiço:

— Pois olha, Raposo, calha-me essa franqueza!... Eu gosto de gente lisa... O outro velhaco, que estava aí a essa carteira, diante de mim dizia: "Grande homem, o Papa!" E depois ia para os botequins e punha o Santo Padre de rastos... Pois se acabou! Não tens religião, mas tens cavalheirismo... Em todo o caso, às dez no *Central* para o almocinho, e à vela depois para a *Ribeira*!

Assim eu conheci a irmã da Firma. Chamava-se D. Jesuína, tinha trinta e dois anos e era zarolha. Mas, desde esse domingo de rio e de campo, a riqueza dos seus cabelos ruivos como os de Eva, o seu peito sólido e suculento, a sua pele cor de maçã madura, o riso são dos seus dentes claros, tornavam-me pensativo, quando à tardinha, com o meu charuto, eu recolhia à Baixa pelo Aterro, olhando os mastros das faluas...

Fora educada nas Salésias; sabia geografia e todos os rios da China, sabia história e todos os reis de França; e chamava-me Teodorico Coração de Leão, por eu ter ido à Palestina. Aos domingos agora eu jantava na Pampulha. D. Jesuína fazia um prato de ovos queimados; e o seu olho vesgo pousava, com incessante agrado, na minha face potente e barbuda de Raposão. Uma tarde ao café, Crispim & Cia. louvou a família real, a sua moderação constitucional, a graça caridosa da rainha. Depois descemos ao jardim; e andando D. Jesuína a regar, e eu ao lado enrolando um cigarro, suspirei e murmurei junto ao seu ombro; "V. Exa., D. Jesuína, é que estava a calhar para rainha se cá o Raposinho fosse rei!" Ela, corando, deu-me a última rosa do verão.

Em véspera de Natal, Crispim & Cia. chegou à minha carteira, pousou galhofeiramente o chapéu sobre a página do *Livro de Caixa*, que eu enegrecia de cifras, e cruzando os braços, com um riso de lealdade e estima:

— Então com que rainha, se o Raposinho fosse rei?... Ora diga lá o Sr. Raposo. Há aí dentro desse peito amor verdadeiro à mana Jesuína?

Crispim & Cia. admirava a paixão e o ideal. Eu ia já dizer que adorava a Sra. D. Jesuína com a uma estrela remota... Mas recordei a voz altiva e pura da Travessa da Palha! Recalquei a mentira sentimental que já me enlanguescia o lábio — e disse corajosamente:

— Amor, amor, não... Mas acho-a um belo mulherão; gosto-lhe muito do dote; e havia de ser um bom marido.

— Dá cá essa mão honrada! — gritou a Firma.

Casei. Sou pai. Tenho carruagem, a consideração do meu bairro, a comenda de Cristo. E o Dr. Margaride, que janta comigo todos os domingos de casaca, afirma que o Estado, pela minha ilustração, as minhas consideráveis viagens e o meu patriotismo, me deve o título de Barão do Mosteiro. Porque eu comprei o *Mosteiro*.

O digno Magistrado uma tarde, à mesa, anunciou que o horrendo Negrão, desejando arredondar as suas propriedades em Torres, decidira vender o velho solar dos condes de Lindoso.

— Ora aquelas árvores, Teodorico — lembrou o benemérito homem —, deram sombra à senhora sua mamã. Direi mais: as mesmas sombras cobriram seu respeitabilíssimo pai Teodorico!... Eu por mim se tivesse a honra de ser um Raposo, não me continha, comprava o *Mosteiro*, erguia lá um torreão com ameias!

Crispim & Cia. disse pousando o copo:

— Compra, é coisa de família, fica-te bem.

E, numa véspera de Páscoa, assinei no cartório do Justino, com o procurador do Negrão, a escritura que me tornava enfim, depois de tantas esperanças e de tantos desalentos, o senhor do *Mosteiro*!

— Que faz agora esse maroto desse Negrão? — indaguei eu do bom Justino, apenas saiu o agente do sórdido sacerdote.

O dileto e fiel amigo deu estalinhos nos dedos. O Negrão pechinchava! Herdara tudo do padre Casimiro, que lá tinha o seu corpo no alto de S. João e a sua alma no seio de Deus. E agora era o íntimo do padre Pinheiro que não tinha herdeiros, e que ele levara para Torres, "para o curar". O pobre Pinheiro lá andava, mais chupado, empanturrando-se com os tremendos jantares do Negrão, deitando a língua de fora diante de cada espelho. E não durava, coitado! De sorte que o senhor Negrão vinha a reunir (com exceção do que fora para o Senhor dos Passos, que não podia tornar a morrer, esse!) o melhor de G. Godinho.

Eu rosnei, pálido:

— Que besta!

— Chame-lhe besta, amiguinho!... Tem carruagem, tem casa em Lisboa, tomou a Adélia por conta...

— Que Adélia?

— Uma de boas carnes, que esteve com o Eleutério... Depois esteve muito em segredo com um basbaque, um bacharel, não sei quem...

— Sei eu.

— Pois essa! Tem-na por conta o Negrão, com luxo, tapete na escada, cortinas de damasco, tudo... E está mais gordo. Vi-o ontem, vinha de pregar... pelo menos disse-me que "saía de S. Roque esfalfado de dizer amabilidades a um diabo de um santo!". Que o Negrão às vezes é engraçado. E tem bons amigos, lábia, influência em Torres... Ainda o vemos Bispo!

Recolhi à minha família, pensativo. Tudo o que eu esperara e amara (até a Adélia!) o possuía agora legitimamente o horrendo Negrão!... Perda pavorosa. E que não proviera da troca dos meus embrulhos, nem dos erros da minha hipocrisia.

Agora, pai, comendador, proprietário, eu tinha uma compreensão mais positiva da vida; e sentia bem que fora esbulhado dos contos de G. Godinho simplesmente por me ter faltado no oratório da titi — a coragem de afirmar!

Sim! quando em vez de uma coroa de martírio aparecera, sobre o altar da titi, uma camisa de pecado, eu deveria ter gritado, com segurança: "Eis aí a relíquia! Quis fazer a surpresa... Não é a coroa de espinhos. É melhor! É a camisa de Santa Maria Madalena!... Deu-me ela no deserto...".

E logo o provava com esse papel, escrito em letra perfeita: *Ao meu portuguesinho valente, pelo muito que gozamos...* Era essa a carta em que a santa me ofertava a sua camisa. Lá brilhavam as suas iniciais — *M. M.*! Lá destacava essa clara, evidente confissão — *o muito que gozamos*; o muito que eu gozara era mandar à santa as minhas orações para o céu, o muito que a santa gozara no céu em receber as minhas orações!

E quem o duvidaria? Não mostram os santos missionários de Braga, nos seus sermões, bilhetes remetidos do céu, pela Virgem Maria sem selo? E não garante a *Nação* a divina autenticidade dessas missivas, que têm nas dobras a fragrância do Paraíso? Os dois sacerdotes, Negrão e Pinheiro, cônscios do seu dever, e na sua natural sofreguidão de procurar esteios para a Fé oscilante, aclamariam logo na camisa, na carta e nas iniciais, um miraculoso triunfo da Igreja! A tia Patrocínio cairia sobre o meu peito, chamando-me "seu filho e seu herdeiro". E eis-me rico! Eis-me beatificado! O meu retrato seria pendurado na sacristia da Sé. O Papa enviar-me-ia uma bênção apostólica, pelos fios do telégrafo.

Assim ficavam saciadas as minhas ambições sociais. E quem sabe? Bem poderiam ficar também satisfeitas as ambições intelectuais que me pegara o douto Topsius. Porque talvez a Ciência, invejosa do triunfo da Fé, reclamasse para si esta camisa de Maria de Magdala, como documento arqueológico... Ela poderia alumiar escuros pontos na história dos costumes contemporâneos do Novo Testamento — o feitio das camisas na Judeia no primeiro século, o estado industrial das rendas da Síria sob a administração romana, a maneira de abainhar entre as raças semíticas... Eu surgiria, na consideração da Europa, igual aos Champollions, aos Topsius, aos Lepsius, e outros sagazes ressuscitadores do passado. A

Academia logo gritaria: "A mim, o Raposo!" Renan, esse heresiarca sentimental, murmuraria: "Que suave colega, o Raposo!" Sem demora se escreveriam sobre a camisa da Mary sábios, ponderosos livros em alemão, com mapas da minha romagem em Galileia... E eis-me aí benquisto pela Igreja, celebrado pelas universidades, com o meu cantinho certo na bem-aventurança, a minha página retida na história, começando a engordar pacificamente dentro dos contos de G. Godinho!

E tudo isto perdera! Por quê? Porque houve um momento em que me faltou esse descarado heroísmo de afirmar, que, batendo na terra com pé forte, ou palidamente elevando os olhos ao céu, cria, através da universal ilusão, ciências e religiões.

Contextualização da obra
Realismo — Naturalismo

Cristina Garófalo Porini*

Na segunda metade do século XIX, a Europa é palco para grandes mudanças, uma vez que a burguesia se estabelece, exercendo o poder econômico e político. Se, por um lado, vive-se com as grandes inovações desencadeadas pela Revolução Industrial, por outro, as classes sociais menos abastadas sofrem com o novo contexto urbano. É nesse clima que na França surgem três estilos literários praticamente simultâneos: o Realismo (com a publicação de *Madame Bovary*, de Gustave Flaubert, no ano de 1857), o Naturalismo (a vertente científica, biológica do Realismo, com a publicação de *Thérèse Raquin*, de Émile Zola, em 1867) e o Parnasianismo (com a antologia *Parnasse contemporain*, em 1866). Em comum, as escolas são uma franca reação contra o ponto de vista extremamente subjetivo e a idealização do Romantismo, estilo literário anterior.

É importante notar, porém, conforme ressalta Antonio Candido em seu *Presença da literatura brasileira*, que a palavra *Realismo* pode gerar dúvidas. Por estar relacionado àquilo que existe, o real sempre se faz presente na literatura; a diferença é que cada escola literária se apropria dele de uma maneira particular. O autor romântico,

---

* Graduada em Letras pela Universidade de São Paulo (USP) e em Relações Públicas pela Faculdade de Comunicação Social Cásper Líbero. É professora de Língua Portuguesa, Literatura e Redação no ensino médio e em cursos pré-vestibulares.

por exemplo, o descreve de forma idealizada, de acordo com o seu ponto de vista; já o realista busca tratá-lo com objetividade, muito próximo de como ele é.

De qualquer maneira, o fato é que, a partir desse momento, a literatura passa a exercer seu papel social, expondo o problemático contexto político e econômico vivido na Europa. A preocupação do autor realista é voltar-se com objetividade àquilo que é real, descrevendo-o com defeitos e raras qualidades, sem a aura da subjetiva e inexistente perfeição. Uma grande diferença percebida pelo leitor do final do século XIX está relacionada ao herói: o romântico, sempre apresentado em sua perfeição moral, sucumbe; ele se torna problemático — e a literatura ganha com personagens abordadas de maneira mais profunda, muitas vezes analisadas psicologicamente.

Tal enfoque racional na arte decorre do próprio contexto histórico: o desenvolvimento científico é o responsável por tantas e tão profundas transformações. A literatura passa a ser influenciada pelas correntes cientificistas, de modo que muitos romances se transformam em verdadeiras teses sobre o comportamento humano. Os autores têm predileção por temas relacionados tanto à patologia clínica quanto à patologia social: escrevem sobre a falência de estruturas como a família e o casamento, criticam a Igreja, revelam as relações mantidas por interesse financeiro e/ou social, assim como o adultério, a tara, a loucura. Mencionam também relações homossexuais, consideradas, na época, um grande desvio de conduta. O leitor burguês entra em choque com as descrições muitas vezes detalhistas do próprio cotidiano alienado, feitas por um narrador irônico e inevitavelmente pessimista.

Durante a segunda metade do século XIX, nações imperialistas da Europa, como Reino Unido, França, Alemanha e Bélgica, entre outras, alcançaram sua fase de êxito industrial, possibilitado pelo controle que a burguesia exercia sobre as esferas política e econômica. Não era, porém, essa a situação que ocorria em Portugal, com regiões ainda mantendo estruturas próprias ao modo de produção feudal.

Os centros urbanos portugueses, como Lisboa e Coimbra, no entanto, estavam em comunicação estreita com Paris, promovendo a alegria dos muitos estudantes dessas cidades. Por intermédio dos trens diários, lá chegava toda sorte de informação — e foi desta maneira que as novas teorias do pensamento alcançaram as terras lusitanas. Os jovens portugueses tomaram contato com a teoria positivista de Augusto Comte, buscando as leis científicas nas questões físicas, sociais e espirituais; conheceram o Evolucionismo de Charles Darwin, e a importância de fatores biológicos, como o instinto, para melhor adaptação à sociedade; leram sobre o Determinismo e a falta de livre-arbítrio proposta por Hippolyte Taine; sobre o Socialismo Utópico de Pierre-Joseph Proudhon, defendendo a organizações de núcleos de produtores em auxílio mútuo, assim como sobre o Socialismo Científico de Karl Marx e Friedrich Engels, propondo a luta de classes para o estabelecimento de uma sociedade igualitária. No campo da literatura, *Madame Bovary*, de Gustave Flaubert, foi a prova cabal de que o Romantismo fora superado — ao menos para os demais países europeus...

Essa imensa quantidade de novas teorias deixou os estudantes da Universidade de Coimbra bastante interessados, com fôlego para propagá-las pelo país. Encontraram, porém, a oposição nos setores mais conservados da sociedade portuguesa, assim como em seus tradicionais rivais, os estudantes da Universidade de Lisboa. Exatamente a partir da discussão entre esses grupos, o Realismo simbolicamente foi iniciado em Portugal, batizado como Questão Coimbrã ou Polêmica do Bom Senso e do Bom Gosto, em 1865.

A desavença parecia algo banal. Antônio Feliciano de Castilho, um dos fundadores do Romantismo em Portugal, era autoridade incontestável na Universidade de Lisboa; afirmava-se, inclusive, que uma obra literária só faria sucesso se passasse pelo crivo dele. Provavelmente por esse motivo, Tomás Ribeiro, poeta romântico, escolhera-o para redigir o prefácio de uma obra, *Dom Jaime ou a Dominação de Castela*, um poema em nove cantos, de forte teor nacionalista. Em tal prefácio, Castilho comparou o autor a Luís Vaz de Camões, afirmando que a obra ultrarromântica poderia ser equiparada a *Os Lusíadas*.

Os alunos de Coimbra, indignados, reagiram frente ao que consideraram desrespeito à obra máxima da literatura portuguesa. Em seguida, Antônio Feliciano de Castilho respondeu a eles: aproveitou o lançamento do *Poema da mocidade*, de Pinheiro Chagas, elogiou com veemência o teor ultrarromântico de tal obra, e dirigiu-se aos jovens coimbrões, afirmando que eles não tinham bom senso ou bom gosto em relação à arte. A resposta foi escrita e publicada por Antero de Quental, um de seus antigos alunos, em dois de novembro de 1865: no folheto *Bom senso e bom gosto*, entre tantas ironias, Antero considerou seu antigo mestre como alguém fútil, afirmando que: *"V.Exa. precisa menos cinquenta anos de idade, ou então mais cinquenta de reflexão."*[1], e despediu-se afirmando que não era *"Nem admirador nem respeitador."*[2]

Castilho não respondeu ao seu ex-aluno; quem o fez foi Ramalho Ortigão e, depois de aproximadamente quarenta artigos — envolvendo diversas outras pessoas, dentre as quais inclusive Camilo Castelo Branco —, tal discussão foi considerada o início do Realismo-Naturalismo lusitano, apesar de a polêmica não se restringir ao campo artístico ou literário. A partir desse momento, as ideias que circulavam na França, na Alemanha e no Reino Unido, entre outros países, chegaram decisivamente a Portugal.

Em 1871, no entanto, o embate entre os conceitos considerados ultrapassados e as novas teorias do pensamento ainda persistiam entre os portugueses. Incentivados pelos acontecimentos franceses (fim do Segundo Império, com a queda de Napoleão III e da monarquia, e a consequente Comuna de Paris, primeiro governo operário da história), os intelectuais mais importantes daquele momento — futuramente chamados de Geração de 70, eram: Antero de Quental, Eça de Queirós, Guerra Junqueiro, Oliveira Martins, Teófilo Braga e Ramalho Ortigão — organizaram uma série de dez conferências a se realizar numa sala alugada do Cassino de Lisboa. A programação das "Conferências Democráticas do Cassino Lisboense" foi idealizada visando à alteração

---

[1] QUENTAL, Antero de. *Bom senso e bom gosto*. Carta ao excelentíssimo senhor Antonio Feliciano de Castilho.
[2] Idem.

do contexto português nas áreas política, econômica e religiosa; dessa maneira, os participantes colocariam em discussão as mais diversas temáticas, desde causas da decadência da nação até os conceitos de República e de Socialismo.

Antes que o governo reprimisse os encontros, cinco das conferências previstas foram realizadas. A primeira e a segunda foram apresentadas por Antero de Quental, uma sobre os objetivos do projeto e a outra sobre as causas da decadência portuguesa (segundo o autor, a religião católica, a política absolutista dos monarcas e o colonialismo); a terceira defendia a literatura nacional, proferida por Augusto Soromenho; a quarta, de Eça de Queirós, pregava a missão social da literatura realista, como meio transformador da sociedade; a quinta, de Adolfo Coelho, propunha que o ensino fosse desvinculado da religião, promovendo o ensino voltado para as ciências humanas e naturais.

Estes portugueses que, em 1865, eram alunos enfrentando o catedrático Antônio Feliciano de Castilho e, em 1871, eram recém-formados enfrentando o governo, resolveram se reunir mais uma vez. Em 1888, formaram o grupo "Os Vencidos da Vida", reconhecendo que, apesar do sucesso alcançado como homens das letras, não conseguiram fazer com que Portugal superasse o atraso tecnológico, se transformasse em uma república ou se adequasse ao socialismo.

Esse período compreendido entre 1851 e 1910 foi chamado, em solo lusitano, de Regeneração. Após um golpe de Estado dado pelos militares, estabeleceu-se uma Monarquia Constitucionalista que pretendia harmonizar interesses díspares, como os pequenos agricultores e a alta burguesia. De fato, o governo português promoveu uma série de progressos tecnológicos, com investimentos nas áreas de comunicação e transportes, por exemplo; porém, a falta de matéria-prima, de mão de obra e a dependência do capital estrangeiro, entre outros problemas, impediram aquilo que os jovens de Coimbra expressavam: a superação do atraso em que Portugal se encontrava.

O Realismo e o Naturalismo trazem fontes de influências relacionadas às teorias científicas e filosóficas que surgiram na segunda metade do século XIX. As que se fizeram presentes na literatura realista, entre outras áreas do conhecimento, foram:

Criticismo e *Anticlericalismo* — teorias de Joseph Ernest Renan, voltadas à análise crítica do papel de Jesus Cristo e da Igreja Católica, assim como a sua influência deles frente ao contexto social, político e econômico que os países enfrentam.

Determinismo — a teoria de Hippolyte Taine defende que o homem não tem livre-arbítrio; seu comportamento está, portanto, pré-determinado por três fatores: a raça (determinismo genético), o meio (determinismo mesológico) e o momento (determinismo histórico).

Evolucionismo — teoria de Charles Darwin; defende a seleção natural de todos os seres vivos e, portanto, o homem é influenciado por instintos animais. Para evoluir, a adaptação ao meio é indispensável: apenas os mais fortes, os que melhor se adaptam, sobrevivem.

Objetivismo — os autores têm compromisso em observar o que ocorre no cotidiano da sociedade para retratá-la com neutralidade, sendo um mero espectador. Porém, é importante lembrar que se trata de um trabalho artístico, de modo que a criação é alterada pela visão do escritor, sem que se perca o vínculo com o que é observado. Uma das técnicas mais empregadas para executar essa tarefa é o *Descritivismo*, ou seja, a descrição muitas vezes detalhista com a intenção de levar o leitor a visualizar o ambiente retratado.

Pessimismo — o pensamento de Arthur Schopenhauer prega que nada resta ao Homem além de sofrer até o fim de sua existência, uma vez que está sempre insatisfeito por guiar suas ações pelo desejo e pelo erro.

Positivismo — a teoria de Auguste Comte defende que só pode ser considerado verdadeiro aquilo que se comprova cientificamente por meio de experiências.

Socialismo Científico — teoria de Karl Marx e Friedrich Engels; afirma que a vida social é condicionada pelo modo de produção vigente, assim como defende que a luta de classes é responsável pela evolução da sociedade para que se alcancem a justiça e a igualdade.

Socialismo Utópico — teoria de Pierre-Joseph Proudhon; mostra-se contrária à luta de classes defendida pelo Socialismo Científico. Seu pensamento está relacionado à organização de pequenos aglomerados de produtores, vivendo à base do auxílio mútuo.

O Naturalismo, além de manter as influências relacionadas ao Realismo, ainda possui outras influências:

Coletividade — nestas obras, é nítida a opressão da sociedade em relação às camadas mais baixas, em concordância com o *Socialismo Científico*.

Experimentalismo — a teoria de Claude Bernard relaciona-se ao campo da Medicina: o que se afirma como verdade precisa ser comprovado por intermédio de exames laboratoriais. Os escritores naturalistas partem desse princípio e desenvolvem romances de tese: a narrativa deve, obrigatoriamente, comprovar a verdade de sua proposição por meio de exames minuciosos relacionados à sociedade, levando à tona toda problemática humana — tanto a patologia clínica (por meio de caricaturas, males como varíola, flatulências, dispepsias, tuberculose, entre tantos outros) quanto a patologia social (relações adúlteras ou com interesses financeiros, por exemplo).

Perspectiva biológica degradante — a animalização do Homem é uma consequência do *Evolucionismo*, muitas vezes exaltando o sensualismo repulsivo.

Sobre Eça de Queirós

José Maria Eça de Queirós nasceu em 25 de novembro de 1845, em Póvoa do Varzim, no distrito do Porto, Portugal. Seu pai, um carioca formado em Direito pela Universidade de Coimbra, registrou-o como filho de "mãe incógnita" (fato que comumente ocorria quando a mãe pertencia à classe social mais alta e não obtinha o consentimento familiar para o matrimônio); apenas quatro anos após o nascimento de Eça o casamento de seus pais ocorreu, cerca de uma semana depois da morte de sua avó. Por esse motivo, o autor viveu seus quatro primeiros anos sob os cuidados de uma ama; em seguida, foi enviado a um internato, de onde saiu aos dezesseis anos — quando se mudou para Coimbra, a fim de cursar Direito. Vale lembrar que nesse momento ele fez amizade com Antero de Quental, o estudante responsável pelo início da Questão Coimbrã — da qual Eça não participou ativamente.

Após se formar, Eça exerceu atividades ligadas ao Direito e ao Jornalismo em Lisboa. Nos primeiros anos de carreira, viajou para o Oriente, o que lhe possibilitou conhecer a Palestina e assistir à inauguração do Canal de Suez, no Egito — fonte para seu livro *A relíquia*. Ao retornar a Portugal, sua carreira política foi iniciada (momento em que *O crime do padre Amaro* foi escrito); logo se tornou cônsul em Cuba, Inglaterra e França. Eça lia e escrevia avidamente e, mesmo distante fisicamente, colaborava para a imprensa portuguesa, assim como redigia seus grandes romances, como *O primo Basílio*, *Os Maias* e *A ilustre casa de Ramires*.

Casou-se apenas aos quarenta anos, já falido financeiramente e com problemas de saúde relacionados à vida boêmia de que sempre desfrutou. Teve quatro filhos, e, bastante debilitado, ainda escreveu *A cidade e as serras*, obra cuja revisão pelo próprio autor não passou das primeiras 120 páginas. "O Senhor das Palavras", título do mais importante escritor de ficção portuguesa, faleceu aos cinquenta e quatro anos, em Paris, após trocar incessantemente de médicos e cidades europeias, à procura da cura para os diversos males que lhe afligiam.

A carreira literária de Eça de Queirós é costumeiramente dividida pelos críticos em três fases: a primeira ainda demonstra traços românticos, como o gosto pelo grotesco, porém já adianta o estilo direto de escrita do autor; a segunda é a propriamente realista-naturalista, procurando retratar Portugal a fim de fazer com que a literatura desempenhe sua função social; por fim, a terceira traz o autor mais ameno, nacionalista, pretendendo que a elite portuguesa assuma o controle a respeito das necessárias mudanças quanto à modernização do país.

Logo no início da carreira, porém, por ocasião das Conferências Democráticas do Cassino realizadas em Lisboa, no ano de 1871, o escritor afirmou: *"(...) O Romantismo era a apoteose do sentimento; o Realismo é a anatomia do caráter. É a crítica do homem. É a arte que nos pinta a nossos próprios olhos — para conhecermos, para que saibamos se somos verdadeiros ou falsos, para condenarmos o que houve de mau na sociedade."*.[3] Dessa maneira, Eça de Queirós defendeu a nova estética literária que já tomava conta da Europa: uma reação aos preceitos românticos, sobretudo à subjetividade e à idealização presentes em tais obras.

Apesar de o autor viver bastante tempo longe de Portugal, a postura crítica que sempre defendeu em relação à sociedade não perdeu a força; aliás, justamente esse afastamento físico permitiu que sua visão se tornasse mais objetiva e ácida. Por meio desse olhar, hoje é possível conhecer uma galeria de tipos portugueses do século XIX, em um retrato social panorâmico a respeito daquele momento. Para tanto, as descrições são inúmeras, muitas vezes detalhistas e mesmo impressionistas — o que pode incomodar aquele que espera um ritmo mais veloz da narrativa ou meramente objetivo; estes traços de subjetividade, em um período de obras marcadas pela objetividade, são um diferencial do autor. Eça trabalhava minuciosamente seu texto, permitindo ao leitor conhecer os costumes, as ruas e, inclusive, o sotaque dos lisboenses, leirienses, evorenses, coimbrões, portuenses, sintrenses...

---

[3] Trecho do discurso proferido durante a 4ª Conferência do Cassino, realizada em Lisboa, em 1871.

Em uma carta para o amigo Teófilo Braga, em 1878, Eça declarou ter a ambição de mostrar os portugueses aos próprios portugueses — é a literatura de denúncia, com o firme propósito de alterar o comportamento da sociedade. Por essa razão, escreveu as obras que compuseram as "Cenas Portuguesas": *O crime do padre Amaro* (1876, reelaborado em 1880), *O primo Basílio* (1878) e *Os Maias* (1888) — este último de grandeza literária comparada a *Os Lusíadas*, curiosamente o mesmo motivo da discussão que desencadeou o movimento realista em Portugal. A recepção desses romances não poderia ser diferente: considerados escandalosos pela Igreja Católica, pelo governo e pelos próprios leitores de então, sofreram com a censura. Não se podia, na verdade, aguardar outra reação, quando se levavam a público a crítica ao celibato clerical, à vida provinciana, à vida da pequena burguesia e dos aristocratas portugueses, assim como às relações adúlteras e incestuosas.

Percebe-se que a obra de Eça de Queirós é composta por diversos romances de tese, mas é importante ressaltar que seu estilo o distanciou dos demais autores contemporâneos a ele. Devido à maestria do autor, a ironia com que expôs a sociedade faz com que, ainda hoje, os leitores riam ou se indignem em diversas passagens de seus livros. A linguagem empregada por ele, direta e bastante próxima ao que se encontrava nas ruas, faz com que a leitura ganhe ritmo, mesmo quando a narrativa parece não avançar muito.

Quanto às personagens, segundo observações feitas por Machado de Assis em críticas sobre as obras de Eça, nem sempre o autor optava por abordá-las de forma psicológica e densa. Com essa escolha, imaginava-se que as obras perderiam em qualidade, o que não ocorreu. Colocar em cena os variados tipos sociais caricaturais foi a estratégia empregada para que a sociedade portuguesa fosse representada como um todo, reforçando seus defeitos. Assim, é exercida a função social da literatura: a observação crítica das fúteis moças burguesas, dos dândis, dos beatos, dos padres, das vizinhas fofoqueiras, dos adúlteros...

Questionário*

1. No início da narrativa, Teodorico Raposo explica os motivos de escrever suas memórias. Quais são eles?

2. O que, realmente, Teodorico carregava nos embrulhos?

3. Após ficar órfão, Teodorico será criado pela tia, D. Maria do Patrocínio. O que esta personagem representa?

4. Assim que recebe o título de bacharel, Teodorico deixa uma carta que enviaria a um colega de Arraiolos. Qual é a importância de tal carta? O que é criticado por meio desse comportamento de Teodorico?

5. Relacione as duas maneiras que o narrador é nomeado: Raposo e Raposão.

---

* Professores podem obter o gabarito das questões desta seção, entrando em contato com o nosso departamento editorial.

6. Quem é o grande oponente de Teodorico em relação à herança de D. Maria do Patrocínio? Qual é a estratégia que ele traça para tornar-se o único herdeiro?

7. Assim como ocorreu quando se relacionou com Adélia, Teodorico tece uma série de comentários a respeito de Maricoquinhas — exemplificando, em um dos jantares no Hotel das Pirâmides, "ela jurava que, sem o seu portuguesinho valente, não queria habitar nem o céu! Eu, regalado, pagava o champanhe". Qual aspecto das relações humanas bastante retratado pela literatura realista se faz presente no trecho?

8. Já em Jerusalém, durante um passeio Teodoro se afasta do acampamento e encontra uma árvore que lhe pareceu um monstro. Imediatamente relembrou-se de uma descrição quando ainda era aluno no colégio dos Isidoros — de uma árvore monstruosa foram retirados os galhos para a coroa de espinhos de Jesus Cristo; lembrou-se também do pedido de sua tia, a respeito de uma relíquia. Qual é o conflito pelo qual Teodoro passa em tal passagem? De que maneira é resolvido?

9. O terceiro capítulo inicia-se com Topsius acordando Teodorico no meio da madrugada seguinte à comemoração relativa à "relíquia" encontrada para D. Plácida. A ideia do alemão é chegar à Jerusalém ao amanhecer, dia de Páscoa, comemorando-a na casa de Gamaliel. Qual é a importância de tal capítulo para a obra?

10. É possível afirmar que Teodorico, apesar de narrador e protagonista, chega a alguma conclusão ao escrever as memórias da vida dela?

Questões de vestibular

1. (Unicamp) Em *A relíquia*, de Eça de Queirós, encontramos a seguinte resposta de Lino, comprador habitual das relíquias de Raposo: "Está o mercado abarrotado, já não há maneira de vender nem um cueirinho do Menino Jesus, uma relíquia que se vendia tão bem! O seu negócio com as ferraduras é perfeitamente indecente... Perfeitamente indecente! É o que me dizia noutro dia um capelão, primo meu: 'São ferraduras demais para um país tão pequeno!...' Catorze ferraduras, senhor! É abusar! Sabe vossa Senhoria quantos pregos, dos que pregaram Cristo na Cruz, Vossa Senhoria tem impingido, todos com documentos? Setenta e cinco, Senhor!... Não lhe digo mais nada... Setenta e cinco!"

a) Relate o episódio que faz com que Lino dê essa resposta a Raposo.
b) Sabendo que o autor usa da ironia para suas críticas, dê os sentidos, literal e irônico, que pode tomar dentro da narrativa a frase: "São ferraduras demais para um país tão pequeno!..."

2. (Unicamp) O trecho que segue relata um diálogo entre o narrador-personagem de *A relíquia* e o Doutor Margaride, e contém referências básicas para o desenvolvimento do romance:

Eu arrisquei outra palavra tímida.
— A titi, é verdade, tem-me amizade...
— A titi tem-lhe amizade — atalhou com a boca cheia o magistrado — a você é o seu único parente...

Mas a questão é outra, Teodorico. É que você tem um rival — Rebento-o! — gritei eu, irresistivelmente, com os olhos em chamas, esmurrando o mármore da mesa. O moço triste, lá ao fundo, ergueu a face de cima do seu capilé. E o Dr. Margaride reprovou com severidade a minha violência.

— Essa expressão é imprópria de um cavalheiro, e de um moço comedido. Em geral não se rebenta ninguém... E além disso o seu rival não é outro, Teodorico, senão Jesus Cristo!

Nosso Senhor Jesus Cristo? E só compreendi quando o esclarecido jurisconsulto, já mais calmo, me revelou que a titi, ainda no último ano da minha formatura, tencionava deixar a sua fortuna, terras e prédios, a irmandades da sua simpatia e a padres da sua devoção.

a) Localize no trecho ao menos uma dessas referências e explique qual a sua relevância para a trama central.

b) O trecho fala da importância da figura de Jesus Cristo para a personagem denominada "titi". Descreva essa personagem, segundo o prisma do próprio narrador, Teodorico Raposo, e tente demonstrar como o mesmo trata sarcasticamente o seu "rival" de herança.

3. (Unicamp) Em *A relíquia*, de Eça de Queirós, várias são as mulheres com quem Teodorico Raposo, o herói e narrador, se vê envolvido. Dentre elas, podemos citar Mary, Adélia, Titi, Jesuína, Cíbele.

a) Uma dessas personagens é importantíssima para a trama do romance, já que acompanha o narrador desde a infância, e deve-se a ela a origem de todos os seus infortúnios posteriores. Quem é e o que fez ela para que o plano de Raposo não desse certo?

b) A qual delas Raposo se refere quando diz "Tinha trinta e dois anos e era zarolha"? Que relações tem essa personagem com Crispim, a quem o narrador denomina "a firma"?

4. (Ufam) No romance _____, Eça de Queirós analisa com irreverência a hipocrisia religiosa. O protagonista Teodorico engana Titi com uma falsa crença, até que uma troca de objetos — um de caráter santo e outro uma peça de lingerie — desmascara definitivamente os propósitos com que viajara até o Oriente.

O enunciado acima deve ser corretamente completado com:

a) O Mandarim
b) A Cidade e as serras
c) A Ilustre casa de Ramires
d) O Mistério da estrada de Sintra
e) A Relíquia

5. (UFMT) Sobre a nudez forte da verdade — o manto diáfano da fantasia, epígrafe do romance *A relíquia*, de Eça de Queirós, explicita uma crítica:

a) à hipocrisia religiosa e ao falseamento dos princípios do Cristianismo, percebidos por Teodorico Raposo na peregrinação que empreende até a Terra Santa.
b) à hipocrisia religiosa, com a menção da venda de relíquias, sobretudo a coroa de espinho de Cristo, que

Teodorico Raposo encontra na Terra Santa e com que presenteia sua tia beata.

c) aos preconceitos religiosos, através dos pressupostos do Naturalismo, expostos pelo sábio Topsius à personagem principal, Teodorico Raposo.

d) aos princípios estéticos do Romantismo que, ao valorizarem a ideia de fuga da realidade, levavam o homem às alienação.

e) à hipocrisia religiosa, presente na sociedade oitocentista portuguesa, por meio da incursão pelo mundo dos sonhos, que simbolicamente acontece durante a peregrinação do Teodorico Raposo pela Terra Santa.

Gabarito

1. a) Lino é um vendedor de relíquias e encontra em Raposo, recém-expulso da casa de sua tia, fonte para novos produtos. Pretendendo maior ganho, Raposo passa a vendê-las diretamente aos compradores e inunda o mercado; dessa forma, os produtos perdem valor. É esse o teor da fala de Lino, uma vez que Raposo já teria vendido 75 pregos da crucificação de Cristo.

b) O sentido literal da expressão é que há muitas ferraduras (tomadas como o objeto de ferro que protege cascos de animais como burros e cavalos) para Portugal, nação de pequenas dimensões. O sentido irônico é a relação de contiguidade entre ferraduras e burros, de modo a tecer crítica à alta concentração de pessoas "burras", ignorantes, em Portugal.

2. a) Um trecho contendo referência básica ao desenvolvimento do romance é "o seu rival não é outro, Teodorico, senão Jesus Cristo!". A partir desse momento, Teodorico percebe que precisa mostrar-se ainda mais religioso — portanto, digno da herança de sua tia. Ele passa a se esforçar de tal maneira, indo inclusive a diversas missas diariamente, que perde a amante, Adélia. Em seguida, a viagem patrocinada por sua tia à Terra Santa faz com que ele perceba que seu objetivo está próximo a se concretizar.

b) Segundo o narrador, Dona Maria do Patrocínio é uma rica beata, tia dele, solteira e virgem, extremamente contrária a qualquer tipo de "relaxações", ou seja, envolvimentos carnais. As preocupações dela são voltadas exclusivamente à religião — vide a constante presença de representantes da Igreja em sua residência e o ritual de orações constantemente praticado. Dessa maneira, Jesus é o grande rival de Teodorico, uma vez que sua tia pretende deixar a Igreja e aos padres mais próximos toda sua fortuna.

3. a) Quem acompanha Teodorico desde a infância dele é Titi, D. Maria do Patrocínio. A tia, além de beata rica, é uma solteirona virgem, completamente contrária a prazeres carnais. É ela a origem dos infortúnios do sobrinho, uma vez que, para ser o único herdeiro dela, hipocritamente ele deve se mostrar religioso. Em uma viagem à Terra Santa, ela lhe encomenda uma relíquia; ele encontra, em Jerusalém, uma árvore cujos galhos são espinhentos e, após confeccionar uma coroa com um desses galhos, pretende dizer-lhe que se trata da coroa usada por Cristo durante a crucificação. Chegando a Portugal, no entanto, ele lhe entrega outro pacote, com uma camisa de dormir de uma de suas amantes. Esse fato é decisivo para os infortúnios de

Teodorico, uma vez que a tia o expulsa de casa, deixando-lhe como herança apenas um óculo.

b) A mulher zarolha é D. Jesuína, irmã de Crispim. Este foi seu colega durante os tempos de escola e, adulto, é proprietário de uma firma, a Crispim & Cia. Ela será referida por "firma" uma vez que, ao se casar com ela, tornou-se a solução para sua questão financeira.

4. e
5. e

© *Copyright* desta edição: Editora Martin Claret Ltda., 2022.

DIREÇÃO
Martin Claret

PRODUÇÃO EDITORIAL
Carolina Marani Lima
Mayara Zucheli

DIREÇÃO DE ARTE E CAPA
José Duarte T. de Castro

DIAGRAMAÇÃO
Giovana Quadrotti

REVISÃO
Waldir Moraes

IMPRESSÃO E ACABAMENTO
Paulus Gráfica

Este livro segue o novo Acordo Ortográfico da Língua Portuguesa.

Dados Internacionais de Catalogação na Publicação (CIP)
(Câmara Brasileira do Livro, SP, Brasil)

Queirós, Eça de, 1845-1900.
   A relíquia / Eça de Queirós. — São Paulo: Martin Claret, 2022.

I. Romance brasileiro I. Título

ISBN 978-65-5910-203-7

22-116791   CDD-B869.3

Índices para catálogo sistemático:
1. Romance: Literatura brasileira B869.3
Cibele Maria Dias – Bibliotecária – CRB-8/9427

EDITORA MARTIN CLARET LTDA.
Rua Alegrete, 62 – Bairro Sumaré – CEP: 01254-010 – São Paulo, SP
Tel.: (11) 3672-8144 – www.martinclaret.com.br
Impresso – 2022

CONTINUE COM A GENTE!

- Editora Martin Claret
- editoramartinclaret
- @EdMartinClaret
- www.martinclaret.com.br